韩昇 著

东亚世界形成史论

（新版）

生活·讀書·新知 三联书店

Copyright © 2024 by SDX Joint Publishing Company.
All Rights Reserved.
本作品版权由生活·读书·新知三联书店所有。
未经许可，不得翻印。

图书在版编目（CIP）数据

东亚世界形成史论：新版 / 韩昇著. -- 北京：生活·读书·新知三联书店, 2024.10. --（名山）.
ISBN 978-7-108-07449-2

Ⅰ. K31

中国国家版本馆 CIP 数据核字第 2024K4S809 号

责任编辑　张　龙
装帧设计　蔡立国　康　健
责任印制　卢　岳
出版发行　生活·讀書·新知 三联书店
　　　　　（北京市东城区美术馆东街 22 号 100010）
网　　址　www.sdxjpc.com
经　　销　新华书店
制　　作　北京金舵手世纪图文设计有限公司
印　　刷　鑫艺佳利（天津）印刷有限公司
版　　次　2024 年 10 月北京第 1 版
　　　　　2024 年 10 月北京第 1 次印刷
开　　本　635 毫米 × 965 毫米　1/16　印张 30.5
字　　数　395 千字
印　　数　0,001-4,000 册
定　　价　98.00 元
（印装查询：01064002715；邮购查询：01084010542）

目 录

第一编 总 论

第一章 中国古代对外关系理论的形成与发展 3
    第一节 对外关系理论形成的基础 3
    第二节 "华夏"意识和"夷狄"观念的形成 5
    第三节 "大一统"理论与天下秩序 20

第二章 外交实践及其基本原则 33
    第一节 建构以君臣关系为核心的国际体系 33
    第二节 册封、羁縻与朝贡 39
    第三节 征伐与和亲 58

第三章 东亚世界的基本特点与移民的文化传播 70
    第一节 东亚世界的基本特点 70
    第二节 移民与文化传播 93

第二编 东亚世界的历史进程

第四章 东亚国际关系的演变 115
    第一节 4世纪以前的东亚 115
    第二节 高句丽与南北朝关系的演变 121

第三节　百济与南北朝关系的演变　126

第四节　倭国与南朝关系的演变　133

第五章　南朝文化向东亚的传播　137

第一节　南朝向百济的文化传播　137

第二节　百济向倭国的文化传播　150

第六章　倭国与江南　155

第一节　倭与江南"吴国"　155

第二节　倭国与"吴国"的交往　160

第三节　"吴国"所在　165

第四节　"吴国"文物　173

第五节　"吴国"移民及其事迹　179

第七章　大陆移民与佛教传播日本　189

第一节　钦明十三年佛教"公传"说批判　189

第二节　钦明朝以前的佛教遗迹　198

第三节　大陆移民与佛教勃兴　205

第八章　隋朝重建东亚国际关系秩序与高句丽问题　222

第一节　隋朝重建国际关系秩序所面临的问题　222

第二节　高保宁事件及其影响　225

第三节　契丹与靺鞨　230

第四节　隋征高句丽　235

第九章　隋朝与倭国关系的重建　244

第一节　突然到来的倭国使节　244

第二节　遣隋使的使命　248

第三节　东亚的"佛教外交"　255

第四节　国书与倭王号　259

第十章　东亚局势与唐朝的朝鲜政策　266

第一节　唐朝对外政策的基础　266

第二节　唐高祖时代的朝鲜政策　269

第三节　贞观十九年以前东亚局势的演变和唐太宗的朝鲜政策　274

第四节　唐朝征伐高句丽的各种因素　285

第五节　贞观末年至高宗时代的东亚形势与朝鲜政策　288

第十一章　东亚大博弈——白江之战　300

第一节　唐高宗朝的朝鲜战略　300

第二节　新罗的战略考虑　311

第三节　日本争夺朝鲜南部的战略利益　318

第十二章　东亚世界格局的形成　334

第一节　东亚世界国家格局的形成——新罗统一朝鲜　334

第二节　新罗统一的外部原因与唐朝的战略目标　346

第三节　东亚世界文化格局的形成——日本全面接受唐文化　350

第四节　以唐朝为中心的东亚世界　355

第十三章　来自日本的遣唐使　360

第一节　日本的遣唐使　360

第二节　《井真成墓志》的重要价值　364

第三节　井真成的留学生身份、入唐时间和唐朝学制　366

第四节　外事专管与对外赠官　371

第五节　井真成身份与唐朝对遣唐使的待遇　378

第十四章　日本的唐朝移民　384

第一节　来自唐朝的移民　384

第二节　袁晋卿家族　392

　　第三节　唐朝移民的境况　398

　　第四节　中国与朝鲜移民身份地位的比较　402

第十五章　大陆移民对日本社会的主要贡献　412

　　第一节　政治影响　412

　　第二节　军事力量　420

　　第三节　外交活动　425

　　第四节　制度建设　437

　　第五节　文教艺术　450

主要引文　462

初版后记　477

增订版后记　480

新版后记　481

第一编 总论

第一章 中国古代对外关系理论的形成与发展

第一节 对外关系理论形成的基础

中国是古代文明的发源地之一。研究中国古代的对外关系理论，首先就必须对中国国家形成的历史及其与周边民族的关系有深入而准确的把握。

中国早期国家的形成过程，即各部族之间融合的过程。根据古史的记载，居于中部地区的炎帝族曾经同黄帝族在阪泉发生三次冲突，黄帝族战胜炎帝族进入中原，然而，其结果却是黄帝族与炎帝族的融合；炎帝族和黄帝族的联合，战胜了自南方北上的九黎族，结果是北方部族与南方部族的融合。中国远古国家形成的传说，都显示出共同的特点，即早期国家是通过民族的融合而形成的，这个融合过程伴随着激烈的战争，但是，战争的结果并不是胜利部族对失败部族的征服和奴役，而是归于融合。这是中国国家形成史上的一个重要传统，有文字记载的文明史也证明了这一点，周战胜殷（商），却分封殷人，形成以周天子为共主的周朝。

由此可知，首先，中国自古是一个多民族融合而成的国家，在国家形成的过程中，更受重视的是民族的融合而不是征服。这就是中国古代没有出现西方式的奴隶社会的一个重要原因。反映在对外关系上，就是强调对不同民族（部族）的怀柔，而不是奴役。这是中国古代对外关系理论的第一个基础，它是由多民族国家及其形成的历史特点所决定的。

其次，随着国家的建立，出现了居于中心地位的民族，其周围分布着各种民族，南方的民族被统称作"蛮"，东方的民族被统称作"夷"，北方的民族被统称作"狄"，西方的民族被统称作"戎"。由此称呼可以看出，早期国家无时无刻不同周边民族发生关系，并在与他们的战和关系中逐步扩大国家疆域。在此过程中，值得注意的是，各个部族逐渐消失了，他们并不是被灭绝了，而是融入了中国主体民族，国家正是随着这些民族的加入而得到扩大。为什么会出现这种情况呢？

我们可以看到，多民族融合的过程，基本上是周边向中心的融合，这个中心沿着黄河一线分布。尽管中国的文明源头很多，例如南方长江下游无疑是一个重要的文明发源地，良渚古城也证明这里是远古国家所在地，但是，在后来的发展中，北方显然居于优势地位。这个现象可以从地理学上得到解释。古代文明起源于黄土地带，松软易于开垦的黄土地，尤其有利于使用石器时代的粗陋工具进行开发，这就使得分布于黄土地带的古文明得到迅速发展，压倒其他地区。居于优势的文明在生产生活方式、国家制度、社会成熟与文化发达程度方面都明显高于周边民族，因而形成一种吸引力，促使周边民族向它靠拢看齐，从而形成文化上的优势，并以此形成强大的吸引力，吸收同化周边民族。

中国古代特别注重通过建立文化优势来处理同周边民族（国家）的关系，孔子提出一个著名的原则："故远人不服，则修文德以来之。"[1]用文化优势来吸引和改造周边民族是中国古代对外关系理论的第二个基础。

建立于先进地区的古代国家，形成了一套伦理道德与行为准则，在相同的国家制度和道德规范下，中心区域形成共同的文化基础，造成相同的民族心理，这既是中国统一的文化要素，也是国家在与周边民族国家相比较时，形成的民族认同与共同的对外思想观念，

---

[1]《论语·季氏》。

并由此构成中华民族的文化核心。

因此,在多民族并存的状态下,判别一个民族属于中国与否的标准,是以生产、生活和道德、礼仪所构成的文化为依归的。也就是说,判定其是否属于中国,主要不是根据种族的、血统的原则,而是根据文化的原则。接受并融入主流文化,便成为中华民族的一员;违背主流文化,便属于异族。文化的标准,是中华民族不断发展与扩大的特点,也是中国古代对外关系理论的第三个基础。

中国是以汉族为主体的多民族的国家,各个民族共同构成了中华民族。远在夏、商、周三代,汉族就与周边不同民族频繁接触,并在共同的生产斗争中,相互影响,彼此交融,从而不断融入新的文化和种族因素。汉族较为发达的生产方式及由此产生的文化,带动其他民族的发展,促使他们不断地融入中华民族大家庭之中。春秋战国时代,西方的秦国和南方的吴国、越国,在中原国家的帮助下实现文化上的改变,从而被中原诸侯所承认和接纳的历史,就是生动的事例。

因此,中国对外部世界的认识:第一,是由其多民族性特点而产生的,并随着中国的发展而不断加深;第二,对其他民族的认识,是从文化习俗的对比而形成的;第三,民族融合的传统和扩大文化影响的态度,使得中国对周边民族关系的基本点不在于民族的征服,而是注重包容、交流、同化和融合,这与罗马帝国通过民族征服来构建世界帝国的思想,有着本质的区别;第四,中国统一王朝建立之后,其实行的对外政策是在以往处理民族关系的基础上发展起来的,指出这一传统至关重要。

第二节 "华夏"意识和"夷狄"观念的形成

一 "夏""诸夏"与"华""诸华"

中国最初的国家是夏,这从大量的考古发掘和众多专家的研究[1]，可以得到证实。

如果说夏王朝是中原文化的代表，那么我们在长江流域和淮河流域的河姆渡文化、良渚文化、青莲岗文化和屈家岭文化遗迹，可以发现南方文明的起源。约4000年前的良渚古城，面积达290万平方米，表明南方史前文明在此时期已经走向成熟。

由此而言，中国不仅是一个多民族的国家，而且是多元文明起源的国家。这是我们认识中国文化和中国对外关系的基本出发点。

"夏"的含义 中原民族称为"夏"，源于中国最早的国家夏王朝。《尚书》记载，舜对东夷族首领皋陶说：

> 蛮夷猾夏，寇贼奸宄。（《舜典》）

意思是说，蛮族和夷族侵犯我们"夏"国，杀人抢掠，造成内忧外患。东汉大儒郑玄注称："猾夏，侵犯中国也。"直接把"夏"等同中国。这并不是郑玄的新见，成书于东汉的《说文解字》也说："夏，中国之人也。"清代学者段玉裁进一步解释，认为"夏"是同蛮夷等周边民族相区别的称呼。

那么，"夏"源于何处呢？有不同的见解，或以为源于湖北的夏水，或以为源于山西的"大夏"地域。然而，需要注意的是"夏"有大的含义，《诗·秦风·权舆》歌唱道："于我乎，夏屋渠渠，今也每食无余。""夏屋"就是大屋。《尔雅·释诂上》就说："夏，大也。"汉扬雄《方言》卷一说："自关而西，秦晋之间，凡物之壮大者而爱伟之谓之夏。"可知秦晋之间自古称赞宏伟者为"夏"。那么，最初建立的王朝称"夏"就容易理解了。《尚书·武成》"华夏蛮貊"之《孔传》称"大国曰夏"，可以作为佐证。

---

[1] 邹衡《夏商考古学论文集》，文物出版社，1980年；张光直《中国青铜时代》，生活·读书·新知三联书店，1983年；安金槐《豫西夏文化初探》，《中国历史博物馆馆刊》1979年第1期；等等。

"夏"还有华彩的含义，郑玄在注释《周礼·天官·染人》"秋染夏"时说："染夏者，染五色。"这与下面将要讨论的"华"字相同，《左传》"定公十年"条之"裔不谋夏，夷不乱华"一句，孔颖达《正义》解释道："夏也，中国。有礼仪之大，故称夏。有服章之美，谓之华。华夏一也。"华彩使得"华"和"夏"都被赋予文化的含义，在儒家看来，衣冠乃礼仪之表，有礼乃大，故华夏对蛮夷在文化上处于优势，这是区别两者的根本依据，颇为重要。

"夏"的辖区变化 相传商的始祖契和周的始祖后稷原来都出仕舜，舜禅让于禹，禹之子启废除禅让制度，建立夏朝。所以，商和周的祖先都为夏臣，商为东方部族，周为西方部族，皆源出于夏。所以，在文字记载的历史上，周人以夏的继承者自居，以表明其在政治和文化上的正统地位。《尚书·康诰》记载，周灭商后，建洛邑，周公代成王对臣下训示道：

> 惟乃丕显考文王，克明德慎罚……用肇造我区夏，越我一二邦，以修我西土……肆汝小子封在兹东土。

周发源于西部的陕甘地区，故称其地为"西土"；洛邑在东，故称"东土"。文中的"夏"指周的直辖地，周与"一二邦"共同治理"西土"。由此可知，在周初，"夏"仅用来指称周王朝直辖领域。

到了春秋时代，出现了"诸夏"的说法。《左传》"闵公元年"条记载，管仲对齐桓公说：

> 戎狄豺狼，不可厌也；诸夏亲昵，不可弃也。

显而易见，"诸夏"和"夷蛮戎狄"相对，指的就是周分封的中原诸国。在这里可以清晰地看到"诸夏"不断扩大的过程，亦即春秋时代中原诸国在同夷狄的斗争中日益增强了以周天子为共主、以姬姓为共同血缘纽带、具有共同责任感的民族认同。因此，春秋时代是华夏民族核心成分形成的时期。[1]

实际上，如孔子所言，这种民族认同的最高准则是文化因素，即行周礼。因此，随着周朝制度的普及，"诸夏"的地域也在不断拓展。秦融入"诸夏"并统一中国，也自称为"夏"。《法律答问》记载：

> 臣邦人不安其主长而欲去夏者，勿许。可（何）谓"夏"？欲去秦属是谓"夏"。[2]

秦承周，以"夏"自称，统一全国之后，"夏"也成为统一王朝的称谓。

"华"的含义 "华"与"夏"在指称周朝上同义，两个字有着相同的发展过程。上引《尚书·武成》"华夏蛮貊"句中，"华"和"夏"联用；《左传》"定公十年"条记载："裔不谋夏，夷不乱华。""夏"和"华"可以互换，意思相同，都是和夷狄相对的称号，指的就是周朝。

"华"本于"花"，引申为华美之意。在人文上，"华"解作"文德"[3]。上引孔颖达的解释称："有服章之美，谓之华。""服章"是礼的表现，因此，"华"也就被赋予了礼的含义。《国语·鲁语上》"季文子论妾马"的韦昭注称："华，荣华也。"其本文说："以德荣为国华。"有德而荣华，"华"字带有强烈的文化色彩。

诸华 周的中原诸侯行周礼，修文德，冕服采章，故称"华"。这类诸侯亦称作"诸华"，《左传》"襄公四年八月"条记载，魏绛曰："'劳师于戎，而楚伐陈，必弗能救，是弃陈也，诸华必叛。

---

[1] 堀敏一『中国と古代東アジア世界：中華の世界と諸民族』、岩波書店、1993年、17頁。
[2] 睡虎地秦墓竹简整理小组《睡虎地秦墓竹简》，文物出版社，1978年，第226页。
[3] 《尚书·舜典》"帝舜曰重华"，汉孔安国《传》解释道："华谓文德，言其光文重合于尧，俱圣明。"《舜典》被视为秦汉时代的伪作，则此条可作为秦汉思想的反映。

戎,禽兽也。获戎失华,无乃不可乎。'"这里的"诸华"与前面的"诸夏"同义。秦汉时代,常见"华夏"[1]连称,成为中国的一种称谓。

二 "中国"与"天下"

"中国"的原义 "中国"一称,首见于西周初期。1963年,陕西省宝鸡县(今宝鸡市陈仓区)贾村出土的何尊,为周成王时期的青铜器,其铭文记载:

> 武王既克大邑商,则廷告于天曰:"余其宅兹中或,自之辟民。"

铭文中"中或"的"或",《说文解字》解释道:"或,邦也,从囗,从戈以守一。一,地也;域,或又从土。"段玉裁注:"盖或、国在周时为古今字。古文只有或字,既乃复制国字。"据此可知"或"即"国"。周武王时称"中国",可以得到证明。[2]若再进一步追溯,则殷商卜辞中可以见到商人称其国为"中商",故胡厚宣先生认为:"商而称中商者,当即后世中国称谓的起源。"[3]综合起来看,"中国"称谓最迟已见于周武王时代。

根据何尊铭文,"中国"指的是在商旧地建设的洛邑,为周的直辖地。

《诗经》中也有多处"中国"的记载,例如《大雅·民劳》诗的每一段起始句:

---

[1]《尚书》的《虞夏书》(《舜典》《禹贡》)、《周书》(如《牧誓》《武成》《微子之命》《周官》等篇)的汉、唐人注疏里,常见"华夏"连称。
[2] 于省吾《释中国》,载中华书局编辑部编《中华学术论文集》,中华书局,1981年。
[3] 胡厚宣《论五方观念及中国称谓之起源》,《甲骨学商史论丛初集》第二册,齐鲁大学国学研究所,1944年。

民亦劳止，汔可小康。惠此中国，以绥四方。
民亦劳止，汔可小休。惠此中国，以为民逑。
民亦劳止，汔可小愒。惠此中国，俾民忧泄。
民亦劳止，汔可小安。惠此中国，国无有残。
……

其中一段的首句为"民亦劳止，汔可小息。惠此京师，以绥四国"，同上面的句子，尤其是与第一句相对照，即可明白诗句中的"中国"也就是"京师"。故其注解释："中国，京师也；四方，诸夏也。"此外，诸如：

文王曰："咨！咨女殷商。女炰烋于中国，敛怨以为德……内奰于中国，覃及鬼方。"（《诗·大雅·荡之什·荡》）
哀恫中国，具赘卒荒。（《诗·大雅·荡之什·桑柔》）

此二处的"中国"，亦为"京师"。和"中国"相对的是"四方"，亦即"诸夏"。不论"中国"指的是镐京还是洛邑，都是周直辖的政治中心地。

"中国"的逐渐扩大　春秋以后，文献里"中国"的称呼大量增多。《左传》记载：

中国不振旅，蛮夷入伐。（"成公七年正月"条）
戎有中国，谁之咎也。（"昭公九年"条）

"中国"和"蛮夷""戎"相对，已经从原来的"京师"扩大到周王朝的中原封国，故《史记·张仪附犀首传》记载："中国无事，秦得烧掇焚杅君之国。"唐司马贞《索隐》解释"中国"道："谓山东诸侯齐、魏之大国等。"唐张守节《正义》说："中国，谓关东六国。无事,不共攻秦。"随着文化统一的进程,"中国"的范围也在不断扩大,战国时代,实行周制而获得中原诸侯国认同的国家逐渐融入"中国",例如西方的秦,南方的吴、越和楚等都先后成为"中国"的一部分[1]。

秦始皇统一六国之后,"中国"成为全国的称谓,《史记·天官书》记载:"秦遂以兵灭六王,并中国,外攘四夷。"

然而,以中原为"中国"的观念根深蒂固,影响久远。《三国志·诸葛亮传》记载,赤壁之战前夕,诸葛亮力劝孙权抗曹,说道:"若能以吴、越之众与中国抗衡,不如早与之绝。"这里的"中国"指曹魏统治的中原地区。有趣的是,西晋灭亡后,播迁江南的东晋以正统自居,但是,《晋书·周处附周馥传》在记载北人南渡时说:"时中国亡官失守之士避乱来者,多居显位,驾御吴人,吴人颇怨。"显然,南方一般还是以北方为"中国",这种情况在南北分裂的时期十分常见。唐朝之后,称北方为"中国"的现象逐渐稀少。

王尔敏先生曾经统计53种先秦典籍,发现在25种典籍中,共出现"中国"172次,可以分为五种用法:(1)京师;(2)国境之内;(3)诸夏;(4)中等之国;(5)中央之国。[2]这五种用法和上面的分析相对应,可以清楚地看出"中国"一词由京师到诸侯国,最后成为全国称谓的发展过程。

还需要指出的是"中国"不仅是地域的概念,它和上述"夏""华"一样,具有文化的含义。司马迁在论中国同夷狄的区分时说:"及至五家、三代,绍而明之,内冠带,外夷狄,分中国为十有二州。"[3]内外之别,标准在于"冠带",也就是礼仪制度。更加

---

[1] 《史记》卷二七《天官书》记载:"秦、楚、吴、越,夷狄也。"本书所引正史,均使用中华书局1959年点校本。
[2] 王尔敏《中国名称溯源及其近代诠释》,《中华文化复兴月刊》第5卷第8期,1973年,第1—2页。
[3] 《史记》卷二七《天官书》"太史公曰",第1342页。

清楚而具体的表述，见于《史记·秦本纪》的记载，秦穆公问由余道："中国以诗书礼乐法度为政，然尚时乱，今戎夷无此，何以为治，不亦难乎？"亦即在古人心目中，"中国"是"以诗书礼乐法度为政"的国家，对于周边民族具有文化上的优越感。战国赵武灵王时代，赵公子成曾经用颇具民族主义色彩的口吻对"中国"所蕴含的文化特点概括道：

> 中国者，聪明睿知之所居也，万物财用之所聚也，贤圣之所教也，仁义之所施也，诗书礼乐之所用也，异敏技艺之所试也，远方之所观赴也，蛮夷之所义行也。[1]

"天下"的含义 高居于民族和国家之上的是"天"，"明明上天，照临下土"[2]。上天通过"天子"来管理小民和国家，故《尚书·召诰》说："其惟王位在德元，小民乃惟刑用于天下，越王显。"王代天行政，首先要立德，其统治下的民众才会遵守法度。此句中的"天下"指的是周天子的统治地区。《左传》"僖公二十四年"条记载了富辰劝谏周襄王的话：

> 周之有懿德也，犹曰"莫如兄弟"，故封建之。其怀柔天下也，犹惧有外侮。

周之"天下"，及于所封建的诸侯国，其外则有蛮夷，故周天子要团结诸侯，共御"外侮"。

《尚书·立政》记载："其克诘尔戎兵，以陟禹之迹，方行天下，至于海表，罔有不服。"《尚书正义》引《释地》解释道："'九夷、

---

[1]《战国策》卷一九《赵二·武灵王平昼闲居》，上海古籍出版社，1978年，第656页。
[2]《诗经·小雅·北山之什·小明》。

八狄、七戎、六蛮谓之四海。'知'海表'谓'夷狄戎蛮，无有不服化者'。""天下"与"夷狄戎蛮"所居之"海表"对举，显然是周的领地。

然而，圣王应该超越华夏，德被四裔，使得华夷无不靡从。因此，天子之德如同阳光雨露，广被四野。随着德化的推进，天下的范围自然也在逐步扩大。贾谊《过秦论》说："且天下尝同心并力攻秦矣。"春秋战国时代说的"天下"，还只是实行周制的地区，多用于指山东六国。

秦统一中国之后，"天下"的称谓显著增多，从下面所引《史记·秦始皇本纪》的多条记载，可以看到秦始皇君臣喜欢使用"天下"一词来指新统一的全国，令人感受到秦人对统一六国空前功业的自负。秦始皇说："寡人以眇眇之身，兴兵诛暴乱，赖宗庙之灵，六王咸伏其辜，天下大定。"称统一六国为"平定天下"，不是司马迁的创造，秦朝君臣都如此言说，《史记·秦始皇本纪》所收秦始皇登泰山碑文称"初并天下，罔不宾服"，登之罘东观碑文称"禽灭六王，阐并天下"，皆为明证。

秦之天下，囊括周分封的诸侯国，但实际要更加广袤，故大臣李斯等人不无骄傲地说道：

> 昔者五帝地方千里，其外侯服、夷服，诸侯或朝或否，天子不能制。今陛下兴义兵，诛残贼，平定天下，海内为郡县，法令由一统，自上古以来未尝有，五帝所不及。

秦的"天下"远比周广，包括实行郡县制度、法令统一的地区，也就是秦朝政令所及之地。秦二世说："先帝起诸侯，兼天下，天下已定，外攘四夷以安边竟。"在秦政令通行的"天下"外，则是四夷的地区。故此处所言，应是狭义的"天下"。

此外，在秦始皇于琅邪所立碑文中提到"天下"的范围：

> 皇帝之德，存定四极……六合之内，皇帝之土。西涉流沙，南尽北户。东有东海，北过大夏。人迹所至，无不臣者。功盖五帝，泽及牛马。莫不受德，各安其宇。

这个"天下"的范围，与仆射周青臣所言相呼应："他时秦地不过千里，赖陛下神灵明圣，平定海内，放逐蛮夷，日月所照，莫不宾服。"这里的"天下"涵盖了夷狄，是广义的"天下"。然而，夷狄地区并非秦实际控制的区域，只表明秦朝的雄心，要让皇帝的威德像阳光一般照耀夷狄之地，让他们"莫不受德，各安其宇"，这一点且留待下面分析。这里只想指出一点，即所谓的"天下"更加凸显出文化的优越，秦朝广义的"天下"观，继承了向夷狄推行中国文化以改变他们的理念。

通过以上论述，我们可以看到，"夏""华""中国"和"天下"都有一个由周天子直辖地逐步扩大到全国的演变过程，它反映出中国的民族、国土和文化等概念并不是一成不变的，都有一个不断深化和扩展的动态过程。究其根本原因，就在于中国文明的多元起源。伴随着各种文明的融合，人们对民族、国土和文化的认识都在进步和发展。从这些观念中，都可以看到文化的因素起着重要的作用，周边民族只要接受周的礼仪制度，便能够获得周王朝和中原诸侯的承认，逐渐融入其中，成为其一部分。因此，"夏""华""中国"和"天下"具有很强的包容性，比较容易适应时代的变迁。

三 "蛮夷戎狄"观念的演变

先秦时代，华夏族人已经称其周边民族为"蛮夷戎狄"等，以示区别。这种区别基本上是标识部族意义上的，反映在早期的甲骨文上，直到商代所出现的"夷""戎""狄"等，并不带有歧视的含义。[1]即使在东汉编撰的《说文解字》里，依然可以看到这些字最初的含义，兹列举如下：

> 夷，平也。从大，从弓。东方之人也。
> 戎，兵也。从戈，从甲。

这个解释符合字形本义。至于"蛮"和"狄"，其解释分别为：

> 蛮，南蛮，蛇种。
> 狄，赤狄，本犬种。狄之为言淫辟也。从犬，亦省声。

所谓"蛇种"或者"犬种"，恐怕源自部族的图腾，然而，对"狄"的后续解释明显看得出是后来附加上去的，属于种族歧视形成后的观念。"蛮夷戎狄"最初是对不同部族人特征的描绘，他们与华夏的不同之处，主要在于生活和生产方式。《左传》"襄公十四年春正月"条记载了戎子驹支驳斥晋范宣子冤枉其泄密时说：

> （晋）惠公蠲其大德，谓我诸戎，是四岳之裔胄也，毋是翦弃。赐我南鄙之田……我诸戎饮食衣服，不与华同，贽币不通，语言不达，何恶之能为。

这段朴实的话出自戎人之口，保存了早期华夏族与边疆民族相处的情况，弥足珍贵。从驹支的话可以看出，他们也自称"戎"，并不忌讳，可知此时戎的称谓尚不带歧视的意思，华夏族也不排斥他们，还视其为"四岳之裔胄"，给他们土地，妥善安置。华夷之别表现在

---

[1] 李孝定编《甲骨文集释》第10，第3207页"夷"，第3759页"戎"，第3109页"狄"，台北，《"中央研究院"历史语言研究所专刊》之五十，1965年。

饮食、衣服、贽币和语言等习俗方面。

由于生活的地区不同，华夏族与"蛮夷戎狄"各族的生产和生活的形态当然各异，语言也不相同，这是客观现实。由此产生礼仪文化上的差异，"贽币不通"，乃至社会制度不同。各族之间通过对这种客观差异的相互比较，萌生种族认同的民族情感。由此可见，华夷区分最初乃是基于民族间共同承认的、客观存在的文化习俗差异。

华夏地区经历从青铜到铁器的发展，大量金属农具的使用，使得农业生产出现飞跃性进步，社会发达程度明显高于周边民族。农耕和定居的生产生活方式，发展出以家族伦理为中心的成熟礼制，同周边民族在文化上的差异变得格外醒目，特别是同游牧民族相比，定居社会注重家族亲缘关系，而快速移动的游牧民族在这方面就没法区分得那么清楚细致；发达的农业生产提供的产品可以供养家族的孤寡成员，而游牧生产的严酷条件形成收娶父兄寡妻的习俗。这方面的巨大反差，使得汉族经常痛斥夷狄，将其视为乱伦而不齿。所以，华夷观念的产生源于生产和生活方式不同而造成的文化落差。从现存文献来看，春秋时代逐渐形成歧视夷狄的华夷观念。《左传》"闵公元年"条记载，管仲对齐侯说：

> 戎狄豺狼，不可厌也。

《左传》"襄公四年八月"条也记载，魏绛称："戎，禽兽也。"为什么是禽兽呢？晋悼公认为："戎狄无亲而贪，不如伐之。""无亲"正是上述对亲缘伦理的违背。"贪"指的是戎袭扰边疆经常是为了抢掠财货，犹如草原上动物捕猎食物。《左传》"僖公二十四年三月"条有更加清楚的表述，富辰对周襄王说：

> 耳不听五声之和为聋，目不别五色之章为昧，心不则德义之经为顽，口不道忠信之言为嚚，狄皆则之，四奸具矣。

实际上，戎狄在音乐、绘画上的水平并不比汉族低，胡乐在中国的流行便说明了这一点。至于忠义，则各民族有各自的忠义观。所以，富辰的话显然是以华夏族的艺术伦理标准去衡量外族，而产生对异质文化乃至其民族的歧视。后人没有认识到这点，反而形成华夏族在艺术文化各个方面都优于戎狄的错误观念。

造成误解的原因是多方面的，生产和生活方式的不同最主要。《左传》"襄公四年八月"条记载魏绛劝晋悼公说：

> 和戎有五利焉：戎狄荐居，贵货易土，土可贾焉，一也；边鄙不耸，民狎其野，穑人成功，二也；戎狄事晋，四邻振动，诸侯威怀，三也；以德绥戎，师徒不勤，甲兵不顿，四也；鉴于后羿，而用德度，远至迩安，五也。君其图之。

游牧民族逐水草而居，徙无常处，故轻土重货；相反，农耕民族则视土地为命根子。所以，在华夏族看来，戎狄重货乃"贪"。这其实是生产方式所决定的不同生活方式和价值观。

上述对夷狄的歧视，可以区分为两种情况：第一类如"戎狄豺狼"等，属于种族上的歧视，即所谓"非我族类，其心必异"；第二类属于文化上的歧视，上引富辰和魏绛的话是典型的表现。当然，种族歧视与阶级和民族压迫有着密切的关系，作为统治阶级意识形态的种族歧视，并不是自然发生的，而是阶级社会的产物。而且，它是一个具有世界普遍性的问题。

两类歧视之间并非毫无关联，而存在内在的联系。《国语》卷二《周语中·定王论不用全烝之故》记载，周定王对范武子说：

> 夫戎狄，冒没轻儳，贪而不让。其血气不治，若禽兽焉。

在周王看来，戎狄犹如禽兽，是由于"血气不治"的缘故。反过来说，其"血气"是可以调治的，因此存在着改造转化的余地。显然，两类种族歧视是一个事物的两个方面，其中，文化歧视是主要的，而种族歧视则是次要的、较低层次的方面。

如何调治"血气"呢？上引魏绛论"和戎五利"中提出"以德绥戎"，也就是用文德教化夷狄，这是十分重要的思想。《左传》"僖公二十五年四月"条记载，仓葛对晋宣言：

> 德以柔中国，刑以威四夷，宜吾不敢服也。

春秋时代已经形成以文德治理"诸夏"、用"刑"威镇四夷的两手政策。所谓"刑"，乃"大刑用甲兵"，也就是征伐。然而，对华夏与对夷狄的不同政策，自然引起被视为夷狄者的不满，故仓葛公开表示不服。前引《史记·秦本纪》记载，秦穆公曾说："中国以诗书礼乐法度为政，然尚时乱，今戎夷无此，何以为治，不亦难乎？"可以看出，夷狄也希望采用"中国"的文化制度来治理其国家。夷狄实现文治，就消除了同"中国"的差异，也就转化为"诸夏"，秦、楚、吴、越都是明显的例证。

四 融合华夷的等级世界

殷商以东西南北方位来建构世界，自己居中作为四方的统治者。[1] 西周继承这个传统，以周王朝为中心，周围封建诸侯，形成周的天下。春秋战国时代，周王权威失坠，中原诸侯起而尊王攘夷，成为华夏的中心，周边分布着不同于中原文明制度的"夷狄"。无论是西周的诸侯，还是春秋战国的中原霸主，都以礼制文明相高尚，

---

[1] 参阅邢义田《天下一家——中国人的天下观》，载《中国文化新论·根源篇·永恒的巨流》，生活·读书·新知三联书店，1991年，第438页。

图 1 华夷等级世界构图

作为天下的中心,在他们眼里,越往外走,文明程度越低,如孔子在《论语·为政》所言:"为政以德,譬如北辰,居其所,而众星共之。"由此产生具有中国特色的天下观和华夷观念。

在中国的天下观里,天子居于中心地位,由里向外,不同的民族国家,都有各自应有的位置。《尚书·禹贡》说:

> 五百里甸服……五百里侯服……五百里绥服……五百里要服……五百里荒服。

《国语》卷一《周语上·祭公谏穆王征犬戎》说道:

> 夫先王之制:邦内甸服,邦外侯服,侯卫宾服,蛮夷要服,戎狄荒服。

也就是说,天子所辖畿内之地为"甸服",畿外五百里之地为亲近诸侯的"侯服",再外一圈为宾贡朝见的"绥服"或者"宾服",再往外就是蛮夷所在的"要服",最外一圈属于戎狄居住的"荒服"。华夏与蛮夷戎狄由内及外,分别处在不同的地域,共同构成一个完整的"天下"世界。兹将此世界图示如上(图1)。

在这个华夷世界构图里，各个民族、国家与周天子的亲疏关系，直接表现为等级关系，并由其所处的地理位置所决定。反过来，政治关系也表现为空间距离。

在现实社会里，华夏与夷狄在空间上并不是截然分开的。虽然总的来说，夷狄社会处在中原周边。但是，即使在中原"诸夏"国家里，也广泛存在着"夷狄"，他们与华夏族杂处一地，共同生活。所以，上述构图所表现的，并不是现实中的华夷存在，而是古代中国的天下观念。

必须指出，在这个天下观念里，个人乃至集团、国家的地位，首先是由政治上的从属关系来决定的，亦即表现为阶级的等级关系。因此，不仅华夷之间存在着等级，华夏内部也同样有阶级的区分，上述"天下"世界的等级结构并非专门针对夷狄而设计的，它同样也适用于华夏族内部，是阶级社会等级秩序的内外反映。

儒家构建"天下"世界的根本依据，并不是种族歧视，而是阶级的等级关系，民族歧视应该从阶级压迫中去理解。随着"中国"的不断扩大，夷狄也渐次融入中国，空间距离、种族和等级关系都在不断变动之中。这是儒家"天下"学说的重要特色，这种思想对之后中国处理与外国的关系，具有重大的理论指导意义和深刻的现实意义。

第三节 "大一统"理论与天下秩序

一 基于文化标准的华夷转化

从图1不难看出，中国始终把夷狄作为构成天下的一个重要部分，即所谓"天下为一"的"王者之制"。

如上所述，区分民族的认识，首先是通过生产和生活习俗的相互比较而自发产生的。《史记·天官书》说：

及秦并吞三晋、燕、代，自河山以南者中国。中国于四海内则在东南，为阳……其西北则胡、貉、月氏诸衣旃裘引弓之民，为阴。

夷狄因其"衣旃裘引弓"的生活和生产方式而有别于汉族。荀子曾经说过："居楚而楚，居越而越，居夏而夏，是非天性也，积靡使然也。"从表面上看，华夷之别在于其生活区域不同，亦即地理环境不同。但是，荀子并不认为地理环境起着绝对的、决定性的作用，亦即"非天性也"，关键在于"积靡"。杨倞注道："靡，顺也，顺其积习，故能然。"[1]既然华夷之别由后天的"积习"决定，而生活习俗和生产方式又是可以改变的，那么，华夷之别就能够转化。实际上，这种转化在历史上不乏其例。

"夷蛮之吴"[2]"弃在海滨，不与姬通"[3]，但自从鲁国求得中原典籍，励精图治后，《穀梁传》"哀公十三年"条称赞说："吴，夷狄之国也，祝发文身，欲因鲁之礼，因晋之权，而请冠端而袭。其籍于成周，以尊天王，吴进矣。吴，东方之大国也，累累致小国以会诸侯，以合乎中国。吴能为之，则不臣乎？"吴国尊周天子，礼仪制度合于中国，怎能将它排斥于中国之外呢？所以，吴国从夷蛮成功转变为诸夏之一。

和吴国同属夷蛮之邦的越国，也有着同吴国相似的转变历程，司马迁称赞道："及苗裔勾践，苦身焦思，终灭强吴，北观兵中国，以尊周室，号称霸王。勾践可不谓贤哉！"[4]

楚国原来也是夷蛮之邦，《左传》"襄公十三年"条记载："赫赫楚国，而君临之，抚有蛮夷，奄征南海，以属诸夏。"楚国强大之

---

[1] 杨倞注，王先谦集解《荀子集解》卷四《儒效篇第八》，中华书局，1988年，第144页。
[2] 《史记》卷三一《吴太伯世家》，第1448页。
[3] 《左传》"昭公三十年十二月"条。
[4] 《史记》卷四一《越王勾践世家》，第1756页。

后,尊王攘夷,同样也成为华夏之一员。

最典型的事例,当推秦国。《史记·秦本纪》"孝公元年"条记载:

> 秦僻在雍州,不与中国诸侯之会盟,夷翟遇之。孝公于是布惠,振孤寡,招战士,明功赏。下令国中曰:"昔我缪公自岐雍之间,修德行武,东平晋乱,以河为界,西霸戎翟,广地千里,天子致伯,诸侯毕贺,为后世开业,甚光美。"

秦国实行改革,不仅跻身于诸夏之列,秦始皇更是奋六世之余烈,统一中国,《史记·秦始皇本纪》称:

> 秦并四海,兼诸侯,南面称帝,以养四海,天下之士斐然向风。

后起之秀的秦国统一中国,在"华夏"认同上并没有问题,"天下之士斐然向风",拥护大一统,因为这是儒家所向往和追求的。秦朝的灭亡,是由于实行愚民政策和专制暴政,那是另一个问题。

以上诸例都说明,尊崇周天子,实行中原文化制度,夷狄就能够转化为华夏。其关键不但在于生活和生产方式的转变,更在于社会政治制度的转变,即实行中原的礼乐文明。这就是儒家著名的"用夏变夷"的政治主张。孔子认为,只要通过教化,就能够化夷为夏,《论语·子罕》记载:

> 子欲居九夷。或曰:"陋,如之何?"子曰:"君子居之,何陋之有?"

人们不愿意居于夷狄之地,因其粗陋。此处之"陋",不仅是生活上的艰苦，更是礼仪文化上的浅陋，所以，孔子才说，只要"君子"去了，就能够改变他们，怎么会粗陋呢？关键是要有德行的君子去提高夷狄，这其中包含的文化使命感跃然纸上。孟子更敢言，也更透彻，《孟子·离娄下》说：

> 舜生于诸冯，迁于负夏，卒于鸣条，东夷之人也。文王生于岐周，卒于毕郢，西夷之人也。地之相去也千有余里，世之相后也千有余岁，得志行乎中国，若合符节。先圣后圣，其揆一也。

原来儒家的圣人舜和周文王都是夷人，然而，他们造福于民，建立起一套礼仪制度，照样成为华夏的圣人。因此，夷夏本来就是一家，无怪乎孔子说："君子敬而无失，与人恭而有礼，四海之内皆兄弟也。君子何患乎无兄弟？"[1]

《春秋公羊传》"成公十五年十一月"条说：

> 《春秋》内其国而外诸夏，内诸夏而外夷狄。王者欲一乎天下，曷为以外内之辞言之？言自近者始也。

这段话十分符合前述"夏""华""中国""天下"等的发展过程，"华夏"的"天下"就是由内及外逐步发展扩大的，先有周（内其国），再扩大到分封国（内诸夏），到了春秋战国时代，这个发展已经完成了。此时，诸夏面对的是礼俗制度不同的周边夷狄。是排外自固，还是继续向外发展？《春秋公羊传》主张，"王者"应该以统一天下为己任，所以反对区分内外，主张由近及远逐步扩大。至于拓展"天下"的办法，《孟子·滕文公上》说：

---

[1] 这句话出自《论语·颜渊》，为子夏所言，但子夏说是听孔子说的。

> 吾闻用夏变夷者，未闻变于夷者。

用传播华夏文化、实行周朝礼仪制度的方法拓展"天下"，这也是儒家提出的改造夷狄的根本途径。在此过程中，文化起着关键作用。在孟子看来，这是一条单行道，只能用华夏文化改造夷狄，而不承认诸夏有可能被夷狄所改造。这是因为他坚持华夏文化的优越性。孔子当然也坚持文化的优越性，但是，他似乎更加坚持文化本位的立场，不遵周制，行为悖礼，华夏就有可能不如夷狄，故他说："夷狄之有君，不如诸夏之亡也。"[1] 夷狄有开明的君主懂得尊重周室，比华夏诸侯的僭越更好。显然，孔子对夷狄并没有一成不变的歧视和排斥。因此，他能够说出"礼失而求诸野"[2]、"道不行，乘桴浮于海"[3]。落后地区完全可以引入礼仪制度而超过诸夏，他甚至愿意自告奋勇去开化夷狄。

孔子的这一论述具有重要的意义。到汉代，公羊学派的大一统理论就是在此思想基础上发展出来的。[4]《春秋公羊传》"昭公二十三年七月"条说了一句耸人听闻的话："中国亦新夷狄也。""中国"何以会变成"新夷狄"呢？东汉公羊学派代表人物何休解释道：

> 中国所以异乎夷狄者，以其能尊尊也。王室乱，莫肯救，

---

[1]《论语·八佾》。对于这句话，有两种截然相反的解释，大致以宋朝为分水岭，宋儒多持排外的民族主义立场，解释为：夷狄有君主都不如中国没有君主，因为夷狄不知礼。然而，孔子这句话是感叹他所处的时代礼崩乐坏而发的，朱熹《四书集注》此条注释引："程子曰：'夷狄且有君长，不如诸夏之僭乱，反无上下之分也。'"实际上已经不同于前面的解释。唐朝以前，有关此句的解释迥异。皇侃《论语义疏》说："此章为下僭上者发也。诸夏，中国也。亡，无也。言中国所以尊于夷狄者，以其名分定而上下不乱也。周室既衰，诸侯放恣，礼乐征伐之权不复出自天子，反不如夷狄之国尚有ββ长统属，不至如我中国之无君也。"详见程树德《论语集释》，中华书局，1990年，第148页。
[2]《汉书》卷三〇《艺文志》，第1746页。
[3]《论语·公冶长》。
[4]《春秋公羊传》相传为战国时代孔子弟子子夏的学生公羊高所作，实际上成书于汉景帝时代，更多反映的是汉代的思想。

君臣上下坏败，开新有夷狄之行，故不使主之。[1]

诸夏不尊周室，破坏了君臣之礼，导致礼崩乐坏，那么，诸夏就变得与夷狄无异，故《春秋公羊传》称之为"新夷狄"。在这里，"中国"和夷狄基于种族的绝对区别消失了，留下来的只有制度文化的差别。文化提升，夷狄可以转变为华夏；相反，文化沦丧，华夏也可能沦为夷狄。华夷之间并不只是夷狄进化为华夏的单方面转变，而是双向的转化，均以唯一的文化标准为转移。显而易见，公羊学派进一步发展孔子区分华夷的思想，彻底贯彻了文化的原则。

汉代公羊学派的华夷观念具有重要的现实政治意义。西汉建立后经过半个多世纪的发展，到汉景帝时代，国家已经富庶强大，对外政策开始由保守自固向积极建立汉帝国天下秩序的政策转变。公羊学的天下"大一统"学说正是在这样的背景下产生的，它适应了汉朝拓展对外关系的需要，对汉朝乃至后世的对外政策都具有重要的理论指导意义。

二 理想主义的"大一统"理论

从战国到汉代，公羊学派将"天下"和"华夷"观念发展为系统的"大一统"政治与历史理论。

何休的思想，集中典型地反映出公羊学派的天下观。他在《春秋公羊解诂》"隐公元年"条说道：

> 于所传闻之世，见治起于衰乱之中，用心尚粗觕，故内其国而外诸夏，先详内而后治外……
>
> 于所闻之世，见治升平，内诸夏而外夷狄……

---

[1]《公羊传》"昭公二十三年"何休注。

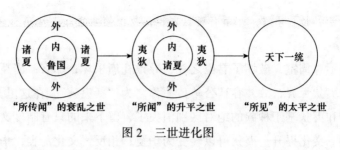

图 2　三世进化图

> 至所见之世，著治大平，夷狄进至于爵，天下远近小大若一，用心尤深而详，故崇仁义……

何休把"大一统"天下的演进分为三个阶段，亦即将鲁国的隐、桓、庄、闵、僖公时代作为孔子"所传闻之世"，此阶段属于"内其国而外诸夏"的"衰乱之世"；将文、宣、成、襄公时代作为孔子"所闻之世"，此阶段属于"内诸夏而外夷狄"的"升平之世"；将昭、定、哀公时代作为孔子"所见之世"，此阶段属于"夷狄进至于爵"的"太平之世"。兹将何休的三世说图示如上（图2）。

何休假托孔子所描绘的，是儒家社会逐步进化至大同世界的理想，所反映的是汉代对外关系的基本理论。它和孟子"用夏变夷"的思想一脉相承，也同前述"华""夏""天下"逐步扩大的历程相吻合。反映出西周以来占主导地位的对外政策思想，是通过逐步传播夏文明来扩大"天下"。在儒家看来，社会进步表现为先进文明的渐次传播。鲁国是圣人所在的礼仪之邦，故以其为一统天下的起点，然后再将其先进文明传播给略不如己的诸夏各国，最后传播至文明程度最低的夷狄诸国。普天之下，皆普及鲁国的文明，天下就无所区别，达到大同世界的境界，其乐融融。显而易见，三个阶段的划分，并不以种族为依据，而只以文明程度为标准。"内诸侯而外夷狄"必须同"内其（鲁）国而外诸夏"联系起来，这是一个不可分割的过程，这里的内外之别所表现的并不是种族的歧视，而只是社会进化的不同发展阶段。

建设高度文明的社会，是吸引四边夷狄慕化的根本，用文化的感召力造成政治上的向心力，通过传播礼仪制度的"德化"手段改造夷狄，以达到在文化上同化的目标，实现大一统的天下。这就是孔子在《论语·季氏》中提出的著名的对外关系最高原则：

> 故远人不服，则修文德以来之。既来之，则安之。

在这里，"德化"并不是要消灭种族，而是在承认世界广泛性的基础上对各种异民族的包容，用文化的统一去达成政治的统一，此乃"用夏变夷"的精髓所在。"德化"原则绝不只是一种空想，它属于一种理想主义的对外关系理论，在中国处理与周边民族和国家关系的上千年过程中，这一理论不断得到丰富和发展，形成各种具体的政策措施，成为中国处理对外关系的基石。它不同于历史上其他文明与帝国的对外关系思想，具有十分典型的中国特色。只有深刻了解这一思想形成的历史及其现实意义，才能够理解在此基础上产生的各种具体外交政策与原则。

通过以上分析，可以看出从西周到春秋战国时代，"中国"从西周畿内扩大到中原"诸夏"，站在儒家的立场，则从礼仪之邦的鲁国扩大到"诸夏"，产生强烈的民族认同，同时也形成华夷的区别。这种区别从种族、习俗逐渐演变为文化上的等级落差，它虽有种族歧视的一面，但更强调的是文化的区别。由于"诸夏"存在于各个不同地区，广阔的地域带来习俗的不同，甚至包含着不同的文明起源，"诸夏"实际上最初并不属于同一个种族和文化，只是在它们一同归属于西周文化制度后才建立起广泛的认同感。换言之，诸夏是不同部族通过文化认同而形成民族认同、政治认同，这就使得文化认同高于种族认同，由此奠定了用文化改造不同种族以求达到大同世界的对外关系思想及其政策，特别是秦、楚、吴、越等一系列国家成功地融入中原"诸夏"的圈子，增强了中国文明对周边民族国家的先进性和吸引力的自信，更使得"德化"的思想成为处理对外关系的基调，长期居于主导地位。

因此，中国对外关系理论的目标不是不断地向外征服扩张，而是不断地追求扩大文明，以求达到天下一统，统一在高度的礼仪文明之上。公羊学派的"天下一统"的理论意义就在于此。

这种理想主义的对外关系理论，使其对外政策具有一种传播文明的使命感，希望把中国的"王化"像阳光雨露一般播撒于边裔，《诗经》著名的诗句"溥天之下，莫非王土；率土之滨，莫非王臣"，就是在这个意义上而言的。它确实反映出一种文化上的优越感，但是，若把它理解为自古以来整个天下的土地和人民都属于中国，那是误解。

这种思想可以上溯到多远，由于商代以前的文字资料不足，限制了进一步的论断。然而，有几个事例值得深思。其一，在中国上古传说中，炎帝和黄帝原先分别来自东部和西部的不同部族，曾经发生过激烈的战争，结果是双方融合在一起，最后成为中华各族共同承认的始祖。其二，殷和周也分别出自东方和西方的不同部族，先后建立不同的王朝。殷商时代，周为其统治下的一个部族；周武王推翻商，商成为周统治下的封国。不仅如此，在部族始祖传说上，殷和周乃至东西南北各族的始祖都一同在舜手下任职，可以视为同出一源。这些事例虽然包含不少传说的成分，却都反映出共同的思想，那就是上古时代部族之间的战争，争夺的是领导权，追求的是把被战胜的部族融合于本族之内，同以征服和奴役为目的的战争颇不相同，这也是西方奴隶制社会的理论不能套用于中国上古史的重要原因。所以，强调民族融合的思想，应该可以追溯至西周以前。其三，拥有共同始祖或者同出一源的传说，正是民族融合现象的反映。不仅在东西方部族之间，还反映于南方部族始祖传说上，例如吴国始祖太伯为后稷之苗裔、越国先祖为禹之苗裔、楚国先祖出自颛顼高阳之类的传说，应该都是在民族认同过程中附会产生的。史前考古的发现，日益证明南方拥有独立的文明起源。通过拥有共同的先祖来缔结血缘纽带，正说明华夏民族是在民族融合中形成的。

如上所述，多民族的融合是通过拥有共同的文化制度而实现的。

国外有人认为，共同始祖的传说是对周边民族的歧视，这恐怕是误解。拥有共同祖先，是承认其为共同家族之一员的意思；相反，如果是种族歧视的话，就不可能与之共享祖先祭祀，而会将其视若牛鬼蛇神，排斥在外。

三　天下秩序

通过建立以礼仪、制度为基础的文化优势，华夏族得以高居于各族之上，成为"天下"的中心。毫无疑问，这个中心是政治的。在国际关系上，政治关系是首位的。在国际关系中的文化，也首先是一种政治话语。古代中国与古代西方的不同，在于中国希望通过政治、文化中心的建立来吸引周边民族、国家，将其融入以中国为中心的国际关系体系之内，并希望通过文化的传播去改变周边民族、国家，而西方则强调征服。诚然，如古罗马具有明显的制度与文化上的优势，然而，其拓土开边是通过征服战争实现的，其制度文化的传播也是通过征服之后强加于被征服民族之上的。在同西方的比较中，更显现出中国的特色。

西周通过分封诸侯建立起自己的"天下"，同时确立了西周王室至高的政治中心地位和文化优势，而这一切又通过礼仪制度加以规定，在周"天下"实行。西周封建制度规定了公、侯、伯、子、男五等爵位和内服、外服，爵位决定受封者的尊卑秩序，从而确定周天子与诸侯以及诸侯之间的等级秩序；内服和外服则规定受封者为西周直属的臣下或是独立的封国，同时明确他们与周王之间的经济贡赋关系。在爵与服制之上，更有以祭祀祖先为核心的宗法制度，尊周王为大宗，诸侯国为小宗，由此形成复杂的礼仪制度，给国家政治制度加装一条血缘的纽带。所谓同宗共祖，其实就是把各部族的祖先附在周室祭祖的坛上，在宗法关系上予以承认。封建制与宗法制相配套，政治关系与血缘关系相结合，确立以周王室为核心的"天下一家"关系。

在周朝势力不能控制的地方，周承认各种民族与政权的存在，他们各自称王，不向周朝贡。周只能将他们视为野蛮而落后的蛮荒之民，居于所谓的"荒服"。然而，在内心里，"德化"天下的使命感不由自主地将他们作为将来传播文明的对象。也就是说，在"天下"的构图中，实际上承认在世界的边缘有未开化部族的存在。

如前所述，随着周"天下"的不断扩大，从周直辖地扩大到诸夏，再进一步扩大到夷狄，周王室也好，春秋战国的霸主乃至后来的统一王朝也好，已经形成用周朝这套制度来看待和处理对外关系了。后述对外关系中的册封、朝贡、羁縻、和亲等政策，都可以在周制里看到思想乃至制度的渊源。所以，中国处理对外关系的政策，实际上是不断把对内的制度扩大运用于对外关系上，可以视为内政的延伸。而周朝这套制度的核心是建立以周为中心的"天下"秩序。

这种思想和做法，在春秋时代得到进一步的发展。春秋争霸，所争者乃充当盟主，以号令诸侯匡扶周室，而非征服兼并他国。胜利者获得盟主地位，其与从属国的关系，钱穆先生曾经做过概括：

> 所谓霸业是要把当时诸夏国重新团结起来，依旧遵守西周王室规定下的封建制度和封建礼节。对外诸侯间不得相互侵略，对内禁止一切政权的非法攘夺。如此便逐渐形成了一个当时国际间的同盟团体，又逐渐制下了许多当时的国际公法。他们在名义上仍尊东周王室为共主，实际则处理一切国际纷争与推行一切国际法律的，其权皆由霸国即盟主任之。凡加入同盟的国家，每年皆须向盟主纳一定的贡赋，在经济上维持此同盟的存在。遇有战事，经盟主召集，凡属同盟的国家，皆须派遣相当军队，组织联军，听盟主国指挥作战。凡属同盟国，遇有敌寇，均得向盟主国或其他同盟国乞援。同盟国家相互间，则不得有

侵略及战争。凡遇外交争议，皆由各国申诉于盟主国，听候仲裁。其性质较严重者，则由盟主国召集各同盟国开会商处。争议之一方不服仲裁，得由盟主国主持声讨。各同盟国内部政争，亦同样由盟主国或同盟国仲裁。常有国君理屈败诉，卿大夫理直胜诉的。至于新君即位，均需得同盟国承认。若由内乱篡弑得国，同盟国不仅不加承认，并可出师讨伐，驱逐叛党，另立新君。遇有国内灾荒等事，同盟国均有救济之义务，亦由盟主国领导办理。当时许多诸夏侯国间，完全靠了这一个国际组织，保持他们对内对外的安全，达于百年以上。[1]

这种关系放到后来的中国与周边国家关系中，亦正符合。确立以中国为中心的"天下"秩序，就是建立中国主导的国际体系，在此体系中，中国所扮演的不是征服者，而是领导者、仲裁者的角色。而且，此政策在历代王朝中获得长期的坚持。可以说，中国是世界上最早着眼于建立国际关系体系的国家。

作为国际关系体系的领导者，我们确实可以看到中国承担起保护从属国，同时要求从属国服从"天下"秩序的史实。这种事例在历代多见，兹举一例为证。汉武帝时代，闽越和南越都是汉朝的藩国，闽越王兴兵攻击南越，南越王派遣使者到汉朝上书控诉：

> "两越俱为藩臣，毋得擅兴兵相攻击。今闽越兴兵侵臣，臣不敢兴兵，唯天子诏之。"于是天子多南越义，守职约，为兴师，遣两将军往讨闽越。

由此可见，在汉朝主导的国际体系中，藩国必须承担不得擅自兴兵和相互攻击、受到攻击也必须向天子投诉听候处理等义务，而天子

---

[1] 钱穆《中国文化史导论》，商务印书馆，1994年，第33—34页。

则要保护藩国,双方存在着权利与义务的"职约",故汉武帝肯定南越,并"守职约"为之讨伐闽越。

在对内关系上,周天子通过赐爵来规定臣下的尊卑秩序。在国际关系上,中国皇帝则通过向藩国册封、授予官职来确立其于国际体系中的地位和秩序。例如,东晋分别册封高句丽为"征东将军",百济为"镇东将军",倭国[1]为"安东将军",正好各差一个等级,故史书称"东夷之国,朝鲜为大"[2],反映了东亚国际体系中的等级秩序。

---

[1] 日本古称倭,早在中国古代《山海经》中已经出现于记载之中,但其具体形态不明。《汉书》以后的中国正史均有关于"倭"的记载,大约到唐高宗时代,倭国改称"日本"。台湾大学中文系叶国良教授《唐代墓志考释八则》(发表于《台大中文学报》第七号,1995年4月)介绍了台湾藏唐徐州刺史杜嗣先墓志,其中有"日本"国号,为最早的实物证明。其后,西北大学发现日本井真成墓志,其中也有"国号日本"记载。所以,唐高宗以前,日本当称作"倭国",其后称作"日本国"。本书尽可能根据不同历史时期采用其国号。

[2]《南史》卷七九《夷貊下》;《梁书》卷五四《诸夷》。

第二章 外交实践及其基本原则

第一节 建构以君臣关系为核心的国际体系

一 追求具有道德或法律权威的权力

中国对外关系理论的渊源,可以上溯到周代,乃至更远。然而,作为统一王朝构建国际体系的实践,则应始于秦汉。秦朝匆匆灭亡,汉初则因社会凋敝而力不从心,所以,汉武帝时代是国际体系成型的重要时期。

这个国际体系,目标在于建立中国王朝的中心领导地位,确定周边各国同中国的尊卑秩序,以及各国之间交往的基本原则和礼仪规范。其理想目标是建立中国同周边国家的君臣关系,使中国不但在国际政治上获得最高权威,而且在伦理道德上获得巨大支持,成为国际正义的象征。这是把国内政治体制运用于国际关系之上。

然而,国际政治同国内政治有着很大的差别,只要不是征服兼并敌国,就不可能像统治臣民一般统治别国。如果说国内政治的指向是权力的集中,那么,国际政治的指向正好相反,是权力的分散。而且,处于国家权力统治下的社会,可以建立起一种伦理道德规范。然而,在没有统一权力中心的国际社会,不同的生产方式和生活习俗形成不同的文化传统,难以建立统一的价值和道德体系。因此,国际关系表现得更加现实,更加凸显出不同国家之间的利益关系。

面对众多国家之间的现实利益关系,要建立某种形式的权力中心，首先要有强大的实力；其次要致力于建立国际道德和价值准则，它不像国内道德那样繁复而富于理想主义的感召，必须简洁清晰，让不同文化背景的民族或国家能够接受或者理解，且具有可操作性。国际政治权力与国际道德准则相辅相成，才能建立一个相对稳定的国际体系。不能建立获得广泛认同的国际道德和价值准则，国际体系及其领导者都不能获得稳定。完全建立在实力基础上的国际关系，必然是动荡不安的，一旦实力间的平衡被打破，便会引发动乱与战争。

把"德化"的原则运用于处理对外关系上，其实就是要凭借文化优势，依托国内的政治原则和道德理念去建立国际道德与价值准则，建构国际体系，谋求长期安定的国际环境。这是颇具远见的做法。当然，"德化"并非脱离现实的空想主义，它所依恃的是强大的国家实力，包括军事的、经济的实力，也包括外化为先进制度的文化吸引力。在此基础上，才能谋求建立君臣式的国际关系体系。换言之，古代中国王朝所追求的是具有道德或法律权威的权力，成为国际体系的领导者，承担领导的责任和保护臣属国的义务，扮演国际争端仲裁者的角色。

因此，中国所谋求建立的以君臣关系为主导的国际体系，相对接近于西周的周王与诸侯国的关系，而非秦汉以后建立的中央集权式的君臣关系。这是由国内政治传统与国际关系现实所决定的。诚然，古代中国处理对外关系的思想与政策可以放在前述"中国""天下"渐次扩大的延长线上，然而，作为统一的国家致力于建构国际体系，则始于秦汉帝国。

二 对外关系的理想目标——君臣关系

秦朝建立了中国第一个中央集权的统一帝国，摒弃西周以来的封建制，实行郡县制，中央权力直接渗透到地方，君权至上。同时，君权还具有来源于"天"的正统权威，赋予其权力的合法性。把君权贯彻于国际体系之中,不但可以使中国具有至高的政治权力,而且具有道德的权威。因此,在国际体系中建立君臣关系,无疑是最有利的。

古代中国之所以能够成功地在国际体系内建立起君臣关系来,得益于中国在政治、经济、军事和文化上对周边民族或国家所具有的巨大优势,特别是在东亚,当秦汉帝国建立之时,朝鲜半岛和日本尚处于部族国家林立的状态,希望从秦汉输入文化和技术,以提升自我。由此,古代中国所具有的文化优势转化成为政治优势。

然而,国际关系中的君臣,不同于国内政治中的君臣。国内的臣,为直接统治下的人,而国际关系中的臣,却是代表服属的民族或者国家,故统治的方法不同。

"臣"本意为服从。然而,臣有个人,也有以部族乃至国家为单位的,这是重要的区别。《尚书·酒诰》记录了周初戒酒诰词,说道:

> 越在外服,侯甸男卫邦伯;越在内服,百僚、庶尹、惟亚、惟服、宗工越百姓里居。

可知殷商已有内服和外服的区分,《大盂鼎》铭文记载"我闻殷坠令,隹殷边侯甸与殷正百辟",可相互印证。西周继承殷商的做法,王畿为内服,其外为外服。参照前述五服之说,内外服虽然是空间上的远近之别,但就臣而言,内服为周朝臣下,均为个人,而外服之臣则为诸侯国,故《仪礼·燕礼》唐贾公彦疏称:"诸侯臣在乡遂及采地者为外臣,在朝廷者为内臣。"秦统一全国,朝臣扩大到全国,原为外臣的诸侯国被消灭了,个人出仕朝廷,均为内臣。

值得注意的是,以团体服属于秦的情况并没有消失。《法律答问》记载"使者(诸)侯、外臣邦"[1],可知秦国之外有诸侯国,还有外臣邦。此外,在《法律答问》中还见到:

---

[1] 前引《睡虎地秦墓竹简》,第229页。

1．"臣邦人不安其主长而欲去夏者，勿许。"可（何）谓"夏"？欲去秦属是谓"夏"。

2．"真臣邦君公有罪，致耐罪以上，令赎。"可（何）为"真"？臣邦父母产子及产他邦而是谓"真"。可（何）为"夏子"？臣邦父，秦母谓殴（也）。

3．臣邦真戎君长，爵当上造以上……

这三条关于"臣邦"的定义是相互关联的，必须联系在一起分析。从第1条来看，秦之内也有"臣邦"，故臣邦人不满其主而要离去，同时也就离开了夏（秦）。《睡虎地秦墓竹简》整理者将"臣邦"解释为"少数民族"，似乎可以进一步深入分析。因为第3条法律显示，属于夷蛮戎狄之类异族者，称作"臣邦真戎"。根据第2条，纯属"臣邦"人者，称作"真臣邦"；臣邦人可以同秦人通婚，所产子属于秦人。由此看来，臣邦有在秦之内的特别政区，也有在秦之外的异族国家。特别政区之人，未必都是异族，应该有一些是原住民。

就实际情况看，秦治下有特别政区"道"[1]，为县级行政区划。《后汉书·百官志五》记载："凡县主蛮夷曰道……皆秦制也。"西汉规定，道有32个。[2]秦代可以找到17个。[3]秦道主要分布于原秦国旧地，尤其集中在陇西、蜀、北地等郡，这些地方正是原住民和异族聚居杂处的地区。[4]由此可见，秦国对未开化和少数民族聚居的地方实行特殊的管理办法，以利于居民逐渐适应并融入秦王朝。以后的王朝也继承了这个办法。

---

[1] 于豪亮《秦王朝关于少数民族的法律及其历史作用》，收入《于豪亮学术文存》，中华书局，1985年。
[2] 《汉书》卷二八下《地理志下》记载："讫于孝平，凡郡国一百三，县邑千三百一十四；道三十二，侯国二百四十一。"
[3] 马非百《秦集史·郡县志》（中华书局，1982年）列示8个道；张焯、张东刚《秦"道"臆说》(《民族研究》1989年第1期）则列出17个道。
[4] 参阅杨建《略论秦汉道制的演变》，《中国历史地理论丛》2001年第4期。

秦律对道有法律规定："道官相输隶臣妾、收人，必署其已禀年日月，受衣未受，有妻毋（无）有。受者以律续食衣之。"[1]很明显，道受秦法律管辖。值得注意的是，这条法律为《属邦律》。根据《睡虎地秦墓竹简》整理者对此条法律的注释，属邦是管理少数民族的机构，有秦兵器铭文为证。汉代因避刘邦名讳，改称属邦为属国、典属国。属邦亦即前引秦律所称的"臣邦"，早在秦统一全国之前就已经出现了。[2]所谓"属国"，《汉书·霍去病传》颜师古注释道："不改其本国之俗而属于汉，故号属国。"其关键是不改变属国原来的组织结构和生产、生活习俗，而服属于秦、汉王朝。从实际事例来看，汉武帝在打败匈奴之后，"乃分处降者于边五郡故塞外，而皆在河南，因其故俗为属国"[3]。表明汉朝大规模征伐匈奴，目的并不是要直接占领其地，而是要匈奴臣服，建立汉朝主导的国际体系。故匈奴投降，向汉朝称臣之后，汉朝保留其原来的社会形态，置之长城内外，作为臣属国。由此建立起君臣从属关系。

臣邦可以放在秦国内特殊政区的延长线上理解。当然，以部落或者国家为单位向秦服属之"臣"，不同于秦国家机器中的内臣，而属于外臣。外臣并非空间上的内外，而是政治关系上的内外，体现在许多方面，例如在礼仪方面，《仪礼·大射》郑玄注："献三官于阼阶，别内外臣也。"最重要的是在国政上，"外臣不知朝事"[4]，只是作为秦汉王朝在边外的臣属国，不介入中国的内政。中原王朝对臣属国具有保护的责任，同时，臣属国对中国也要承担一定的义务，《汉书》散见片段记述：

> 丞相长史任敞曰："匈奴新困，宜使为外臣，朝请于边。"（《汉书》卷九四上《匈奴传》）

---

[1] 前引《睡虎地秦墓竹简》第110页。
[2] 参阅王宗维、周伟洲编《汉代属国制度探源》，《马长寿纪念文集》，西北大学出版社，1993年。
[3] 《汉书》卷五五《卫青霍去病传》，第2483页。
[4] 《汉书》卷七五《李寻传》，第3185页。

会孝惠、高后天下初定，辽东太守即约满为外臣，保塞外蛮夷，毋使盗边；蛮夷君长欲入见天子，勿得禁止。以闻，上许之。(《汉书》卷九五《朝鲜传》)

可知外臣居于边裔，必须安辑所部，定期入朝，捍卫中国边塞，确保道路畅通，使得周边其他国家能够前往中国朝见。

三　宗法伦理与血缘纽带

君臣关系是古代中国王朝希望达到的理想目标。支持政治上的君臣关系，就是支持血缘关系上的父子关系。《尚书·洪范》说："天子作民父母，以为天下王。"需要说明的是，中国家长的权力在古代并不大，所谓"作民父母"，强调的是爱民如子，仁慈治天下。要到专制主义强化之后，由于国家权力的积极支持，父权和夫权才大大加强，到明清时代与君权互为表里，共同构成专制统治的支柱。因此，不同时代的父子关系有着相当大的差别。

早期在君臣的政治关系上加上父子的宗法关系，更多是为了通过血缘的纽带，既强化双方的联系，又使得森严的政治秩序变得富于亲情而柔性化。汉朝与匈奴的关系是很好的说明。汉初高祖刘邦出征匈奴，受挫于白登，忍辱改行和亲，以宗室之女出嫁单于，双方约为兄弟关系。此后历文、景两代，均保持与匈奴的和亲关系。故匈奴单于说："我儿子，安敢望汉天子！汉天子，我丈人行。"[1]于公，双方约为兄弟；于私，汉皇帝与匈奴单于为翁婿。汉武帝打败匈奴，直到汉宣帝甘露二年（前52），匈奴单于称臣入朝。汉元帝以王昭君出嫁匈奴单于，双方在国家关系上为君臣，在家庭关系上为翁婿。

从家庭辈分来看，通过宗女出嫁，双方结成翁婿关系，到下一

---

[1]《汉书》卷九四上《匈奴传上》，第3777页。

代，就成为甥舅关系。在中国，把血缘关系同政治关系紧密结合，有着悠久的传统。太远的历史就不去追溯了，仅就西周的情况来看，其封建制是建立在婚姻宗法关系之上的，范文澜先生归纳道：

> 周制同姓百世不同婚姻，这样，各国间同姓既是兄弟，异姓多是甥舅，彼此都有血统关系，可以加增相互间的联系。周天子称同姓诸侯为伯父叔父，称异姓诸侯为伯舅叔舅。诸侯在国内称异姓卿大夫为舅。想见有宗的庶民与无宗的庶民相互通婚姻，同样也保有甥舅关系。上起天子，下至庶民，在宗法与婚姻的基础上，整个社会组织贯彻着封建精神。[1]

西周用血缘宗法关系同封建制相结合，处理同诸侯的关系，也用以处理多民族复杂的种族与政治关系，成功地将他们融为一体，构成西周统治下的"诸夏"。西周成功的历史经验，为后代所借鉴，用于处理国家间的关系。君臣、父子、翁婿、兄弟、甥舅等各种关系，都可以看到历史传统的烙印。

君臣关系之上，再加入父子关系的血缘纽带，是运用伦理道德来强化政治权力。在国际关系上，不但要获得最大的政治权力，更要占据道德的制高点，才能使得权力具有道义的权威和影响力。

第二节　册封、羁縻与朝贡

一　册封的类型

汉朝同匈奴的君臣关系，是通过双方的军事较量实现的。实际上，中国古代帝国建立国际体系，也有不少是不依靠军事手段，而

---

[1] 范文澜《中国通史简编》修订本第一编，人民出版社，1964年第4版，第136页。

是在国家强盛的实力基础上,通过优势的文化与制度传播影响,让周边国家在同中国的交往中获得好处而被吸引,从而融入这个国际体系之中。

在这个国际体系中,中国古代王朝同周边国家的关系,通过册封的形式来确立。受册封的国家,虽然在不同程度上接受中国文化而受到影响,但都保持原有的社会组织形态不变,国王独立行使政治权力,只是在对外关系上要接受册封国制定的若干基本准则,有所约束。

根据各个地区的重要性,以及中国古代王朝实际控制力的强弱,册封的实际形态有所不同,至少可以区分出三种形态。

第一种,中国古代王朝势力可及,该地区缺少其他堪与中国抗衡的强国,且属于可以实行农耕、原住民定居的地区。例如,西南地区的夜郎国和滇国,西汉建元六年(前135)汉使者赴夜郎国,"厚赐,谕以威德,约为置吏,使其子为令"。汉灭南越之后,"夜郎遂入朝,上以为夜郎王"。同时,汉军兵临滇国,"滇举国降,请置吏入朝,于是以为益州郡,赐滇王王印,复长其民。西南夷君长以百数,独夜郎、滇受王印"[1]。夜郎国和滇国固然都获得汉朝册封,但是,汉朝在西南大量设置郡县,只是保留其原来的社会形态,由夜郎王和滇王治理。因此,两国同汉朝的关系,要比后述西域楼兰国更加紧密,独立性也更低。至于西南地区数以百计的"君长",比不上夜郎国和滇国人多地广,所以得不到册封,被置于汉朝特别政区的管理之下。

第二种,中国古代王朝势力可及,但该地区的生产、生活形态颇不相同,故保留较大的独立性。例如楼兰国,汉武帝通西域,楼兰"降服贡献……(征和元年)楼兰王死,国人来请质子在汉者,欲立之……楼兰更立王,汉复责其质子……(元凤四年)乃立尉屠耆为王,更名其国为鄯善,为刻印章,赐以宫女为夫人"[2]。从这段

---

[1] 此段引文均见《汉书》卷九五《西南夷两粤朝鲜传》,第3839、3842页。
[2] 《汉书》卷九六上《西域传上》,第3877—3878页。

记载可以得出以下几点：

（1）臣服国的国王或者由汉朝册立，或者接受汉朝的册封。综合后代的众多事例来看，由中国古代王朝册立者少见，属于特殊情况，一般都是承认其既立的国王，予以册封。

（2）中国古代王朝颁给受册封国王印章，作为凭证，接纳其进入中国古代王朝主导的国际体系。

（3）受封国必须承担朝贡、质子等义务。

中国古代王朝北方及西方的国家，大多属于这种类型。毕竟它们基本上属于游牧或者半游牧国家，在许多方面难以接受中国的礼仪制度。而且，它们的流动性很大，中国古代王朝既不易控制它们，也不易有效保护它们。楼兰周围还有其他强势国家，诸如匈奴对其影响颇大，因此，楼兰与汉朝的关系受到其他外部影响颇大。

第三种，中国古代王朝势力难及的地区，例如倭国，远在海外，"分为百余国，以岁时来献见"[1]。西汉是否予以册封，记载不详。然而，到了东汉，《后汉书·东夷传》明确记载："建武中元二年，倭奴国奉贡朝贺，使人自称大夫，倭国之极南界也。光武赐以印绶。"对于这类主动前来朝贡的边远国家，中国古代王朝基本持欢迎的态度，予以册封，尽量纳入国际体系中，确保周边环境的和平稳定。如同在东汉建武年间，"东夷诸国皆来献见。二十五年，夫余王遣使奉贡，光武厚答报之，于是使命岁通……永宁元年，乃遣嗣子尉仇台诣阙贡献，天子赐尉仇台印绶金彩"。

同样的册封，与中国古代王朝的紧密程度不同，构成三个层次。这同中国古代王朝的控制力紧密相关，也同空间距离颇有关系。距离近，控制力强，中央王朝往往在该地设置相应的管理机构，派驻官员，甚至征发土调兵役。距离远，中央鞭长莫及，则受册封国独立性增强，虽然服从中国古代王朝确立的国际规则，但没有多少实际义

---

[1]《汉书》卷二八下《地理志·燕地》，第1658页。

务,也不承担贡纳。对于远国,中央王朝还是尽可能要履行册封仪式,以昭示中央的权威和双方的上下关系,哪怕是名义上的。例如南朝刘宋专门派遣使者到呵罗单国、婆皇国、婆达果等远邦,"策命"其王。[1]由国家间权力关系决定的不同类型的册封,自近及远,构成犹如太阳系的国际体系,拱卫中央王朝,也维持整个体系的秩序与和平。

受册封国王,中国古代王朝会颁给印信,这从出土文物中可以获得实证。1956年,云南晋宁石寨山滇王墓(六号墓)出土了"滇王之印",金质,蛇纽,高1.8厘米,边长2.3厘米,重89.5克,现收藏于中国国家博物馆。东汉赐予倭王的印发现得更早,1784年,日本福冈县志贺岛农民甚兵卫在挖水沟时掘得"汉委奴国王"印,同样是金质,蛇纽,边长2.3厘米,高2.2厘米,重108.7克。两方印形制基本相似,可以为证。

印章不但是册封的证明,还是受册封国朝贡以及上表时使用的凭证,接受印章,同时也就接受了中央王朝规定的外交文书格式和外交礼仪。所以,一旦中央王朝发生更替,就要重新颁发新的印章。王莽篡汉,专门派遣使者前往匈奴,"谕晓以受命代汉状,因易单于故印"[2]。换新印,其意义在于表明归属新王朝。魏代东汉,重新册封倭邪马台国王卑弥呼"亲魏倭王"称号,颁给紫绶金印[3]。

二 册封的内臣化倾向

西晋王朝在"八王之乱"的内讧和五胡入华的外患双重打击下倾覆,东晋播迁江南,从此,中国南北陷入长期的战乱之中。中央

---

[1] 参阅《南史》卷七八《夷貊传上》相应国家的记载。
[2] 《汉书》卷九四下《匈奴传下》,第3820页。
[3] 见《三国志·魏书》卷三〇《乌丸鲜卑东夷传》"倭人",第857页。日本江户时代刊行的藤贞干《好古日录》收录了"亲魏倭王"印影,然其所据为乾隆年间清商船运销日本的印谱《宣和集古印史》,此乃伪书,故此印不足为据。详见大庭脩『親魏倭王』(増補版)、学生社、2001年。

王朝的覆灭，对国际关系上的影响，首先是汉朝建立的国际体系毁于一旦，东亚失去了可以制衡各方的权力中心，造成各国凭借实力相互交侵的局面，国家间关系主要以军事力量来决定。中国北方和南方先后建立的多个政权，都不具有控制全局的实力和威望，重建东亚国际体系的任务要等到隋唐帝国统一中国之后才完成。

然而，在南方先后建立的东晋、宋、齐、梁、陈五朝，虽然不具有影响北方周边国家的军事实力，但是，南朝拥有的政治正统性和文化优势，依然对周边国家产生了不同程度的影响和吸引力。而北方政权凭借相对强大的军事实力，也对周边国家产生影响。所以，南北朝仍然维持着对周边国家的册封。虽然形式重于实质，却也不无意义。

需要注意的是，根据中国内部的变化，册封形式也出现了新的因素。

首先，是封号的军事化。以倭国为例，东汉封其为"汉委奴国王"，曹魏封其为"亲魏倭王"，宋文帝封其为"安东将军、倭国王"，顺帝时加封至"使持节、都督倭、新罗、任那、加罗、秦韩、慕韩六国诸军事，安东大将军，倭王"。"倭王"之前，全部是军职称号。

这同中国国内官制的变化相吻合。西晋灭亡以后，中国全境陷入战争状态，军事优先，各地纷纷以军统政，故地方官或者以军人出任，或者带将军号，重要的州刺史开幕府，中央政府亦令其持节，以提升品级，加重权威。没有带将军号的州刺史受轻视，称作"单车刺史"，位卑权轻。因此，以军统民，地方官带将军号是战争时期普遍的现象。这种情况也反映到对外关系上，南北政权册封外国君长多加将军号，以示隆重，否则地位显轻。把将军号封给外国君长，就是在这种背景下出现的。

西晋已经出现这种变化。晋武帝时期，河西鲜卑树机能攻陷秦、凉二州，连败晋军，朝廷震动，商议对策，李憙建议，"陛下诚能发匈奴五部之众，假元海一将军之号，鼓行而西，可指期而定"[1]。这"以夷制夷"之计虽然最后因为担心刘元海尾大不掉而遭到否决，但是，授予边疆部族将军号的想法挥之不去，而且，很快就变成现实。

西晋"八王之乱"前后，朝廷主政大臣和后来作乱的诸王，先后拉拢边疆民族酋长以为外援，甚至引其入内助战，"杨骏辅政，以元海为建威将军、五部大都督，封汉光乡侯。元康末，坐部人叛出塞免官。成都王颖镇邺，表元海行宁朔将军、监五部军事"[2]。从杨骏到成都王颖，手法都一样，黔驴故智，根本原因在于西晋实力不足，不图自强，却企图借重胡族，看似捷径，实乃饮鸩止渴而已。果然，刘元海看透西晋内里空虚，倒转枪头，起兵反晋。

西晋再次使用"以夷制夷"的手段，拉拢慕容鲜卑与之抗衡，"怀帝蒙尘于平阳，王浚承制以廆为散骑常侍、冠军将军、前锋大都督、大单于，廆不受。建兴中，愍帝遣使拜廆镇军将军、昌黎辽东二国公。建武初，元帝承制拜廆假节、散骑常侍、都督辽左杂夷流人诸军事、龙骧将军、大单于、昌黎公"[3]。

西晋对刘元海和慕容廆的册封，恰好构成一个连续的演化过程。刘元海虽然是匈奴酋长，但人在朝廷，处于西晋掌握之中，堪比内臣，所以还算不上严格意义的对外封号军事化形态，尚在演进过程之中。到了慕容廆，其人与部族完全自立于塞外，故属于真正的对外封号军事化事例。

从当时西晋受攻溃败的形势来看，晋愍帝此举会不会是情急之中的权宜之计呢？我们接着看东晋的做法，晋元帝"遣使者拜廆监平州诸军事、安北将军、平州刺史，增邑二千户。寻加使持节、都督幽州东夷诸军事、车骑将军、平州牧，进封辽东郡公，邑一万户，常侍、单于并如故，丹书铁券，承制海东，命备官司，置平州守

---

[1]《晋书》卷一〇一《刘元海载记》，第2646页。
[2]《晋书》卷一〇一《刘元海载记》，第2647页。
[3]《晋书》卷一〇八《慕容廆载记》，第2805页。

宰"[1]。显然，晋愍帝的做法获得了肯定，变为成例。

不但汉族王朝这么做，胡族政权也相沿无改。例如，前赵刘曜战胜氐羌酋长权渠，"以权渠为征西将军、西戎公"；此后又封仇池氐羌酋长杨难敌"为使持节、侍中、假黄钺、都督益宁南秦凉梁巴六州陇上西域诸军事、上大将军、益宁南秦三州牧、领护南氐校尉、宁羌中郎将、武都王"。[2]

在南方，屡见东晋王朝把将军号对外封授的情况：

> 简文帝咸安二年正月，百济王遣使贡方物。六月，遣使拜百济王余句为镇东将军、乐浪太守。
> 孝武帝太元十一年以百济王世子余晖为使持节都督、镇平将军、百济王。[3]

咸安二年为372年，太元十一年为386年。313年，乐浪郡被高句丽攻陷。咸安二年，简文帝策命百济王继任乐浪太守，未见册封其为百济王，故可以将此条记载视作国内官封，具有令其收复乐浪的含义。实际上，此前一年，百济进攻平壤，《三国史记·百济本纪》"近肖古王二十六年（371）"条记载：

> 高句丽举兵来，王闻之，伏兵于河上，俟其至，急击之，高句丽兵败北。王与太子帅精兵三万，侵高句丽，攻平壤城。丽王斯由力战拒之，中流矢死。

百济获胜，翌年遣使到东晋告捷，故东晋根据百济的报告，册封其为"乐浪太守"。亦即百济向东晋称臣，东晋将其通报占领的乐浪实

---

[1]《晋书》卷一〇八《慕容廆载记》，第2807页。
[2] 分别见《晋书》卷一〇三《刘曜载记》第2689、2691页。
[3]《册府元龟》卷九六三《封册一》，中华书局影印本，1960年，第11329页。

授予百济。然而,百济虽然得胜,却未实际控制乐浪,故十四年后东晋再次册封百济国王时,未再委任其为"乐浪太守",却明确册封余晖为百济王。此时,对外封号军事化已经基本定型,逐渐成为一种制度性做法,并且被后来的王朝所继承。

对外册封不仅带将军号,而且授予国内地方官职。《南史·高句丽传》记载:

> 晋安帝义熙九年,高丽王高琏遣长史高翼奉表,献赭白马。晋以琏为使持节、都督营州诸军事、征东将军、高丽王、乐浪公。宋武帝践阼,加琏征东大将军,余官并如故。三年,加琏散骑常侍,增督平州诸军事。

营州、平州都是国内的州。

营州为古十二州之一,郑玄解释《尚书·舜典》说:"青州越海而分齐为营州。"然而,就实际建制而言,五胡十六国时代为段部所置,治令支县(今河北省迁安市西)。其后,该地为鲜卑所有,前燕省,后燕复置,慕容熙将营州徙治宿军县(今河北省秦皇岛市东北古城)[1],北燕省。北魏太平真君五年(444)复置,治和龙城(今辽宁省朝阳市)。从段部到北魏,营州不曾被高句丽控制过。

平州原属幽州,东汉末年,公孙度自称平州牧。魏平辽东之后,分辽东、昌黎、玄菟、带方、乐浪五郡,设立平州,置东夷校尉,治襄平县(今辽宁省辽阳市),有利于统辖朝鲜事务。不久又归并入幽州。[2]西晋泰始十年(274),武帝"分幽州五郡置平州"[3],永嘉

---

[1]《晋书》卷一四《地理上》"平州"条记载:"慕容熙以……营州刺史镇宿军。"
[2]《晋书》卷一四《地理上》"平州"条。
[3]《晋书》卷三《武帝纪》,第63页。唯《晋书》卷一四《地理上》"平州"条将武帝设立平州的时间系于咸宁二年(276)十月。

后移治昌黎郡（今辽宁省义县）。大兴二年（319）十二月，慕容廆进攻平州，"东夷校尉、平州刺史崔毖奔高句骊"[1]，平州落入鲜卑之手。大兴四年十二月，东晋承认鲜卑据有平州，"以慕容廆为持节、都督幽平二州东夷诸军事、平州牧，封辽东郡公"。此后，平州一直在鲜卑族控制之下，历后燕、北燕，最后归属北魏，被废。北魏天赐四年（407），重置平州，治肥如县（今河北省卢龙县北）。从曹魏至北魏，平州亦未被高句丽统治过。

其实，东晋封高句丽王为平州刺史更早，《北史·高丽传》记载："晋永嘉之乱，鲜卑慕容廆据昌黎大棘城，元帝授平州刺史。"平州陷落于鲜卑，东晋不承认五胡政权的合法性，依然以国家最高统治者自居，特意将平州授予高句丽，以期"以夷制夷"，令高句丽收复平州。站在东晋的立场，这是对臣属的任命。然而，如上所述，东晋旋承认鲜卑据有平州，封慕容廆为平州牧，益证高句丽所得乃虚封。

至东晋义熙九年（413），北魏已经夺取北方大部，进逼东北，与北燕对峙。东晋再次以此州职授予高句丽王，显然是希望高句丽从背后牵制北方政权，这当然只是东晋的一厢情愿。刘宋继承了东晋的做法，《宋书·高句丽传》记载：

> 高祖践阼，诏曰："使持节、都督营州诸军事、征东将军、高句骊王、乐浪公琏……并执义海外，远修贡职。惟新告始，宜荷国休，琏可征东大将军……持节、都督、王、公如故。"三年，加琏散骑常侍，增督平州诸军事。

刘宋以国内州职授予高句丽，欲其协助北伐的目的十分清楚，《宋书·高句丽传》记载：

---

[1]《晋书》卷六《元帝纪》，第152—153页。

十六年，太祖欲北讨，诏琏送马，琏献马八百匹……大明三年，又献肃慎氏楛矢石砮。

实际上，无论是营州还是平州，先后在鲜卑诸燕国或者北魏的控制之下，不曾隶属于东晋南朝。故东晋南朝的册封，完全是以他人领地相授虚封，不具实质意义。[1]

像这类地方官职的虚封，此时期十分常见。南朝封邓至国王"持节，平北将军，西凉州刺史"；河南王在晋宋之间来到江南，"授官爵"，至齐受封"使持节，都督西秦、河、沙三州，镇西将军，护羌校尉，西秦、河二州刺史"。[2] 封号中的州，都不在南朝管辖之下，所以，都是虚封。

北朝政权同样将国内州郡官衔对外封授。上述刘曜封氐羌酋长杨难敌为"益宁南秦三州牧"，北魏封蛮酋长"豹为安远将军、江州刺史、顺阳公"[3] 等也同样是虚封。

如上分析，对外册封的将军号和地方官职都属于虚封，是在中国动乱、南北政权纷争的背景下产生的。然而，虚封也具有一定的意义，显示出外臣封号的内臣化。将军号和地方官职都属于国内官职序列，本应为内臣所拥有。中国动乱，统一的权力中心瓦解，对于周边国家的政治、军事控制力基本丧失，影响力大减，在这种形势下反而出现明显的外臣封号内臣化现象。南北胡汉政权都将国内官职，特别是地方官职拿来封授外国君长，显现尽量拉拢他们和"天下一家"的姿态，试图保持国际影响力，维持原有的国际体系。实际上，这是"羁縻"政策在特殊形势下的变化。

---

[1] 韩国有些学者把中国古代王朝对高句丽的虚封作为实际拥有该州的证据，那是误解。而且，被任命为州官，也只是一种职务，并非拥有该地，此乃常识。

[2] 《南史》卷七九《夷貊传下》。

[3] 《北史》卷九五《蛮传》，第3149页。

三 关于"册封体制论"

日本学者西嶋定生指出，在古代东亚存在着一个以中国王朝为中心的册封体制[1]，中国通过对周边国家的册封，建构君臣隶属关系。西嶋定生的册封体制论，批判了东亚各国不存在结构性关系的见解，试图从整体上把握具有内在联系性的东亚世界，给予学界很大的启发，引起热烈的讨论，成为日本研究古代东亚世界的基本见解之一。

然而，如上所述，中国古代王朝致力建构的是以君臣关系为核心的国际体系，册封只是确定君臣关系的一种形式。因此，用册封这种形式来概括古代东亚世界的关系模式，颇有问题。

第一，古代东亚国际关系，仍然是一种国家间的权力关系。中国古代王朝在其中致力建构的是中国主导的国际体系，所追求的并不是征服和奴役，而是通过确立国际道德原则来树立其领导地位，并获得具有道德法律权威的最高权力，确定国际交往的基本礼仪和规则，尽量把所能接触到的国家纳入这一体系中，使之成为中国古代王朝的外臣，用一种国际体系来确保国际关系的秩序及其和平稳定。这是东亚世界政治关系的基本方面。用先进的文化与制度建立东亚世界的政治权力和文化中心，其文化至上和用文化吸引，进而改造周边国家以建立共同文化基础的原则，是东亚世界不同于其他文明圈的基本特点。进入这一国际体系，意味着接受并服从一种政治文化体系，并与其成员国和平相处，而不是被征服。由此，这一国际体系催生出东亚文化圈。

第二，东亚各国同中国的关系形式，并不局限于册封。对外册封，指的是册封对象国的君主为国王。如上所述，即使是册封，也有不同的层次区别。实际上，在西南和东北地区，可以见到前往中

---

[1] 西嶋定生「六-八世紀の東アジア」、『岩波講座日本歴史』第二卷、岩波書店、1962年。

国朝贡的国家甚多,而获得册封者较少,中国王朝有选择地册封若干在当地相对强大而有影响的国家,作为控制或者影响一个地区的战略支撑点。

第三,在此之外,还存在着大量未册封的国家或者部族,它们根据中国实际控制力而获得不同的待遇。东汉时代,高句丽进犯玄菟和辽东郡,幽州刺史及玄菟、辽东郡守"发广阳、渔阳、右北平、涿郡属国三千余骑同救之……夫余王遣子尉仇台将二万余人,与州郡并力讨破之"[1]。值得注意的不仅是受册封国需要协助中国王朝共同讨伐反叛,如受册封的夫余国;还需要注意在东北地区大量分布着"属国"。所谓"属国",也就是那些未被册封的部族,被纳入前述秦汉以来安置未开化民及少数民族的"道""属国"的制度之中。"道""属国"既用于国内,也扩大适用于处置周边部族,维持部族原来的社会形态,又受到中国古代王朝一定程度的控制,主要表现在政治服从方面。"道"和"属国"的独立性和地位要低于受册封国。

册封关系只是君臣权力关系的表现形式,仅此不足以涵盖古代东亚世界的各种关系形态。

四 羁縻政策与羁縻州

实际上,册封也好,"道"和"属国"也罢,反映出两个原则。第一,是通过文化、制度和先进的生产方式,逐步改造周边国家或者部族的原则。这种思想由来已久,秦汉统一大帝国建立之后,汉武帝经营四方,继承并发展了古代对外关系的思想和政策,建构比较完整的对外关系体制及其理论。当时,丞相黄霸等人提出,"圣王之制,施德行礼,先京师而后诸夏,先诸夏而后夷狄"[2],就是此原

---

[1]《后汉书》卷八五《东夷列传》,第2815页。
[2]《汉书》卷七八《萧望之传》,第3282页。

则的表述。第二,是羁縻的原则。对于尚未被改造的部族,亦即所谓的夷狄,一方面要严"夷夏之防",将它们同汉族区隔开来,实行不同的制度,以防止它们破坏中国的尊卑等级秩序,防止游牧渔猎生产方式对农耕社会的冲击;另一方面要予以怀柔,令其"慕义而贡献,则接之以礼让"[1],这就是所谓的羁縻政策。《史记·司马相如传》所录司马相如文章说:

> 天子之于夷狄也,其义羁縻,勿绝而已。

《史记索隐》解释道:

> 羁,马络头也。縻,牛缰也……言制四夷如牛马之受羁縻也。

这是一种比喻的说法,就是说像给牛马套上缰绳一样,有所约束。为什么一方面要严格区隔华夷,另一方面又要尽量笼络夷狄呢?司马相如指出,"夷狄殊俗之国……内之则犯义侵礼于边境,外之则邪行横作",所以要"博恩广施,远抚长驾",给予特殊待遇和好处,既不要过于亲近,以免受到不符合礼制的习俗影响,也不要引起它们的疏离怨恨,而是要让它们有求于中国,围绕在中国周围,成为屏障,从而获得安定的周边形势。在双方交往上,西汉御史大夫萧望之提出若干原则:

> 不与约誓,不就攻伐;约之则费赂而见欺,攻之则劳师而招寇。其地不可耕而食也,其民不可臣而畜也,是以外而不内,疏而不戚,政教不及其人,正朔不加其国;来则惩而御之,去则备而守之。其慕义而贡献,则接之以礼让,羁縻不绝,使曲

---

[1]《汉书》卷九四下《匈奴传下》,第3834页。

在彼。[1]

羁縻政策一方面是以往安置少数民族成功经验的总结，另一方面也是从汉武帝经营四方的实践经验中归纳出来的行之有效的方法。对于不顺从的周边国家，一味动用武力征伐，讨平之后还要派驻军队，费用巨大，国内不堪重负，会激起动乱，得不偿失，反不如恩威并施，羁縻笼络来得有效。这是一项经过冷静分析得出的上上之策。所以，后来不管什么人统治中国，都会很快明白这个道理，采取此项政策。五胡十六国时期，氐族首领苻坚建立前秦政权，以中华自居，道出羁縻政策的要义：

> 西戎荒俗，非礼义之邦。羁縻之道，服而赦之，示以中国之威，导以王化之法，勿极武穷兵，过深残掠。[2]

亦即一方面"示以中国之威"，另一方面则"导以王化之法"，恩威并施，令夷狄畏威怀惠。

羁縻的第三点要义，在于因俗而治，正所谓"修其教不易其俗，齐其政不改其宜"[3]。用制度、文化和技术引导并逐渐改变夷狄，而不直接进行统治。在这方面，唐朝尤为成功，通过广泛建立羁縻府州制度，极大地拓展了唐朝的国际影响。《新唐书·地理志七下》说：

> 唐兴，初未暇于四夷，自太宗平突厥，西北诸蕃及蛮夷稍稍内属，即其部落列置州县。其大者为都督府，以其首领为都督、刺史，皆得世袭。虽贡赋版籍，多不上户部，然声教所暨，皆边州都督、都护所领，著于令式。

---

[1]《汉书》卷九四下《匈奴传下》，第3834页。
[2]《晋书》卷一一四《苻坚载记下》，第2914页。
[3]《礼记正义》卷一二《王制篇》。

唐朝近三分之二的地区为羁縻府州[1]，这是羁縻政策的制度性发展。羁縻府州的设置，将许多外臣纳入府州的地方制度之内，且授予国内官职，促进了"外臣的内臣化"。[2]当然，羁縻府州同国内州郡还是有显著区别的，其首领担任的官职可以世袭，保持相当的独立性。

五　朝贡

臣下对君主有朝贡的义务，在国际关系上也是如此。《周礼·秋官·大行人》记载：

> 邦畿方千里，其外方五百里，谓之侯服，岁一见，其贡祀物；又其外方五百里，谓之甸服，二岁一见，其贡嫔物；又其外方五百里，谓之男服，三岁一见，其贡器物；又其外方五百里，谓之采服，四岁一见，其贡服物；又其外方五百里，谓之卫服，五岁一见，其贡材物；又其外方五百里，谓之要服，六岁一见，其贡货物；九州之外，谓之蕃国，世壹见，各以其所贵宝为贽。

这是后人想象的周朝朝贡规定。周畿内和诸侯最主要的义务是参加祭祀，进贡王室所需物品。上古国家大事为祭祀和战争，和平年代，祭祀就是政治，就是服从和秩序。故进贡更多是服从的表示，并非奴役性的掠夺，诸侯以外，则随各地所产进贡，没有特别规定，属于一种礼节。所以，周代朝贡最受重视的是政治性的服属礼仪，具

---

[1] 参阅堀敏一「東アジアの歴史像をどう構成するか—前近代の場合」,『歴史学研究』276号、1963年；谭其骧《唐代羁縻州述论》，载《纪念顾颉刚学术论文集》，巴蜀书社，1990年；刘统《唐代羁縻府州研究》，西北大学出版社，1998年。
[2] 参阅谷川道雄「東アジア世界形成期の史的構造」，日本唐代史研究会编『隋唐帝国と東アジア世界』、汲古書院、1979年；井上秀雄『古代朝鮮』、日本放送出版協会、1972年；高明士《隋唐天下秩序与羁縻府州制度》，"国史馆"（台北）印行，2000年。

有中国的特色。

秦汉统一王朝建立以后,朝贡作为体现国际领导权的重要形式,受到重视。对于外臣,最重要的是他们前来参加中国古代王朝的重要活动,例如元旦、封禅等,以示政治服从。至于贡物,情况相当复杂。在中央王朝控制力较强的地区,例如西南以及与华人杂处的地区,要承担一定的贡纳。《晋书·食货志》规定:"远夷不课田者输义米,户三斛,远者五斗,极远者输算钱,人二十八文。"北朝政权也对远夷课赋役,《北史·獠传》记载:"(北魏)彼谓北獠,岁输租布……(北周)其与华人杂居者,亦颇从赋役。"然而,这些恐怕都是中央王朝在当地设有管理机构,或者边境附近能够实际控制的地区,亦即半独立或者独立性不强的国家或者部族。然而,也有不少是不输贡纳,反而从中央王朝获得资助的,如《后汉书·乌桓传》记载:"乌桓或愿留宿卫,于是封其渠帅为侯王君长者八十一人,皆居塞内,布于缘边诸郡,令招来种人,给其衣食。"所以,实际情况差别甚大,难以一概而言。

独立性强的国家不输贡纳,前来朝贡时所带的是礼节性、象征性的贡物。魏明帝景初二年(238),倭邪马台国遣使朝贡,"献男生口四人,女生口六人,班布二匹二丈"[1]。这类进贡由各国自主决定。

示富 为了让朝贡国感受到中央王朝的强大和富裕,中国古代王朝煞费苦心,从外国使者入关、沿途接待,直到在首都觐见皇帝、参观游览,都充满热情,用心安排,展现国礼军威。使者回国时,再厚赐重赏。高规格的外交接待,并不是某位皇帝个人心血来潮或者好大喜功,而是用意颇深的精心安排,目的在于从国力、军力上震慑外国,让它们知难而不敢起反叛竞争之心;同时,又在经济、制度和文化上吸引它们,令其常怀敬畏之心,仰慕学习。这种做法,始于汉武帝,《史记·大宛列传》记载:

---

[1] 《三国志》卷三〇《魏书·乌桓鲜卑东夷传》,第857页。

是时上方数巡狩海上，乃悉从外国客，大都多人则过之，散财帛以赏赐，厚具以饶给之，以览示汉富厚焉。于是大觳抵，出奇戏诸怪物，多聚观者，行赏赐，酒池肉林，令外国客遍观各仓库府藏之积，见汉之广大，倾骇之。及加其眩者之工，而觳抵奇戏岁增变，甚盛益兴，自此始。

此做法后代相袭成为外交惯例。《资治通鉴》"隋炀帝大业六年正月"条记载：

帝以诸蕃酋长毕集洛阳，丁丑，于端门街盛陈百戏，戏场周围五千步，执丝竹者万八千人，声闻数十里，自昏至旦，灯火光烛天地；终月而罢，所费巨万。自是岁以为常。诸蕃请入丰都市交易，帝许之。先命整饰店肆，檐宇如一，盛设帷帐，珍货充积，人物华盛，卖菜者亦藉以龙须席。胡客或过酒食店，悉令邀延就坐，醉饱而散，不取其直，绐之曰："中国丰饶，酒食例不取直。"胡客皆惊叹。

隋炀帝做得太过头了，为人诟病，但与汉武帝的做法却是一脉相承的。

外国使节回国时，中国王朝更要给予厚赐。同样以倭邪马台国为例，《三国志·魏书·倭人传》记载，魏明帝诏书回赐：

今以绛地交龙锦五匹、绛地绉粟罽十张、蒨绛五十匹、绀青五十匹，答汝所献贡直。又特赐汝绀地句文锦三匹、细班华罽五张、白绢五十匹、金八两、五尺刀二口、铜镜百枚、真珠铅丹各五十斤，皆装封付难升米、牛利还到录受。悉可以示汝国中人，使知国家哀汝，故郑重赐汝好物也。

这份礼单，同倭邪马台国进贡的"男生口四人，女生口六人，班布二匹二丈"，完全不成比例。显然，接待外国使节，回赐物品，从经济角度计算是亏大本的，故示富也是羁縻的一种手段。

文化传播与技术援助 示富是吸引周边国家的一种手段。中国在厚赐的同时，也应对方国的要求，把典籍、历法、兵器和技术产品相赠，甚至派遣学者和技术工匠到国外，进行文化传播和技术支援。《宋书·夷蛮传》说，宋元嘉二十七年（450），百济"表求《易林》、《式占》、腰弩，太祖并与之"；《南史·百济传》记载，梁武帝"中大通六年、大同七年，累遣使献方物，并请《涅槃》等经义、《毛诗》博士并工匠画师等，并给之"。这样的例子颇多，文化传播、技术援助与"用夏变夷"的德治天下原则是一致的，同时也为东亚世界的形成奠定坚实的文化基础，既提升了周边国家社会发展水平，也有利于以中国为中心的国际体系的稳定。

然而，示富对于中国是一项沉重的负担，更何况对于强大的王朝，朝贡的国家甚多，再富也不堪重负。所以，再回头看前引《周礼·秋官·大行人》的记载，就可以明白为什么要规定外邦多少年一贡，属于外臣的地区，大致上五年以上一贡，这是政治受经济制约的反映。至于对中国几乎无足轻重的遥远国家，送一次厚礼让他们铭记即可，可以不必再来，故说"蕃国，世壹见"。对于外臣入朝，历代多有限制，不胜枚举，仅取一例为证。《晋书·苻坚载记下》记载：

> 车师前部王弥寘、鄯善王休密馱朝于坚，坚赐以朝服，引见西堂。寘等观其宫宇壮丽，仪卫严肃，甚惧，因请年年贡献。坚以西域路遥，不许，令三年一贡，九年一朝，以为永制。

综上可知，外臣又分为一段时间朝贡和可以不必朝贡两类。具体如何区分呢？唐朝留下比较详细的记载，《唐会要》卷一〇〇《杂录》

记载：

> 圣历三年三月六日敕："东至高丽国，南至真腊国，西至波斯、吐蕃及坚昆都督府，北至契丹、突厥、靺鞨，并为入蕃，以外为绝域，其使应给料各依式。"

此区分是空间距离与其对中国的重要性综合考虑的结果。周边国家及对中国具有战略意义的重要国家，属于"入蕃"的朝贡国，而遥远且重要性低的国家属于"绝域"，不必定期前来朝贡。这同上引《周礼》朝贡规定中"九州之外"的"蕃国"相通。

这类"绝域"国家，可归入"不臣"之国。"不臣"有不守臣节、不称臣屈服、不以臣属待之诸义，这里指的是最后一种。"不臣"待遇，在汉代已经提出来了。《汉书·萧望之传》记载，匈奴呼韩邪单于内附入朝，汉朝廷讨论如何处置，萧望之提出：

> 单于非正朔所加，故称敌国，宜待以不臣之礼，位在诸侯王上。外夷稽首称藩，中国让而不臣，此则羁縻之谊，谦亨之福也。书曰"戎狄荒服"，言其来〔服〕，荒忽亡常，如使匈奴后嗣卒有鸟窜鼠伏，阙于朝享，不为畔臣。

萧望之认为，匈奴反复无常，不如不要求其称臣，置之边裔，地位在皇帝之下、诸侯王之上，羁縻笼络，即使将来匈奴不来朝贡，也算不上叛臣。所以，"不臣"属于不称臣却保持联系、没有朝贡义务的国家。匈奴对于汉朝具有重要的战略影响，所以，汉朝最终还是臣服了匈奴。后来归入"不臣"者，一般属于遥远而对中国没有多少影响的国家。

秦汉至唐代，对外册封、羁縻和朝贡制度日臻成熟，和此前的五服天下构图相比较，汉唐的天下构图有了相当大的变化，图示如下：

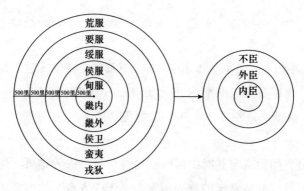

图3 从五服到内外臣的天下构图

第三节 征伐与和亲

一 "大刑用甲兵"

中国古代王朝同周边国家结成君臣关系,便获得了政治权力和国际道德上的绝对优势地位,而且可以把一些国内政治的做法运用于国际关系上。

在对外关系上,当双方的国家利益冲突不可调和的时候,行使武力便成为一种选择。国家间的战争,可以是彻底征服对方的全面战争,也可以是局部性冲突。战争有领土、经济、文化和政治等不同的目的。一般而言,战争的双方是平等的。然而,当交战双方处于上下尊卑关系中的时候,战争的性质就出现变化,双方地位不再平等。中国古代王朝在同周边国家发生军事冲突的时候,基于双方的君臣关系,属于上伐下。《孟子·尽心下》说:"征者,上伐下也,敌国不相征也。"因为双方不是对等的"敌国",故中国古代王朝不将行使武力视为战争行为,这是一个重要的基本原则。

对于君主而言,臣下对抗行为只能是犯上作乱,既触犯法律,又丧失道义,因此,君主有权对其反叛行为依法进行纠正和惩罚,这属于广义上的用刑。《国语·鲁语上》"臧文仲说僖公请免卫成公"条记载：

> 臧文仲说于僖公曰："刑五而已……大刑用甲兵，其次用斧钺，中刑刀锯，其次用钻笮，薄刑用鞭扑，以威民也。故大者陈之原野，小者致之市朝，五刑三次，是无隐也。"

三国韦昭注释称："甲兵，谓臣有大逆，则被甲聚兵而诛之，若今陈军也。"臣属国犯上，则兴兵征伐，故大刑是专门适用于以集体为单位的臣下，其下四种刑罚，则针对以个人为单位的犯罪。

把对臣属国的征伐纳入刑的范畴，首先在道义上就占有了绝对的优势。所以，君主对臣下动用武力不称作"战"，而称作"征"。《说文》解释"征"道："正行也。"《尚书·胤征》孔安国传说："奉辞伐罪曰征。"孔颖达疏："奉责让之辞，伐不恭之罪，名之曰征。征者正也，伐之以正其罪。"因此，动用武力是在执行刑罚。

二 有征无战

以君主的名义伐罪，师出有名，堂堂正正。而且，汉代以来，中央王朝善于利用这一优势，以此动员其他臣属国，共同出兵。要求臣属国助战，其意义不限于军事，更重要的是造成国际道义的巨大力量。这样的军队，必须是战无不胜、所向无敌的。所以说"天子之兵有征而无战"[1]，因为被征伐者在道义和舆论上居于劣势，难以抵抗。"有征无战"是"大刑用甲兵"的证明，以及在军事上追求的目标。春秋时代的军事家孙武提出不战而屈人之兵，也就是造成各个方面的巨大优势，令对手屈服。这也决定了中国古代王朝在国

---

[1]《汉书》卷六四上《严助传》，第2784页。

际关系中使用武力，所追求的不是军事的征服，而是政治上的胜利，始终是政治统率下的战争，是政治的继续，而不是服从于军事意义的战争。这是中国古代王朝在国际上动用武力的第一条基本原则。从政治和军事两个方面都可以看出，中国古代王朝努力建构的国际体系，不是要追求绝对的霸权，而是要获得国际体系的领导权和道德权威。这同德治天下的总原则是吻合的。

《韩非子·二柄》说过一段颇为著名的话："明主之所导制其臣者，二柄而已矣。二柄者，刑、德也。"文德的原则已经确定，则"刑"就是引导约束民众从德的强制性规范。这就决定了动用武力只是实现政治目标的手段。追求"王化""德治"，既是对臣属国服从国际道德的要求，也是对自身的约束。动用武力必须服从于国际道义，因此，中央王朝就不能从事征服掠夺的不义之战。作为国际体系的领导者，它一方面占有国力和道义上的巨大优势，另一方面也成为各国瞩目的目标，师出无名的恃强凌弱乃至侵略，或者不能承担起和平保卫者的责任，都将因为失去信誉而招致难以弥补的损失。国际道义是一柄双刃剑，既赋予领导者巨大的力量，也要求其做出表率，给予无形的约束。

汉武帝征伐闽越，《汉书·严助传》收录淮南王刘安上书：

> 臣闻天子之兵有征而无战，言莫敢校也。如使越人蒙死徼幸以逆执事之颜行，厮舆之卒有一不备而归者，虽得越王之首，臣犹窃为大汉羞之。

这段话包含了多条重要的原则，首先，天子出兵，天下瞩目，这使当政者不能不反复掂量，从而产生道义、政治和军事上的制约，因此不能发动不义之战，也不能滥用武力，黩武穷兵。其次，是战必胜的原则，因为吊民伐罪原则上必须"有征无战"，然而，实际上被征伐者不可能束手就擒，因此，一旦开战，必须取得胜利，这就是刘安说的如果打了败仗，即使最后取得越王首级，汉朝也将蒙羞。这是中国古代王朝在国际上动用武力的第二条基本原则。基于第二条原则，决定了动用武力必须谨慎的第三条基本原则。《孙子》开篇第一句就说："兵者，国之大事，死生之地，存亡之道，不可不察也。"把战争放到国家生死存亡的高度上，因此，一定要慎战。中国古代一直是反对穷兵黩武的。

这三条基本原则是"有征无战"思想所决定的，归根结底，中国古代王朝对外动用武力基本上是具有政治目标的作战。

三　关于征伐的讨论

使用武力是不可避免的，而动武的原因很多，首先可以分为主动进攻与被动防御两大类。防御性战争不是由中国古代王朝发动的，在此不做深入探讨。

主动使用武力，也有各种原因。《左传》"襄公四年八月"条记载魏绛称："戎，禽兽也。"为什么是禽兽呢？晋悼公认为："戎狄无亲而贪，不如伐之。"因为非同族且有悖于周礼而主张加以讨伐，这是最不受限制的理由，然而，这只能是内部讨论时比较随便的想法，不足以变成付诸行动的政策。所以，魏绛当场就提出相反的意见，称"和戎有五利"，并举后羿为例，后羿穷兵黩武，结果众叛亲离，被部众杀而后烹。晋悼公采纳魏绛的意见，转变立场，与戎言和。在先秦的历史中，以种族的理由主动进攻夷狄，从未成为对外政策的主流。

秦统一中国之后，对外持强硬立场，北逐匈奴，南取闽越，积极向外拓展。其指导思想并非讨伐异族，而是基于统一天下的雄心。然而，过度使用暴力，造成国内不堪承受的负担，令秦王朝崩溃于一旦。

汉朝建立以后，鉴于国内民生凋敝的现实，实行与民休息政策，不遑经营边疆。到汉武帝时代，一改对外守势，转取积极政策。这一转变从对实力较弱的西南夷开始。建元六年（前135），汉武帝因为闽越攻击南越而出兵征伐之，淮南王刘安上书劝谏，这是汉武帝时代关于对外征伐的第一次深入讨论，对后世有着重要的影响。刘安的上书收于《汉书·严助传》中，其反战的主要理由可以归纳为：

（1）天子当以德治天下，政治清明，制度优越，将收"近者亲附，远者怀德，天下摄然"之效。因此，与其征伐，不如招抚之，令其"委质为藩臣，世共贡职"，威德并行，可不战而胜。

（2）蛮夷之地，得而无用，不能成为中国的郡县。蛮夷之人，未沾王化，不守信约，反复无常，"不可以冠带之国法度理也"。故不值得为此"不居之地，不牧之民"兴师动众。

（3）蛮夷地势艰险，军事行动代价太大，"虽举越国而虏之，不足以偿所亡"。而且，即使胜利了，驻守的成本也非常高，更可能陷入蛮夷袭扰的长期战争中，这正是秦朝覆亡的教训。

（4）因为对外战争，国内百姓要承担兵役、劳役和军费，民不聊生，逃亡于山林，最终会酿成内乱。

（5）"天子之兵有征而无战"，一旦征伐行动受挫折，会在国际上损伤天子的威望，刺激其他国家心生异志。

这是一份冷静而深刻的对外征伐的评估报告，从国际道义、外交、内政、军事等角度对征伐行动的得失做出政治评判，特别是根据成本的理性分析，极具洞察力和说服力。得不到道义、国内和对方国民众的支持，单凭军事力量而进行的征伐，从开战到战后驻守都将付出难以承受的代价，因此，对外政策必须以政治为主、以国内为本、以道义为原则。汉武帝经营四方之始，就已经有人提出如此精辟的分析，几乎把后世反复讨论的对外开战的主要问题都提出来了。

汉武帝年轻气盛，虽然赞扬刘安，却未采纳他的意见，开始进行大规模的对外征伐。汉武帝征伐匈奴对于汉朝的国际和平与建构国际体系固然具有重要的意义，常年的战争亦在军事上获得空前胜利，却激化了国内的各种矛盾，险些酿成大乱。最后，晚年汉武帝以极大的勇气下《轮台罪己诏》，检讨自己穷兵黩武，宣布停止军事行动，"当今务在禁苛暴，止擅赋，力本农，修马复令，以补缺，毋乏武备而已"[1]。汉武帝回归以内政为本，实乃形势使然，再强大的帝国都支撑不起长期的对外战争。

汉武帝的军事成功却动摇国本的教训，被后世引为鉴戒。汉宣帝即位，打算褒扬武帝，就遭到夏侯胜的强烈反对，他批评道：

> 武帝虽有攘四夷广土斥境之功，然多杀士众，竭民财力，奢泰亡度，天下虚耗，百姓流离，物故者半。蝗虫大起，赤地数千里，或人民相食，畜积至今未复。亡德泽于民，不宜为立庙乐。[2]

此后，以国内为本的成本评估，成为统治者对外行使武力时首先考虑的原则，即便是以武力见长的胡族政权亦概莫能外。《晋书·苻坚载记下》载，苻坚欲开拓西域时，"苻融以虚耗中国，投兵万里之外，得其人不可役，得其地不可耕，固谏以为不可"。

道义的原则、价值的评估、成本的分析、军事形势的判断和国际影响的考量，成为中国古代王朝对外行使武力时必须考虑的基本因素，同时也决定了对外使用武力的性质和特点，并制约战争的规模和进程。

四 北守南进

汉武帝的对外征伐，颇能反映出古代王朝用兵的战略思考。对于汉朝而言，最大的外部压力来自北方。这种格局，一直到后世都

---

[1]《汉书》卷九六下《西域传下》，第3914页。
[2]《汉书》卷七五《夏侯胜传》，第3156页。

没有改变。汉初以来的休养生息，积蓄了从根本上解除北方压力的力量。汉武帝上台以后，开始了长期征伐匈奴的战争。

实际上，整个中国古代，国家武装力量大部分都是用来防止北方游牧民族南下。因此，在王朝对外政策中，北方问题始终居于重要和优先的地位。

对北方的征伐，是两种不同生产与生活形态的社会之间的较量。塞外是草原地带，其南面则是农业地区。游牧民族南下，可以掠夺农业社会积蓄的财物。相反，农耕民族北上，既无法利用草原的土地，又不适应肉食生活。地理和生活习俗决定了草原对于农业国家没有太大的价值。因此，南北的战争基本上处于农业民族对游牧民族被动防御的状态。秦汉北伐匈奴，并不是要打破这种区隔，而只是采取了进攻性防御的策略，把游牧民族驱逐得越远越好，以确保北方边疆的长久安全。所以，在出兵塞外的同时，积极修筑长城。北方长城正好位于农耕和畜牧地区的分界线上，把两种社会区隔开来。历代毫无例外修葺长城，恰恰证明农业社会一直对游牧民族采取守势。对北方的防御政策，可在朝廷的正式文件中得到确认。汉文帝在给匈奴单于的信中说道：

> 先帝制，长城以北，引弓之国，受令单于；长城以内，冠带之室，朕亦制之。[1]

这表明汉朝对塞外草原并无统治的意欲。东汉时代，灵帝曾兴兵出塞讨伐鲜卑，议郎蔡邕反对，再次言道：

> 天设山河，秦筑长城，汉起塞垣，所以别内外，异殊俗也。[2]

---

[1]《汉书》卷九四上《匈奴传上》，第3762页。
[2]《后汉书》卷九〇《鲜卑传》，第2992页。

显然，以长城来区隔两种社会的观念，已经深入人心。

以北方为轴心，东西两翼颇受其影响。《汉书·匈奴传》记载，汉武帝"西置酒泉郡以隔绝胡与羌通之路。又西通月氏、大夏，以翁主妻乌孙王，以分匈奴西方之援国。又北益广田至眩雷为塞"。汉武帝争夺西域，首先是为了切断匈奴的西翼，防止其与西域部族联合。同时，在西部建立基地，夹攻匈奴。然而，通西域却打开了与西方联系的通道，东西方贸易络绎不绝，汇成举世闻名的丝绸之路，对中国古代王朝具有重要的战略意义。故历代积极开拓西域，动用军力确保丝绸之路畅通，意义就在于此。

在东方，汉武帝"东拔濊貊、朝鲜以为郡"[1]。朝鲜原为箕子所建古国。战国时代，朝鲜属燕，考古发现燕长城向东一直延伸至今朝鲜清川江与大宁江入海口[2]，可作证明。西汉初，燕人卫满等流民逃入朝鲜，建立卫氏朝鲜，为汉外臣。汉武帝征伐匈奴，鉴于卫氏朝鲜不入朝且阻断东北部族朝贡，更担心其与匈奴联合，遂出兵灭卫氏朝鲜，于当地设置真番、临屯、乐浪和玄菟四郡，成为汉朝的领地。在朝鲜设郡县，其一是朝鲜原先属燕的历史缘故，其二同样是出于征伐匈奴的战略考虑。此后，乐浪郡成为汉朝管理东方的重镇。

在南方，情况颇有不同。对于闽越、南越和西南夷，秦汉王朝一方面予以册封羁縻，同时在当地大量设立郡县机构，虽然其令、长由当地酋长世袭担任，但是，朝廷在其上设置属国都尉管辖，把这些地区积极编入国家体制之内，控制的力度和促使其融入中国的意图十分明显。

此做法在中国南北分裂的时代更加强化。南方不足以同北方抗衡，故南方政权积极向南拓展，既增加国土纵深，又获得大批的人力，使得国力大大加强。唐代以前，南北分裂造成大量人口南迁，

---

[1]《汉书》卷九四上《匈奴传上》，第3773页。
[2] 冯永谦《东北古代长城考辨》，载张志立、王宏刚主编《东北亚历史与文化——庆祝孙进己先生六十诞辰文集》，辽沈书社，1991年。

推动了南方的开发。宋代以后，人口压力和社会发达程度，均促使南方进一步开发出来。

显然，中央王朝对北方和南方的政策颇不相同。对北方大多采取守势，而对南方则积极进取，其背后的根本原因，恐怕还在于南方适宜进行农耕。中国古代王朝在西域采取积极政策，是为了确保丝绸之路的畅通和割断北方草原国家同西方的联系，在东方和南方则是因其适宜农耕，可以增强国力。对农耕地区的开拓，采用"属国""羁縻府州"之类较为柔性的方法，逐步将这些地区及其人民吸纳进来，最后成为王朝下的郡县民。这种开拓模式，可以称作"融入式拓展"，同西方古代帝国的征服式扩张颇不相同，深具东方特色。

由此可知，中国古代王朝对外使用武力，首先是基于政治的目标，其次则有成本的理性思考，冷静而有限度，并非肆意扩张。把"普天之下，莫非王土"解释为中国古代王朝欲征服天下，在理论和实践两方面均与中国古代王朝的对外政策不符。

五　和亲

通过最高层的婚姻手段来实现对外政治目的，称作"和亲"[1]。《汉书·匈奴传》说："昔和亲之论，发于刘敬。"汉初匈奴大举进攻太原，高祖刘邦率大军迎击，被包围于平城（治今山西大同市东北），好不容易突围而出，后对匈奴转取守势，采纳刘敬的建议，以宗室女嫁与匈奴单于，缔结"和亲"之约。此乃"和亲"政策之始。

显然，最初的"和亲"，对于汉朝而言是颇具屈辱性的，是居于劣势者对优势者的妥协。汉朝不仅以宗女嫁单于，还要每年献给匈奴巨额绢帛酒食，双方约为"兄弟"之国。这种状态一直沿袭到汉

---

[1] "和亲"一词在先秦文献中早已出现，但未特指国家或者部族间的通婚，多指修好活动。例如，《周礼·秋官·象胥》记载："象胥掌蛮、夷、闽、貉、戎、狄之国使，掌传王之言而谕说焉，以和亲之。"

武帝时代。

然而，从汉武帝打败匈奴之后，"和亲"的性质发生了重大改变。匈奴一再请求恢复和亲关系，汉朝不答应。汉宣帝甘露元年（前53），匈奴呼韩邪单于遣子入侍，后年亲自入朝称臣，与汉朝的关系变为君臣关系。直到汉元帝竟宁元年（前33），呼韩邪单于再次入朝，请求为汉朝婿，"元帝以后宫良家子王墙（嫱）字昭君赐单于。单于欢喜，上书愿保塞上谷以西至敦煌，传之无穷，请罢边备塞吏卒，以休天子人民"[1]。这时候，"和亲"已经变成"赐单于"，而且，匈奴还要负担起为汉守边的责任。"和亲"成为上对下的奖赏，是一种荣誉。而且，迎娶"和亲公主"的国家可以通过向周邻国家显示其与汉朝的特殊关系而强化自身地位。

实际上，中国古代王朝也充分利用这一点，运用"和亲"手段来平衡、驾驭周边国家。最初成功运用"和亲"手段分化驾驭外邦者，首推张骞。《汉书·张骞传》记载，汉武帝打败匈奴，张骞献计联合西域乌孙国王昆莫以制匈奴，说道：

> 今单于新困于汉，而昆莫地空。蛮夷恋故地，又贪汉物，诚以此时厚赂乌孙，招以东居故地，汉遣公主为夫人，结昆弟，其势宜听，则是断匈奴右臂也。既连乌孙，自其西大夏之属皆可招来而为外臣。

此后，"和亲"的手法运用得越发娴熟，形式也越来越多。[2] 隋朝开皇年间，突厥叶护可汗雍闾势大，向隋朝请求和亲。隋朝负责对外关系的谋臣长孙晟向隋文帝献计，认为不宜把公主嫁与雍闾，助长其势，强而后反，应该把公主嫁给弱小的染干，"招令南徙，兵

---

[1]《汉书》卷九四下《匈奴传下》，第3803页。
[2] 参阅崔明德《中国古代和亲史》，人民出版社，2005年。

少力弱，易可抚驯，使敌雍间，以为边捍"[1]。隋文帝采纳此建议，把安义公主嫁与染干，派遣大臣隆重送婚，双方使节相望于道，让雍间很没面子，兴兵进攻染干，突厥分裂，两败俱伤。

长孙晟的计谋，实与张骞故智一脉相承。由此可见，自汉武帝以后，"和亲"已经成为一项有力的外交手段，经常被使用，尤其是被居于优势地位者利用。这种做法也被少数民族所效仿，入据中原的少数民族政权如此，居于漠北的游牧民族政权也如此，例如北朝后期，突厥称雄于北方，欲以阿史那公主行和亲，令北周与北齐争娶，以收操纵利用之效。《周书·异域传下》记述道：

> 时与齐人交争，戎车岁动，故每连结之，以为外援……自俟斤以来，其国富强，有凌轹中夏志。朝廷既与和亲，岁给缯絮锦彩十万段。突厥在京师者，又待以优礼，衣锦食肉者，常以千数。齐人惧其寇掠，亦倾府藏以给之。他钵弥复骄傲，至乃率其徒属曰："但使我在南两个儿孝顺，何忧无物邪。"

在"和亲"中，值得同情的是那些"和亲公主"，她们以个人的牺牲，成为两国交往的使者。不管她们做出多少贡献，都是政治的工具。

实际上，古代国家间关系，基本上是政治关系。中国古代王朝的对外政策，服从于以德抚远的政治目标，希望建构一个以中国古代王朝为中心，具有共同道义和文化基础的稳定国际体系，不管使用和平的还是武力的手段，整个外交活动都围绕着这个中心展开。国家追求的国际目标决定了中国古代王朝所强调的是国际政治及其文化影响力，而不是对外的征服与扩张。从中国古代对外关系的成功经验来看，军事实力固然是支撑国际影响的重要基础，但是，建

---

[1]《隋书》卷五一《长孙览附长孙晟传》，第1333页。

构东亚世界更主要的是依靠先进的制度、法律、文化和技术，使得周邻国家受到吸引而自愿输入移植，即使是柔性的文化技术，也只有对方自愿接受才能获得有效传播和成功移植，东亚世界的经验证明了这一点。中国古代王朝对外政策的基本点是和平的文化影响，而非武力的征服和领土的扩张；要做国际体系的领导者和维护者，而非统治者和掠夺者。

第三章 东亚世界的基本特点与移民的文化传播

第一节 东亚世界的基本特点

东亚是一个地理的概念,指的是亚洲东部。然而,在研究上往往将东亚更细分为东北亚和东南亚,这似乎并不只是因为研究的空间过于广泛,而是在这片相邻的区域内,显现出颇不相同的文明景观。中国、朝鲜、日本和越南,在古代都使用汉字,有着大致相同的文化基础。而东南亚大部分地区,固然同受佛教的强烈影响,但当地流行的主要是小乘佛教,而不是大乘佛教。至于语言文字、伦理道德观的差异,也相当明显。古代东北亚同东南亚之间的交流并不密切,许多来往是以中国为中介进行的。这两个区域虽有不少相似之处,却也有明显不同的文明发展史。所以,适当区别,有利于展开学术研究。由此看来,对于东亚古代史的研究,应该超越国别史,而以具有相同文化基础的区域为单位。在这个意义上,本书所讨论的东亚,包括日本和朝鲜,也就是依文明截取的区域。至于没有把越南加入其中,则是由于在古代,越南同日本、朝鲜没有密切的交流,直到相当晚的时代,双方的交流还主要依靠中国为中介,难以构成一个各方内在联系紧密、在历史发展上相互影响甚大的区域。换言之,若以文化基础划分,它们应该纳入同一个文明区域,若再深入到相互影响中共同发展的层面,应把东北亚视作一个历史发展区域。

东亚作为一个具有共同文化基础的文明区域,是历史形成的事实,可以追溯到一千多年以前，它并不是外部强加的概念，更不是从西方全球殖民分区策略所设定的概念转换而来的自我认同。[1]对此，日本学者较早就以东亚为单位展开学术研究，特别是在第二次世界大战以后，他们曾经对东亚和东方文化的特点展开热烈的讨论。东京大学西嶋定生教授认为中国、日本、朝鲜、越南乃至从蒙古草原到青藏高原中间地带的西北走廊地区，构成一个完整的、独立的、自律的"东亚世界"。在东亚世界中，各国的历史是在同中国的紧密联系中展开的，此文化圈内的各种文化皆源于中国，或者受中国的影响而成长。[2]

那么，构成东亚世界基本文化基础的要素有哪些呢？西嶋定生列出了四大要素，亦即汉字、儒学、律令制度和佛教，实际上，应该再加上教育和技术两个要素。

一 汉字

中国、朝鲜、日本、越南等地都使用汉字，以至于人们经常把东亚视为"汉字文化圈"，充分证明汉字在东亚文化中的重要性。

朝鲜半岛与中国大陆接壤，早期朝鲜国家是由中国移民建立的，汉武帝之后，数百年间作为汉、魏、晋帝国的直辖郡县，直接接受中国文化的传播，所以，朝鲜半岛使用汉字的历史非常悠久。朝鲜半岛发掘出来的古代文物，铭文均使用汉字。朝鲜半岛南部使用汉字较迟，《三国史记·百济本纪》"近肖古王三十年"条引《古记》记载：

---

[1] 甘怀真《导论：重新思考东亚王权与世界观》（收入氏编《东亚历史上的天下与中国概念》，台大出版中心，2007年）说："东亚作为一个区域的概念，是源自近代西方帝国主义的全球殖民的分区策略，无疑是一个来自这个区域外的概念。但东亚也从一个来自他者的概念，转换成自我认同。这个事实让我们有理由推论，东亚在前近代是一个政治或文化的单位。这也让我们联想到历史上的'中华帝国'或'中国文化圈。'"今日地理学意义上的区块划分，如亚洲、欧洲等名称来自西方，但是，作为文明区域的东亚、南亚等，却是历史形成的事实。受中国文明影响的东亚，受印度文明影响的南亚，并非要等到西方前来设定后才转变为自我认同，这种历史事实也不靠推论和联想才出现。
[2] 西嶋定生『中国古代国家と東アジア世界』，東京大学出版会，1983年。

> 百济开国已来，未有以文字记事。至是，得博士高兴，始有书记。然高兴未尝显于他书，不知其何许人也。

近肖古王三十年为375年，百济人不识高兴，恐怕他是从乐浪郡南逃的汉人，将汉字传于百济。然而，从下述七支刀文物来看，百济使用汉字要早于高兴。

日本列岛与亚洲大陆一海相隔，接受中国文化远不如朝鲜半岛便捷。根据《日本书纪·应神天皇》记载：

> 十六年春二月，王仁来之。则太子菟道稚郎子师之。习诸典籍于王仁，莫不通达。故所谓王仁者，是书首等之始祖也。

应神十六年为285年，值西晋武帝太康六年。据成书早于《日本书纪》的《古事记》记载，王仁传入日本的书籍为《论语》十卷和《千字文》一卷。王仁到日本，成为太子的师傅，把汉字传授给日本统治者，弥补了日本没有文字的空缺，故以后日本采用汉字为其书面语言。

《古事记》夹杂许多神话故事，关于汉字传入日本的记述也屡遭学者质疑，因为《千字文》为南朝萧梁周兴嗣所作，晚于王仁两百余年。至于《论语》的卷数也与传世本不合。大概由于这个缘故，《日本书纪》不录王仁所携书名。然而，这些疑问都不足以推翻汉字在此时代传入日本的事实。

实际上，汉字传入日本的时间应该更早些，前述汉光武帝所赐金印"汉委奴国王"印文就使用汉字，此后日本出土的文物上也屡见汉字，如备受瞩目的三角缘神兽镜中，镜铭文用汉字叙事，曰："景初三年，陈是作镜，自有经述，本是京师……"[1]《宋书·夷蛮

---

[1] 福山敏男「景初三年・正始元年三角緑神獣鏡銘の陳氏と杜地」,『古代文化』第26卷第11号、古代学協会、1974年。

传》"倭国"条录载倭王武于昇明二年（478）给宋顺帝的表文称："封国偏远，作藩于外，自昔祖祢，躬擐甲胄，跋涉山川，不遑宁处。"表文辞句工整流畅。汉魏以来，汉字从中国和朝鲜等渠道不断传入日本，并被日本社会采用，铜镜铭文出自"陈氏"，倭王武表文可能出自中国移民之手，表明日本已经把汉字作为正式的公文文字。

当时东亚普遍使用汉字，百济近肖古王二十四年赠送七支刀给日本，刀上铭文记载：

> 泰和四年五月十六日丙午正阳造百练□七□刀□辟百兵宜供供侯王□□□□作
> 先世□来未有此刀百慈王世□奇生圣□故为□王旨造传□□世[1]

东亚各国之间使用汉字进行交往，使之成为通行的国际语言文字。

汉字在中国诞生之后，经过长期的历史演变，人们不断赋予它新的人伦道德解释和意义，令其超出了作为语言符号的功能，成为一种社会道德价值观的载体。例如"孝"字，最初的象形文字是儿子搀扶老人，故《说文解字》解释为："善事父母者。"后来，儒家把它放大为人伦之本，《孝经》称："夫孝，天之经也，地之义也，民之行也。"由此更导出对君主的"忠"，忠孝互为表里，成为古代帝国统治意识形态的基石。再如"妇"字，原本是表示性别的符号，然而，儒家把宗法关系的解释附加上去，故《说文解字》解释为："服也。从女持帚洒扫也。"甚至更引申为君臣、父子和夫妇的三纲。

---

[1] 此刀为奈良县天理市布留町石上神宫传世品，第二次世界大战之后，日本学者对此刀进行了仔细调查，通过 X 射线判明铭文年号为"泰和"，即东晋废帝年号"太和"；铭中的"世□奇生圣□"当为"世子奇生圣音"，亦即后来即位的近仇首王；"故为□王"当为"故为倭王"，可知此刀是为倭王制造的。七支刀铭有多种释文，此据奈良国立博物馆编『特别展　発掘された古代の在銘遺宝』，奈良国立博物馆、1989年。

所以，学习汉字，通过字形、字义的解释，不知不觉之中，就把一种伦理道德灌输到脑海里去。这就是为什么使用汉字的东亚世界有着基本相同的价值观和伦理道德，这正是儒家文化的基础。

中国古代国家从狭小区域逐渐发展到"天下"的过程，其实就是汉字使用圈不断扩大的过程。西周天子将镌刻汉字的青铜器分发给诸侯，这一行为在作为权力象征的同时，也在普及汉字。共同使用汉字的地方，便形成相同的文化观念，并产生强烈的归属感。所以，中国古代所谓的"天下"，其核心地区实际上就是汉字文化圈地带。[1]

汉字在东亚的传播和使用，是中国文化及其道德价值观在东亚地区的传播过程，也是将东亚国家纳入中国政治、文化圈并长久持续地影响东亚民族的性格及其文化取向的过程。

二 儒学

接受汉字，就等于接受一种道德价值观，因此，接受儒学便是自然而然的事情。

儒学在汉武帝时代，获得了统治意识形态的地位，由官方强力推行。建元五年（前136），汉武帝接受董仲舒的建议，在京城设立太学，置五经博士。从此，儒学成为中国历代王朝的官方意识形态，并得到制度保障。朝鲜作为汉朝的直辖地，自然接受儒学教育。南北朝时代，朝鲜半岛的百济同南朝关系极为密切，从南朝大量输入文化，刘宋时代，百济"表求《易林》、《式占》、腰弩，太祖并与之"[2]。萧梁时代，"累遣使献方物；并请《涅槃》等经义、《毛诗》博士并工匠、画师等，敕并给之"[3]。百济受南朝影响最深，文化基

---

[1] 参阅平势隆郎「大国・小国の関係と漢字伝播」，收入韩昇主编《古代中国：社会转型与多元文化》，上海人民出版社，2007年。
[2] 《宋书》卷九七《夷蛮・百济国》，第2394页。
[3] 《梁书》卷五四《诸夷・百济》，第805页。

本属于南朝系统,在当时的东亚堪称先进。

然而,百济国势不强,屡遭北方的高句丽入侵。为了减轻压力,百济一方面加强同南朝的关系,积极输入文化制度,增强国力;另一方面则密切同倭国联系,希望获得后援。倭国则希望通过百济获得大陆的先进文化与技术。就是在这个背景下,百济和倭国之间出现了以文化和技术换取军事支援的活动,且具有相当规模。《日本书纪》"继体天皇七年(513)"条记载,百济"贡五经博士段杨尔"。这是文献上最初见到百济向倭国提供五经博士的事例,"段杨尔"的名字显示他为中国人,时值百济武宁王时代,百济同南朝关系极其密切,故此人应为南朝派往百济的学者,再经百济送往倭国传播儒学。之后,百济和倭国之间形成定期派遣学者和技术工匠的轮替制度。例如《日本书纪》"钦明天皇十四年(553)"条记载:

> 十四年春正月甲子朔乙亥,百济遣上部德率科野次酒、杆率礼塞敦等乞军兵……六月,遣内臣使于百济。仍赐良马二匹,同船二只,弓五十张,箭五十具。敕云:"所请军者,随王所须!"别敕:"医博士、《易》博士、历博士等,宜依番上下。今上件色人正当相代年月,宜付还使相代。又卜书、历本、种种药物,可付送。"

所谓"依番上下",指的就是百济定期派遣学者到倭国的轮替制度。翌年,百济根据倭国的要求,派遣一批博士到倭国,进行更替,其名单见于《日本书纪·钦明天皇》记载:

> (十五年二月)百济仍贡德率东城子莫古,代前番奈率东城子言,五经博士王柳贵代固德马丁安,僧昙惠等九人代僧道深等七人。别奉敕贡《易》博士施德王道良,历博士固德王保孙,医博士奈率王有陀,采药师施德潘量丰、固德丁有陀,乐人施

德三斤、季德己麻次、季德进奴、对德进陀。皆依请代。

王柳贵、马丁安、王道良、王保孙、王有陀，以及采药师潘量丰、丁有陀，显然是南朝人，至于僧昙惠等，仅从名字难以判断，然而很可能大多亦为南朝人。

从中国输入文化技术，特别是儒学，由来已久。有直接从中国输入者，也有通过朝鲜半岛输入者。儒学首先为倭国上层所接受，成为统治者的文化理念，再自上而下地传播，让社会接受以儒学为本的中国文化体系。儒学的影响在许多地方表现出来，例如，《宋书·夷蛮传》"倭国"录载倭王武给宋顺帝的上表，就用典型的儒家口吻说道：

王道融泰，廓土遐畿，累叶朝宗，不愆于岁。臣虽下愚，忝胤先绪，驱率所统，归崇天极。

儒学对于东亚文化的形成起了奠基作用，影响至深且远，直至今日，在同西方文化对比的时候，其思维与行为模式、利益与价值取向，均凸显出东方文化的特性及其传统。

三 教育制度

儒家的教育制度，在中国被朝廷采用之后，成为长达两千多年的官方教育体系，并对东亚形成根本性的影响。

中国的教育制度首先在朝鲜实行。汉武帝定儒学为一尊之后，"乃令天下郡国皆立学校官"[1]。朝鲜为汉朝郡县，故当依令设立学校。朝鲜三国时代，高句丽小兽林王二年（372）模仿中国"立

---

[1]《汉书》卷八九《循吏·文翁传》，第3626页。

太学,教育子弟"[1],延续了汉代以来的学校。长寿王时代(413—491),还增置国子学。[2]

百济在3世纪后期至5世纪已经出现五经博士和专业博士,初期由当地汉人担任[3],也直接从南朝聘请,《南史·夷貊下·百济传》记载:

> (梁武帝)中大通六年、大同七年,累遣使献方物,并请《涅槃》等经义、《毛诗》博士并工匠画师等,并给之。

显而易见,百济的博士及学校制度源自南朝。这些百济博士承担教学工作,而且如上述,被派往倭国传授儒学及文化技术。南朝文化对百济的影响在许多方面都至深且巨,《北史·百济传》记载:

> (百济)俗重骑射,兼爱坟史,而秀异者颇解属文,能吏事。又知医药、蓍龟与相术、阴阳五行法。有僧尼,多寺塔,而无道士。有鼓角、箜篌、筝竽、篪笛之乐,投壶、樗蒲、弄珠、握槊等杂戏,尤尚奕棋,行宋《元嘉历》,以建寅月为岁首。

百济大量吸收南朝文化,其博士又将来自中国的文化,夹带着百济文化一道输出倭国,对日本教育制度的形成产生重要影响。早期贵族教育主要依靠私家传授,例如著名的圣德太子"习内教于高丽僧惠慈,学外典于博士觉哿"[4],这是王室教育,并非公开的学校,其教官为法师和博士,保留着早期从百济输入博士的传统。倭国的博士较杂,有文化教育者、技术工匠以及"大化改新"以后设立的

---

[1] 《三国史记》卷一八《高句丽本纪第六》。
[2] 高明士《东亚教育圈形成史论》第二章,上海古籍出版社,2003年。
[3] 参阅高明士《东亚教育圈形成史论》第二章。
[4] 《日本书纪》卷二二《推古天皇》"元年四月"条。

朝廷官职。

天武天皇时代（672—686），日本已经建立了学校制度，《日本书纪·天武天皇》记载：

> 四年春正月丙午朔，大学寮诸学生，阴阳寮、外药寮及舍卫女、堕罗女、百济王善光、新罗仕丁等，捧药及珍异等物进。

天武四年即675年。大学寮当设立于此之前，在670年左右。[1]

和日本一样较迟设置学校的是新罗，其早期的教育采用"花郎教育"制度，以贵族子弟为对象，将十五六岁的青年男子集中起来共同生活，平时进行文武训练，战时则成为一个作战单位。这与大学教育异趣。至7世纪后半叶，新罗在高句丽和百济的军事压力下，积极争取唐朝的支持，遂在各个领域采行唐朝制度，大学制度就是在此背景下出现的。李氏朝鲜儒士安鼎福所著《东史纲目》第四下神文王二年"始立国学"条注说：

> 新罗用人之术，只有花郎选用之法，而无学校之制。真德时，始有博士、助教之官，无国学之制，至是始置国学。

东亚诸国的学校制度，分别接受中国南北朝和唐朝制度影响而建立，其教育内容基本上可以分为两类：一是儒学教育，为其主流；二是专门技术教育，如百济的医、易、历专科，日本则有阴阳寮和外药寮等。

居于主要地位的儒学教育，所用教材可分为经史两大类，经为"五经"、《论语》，史以"三史"、《三国志》（亦即后来所称之"四

---

[1] 高明士《唐代东亚教育圈的形成》（台北"国立"编译馆中华丛书编审委员会，1984年）下篇第二章提出："（日本）668年于令制上创设学校制度，670年设置学官，675年招收学生授课。"日本学者有不同见解，请参阅高氏著作。

史")为主,加上《东观汉记》《晋阳秋》等。受到隋唐重视辞赋文章新设进士科取士的影响,此时代东亚各国的教材也增加了《文选》《尔雅》等。《孝经》亦成为必读之书。至于《玉篇》之类的文字教育,则为其基础,并因中国政权更替而出现官方标准语言语音的变化,东亚各国亦随之变化。

东亚各国教育的基本目标,并不是发展独立的学术,而是为国家政权培养合格的官员,以及各类实用人才。教育服从于政治,教育为政权服务。

东亚的教育,不仅要关注学校教育,还要高度重视家庭教育。如果说学校教育的目标是培养官员,那么,家庭教育的目标就是培养能够光大宗族及堪当社会重担的人才。因此,其教育的内容主要包括儒家伦理道德和日常行为规范的礼仪,以及为人处世的经验等。从启蒙阶段开始,就训练孩童要懂得长幼辈分秩序,行走坐卧、言谈举止都有一定的规矩和约束,以合乎礼;同时要励志远大,锻炼体魄,形成一整套教育方法。此类教育远比学校教育时间更长,对一个人的人生观和世界观形成影响甚大。

在中国,这类教育融于启蒙读本和家训之中。乐浪、带方郡汉人家庭教育与中原无异,对当地原住民也产生影响。从百济迁往倭国的王仁,所携带的书籍就是儒家的《论语》和启蒙教材《千字文》,可见百济已经存在中国式的家庭教育。自汉字和儒学传入日本之后,日本也十分重视家教,日本人特地制造了"躾"这个汉字,意为修身习礼,故身正而美。这种修身养性的家教,非常具有东方特色,构成教育的重要方面。其精粹经常融为家训传世,如南北朝时代的《颜氏家训》流传甚广。日本受其影响,也留下一大批著名的家训,例如平安时代就有皇室家训《嵯峨天皇遗诫》《宽平御遗诫》等。

从东亚教育制度的形成过程来看,中国文化的传播有几个阶段:首先是汉字的传播,其次是随着汉字承载的字义解释,中国的伦理道德观渗透于东亚；在魏晋南北朝时代，儒学在东亚国家逐渐传播；到隋唐时代，随着学校制度的确立，儒学在各国居于主导地位，构建了以儒学为本的文化形态，并借助教育制度代代相袭，根深蒂固。从文化形态考察，东亚文化圈完成于唐代。

四　律令制度

自汉武帝以来，朝鲜半岛长期在中国王朝郡县体系管理之下，故其国家政治制度受到中国的影响，并与其自身的制度相融合，各具特色。具体的制度比较，兹不讨论。

秦汉建立统一国家以来，政治制度通过成文法加以规定。近几十年秦汉简帛文书的大量出土发现，提供了众多的第一手证据，使我们对古代法令与国家制度的关系有了更加深入的了解。

汉代的法令，当然在乐浪郡实行。乐浪郡被攻破之后，朝鲜半岛的成文法，由于史料欠缺，不得其详。《三国史记·高句丽本纪》记载：

> （小兽林王）三年始颁律令。

小兽林王三年，亦即 373 年，《三国史记·新罗本纪》记载：

> （法兴王）七年春正月，颁示律令，始制百官公服，朱紫之秩。

法兴王七年，即 520 年。也就是说，隋代以前，高句丽和新罗都在某种形式上颁布了律令，然而，具体的内容不详，同中原王朝系统性的成文法有很大的距离，尚未形成规定制度的法律体系。它们都受到中原王朝，特别是南北朝律令的影响，是毋庸置疑的。

倭国制定律令，迟于百济。圣德太子执政时颁布了著名的"宪法十七条"。《日本书纪·推古天皇》记载：

> 一曰，以和为贵，无忤为宗。人皆有党，亦少达者。是以或不顺君父，乍违于邻里。然上和下睦，谐于论事，则事理自通，何事不成？二曰，笃敬三宝。三宝者佛法僧也，则四生之终归，万国之极宗。何世何人非贵是法，人鲜尤恶，能教从之。其不归三宝，何以直枉？三曰，承诏必谨，君则天之，臣则地之。天覆地载，四时顺行，万气得通。地欲覆天，则致坏耳。是以君言臣承，上行下靡。故承诏必慎，不谨自败。四曰，群臣百寮以礼为本。其治民之本，要在乎礼。上不礼而下非齐，下无礼以必有罪。是以群臣有礼，位次不乱；百姓有礼，国家自治……

"宪法十七条"颁布于推古天皇十二年（604），与其说是律令，不如说是训诫，表明倭国至此时还没有形成真正意义的律令，这是圣德太子急于同隋朝建立关系的深层原因。[1]

如果把东亚国家吸收中国法律制度的进程做一个分期的话，那么，可以把隋朝以前视作第一个阶段，亦即在具体方面接受影响的时期。

隋唐统一帝国的出现，对于东亚影响甚大。变化最大者首先出现在新罗，为了获得唐朝的全力支援，新罗采取了实行唐朝法律制度的政策。《三国史记·新罗本纪》"太宗武王元年（654）五月"条记载：

> 命理方府令良首等，详酌律令，修定理方府格十余条。

这是根据唐朝律令格式进行大规模修订律令的第一步，经过全面吸

---

[1] 参阅韩昇《〈隋书·倭国传〉考释》，《中华文史论丛》第61辑，上海古籍出版社，2000年3月。

收唐制，新罗形成了模仿唐朝律令格式的法律体系，新罗文武王二十一年（681）遗诏称，"律令格式，有便者，即便改张，布告远近"，即是明证。律和令是国家与社会制度的基本法律，而格和式则是对官府权力职责及其行政程序的规定。《新唐书·刑法志序》说：

> 唐之刑书有四，曰：律、令、格、式。令者，尊卑贵贱之等数，国家之制度也；格者，百官有司之所常行之事也；式者，其所常守之法也。凡邦国之政，必从事于此三者。其有所违及人之为恶而入于罪戾者，一断以律。

显然，新罗已经模仿唐朝用成文法来规定政治制度及其行政程序，完成了律令格式的法制建设。新罗全面实行唐朝律令制度对于东亚影响巨大而深远，因为东亚形势发生了重大变化，新罗成功地争取到了唐朝的全面支持，并配合唐朝先后灭亡百济和高句丽，进而统一朝鲜半岛，其于东亚的重要性凸显出来。而后，新罗修复在此过程中与唐朝矛盾冲突而受到损害的关系，成为唐朝在东亚的友好邻邦，也成为东亚文化圈的积极参与者和传播者，起着十分重要的作用。

倭国在隋朝建立后，积极开展对隋外交，一再遣使入隋考察学习政治法律制度。然而，对于隋朝制度的先进性，其认识并不充分。当隋唐两代为建立东亚国际关系秩序而大规模征伐高句丽之后，倭国同唐朝在朝鲜半岛的利益冲突逐渐暴露出来。唐高宗灭百济，倭国为了争夺其于朝鲜半岛南部的利益，大规模出兵，力图同百济反唐武装相呼应，争得对半岛南部的控制权。于是同唐朝在白江口爆发激烈的水战，结果倭水军大败，退出朝鲜半岛南部。这一仗的意义不在于军事方面，而在于倭国通过战争切实体会到唐朝的强大和制度的先进，因而在战后改变方针政策，积极派遣大批留学生到唐朝学习，大力吸收唐朝制度文化，全面建设以律令为基础的国家制度，出现了日本古代史上的"律令制国家"时代。编纂于天智天皇七年（668）的《近江令》、天武天皇十年（682）的《飞鸟净御原令》（以上两部法令均已亡佚）；文武天皇大宝元年（701）的《大宝律令》、元正天皇养老二年（718）的《养老律》和《养老令》，都以唐朝律令为蓝本。由于和唐朝律令非常接近，所以今日可以分别根据《唐律》和日本令来复原日本律和唐令。而且，日本还仿照唐朝以成文法来规范行政，制定了各种格和式，现在保存的就有嵯峨天皇时代的《弘仁格》、清和天皇时代的《贞观格》和醍醐天皇时代的《延喜格》，以及《延历交替式》《贞观交替式》《延喜交替式》《弘仁式》《延喜式》等。

隋唐时代是东亚国家吸收中国律令制度的第二个阶段，通过全面制定模仿唐朝的成文法令，建设以唐朝为样板的国家制度，以唐朝为中心的东亚世界逐渐形成。中国古代文化由此在东亚各国深深扎下了根，并获得国家制度的保障，成为组成东方文化的基本要素。

五　佛教

在东方文化圈内，和儒家思想相辅相成的是经过中国历代消化吸收的佛教。佛教至迟在汉代就已经传入中国，由于同中国固有的儒家思想以及国家权力多有抵触，所以，历朝对佛教采取限制措施，致其发展迟缓。五胡十六国时代，佛教取得长足的发展，胡族统治者尝试用佛教来取代中国固有的儒家思想。《晋书·佛图澄传》记载其间经过，说道：

> （后赵）著作郎王度奏曰："佛，外国之神，非诸华所应祠奉。汉代初传其道，惟听西域人得立寺都邑，以奉其神，汉人皆不出家。魏承汉制，亦循前轨。"

然而，王度要求禁止赵国人拜佛出家的建议，被石虎拒绝，他下令：

> 朕出自边戎,忝君诸夏,至于飨祀,应从本俗。佛是戎神,所应兼奉,其夷赵百姓有乐事佛者,特听之。

石虎的思路十分清楚,亦即外族政权要用外来宗教统治中国。此政策被后来的胡族政权所采纳,佛教在中国北方各地迅速传播开来。在南方汉族政权下,虽然政治背景和信教的原因与北方迥异,但佛教也取得了很大的进展。从此,佛教逐渐成为中国社会的主要宗教。

五胡十六国以及东晋南朝都向周邻国家传播佛教,而且,该时期由于战乱而大批逃往周边的中国人也把佛教带到了新迁徙的地区。东亚国家就是在此背景下接受佛教的。

首先传入佛教的是高句丽。根据《三国史记·高句丽本纪》"小兽林王二年(372)六月"条记载:

> 秦王苻坚遣使及浮屠顺道送佛像、经文。

实际上,佛教传入高句丽的时间还要更早些。《高僧传·竺法潜传》记载:

> (支)遁后与高丽道人书云:"上座竺法深,中州刘公之弟子。体德贞峙,道俗纶综。"

高句丽称呼高僧为"道人"。竺法潜卒于东晋宁康二年(374),晚年隐居于仰山(今江西宜春南),支遁欲居其侧,与之联络,此后致书高句丽僧人褒扬竺法潜,可知在苻坚派遣顺道之前,高句丽已传入佛教,且有僧侣。此外,《高僧传·昙始传》说:

> 释昙始,关中人,自出家以后,多有异迹。晋孝武太元之

末,赍经律数十部,往辽东宣化,显授三乘,立以归戒,盖高句丽闻道之始也。义熙初,复还关中,开导三辅。

东晋孝武帝太元年间(376—396),晚于苻坚送佛像经文之时。然而,此记载说明佛教传入高句丽并非一蹴而就,苻坚送佛只是其中影响较大的一次而已,且为官方传教活动。实际上,民间的传教活动更加重要,昙始从4世纪末到5世纪初在辽东传教十余年,其活动已经超越早期的佛像神灵崇拜,而是把汉译且被中国人吸收后的佛教经义传播于辽东,真正起到了奠基作用,故《高僧传》评价他为高句丽佛教之肇基。

《三国史记·高句丽本纪》记载,故国壤王八年(391)三月,"下教:崇信佛法求福。命有司,立国社,修宗庙"。佛教被尊为国家宗教,同立国社、修宗庙一道构成建设国家意识形态的重要部分。这道政令为后代国王所遵循,广开土王二年(392),"创九寺于平壤",进一步巩固了佛教作为国家宗教的地位。

百济传入佛教的时间和高句丽相去不远。《三国史记·百济本纪》"枕流王元年(384)九月"条记载:

> 胡僧摩罗难陀自晋至,王迎之,致宫内,礼敬焉。佛法始于此。
> 二年春二月,创佛寺于汉山,度僧十人。

摩罗难陀从东晋来到百济,不会是个人行为。当时,中国处于南北战乱之中,经济凋敝,故从东晋到百济的千里海路,非私人之力所能通达。联系到百济与中国南方王朝的密切关系[1],摩罗难陀应该是

---

[1] 参阅韩昇《百济与南朝的文化交流及其在东亚的意义》,载石源华、胡礼忠主编《东亚汉文化圈与中国关系》,中国社会科学出版社,2005年。

随东晋使船到百济,或可视为东晋向百济传播佛教的行为,故到达之后受到百济高规格礼遇,国王亲自迎接,安置于宫内,翌年为之创建佛寺,百济佛教发轫于此。

《三国遗事·难陁辟济》记载:"阿莘王即位大元十七年二月,下教崇信佛法求福。"韩国东国大学教授金煐泰考证此条记载当系于阿莘王二年(393)。[1]阿莘王对高句丽十分在意,一再发动战争,企图夺回被高句丽占领的城邑。《三国史记·百济本纪》记载,其即位二年"春正月,谒东明庙,又祭天地于南坛"。是年下令崇佛,或与此有关。当然,应该也有效仿高句丽崇佛的因素。总之,在4世纪末,传入不久的佛教在高句丽和百济都迅速成为国家宗教。

新罗接受佛教有诸多传说,虚实难辨。年代较为可靠的有《三国遗事·阿道基罗》记载:

> 新罗本纪第四云:第十九讷祇王时,沙门墨胡子自高丽至一善郡。郡人毛礼(或作毛禄)于家中作堀室安置……又至二十一毗处王时,有我道和尚与侍者三人亦来毛礼家,仪表似墨胡子。住数年,无疾而终。其侍者三人留住,讲读经律。往往有信奉者(有注云与本碑及诸传记殊异。又《高僧传》云西竺人。或云从吴来)。

各种传说表明新罗传入佛教途径亦多,有从高句丽传来者,亦有来自南朝者,时间为5世纪。[2]

至528年,法兴王力排异议,"肇行佛法",翌年"下令禁杀生"[3],始建大兴轮寺,直至下一代的真兴王五年二月方完工[4],置僧

---

[1] 金煐泰著、柳雪峰译《韩国佛教史概说》,社会科学文献出版社,1993年,第17页。
[2] 讷祇王于417—457年在位,毗处王于479—499年在位。
[3] 《三国史记·新罗本纪》卷四"法兴王十五年、十六年"条。
[4] 《三国遗事》卷三《原宗兴法》;《三国史记·新罗本纪》卷四"真兴王五年"条。

尼奉佛，准许出家。佛教成为国家宗教。

倭国传入佛教最迟，日本学者一般根据《日本书纪》"钦明天皇十三年（552）"条记载，将552年百济圣明王送经书佛像给倭王，作为佛教传播之始。然而，这是错误的。百济圣明王给倭王的表文抄自703年唐僧义净翻译的《金光明最胜王经》，且《元兴寺伽蓝缘起并流记资财账》所收元兴寺古史料记载此事年代为538年，时间抵牾。显然，这些都不是佛教最初传入倭国的记载，只是表明6世纪前半叶自百济传入的佛教对倭国社会产生重要影响。其实，如果就佛教的造型器物来看，其在4世纪初已经传入倭国。日本考古发现了数量众多的三角缘神兽镜，推测属于三国时代吴镜系统[1]，其中有一类镜背雕刻的是佛像，被称作"三角缘佛兽镜"。这表明中国江南佛教器物已经传入倭国，只是在倭国社会里没有传播开来。然而，从五胡十六国以来，有数十万以上的大陆移民从中国和朝鲜半岛迁徙到倭国，他们将各种大陆文化和技术带到倭国，同时也把佛教传了过去，保存在大陆移民的集团中。

存在于倭国民间社会的佛教，与6世纪百济通过官方渠道传入的佛教相结合，在倭国统治者的积极鼓励下，勃然兴起，迅速成为官方意识形态的重要组成要素。推古朝执政的圣德太子与苏我氏联手打败反对佛教的物部氏之后，佛教大盛，雄伟的伽蓝纷纷建立。推古十二年（604），圣德太子颁布"宪法十七条"，其第二条说："笃敬三宝。三宝者佛法僧也，则四生之终归，万国之极宗。何世何人非贵是法，人鲜尤恶，能教从之。其不归三宝，何以直枉？"佛教被尊奉为国家宗教。

至此，分别从中国南方和北方传入的佛教在东亚四个政权都被尊为国家宗教，构成其国家意识形态的重要组成要素。

---

[1] 参阅王仲殊《关于日本三角缘神兽镜的问题》，《考古》1981年第4期；《日本三角缘神兽镜综论》，《考古》1984年第5期。

在中国，由于世俗政治权力成熟得早，而且十分强大，又有儒家道德伦理的强有力支持，所以，佛教不曾成为国家宗教。五胡十六国时代，胡族政权曾经试图以佛代儒，都没有成功。北魏政权汲取十六国经验教训，积极提倡儒学作为国家政治思想，同时也支持佛教和道教，出现了儒、释、道既斗争又融合的局面。隋唐两朝在政治上都以儒为本，但各有侧重，隋朝弘扬佛教，唐朝提倡道教。然而，唐朝立国的文化原则是兼收并蓄，给予各宗教平等地位。这种宗教政策有助于儒、释、道在理论上相互渗透吸收。就佛教在国家政治中的地位而言，东亚国家更高。然而，隋唐佛教势力及影响甚大，东亚国家的佛教基本上属于经中国消化吸收后的佛教。因此，佛教成为东亚诸国的联系纽带和共同文化特色。

六　技术

中国古代的技术思想有两大特色：一是建立与人文社会互动的认识自然社会的理论体系，如天文、历法、医学、阴阳五行等学说；二是重视实用的技术及其发明。由此可以看出，古代对自然的认识从属并服务于人文社会，而强调实用的技术发明难以形成独立的科学理论体系。当然，在古代社会发展水平上，中国的技术与发明在全世界并不落后，有些甚至是相当超前的；在东亚更处于先进地位，成为诸国的技术源头。因此，中国古代技术的特点也被东亚国家所承袭。

在中国古代的技术体系中，天文、历法、算学和医学构成其基础。

天文知识很早就传入朝鲜半岛，首先传入汉王朝直辖的乐浪郡。《后汉书·循吏·王景传》记载，王景八世祖王仲乃西汉时人，"好道术，明天文"，诸吕及济北王作乱时，他惧祸逃往乐浪郡，子孙定居于此，遂成为乐浪人氏。王景传家学，"少学《易》，遂广窥众书，又好天文术数之事，沉深多伎艺"。从西汉到东汉，天文道术在乐浪郡传承不绝。

在乐浪郡被攻占之后，平壤西面大同江流域发现德兴里高句丽壁画古坟[1]，其玄室券顶天象图，显然是根据中国古代天文知识绘画的。日月星辰不但与飞天等神仙构成天上的世界，还与地上人类社会的狩猎、出行、祭祀、劳作等交织在一起，并同表现墓主的官人生活息息相关，这与中国汉代以来用天象解释人事的思想相一致，容后再述。

百济采用南朝天文历法知识，在中国史籍中早有明确的记录。《周书·百济传》记载："用宋《元嘉历》，以建寅月为岁首。"百济不但使用南朝历法，还建立了历博士，系统学习掌握南朝的天文历法知识。

由于百济承担了南朝文化向东亚传播的角色，故倭国通过百济转手输入天文历法等知识。前面"儒学"项里曾经引用《日本书纪》"钦明十四年（553）六月"条的记载："医博士、《易》博士、历博士等，宜依番上下。"可知这些方面的知识，倭国都是通过百济引进的，其技术思想和体系与百济相承，均源自南朝。

关于新罗天文历法的记载出现较迟。《三国史记·新罗本纪》"真德王四年（650）"条记载："是岁，始行中国永徽年号。"采用唐朝年号，当然使用唐朝历法。新罗还派人入唐学习天文历法知识，《三国史记》"文武王十四年（674）正月"条记载："入唐宿卫大奈麻德福传，学历术还，改用新历法。"所谓新历，当为唐朝新颁行的《麟德历》。

东亚各国在采用中国历法的同时，纷纷建立天文历法的专门机构，设置研究人员。前述百济设置历博士，并传给倭国。新罗也在模仿唐朝设置的国学内设立天文博士、漏刻博士。今日韩国庆州保

---

[1] 参阅朝鲜民主主义人民共和国社会科学院·朝鲜画报社编『德興里高句麗壁画古墳』，講談社、1986年。

存着建于 647 年的瞻星台,是现今保存最早的实物证据。

东亚天文历法源自中国,其影响不限于技术层面,最重要的是形成了具有东方特色的自然理论与世界观。如前述,中国古代将自然现象与社会人文联系起来,故天文历法包含许多人文思想,尤其是同阴阳五行、《易》、占相结合,形成服务于社会的理论体系。此问题包含甚广,这里仅举其中天象与人事关系的例子作为一个观察点。《三国史记·高句丽本纪》"大祖大王九十四年(146)十二月"条记载:

> 王谓遂成曰:"吾既老,倦于万机。天之历数在汝躬……"乃禅位。

这不是个别的事例。同书"山上王元年(197)"条记载:

> 故国川王之薨也,王后于氏秘不发丧……发歧不知王薨,对曰:"天之历数有所归,不可轻议。"

其时,朝鲜半岛在汉朝治下,汉朝盛行的天人合一的天命观在这里影响颇大,流传颇远。而且,把灾变与人事联系起来,几乎成为共同的思想。例如百济东城王大兴土木,大臣谏而不听,《三国史记·百济本纪》"东城王二十三年(501)正月"条记载:

> 王都老妪,化狐而去。二虎斗于南山,捕之不得。

果然,是年东城王遇刺而死。统计《三国史记》关于灾变的记载,大都作为对人事示警的凶兆而被记录下来,其中以新罗的事例最多[1],

---

[1] 参阅井上秀雄『古代朝鮮史序説—王者と宗教』第五章、東出版寧楽社、1978 年。

可知朝鲜三国的自然观都受到中国的深刻影响。对此，中国正史也有明确的记载。《宋书·百济传》记载：宋文帝元嘉二十七年（450），百济"表求《易林》、《式占》、腰弩，太祖并与之"。《周书·百济传》也说："用宋《元嘉历》，以建寅月为岁首。亦解医药卜筮占相之术。"把天文历法同卜筮占相等连在一起叙述，绝非偶然。前引《日本书纪》钦明王时代，倭国在向百济索要博士时，一直是将医、《易》和历合在一起要求的，从一个方面反映出此三者密切的内在联系。

中医的理论是把天地运行的阴阳经纬学说用于解释人体，故人体乃天地自然的反映，与天地自然息息相关。中草药亦是如此。如中药要求用房前屋后特定方位的物品治不同的疾病，当代人视为迷信，其实那是阴阳五行学说的自然结论。中医强调的是燮理阴阳。故不懂得中国的天文地理与阴阳学说，就无法理解中医。

中医药的理论与治疗方法，很早就传入朝鲜，并通过百济传往日本。当然，一个学科的建立需要长时间的努力，或许还要经过多次的刺激与传播。日本正仓院保存着光明皇后捐献的数十种药物，并有《种种药帐》传世。其中有些是鉴真和尚带到日本的，他同时还传授了唐朝的医药学新知识，促进日本接受中医药和针灸。

602年，百济僧人观勒到倭国。《日本书纪》"推古十年（602）十月"条记载：

> 仍贡历本及天文地理书，并遁甲方术之书也，是时选书生三四人，以俾学习于观勒矣。阳胡史祖玉陈习历法，大友村主高聪学天文遁甲，山背臣日并立学方术。皆学以成业。

倭朝廷抓住这个机会，选拔专人跟随学习，建立天文、历法、遁甲、方术等科。

660年，唐朝攻占百济，百济大批贵族官员逃往倭国，掀起一阵文化传播的高潮。这批人后来定居倭国，融入日本民族之中。倭朝廷根据他们的贡献，给予奖赏。《日本书纪》"天智十年（671）正月"条记载：

> 以大锦下授佐平余自信、沙宅绍明。法官大辅。以小锦下授鬼室集斯。学职头。以大山下授达率谷那晋首。闲兵法、木素贵子。闲兵法、忆礼福留。闲兵法、答㶱春初。闲兵法、㶱日比子，赞波罗、金罗金须。解药、鬼室集信。解药。以"上"小山上授达率德顶上。解药、吉大尚。解药、许率母。明五经、角福牟。闲于阴阳。以小山下授余达率等五十余人也。

从这份奖赏名单可以看出，百济遗民带来了许多实用专学，诸如法律、兵法、医药和阴阳学。这些学科后来在律令制国家建立之后，被写入法令之中，构成古代学制规定的科目。大宝令和养老令规定，大学寮除了儒经、文章、法律、语言、书法之外，还设有算学一门技术学科。另外，有阴阳寮和典药寮，前者内设天文、历法、阴阳学科，后者内设医、针、按摩、咒禁诸科。

从南北朝通过百济输入南朝文化，直到派出遣唐使直接吸收唐文化，其间百济为日本建立学术体系做出很大的贡献。反过来，从日本建立的学科亦可看出百济学术之盛，可补史籍记载之缺漏。

新罗自从7世纪完全倒向唐朝之后，在国家制度和文化领域积极向唐朝学习，模仿唐朝建立起国家学校制度，其中技术方面的学科设有算学、医学、漏刻等科目。

百济、日本、新罗的实用技术学科，采用的基本上是唐朝使用的教材。因此，古代东亚的自然学科理论和技术体系皆源于中国，并受其规范。

以上六个具有根本意义的领域，奠定了古代东亚的共同文化基础，对人们的思维模式、国家制度、社会生活和生产方式都起着规定性作用，成为东亚各国强有力的联系纽带，构成古代东方文化的基本特色。在此基础上，各国以其民族智慧做出贡献，令东方文明绚丽多彩。

第二节　移民与文化传播

在东亚古代文化圈的形成过程中，人口迁徙起着至关重要的作用。

古朝鲜是由周秦时代的移民建立的。《史记》《汉书》从王满开始记述古朝鲜的历史。卫满[1]为燕人，占据真番和朝鲜之地；秦统一后，成为秦朝外臣；西汉初，属燕管辖。燕王卢绾反，卫满逃亡塞外，集结千余人渡浿水，"居秦故空地上下鄣，稍役属真番、朝鲜蛮夷及故燕、齐亡命者王之，都王险"[2]。根据《三国志·东夷传》记载："陈胜等起，天下叛秦，燕、齐、赵民避地朝鲜数万口。"可知当地汉人之多，成为卫满立国之本。汉惠帝时，朝鲜与汉辽东太守相约，为汉外臣。朝鲜执政者不断招徕汉人，以充实国力，日渐坐大。

汉武帝时出兵占领朝鲜，置真番、临屯、乐浪和玄菟四郡，为汉朝直辖郡县。大批内地汉人迁徙至此，进行开发，构成以乐浪（今平壤）为中心的汉人社会。昭帝始元五年（前82）罢临屯和真番两郡，玄菟郡也在夷貊族的侵掠下内迁，后降为县，隶属乐浪郡。东汉末年，公孙度割据辽东，历三代，分乐浪郡设立带方郡。魏景初二年（238），司马懿讨平公孙渊，朝鲜郡县重归中央所有。

乐浪、带方两郡，其重要官员由中央派遣任命，僚属如五官掾、决曹、塞曹、建中校尉、丞等，官司设置一如中国内地[3]。卫氏朝鲜

---

[1]《史记》《汉书》记作"王满"，但《后汉书》《三国志》以后的史书则称之为"卫满"。
[2]《史记》卷一一五《朝鲜传》，第2985页。
[3] 如"乐浪太守五官掾王光之印"（朝鲜贞柏里127号坟出土印章），"乐浪大尹五官掾高"（乐浪土城出土封泥）；"郡决曹史杨邑"（《后汉书·王景传》）；"塞曹掾史张政"（《三国志·乌丸鲜卑东夷传》）；"建中校尉梯俊"（《三国志·乌丸鲜卑东夷传》）；"朝鲜丞田肱"（乐浪彩箧冢）；等等。

国时代成长起来的汉人构成郡县时代土著汉人阶层，他们大量充任中下级僚佐，在地方上颇具影响力。例如，东汉初，王景之父王闳为"郡三老"，他联合汉人官吏击杀割据自立的乐浪太守王调，共迎东汉政府派来的太守王遵[1]，充分表明乐浪、带方两郡是以土著汉人为主体的社会。这些汉人来自燕、赵、齐、鲁等地，如上述王景原籍琅邪不其，张抚夷出自渔阳等[2]。

根据出土文物，土著汉人所见姓氏有王、韩、公孙、高、张、荆、黄、孟、田、程、吴、孙、贯、杜、佟（冬）等，基本属于中国北方姓氏，其中王、韩尤为卫氏朝鲜以来之大姓。王氏颇与北朝皇室贵族联姻[3]，韩氏则相传为箕子朝鲜亡后，"其子及亲留在国者，因冒姓韩氏"[4]。其他如高、张、公孙、田、佟等姓，亦多见于出土文物，当为颇具实力的家族。以汉人为主体的乐浪、带方社会，其文化源于中国，如朝鲜黄海北道安岳郡安岳面俞雪里发现的冬寿墓，其墓室结构、壁画内容及其反映的社会风俗，都与高句丽迥异，而与辽宁省辽阳的壁画石椁墓极为相似，进而与山东、江苏的石椁墓相近[5]。亦即辽东到乐浪、带方的文化，主要属于中国北方系统，但由于迁徙至此的汉人出身地不同，自然也带来各地的文化因素，辽阳上王村壁画石椁墓出土的陶瓷器皿，颇似江南越窑制品，可见江南文化传播之一斑。显而易见，乐浪、带方汉人社会与当地原住民社会的文化，有着明显的时代差距。

朝鲜南部，分布着马韩、辰韩和弁韩（弁辰）。三韩中也有不少汉人，《后汉书·东夷传》记载：

---

[1]《后汉书》卷七六《王景传》，第2464页。
[2] 朝鲜黄海道凤山郡文井面胎封里第1号坟出土砖铭载："太岁在戊渔阳张抚夷砖。"
[3]《魏书》卷一三《皇后传》记载："文成文明皇后冯氏……母乐浪王氏"；《周书》卷二〇《王盟传》记载："王盟字子仵，明德皇后之兄也，其先乐浪人。"
[4]《三国志》卷三〇《乌丸鲜卑东夷传》记载："侯准既僭号称王，为燕亡人卫满所攻夺，将其左右宫人走入海，居韩地，自号韩王。"其下注引上述《魏略》语。
[5] 参阅冈崎敬「安岳第三号墳（冬寿墓）の研究—その壁画と墓誌銘を中心として」,『史淵』第93輯、1964年。

> 辰韩，耆老自言秦之亡人，避苦役，适韩国，马韩割东界地与之。其名国为邦，弓为弧，贼为寇，行酒为行觞，相呼为徒，有似秦语，故或名之为秦韩。

《三国志》引《魏略》[1]记载：

> 至王莽地皇时，廉斯鑡为辰韩右渠帅，闻乐浪土地美，人民饶乐，亡欲来降。出其邑落，见田中驱雀男子一人，其语非韩人。问之，男子曰："我等汉人，名户来，我等辈千五百人伐材木，为韩所击得，皆断发为奴，积三年矣。"鑡曰："我当降汉乐浪，汝欲去不？"户来曰："可。"（辰）鑡因将户来出诣含资县，县言郡，郡即以鑡为译，从芩中乘大船入辰韩，逆取户来。降伴辈尚得千人，其五百人已死。鑡时晓谓辰韩："汝还五百人。若不者，乐浪当遣万兵乘船来击汝。"辰韩曰："五百人已死，我当出赎直耳。"乃出辰韩万五千人，弁韩布万五千匹，鑡收取直还。郡表鑡功义，赐冠帻、田宅，子孙数世，至安帝延光四年时，故受复除。

乐浪郡为汉人主导的社会，故汉人经乐浪继续南迁，是合理的。当地部族掠夺汉人为奴，也是古代常见的现象。至于辰韩是否为汉人所立之国，则是另一个问题。

---

[1]《魏略》，作者鱼豢，生平事迹不详，据《三国志》裴松之注引《魏略·儒宗传》之鱼豢自叙，他曾师事魏谯王郎中、儒士隗禧。《隋书·经籍二·杂史类》记载："《典略》八十九卷，魏郎中鱼豢撰。"唐刘知幾《史通·古今正史第二》记载："魏时，京兆鱼豢私撰《魏略》。"由此可知，鱼豢是京兆人，仕魏任郎中，《魏略》为其私著。《旧唐书·经籍志·正史类》记载："《魏略》三十八卷，鱼豢撰。"同书《杂史类》记载："《典略》五十卷，鱼豢撰。"明将《魏略》与《典略》区分为二著。据此可知，《隋书·经籍志》所载《魏略》及卷数，乃合二著为一书。《魏略》早已散佚，张鹏一曾出版《魏略辑本》二十五卷。该书保存了大量极有价值的史料，其中不少是当时人的亲身见闻，成为裴松之注《三国志》的主要典据，也为今天研究东亚古代史提供了重要的依据。

《三国志·东夷传》接着记载：

> 桓、灵之末，韩濊强盛，郡县不能制，民多流入韩国。建安中，公孙康分屯有县以南荒地为带方郡，遣公孙模、张敞等收集遗民，兴兵伐韩濊，旧民稍出，是后倭韩遂属带方。

这正是动乱时期地方政治权力失控造成民众流亡的写照。从东汉瓦解到南北朝建立，中国出现了空前规模的人口大迁徙，汉族逃亡的方向是从中心向边地，从城市向乡村，尽量远离胡族和战火。就中原的情况而言，人口呈现出向南方、西北和东北三大方向迁移的趋势。在朝鲜，移民则是从乐浪、带方郡向朝鲜半岛南部直至日本列岛，以及回归华北两大方向。从乐浪南下的移民，与从中原逃亡而来的汉人，成为古代自大陆大规模迁徙到日本的大陆移民流。从该时期汉族大迁徙的大局考察，朝鲜南部分布许多汉人的记载，可以置信。

乐浪、带方两郡的社会文化，既熏陶影响当地土著文化的成长，也促进了其社会组织的成熟与民族的壮大。西晋末年爆发的"八王之乱"，招致边疆民族纷纷入据中原，东晋退缩到江南，乐浪与中央的通道被截断了，犹如一叶孤舟。高句丽族乘势崛起，猛烈进攻乐浪，汉人势力逐步南移。313年，高句丽美川王攻陷乐浪郡，翌年再破带方郡。汉人纷纷离开郡城，组成以大族为中心的集团，在抵抗中南迁，这一过程持续了相当长的时间。

碑铭墓志可资佐证。1976年12月，朝鲜南浦市江西区域德兴里发现壁画古坟，同时发掘出长达154字的墓志，引起学界的重视。根据墓志，墓主为某"镇"，他出身"□□郡信都县都乡□甘里"，为"释加文佛弟子"，官拜"使持节东夷校尉幽州刺史"[1]，死于"永

---

[1] 墓志见前引『德興里高句麗壁画古墳』。

乐十八年"。"永乐"为高句丽好太王年号，永乐十八年亦即409年。"□□郡信都县"应是冀州安平郡信都县（今河北省衡水市冀州区）。墓志铭称墓地选址乃"周公相地，孔子择日，武王选时"，墓室绘有中国天象图与官人出行图等，属于魏晋砖室墓样式。从各个方面综合考察，这是一座汉族官员的墓。从幽州刺史到葬身德兴里，反映了汉人迁徙之一斑。

此外，朝鲜黄海道安岳冬寿墓（墓铭"永和十三年"，即357年）、安岳"逸民含资王君藏"砖铭古坟和凤山郡"使君带方太守张抚夷砖"铭坟（推定为永和四年，即348年）等，既反映出朝鲜汉人由乐浪向黄海道的移动，以及辽东地区陷落后，该地汉人流亡而来的情况，又反映了汉人形成地域集团并一直坚持到高句丽长寿王时代（413—491）。

这些汉人集团有一部分继续迁徙到日本，日本的大陆移民中，著名的"东汉氏"移民集团首领坂上苅田麻吕在给日本朝廷的上表中称：

> 臣等本是后汉灵帝之曾孙阿智王之后也。汉祚迁魏，阿智王因神牛教，出行带方，忽得宝带瑞，其像似官城，爰建国邑，育其人庶。后召父兄告曰："吾闻东国有圣主，何归从乎？若久居此处，恐取覆灭。"即携母弟迁兴德，及七姓民归化来朝。[1]

迁徙到日本的大陆移民就是在此国际背景下出现的。

根据文献的记载，可以把日本古代的大陆移民分为两大类型：其一，主动性移民，即由于移民方面的原因而自愿迁徙到日本者。其二，被动性移民，即由于外在不可抗拒的原因而不得不迁徙到日本者。

关于第一种类型，其迁徙的原因主要应从日本以外求得，例如：

（1）由于中国和朝鲜政局变动而引起的移民浪潮。中国王朝的

---

[1]《续日本纪》"延历四年（785）六月"条。

苛政及其崩溃、少数民族的入侵、边疆政权的更替等，都造成大批人口向外流动。313年，高句丽占领乐浪郡，造成大批朝鲜汉人向南迁徙，进而移居日本。

7世纪60年代，唐灭百济与高句丽，同样也掀起了新的移民浪潮。

在日本古代的大陆移民中，来自朝鲜半岛的移民占绝大多数，这不完全是因为地理接近的原因，更重要的是该地区敌对政权长期激烈冲突所造成的社会动荡与不安。所以，东亚国际关系显然是研究移民背景的最主要方面。

（2）为经贸利益驱使，或者为寻求新的生存天地者。《三国志·乌丸鲜卑东夷传》记载，倭之对马国"有千余户，无良田，食海物自活，乘船南北市籴"；一大国"有三千许家，差有田地，耕田犹不足食，亦南北市籴"。这说明在中国三国时代，东亚早就存在海上交易，中国人也有因此前往日本的，如《后汉书·东夷列传》记载："会稽东冶县人有入海行遭风，流移至澶洲者。"《后汉书》将澶洲附于倭国之后，学术界也多以为在日本九州南部，或琉球群岛一带，则中国人前往日本，当可无疑。王仲殊先生在多篇论文中反复论证，日本古代的三角缘神兽镜系中国江南工匠前往日本制造的[1]，同样反映了中国人前往日本谋生的情况。

（3）先期迁徙到日本的大陆移民引荐招徕其部属乡亲。上引坂上苅田麻吕表文称：

> 于是阿智王奏请曰："臣旧居在于带方，人民男女皆有才艺，近者寓于百济、高丽之间，心怀犹豫，未知去就。伏愿天恩遣使追召之。"乃敕遣臣八腹氏，分头发遣，其人民男女，举落随使尽来，永为公民。

---

[1] 王仲殊《关于日本三角缘神兽镜的问题》，《考古》1981年第4期；《关于日本的三角缘神兽镜》，《考古》1982年第6期等。

日本古代另一支大陆移民集团秦氏,其谱牒里也有类似的记述。《新撰姓氏录·山城国诸蕃》称:

> 秦忌寸,太秦公宿祢同祖,秦始皇帝之后也。功智王、弓月王,誉田天皇(谥应神)十四年来朝,上表更归国,率百廿七县伯姓归化。

以上史料未可尽信,但它确实反映了移民迁徙的缘由和经过。

(4)出于传播文化的使命感而前往日本者,典型的事例如东渡之鉴真和尚,曾任日本最高学官——大学头之袁晋卿等人。

(5)由日本人招聘来者,如《三代实录》"元庆元年(877)十二月廿一日"条记载,日僧智聪上言:"〔骆〕汉中是大唐处士,身多伎艺,知其才操,劝令同来。"

(6)与日本人通婚而偕往者,如《日本纪略》"延历十一年(792)五月甲子"条记载:"唐女李自然授从五位下。自然,从五位下大春日净足之妻也。入唐娶自然为妻,归朝之日,相随而来。"

(7)来到日本后,自愿留居者,如《日本后纪》"延历廿四年(805)十一月甲申"条载:"左京人正七位下净村宿祢源言:'父赐绿袁常照,以去天平宝字四年奉使入朝,幸沐恩渥,遂为皇民。'"即袁常照作为唐朝使节来到日本后,自愿留居于此。相同的情况,还有沈惟岳一行。761年,唐越州浦阳府押水手官沈惟岳一行护送日本迎遣唐使高元度等到达九州,日本朝廷敕令太宰府:

> 其沈惟岳等,宜往往安置,优厚供给,其时服者,并以府库物给。如怀土情深,犹愿归乡者,宜给驾船水手,量事发遣。[1]

---

[1]《续日本纪》卷二四"天平宝字七年(763)正月"条。

结果，沈惟岳等都自愿留居不归。以上两例都是因为中国爆发"安史之乱"而不愿回国的。

此外，如自然灾害、逃亡等原因到日本者当亦不少，限于史料，难以一一列举。从以上各条来看，所谓"钦化内归"者，实在少见。而属于第一和第三种情况的，人数最多。由此可见，日本的大陆移民在其祖国的身份地位、文化层次属于上层者并不多，且其迁徙往往具有集团性的特点。

关于第二种类型，迁徙原因主要应从日本方面求得，例如：

（1）通过战争掠夺的人口，如《日本书纪》"仁德五十三年（5世纪初）"条记载倭国侵略新罗时，"即虏四邑之人以归焉"。对于这类情况，朝鲜史籍也有记载，如440年，"倭人侵南边，掠取生口而去"；462年，"倭人袭破活开城，虏人一千而去"[1]。掠夺人口是古代战争的一个重要目的，所以，此类移民人数众多。

（2）向邻国强征来者，如《日本书纪》"应神十五年（4世纪末）"条记载："时遣上毛野君祖荒田别、巫别于百济，仍征王仁也。"

（3）外国政府"贡献"或赠送者，如《日本书纪》"应神十四年"条记载："百济王贡缝衣工女。""应神卅七年"条记载："遣阿知使主，都加使主于吴，令求缝工女……吴王于是与工女兄媛、弟媛、吴织、穴织四妇女。"朝鲜三国政权甚至把外国人口作为礼物献给日本，如《日本书纪》"钦明四年（543）"条记载，百济圣明王"献扶南财物与奴二口"；"钦明十一年（550）"条记载，"献高丽奴六口"；同书"齐明六年（660）十月"条记载，"百济佐平鬼室福信遣佐平贵智等，来献唐俘一百余人"。

（4）因国家关系等原因不敢回国者，如《日本书纪》"钦明廿三年（562）"条记载，新罗攻占朝鲜南部之任那，其赴日本使节"不敢请罢，遂留不归本土，例同国家百姓，今河内国更荒郡鹈鹕野邑

---

[1]《三国史记》卷三《新罗本纪第三》之《讷祗麻立干纪》及《慈悲麻立干纪》。

新罗人之先也","不敢请罢,恐致刑戮,不归本土,例同百姓,今摄津国三岛郡埴庐新罗人之先祖也"。"恐致刑戮"而不敢回国,更似为日本朝廷所抑留。这种情况还见于赴日充当人质者。

此外还有因海上迷途、事故等自然原因漂流到日本后,由于经济的或人为的缘故而无法回国者,这种人往往被地方豪族所隐占。

凡此种种,均非出于本人意愿,属于强制性移民。无论第一种或第二种类型,集团性的跨国移民,一般都与国际风云变幻密切相关,表现出阶段性的特点。

在日本古代的大陆移民史上,集团性与阶段性特点表现得十分明显。根据日本史籍记载,在9世纪以前,有多达一百万以上的大陆移民从中国、朝鲜半岛等地前往日本列岛,带来各种先进的文化技术,身体力行,极大地推动了倭国社会的成长。我将此数量庞大的人口称作"大陆移民"[1],其迁徙过程可以划为三个主要阶段。在这三个阶段,不仅移民集团的构成、性质,以及原来所在国家的政治文化发展阶段各不相同,而且,他们在日本的社会组织形态、身份地位,以及发挥的作用也有明显的差异。

第一阶段,大约从4世纪后叶至5世纪初叶。这一时期,有关大陆移民的记载,主要集中于《日本书纪·应神天皇纪》。

众所周知,日本第一代天皇神武天皇是人为制造出来的,从神武天皇到第十四代仲哀天皇的真实性极为可疑。在历代天皇中[2],谥"神"者有三位,分别为第一代的神武天皇、第十代的崇神天皇和

---

[1] 参阅韩昇《日本古代的大陆移民研究》,文津出版社(台北),1995年。
[2] "日本(にほん)"国名和"天皇(てんのう)"称号,形成较晚。古代称日本为"やまと",中国写作"倭",日本作"倭""大倭"和"大和"等,"邪马台"音同。在4世纪左右,以大和地区为中心,产生部族联合的国家政权,即大和朝廷,其君主称作"大王(おおきみ)",既是世俗政治的领袖,又是神权的代表。此后,大和朝廷逐步统一日本,遂以政权中心地名"やまと"统称全国。随着国家制度日益完善和对外关系的发展,七八世纪之际,其"大王"改称"天皇(すめらみこと)",国名也正式改称"日本"。严格地说,7世纪以前,"天皇"和"日本"应分别称作"王"和"倭国",有时因为引用史料和叙述方便而笼统称之。参阅韩昇《海东集》,上海人民出版社,2009年。

第十五代的应神天皇。这一点，引起了学者们的注意。概言之，称"神"者代表新时代或新王朝的开创人，根据对王号称谓、继承关系等记载的分析批判，日本学者大多认为大和朝廷始于应神时代（约在4世纪后叶至5世纪初叶）。而《日本书纪》从应神天皇起的记载也渐有规范，其中有关朝鲜国家的记载，若把年代后推120年，则与中国、朝鲜的记载基本符合。所以，从此时期开始的记载，略为可信。

根据《日本书纪·应神天皇纪》，该时期迁徙到日本的移民列次如下：

（1）十四年（283）春二月，百济王贡缝衣工女，曰"真毛津"，是今来目衣缝之始祖也。

（2）是岁，弓月君自百济来归，因以奏之曰："臣领己国之人夫百廿县而归化，然因新罗人之拒，皆留加罗国。"爰遣葛城袭津彦而招弓月之人夫于加罗。

（3）十五年（284）秋八月壬戌朔丁卯，百济王遣阿直岐贡良马二匹……阿直岐亦能读经典，即太子菟道稚郎子师焉……其阿直岐者，阿直岐史之始祖也。

（4）十六年（285）春二月，王仁来之，则太子菟道稚郎子师之，习诸典籍于王仁，莫不通达。故所谓王仁者，是书首等之始祖也。

（5）二十年（289）秋九月，倭汉直祖阿知使主，其子都加使主并率己之党类十七县而来归焉。

（6）二十八年（297）……新罗王……乃贡能匠者，是猪名部等之始祖也。

（7）三十七年（306）春二月戊午朔，遣阿知使主、都加使主于吴，令求缝工女……吴王于是与工女兄媛、弟媛、吴织、穴织四妇女。

（8）四十一年（310）春二月……是月，阿知使主等自吴至筑紫，时胸形大神有乞工女等，故以兄媛奉于胸形大神，是则今在筑紫国御使君之祖也。既而率其三妇女以至津国……是女人等之后，今吴衣缝、蚊屋衣缝是也。

根据以上记载，秦氏（弓月君）、东汉氏（阿知使主）、西文氏（王仁）等古代最大的移民集团始祖，以及"吴国"（中国南朝）、百济、新罗等各国移民都在这个时期迁徙到日本，真可谓四方辐辏，群贤毕至。然而，正因为如此，所以学者颇怀疑其真实性。例如，《日本书纪·雄略天皇纪》记载：

十四年（470）春正月丙寅朔戊寅，身狭村主青等共吴国使，将吴所献手末才伎汉织、吴织及衣缝兄媛、弟媛等，泊于住吉津……以衣缝兄媛奉大三轮神，以弟媛为汉衣缝部也。

这条记载和上引第7条极其相似。显然，《应神天皇纪》里混进了雄略时代的事件。有些研究者据此否认《应神天皇纪》的真实性。如上所述，大陆移民迁徙到日本是一个相当长时期的事情，而且，从出土文物来看，应神时期无疑有移民在日本发挥重要作用。所以，我们不能因为《日本书纪》记载上的混乱，连移民的事实也加以否定。平野邦雄教授认为[1]，秦氏与东汉氏集团在迁徙时间上确实有先后之别，绝非同时而至。《日本书纪》既然以应神天皇来暗示新时代的发轫，那么，将主要移民集团的始迁祖系于该时代，大概属于溯源性记载。雄略时代迁徙到日本的移民，《日本书纪》一般称之为"新来"。"新"是为了和"旧"相区别，所以，《应神天皇纪》的纪年虽然不太可靠，但把该时代作为文献记载上大陆移民的第一个阶

---

[1] 平野邦雄「秦氏の研究―その文明的特徴をめぐって」（1）（2）、『史学雑誌』第70編第3、4号、1961年。

段,应该是合理的。

这一阶段,如规模宏大的仁德天皇陵所示,大和朝廷已经确立了大王家的世袭统治,统一了日本的主要地区,中央朝政由各大豪族世袭分掌,地方上则设立了一些大王直属的"屯田""屯仓",作为控制地方的据点。古代国家的政权机构已经初具规模。

在大和朝廷建立健全的时期,大陆移民的到来,无疑起到了极其重要的促进作用。其上层人士很快被吸收到朝廷机构里,如《宋书·倭国传》记载,元嘉二年(425),倭王"赞又遣司马曹达奉表献方物",司马曹达就是这类例子。至于移民的中下层,则主要是大批熟练的劳动人口,他们对日本生产力的迅速提高贡献颇大。《古事记·仁德天皇》记载:"又役秦人作茨田堤及茨田三宅。"这反映出移民在农业部门发挥了技术革新和垦荒开发的作用。考古发掘也证明,此时期冶金铸造技术的进步,很大程度上得益于大陆移民,此时期还传入了汉语文字,对日本此后的文化发展产生了极为深刻的影响。

第二阶段,大约从5世纪后叶到7世纪初叶。又可进一步细分为前后两期,前期以5世纪后叶为中心,相当于雄略时代;后期从6世纪中叶到7世纪初叶,相当于钦明至推古时代。

在此阶段,大和朝廷倚重大陆移民,进行一系列政治、经济、文化及技术的变革,较大地提高了皇权。《日本书纪》"雄略三年(459)"条记载:

  唯所爱宠,史部身狭村主青,桧隈民使博德等。

同书《钦明天皇即位前纪》也记载:

  天皇幼时梦,有人云:"天皇宠爱秦大津父者,及壮大,必有天下。"寤惊遣使普求,得自山背国纪伊郡深草里,姓字果如所梦……乃令近侍,优宠日新,大致饶富。及至践祚,拜大藏省。

身狭村主青和桧隈民使博德是东汉氏集团的前期首领，在雄略天皇时代十分活跃；秦氏集团于其根据地山背国纪伊郡深草里开发致富，拥有很大实力，这些都是事实。所以，上述记载固然未可尽信，但无疑反映了该时代大陆移民颇受重用的情况。

在此背景下，随着大批新移民迁徙而来，日本政治与社会制度都发生了深刻变化。

首先，雄略天皇时代的"新来汉人"，分别是"陶部""画部""鞍作部""锦织部""汉衣缝部""飞鸟衣缝部"等"部（ベ）"的始迁祖，他们直属于中央，成为专门为朝廷制作生产的"品部杂户"[1]。新的技术性移民编为"部"，此组织形式推广开来，老的移民如汉氏、秦氏之下也组成汉部、秦部等，以往的伴造制度[2]重新编为部，如藏部、史部、扫部、水部、膳部等，形成了日本古代社会最基本的部民制度。这种分部管理的组织形式，早就存在于中国北方民族之中，高句丽和百济亦如此。津田左右吉先生认为，日本的部民制度受大陆移民传入的百济部制的影响而产生；此后的研究进一步认为，其根源是中国南北朝时代的部曲制度，通过朝鲜国家传入日本。[3]部的上层是其统率者伴造，下层是从事生产活动的部民。部的制度随着国家组织的扩大而由中央向地方、由官司向豪族、由

---

[1] 品部（しなじなのとも、しなべ）属于律令制度成立以前部民制度下非农业的职业部，有向中央官司服劳役的"上番型"和根据需要提供特殊产品物资的"贡纳型"。大陆移民多属于前者，后者则接近于私有领民。在律令制度下，他们分别被伴部（内廷性质部分）和品部杂户（生产性质部分）所继承吸收。杂户（ざっこ）是律令制度下属于特定官司的手工业者集团，有定期上番和交纳特殊产品等类型，由国家免除其部分或全部课役，属于上层贱人身份，多为大陆移民。

[2] 伴造（とものみやつこ）。"伴"意指人，同指土地的"国"相对应；"造"意为统率者。伴造是中央下层豪族，世袭统率其下属为朝廷服役，大化改新以后，其上层跻身于贵族之列，其余则多成为伴部，管理品部杂户等。

[3] 津田左右吉『日本上代史の研究』、岩波書店、1930年。此后的研究有：坂本太郎「家人の系譜」、『日本古代史の基礎的研究［下、制度編］』、東京大学出版会、1964年；玉井是博「唐の賤民制度とその由来」、『支那社会経済史研究』、岩波書店、1942年；浜口重国「唐の部曲・客女と前代の衣食客」「唐の賤民、部曲の成立過程」、『唐王朝の賤人制度』、東洋史研究会、1966年。

品部向部曲（民部）、名代、子代推广普及[1]，在此基础上形成国家的赋调力役制度，构成古代国家早期的组织体制[2]。

其次，中央豪族的氏名起源于其世袭官职，如大伴、物部和忌部等，日本称之为"负名氏"。再如鞍部、锦部、金作部，以及其下直接从事生产劳动的品部杂户，氏名同样来源于其职业，称为"负姓氏"。负名与负姓，都起源于在朝廷中世袭分担的职务，以此表示门第，并通过大王（天皇）赐姓，确定在身份等级秩序中的地位，这就是"氏姓制度"。有些研究认为，日本的氏姓制度源于新罗的骨品制。但平野邦雄先生指出，新罗的骨品制迟至武烈王（654—661）时代才成立，在6世纪看不到贵族骨品制的痕迹。[3] 所以，氏姓制度是伴随部民制度建立的，大致形成于雄略时代。

最后，以前朝廷在地方上的据点屯田屯仓，其具体形态不得而知，不能同6世纪以后的屯田屯仓混为一谈。从安闲时代（531—535）起，地方上大量设置屯田屯仓，出现了将劳动者（田部）与土地统一管理的端倪。钦明时代设置的白猪屯仓是一个很典型的例子。新来的移民白猪史作为中央派遣的田令，管理白猪屯仓，还负责征收租税。更重要的是，他还移植大陆的户籍制度，编制田部丁籍，成为日本户籍制度的先河。在大陆移民的直接参与下，屯田屯仓成为6世纪以后新的统治形式。

综上所述，在日本古代国家最基本的统治形态，即部民制、屯田屯仓和氏姓制度的形成发展过程中，都可见到新来移民的巨大作用，促进了国家制度的重要进步。

此阶段的移民，具有以下几个主要特点：

第一，技术移民大量增加。雄略朝许多手工业移民迁来及其影

---

[1] 大化改新以前，以天皇、皇后和皇子的名义设立的皇室私有的部，如为皇子设立的称"子代"。这种部不是以土地而是以人员集团为单位，部民取自地方国造。
[2] 平野邦雄『大化前代社会組織の研究』、吉川弘文館、1969年。
[3] 平野邦雄「8・9世紀における帰化人身分の再編」、『歴史学研究』第292号、1964年9月。

响，既如上述，所以我将之划为前期。到了后期，集团性移民固然减少了，但这种倾向却越发明显。从钦明到推古时代，许多身具高度文化技术的移民来到日本，颇受重用。其中最具影响的当推来自百济的五经博士，以及佛教的传播，开一代文化之先河。儒家和佛教并用，成为大和朝廷推行改革的指导思想，大化改新就是在此背景下，由"新汉人"积极参加完成的。

第二，由于国际关系的变化，南北朝与东亚国家的关系日趋紧密。此阶段前期，倭国直接与南朝交往。雄略以后，这种交往中断了。但是，在朝鲜半岛，百济与南朝的关系在4世纪末以后超过高句丽[1]，十分亲密。百济同倭国的关系也由于高句丽的压迫而加强。因此，许多南朝的人员和文化经由百济传入倭国，构成该时代文化的主流，即所谓的"吴"文化，影响深远。

第三，虽然此阶段大陆移民十分活跃，贡献颇大。但也应看到，倭国自身的文化水准也在大幅度提高，特别是从推古朝恢复与中国的交往，开始向中国派遣留学人员以后，许多以前必须由大陆移民负责的领域，已经逐渐由日本人承担。随着隋唐文化的流入，旧移民的知识愈显老化，不得不从文化技术的先进领域渐渐退了下来，转向其他方面发展。所以，大陆移民在文化上渐趋衰落，实际上从该阶段后期就已经开始了。

第三阶段，主要集中在7世纪后叶，即齐明、天智、天武、持统时代。8世纪以后的移民，主要是个别杰出人物的活动，总体而言，没有太多时代性特点，可以作为大陆移民史的尾声。

这时期的移民是由于唐朝灭百济、高句丽的战争而引起的。两

---

[1] 关于南朝与朝鲜三国关系的升降变迁，请参阅韩昇《四至六世纪百济在东亚国际关系中的地位和作用》，收于第7回百济研究国际学术会议论文集《百济社会的诸问题》，韩国忠南大学校百济研究所，1994年（增补修订后，改题为《南北朝与百济政治、文化关系的演变》，发表于韩国忠南大学校百济研究编《百济研究》第26辑，1996年）；《"魏伐百济"与南北朝时期东亚国际关系》，《历史研究》1995年第3期。

国被灭后，其王公贵族携大批遗民流亡倭国。其中，有一些是唐朝的战俘，被百济转献给大和朝廷。

当时，倭国已经完成大化改新，又进一步清除了垄断朝政的苏我氏势力，以大王为首的中央压倒了各级豪族势力，国家体制正由豪族政治向官僚政治过渡，而朝鲜半岛的紧张局势，更加刺激倭政权强化中央集权。663年，倭朝廷为了争夺在朝鲜的利益，出兵支援百济和高句丽，与唐军决战于白江口，大败而归，举国震动。为了防备唐朝乘胜追击，倭国重用朝鲜亡臣，协助指导军事部署。危机过后，又把他们转用于对付东北虾夷的战争。而且，从669年到702年的三十余年间，由于尚未恢复遣唐使，所以要依靠他们来传播和推行新的大陆文化。于此特殊的历史时期，朝鲜移民备受重视，享受特殊待遇，迅速形成新的朝鲜移民氏族，尤其是其上层人物，身份地位、文化修养均高，多被委以重任，遂成风气，影响直至平安初期。正是由于朝鲜移民氏族的破格晋升，使得在赐姓、任官等方面，日本人与大陆移民之间的界线被冲破，加速了新老移民纷纷脱离本业，转向仕途的进程。移民氏族之间相互攀比，诈冒高姓，伪造谱系，移居城市。在此风潮下，大陆移民的专长与特性丧失殆尽，走向同化。

白江口战役之后，一方面，倭朝廷痛定思痛，深感自身在政治制度和文化科技等方面的落后，必须急起直追，全面吸收唐文化，故在全面恢复与唐朝的交往之后，派往唐朝的使团无论从规模到人员素质，都远远超过以往水平，明显在加紧培养自身新一代人才。另一方面，则在国内注意选拔有真才实学的大陆移民参与改革，例如在建立唐式"律令体制"时，就委派唐俘萨弘恪参加制定大宝律令；在吸收唐文化时必须更新传统的"吴"（南朝）文化，便选任唐俘续守言和萨弘恪为大学寮音博士。十分明显，日本朝廷已不再看重集团性移民，而是更加注重个别人才，所以在此后的大陆移民史上所见到的，主要是杰出人物的个人事迹。

造成上述转变的原因,首先是大陆移民带来的文化技术已经陈旧老化,在面临社会变革的新课题时,不堪重任,无能为力。其次是移民氏族的上层人物脱离专业部门,热衷于仕途,整个集团已失去自己的特性和生气。复次,日本自己的人才已经培养成熟,和前代相比,在许多专门领域,大陆移民已经降为辅助角色,主角则由日本人充任。最后,也最重要的是,日本社会的发展,已经达到能够直接吸收和消化唐朝文化技术的水平,不再需要通过移民间接输入,更不需要通过朝鲜半岛转手。遣唐使的派遣,不论是对日本社会文化的成长更新,还是对移民社会的冲击,都至关重要。这时,日本所需要的东西可以直接从唐朝求得,而大陆移民中的个别人才,则只作为有益的补充。

文化技术的优势一旦丧失,日本古代的大陆移民史便进入了尾声。当然,在8世纪之后还有不少大陆人口陆续迁来,其中不乏影响巨大者,如袁晋卿、鉴真等。然而,蔚为壮观的集团性移民已成往事,通过组成移民氏族集团对日本社会发生作用的情况不复存在。而且,日本政府也逐渐改变往日欢迎大陆移民的态度。首先,对于既有的移民,采取不加限制的赐姓来加速同化。《续日本纪》"天平宝字元年(757)四月"条记载,日本朝廷下诏:"其高丽、百济、新罗人等,久慕圣化,来附我俗,志愿给姓,悉听许之。"此诏一公布,申请改姓者接踵而至,如"韩"改为"中山连","王"改为"杨津连","乐浪"改为"高丘连","汉人"改为"云梯连",等等。改姓的方向是变"蕃姓"为"和姓",而且人数极多,如天平宝字五年(761)三月,一次改赐各国移民188人日本姓氏;延历十八年(799)十二月,改赐姓190人等,及于农民阶层。其次,对于新来移民,《令义解·户令》规定:"化外人于宽国附贯安置。"《杂令》规定,"凡蕃使往还,当大路近侧,不得置当方蕃人"等,不再像以往那样将大陆移民置于近畿等重要地区,如把新来的高句丽、百济和新罗移民安置在东北偏僻地方,作为劳力使用。到8世纪中叶,如《续日本纪》"天平宝字三年（759）九月"条则进一步规定，对于新来者"宜再三引问，情愿还者，给粮放却"，实行遣还本国的办法。根据佐伯有清先生的研究[1]，随着王化思想和排外主义的抬头，来自大陆的移民待遇日渐恶化，820年，甚至激起远江、骏河两地700余名新罗移民的反抗。以此为转折，824年以后，所有新来的新罗人均遭遣还，日本已基本上不再承认"归化"了。因此，史学界一般认为，日本古代的大陆移民史结束于9世纪。

7世纪后期，百济和高句丽上层贵族到来，曾经显赫一时，其高贵的身份血统使得日本的天皇、贵族颇愿与之联姻。从奈良至平安初期，他们甚至位列公卿，跻身相府，飞黄腾达，如日中天。细加分析，这种现象对日本"和蕃"界线造成的冲击要远远高过其文化史上的意义，颇似无源之水，迅速干涸。当这阵绚丽夺目的鲜花开过，就是北风凛冽，大陆移民完成了其历史使命，在辛勤劳作中默默同化，成为今天日本人的祖先。

古代东亚世界的形成，大陆移民起着至关重要的作用。过去讲古代文明的传播时，往往注意其结果，而轻视其过程，忽视了传播的媒体。实际上，在古代文明传播中，这是最重要的环节，古代文明仅仅通过书籍和知识的介绍是无法成功移植的。日本列岛由渔捞时代进入农耕社会，靠的是大批弥生文化人的迁入；在古代国家的形成过程中，仍然是依靠数以百万计的大陆移民迁入日本，才实现大陆制度文化的移植。

上百万大陆移民分布于日本列岛各地，组成一个个大小不等的移民组织，开发出一片片肥沃的土地。他们以其聚居的移民社会为依托，在日本社会的各个领域里，传播移植大陆的文化技术，在谋求自身发展的同时，积极推动着日本社会大踏步向前迈进。关晃先生在《归化人》一书中，对他们所做出的贡献给予很高的评价，称赞他们

---

[1] 佐伯有清「9世紀の日本と朝鮮——来自新羅人の動向をめぐって」,『歴史学研究』第287号、1964年4月。

"对当时日本社会的进步和文化的繁荣起了决定性的作用","可以毫不夸张地说,由于他们传入新的文化,因此是新时代的主人公"[1]。

大致说来,大陆移民对日本社会的贡献,主要可以归纳为以下几个方面:

一、政务方面,参与创建国家机构,协助制定国家政策,编制法典,推行屯仓、户籍和班田等制度,担任从中央到地方的各级官吏,甚至担任最高阶层的将相职务,参加管理国家。

二、外交方面,担任外交使节,撰写外交文书,迎送外国使节,从事翻译工作。

三、军事方面,在日本豪族势力强大的时代,移民集团也拥有自己的军事力量,并凭此参与政治活动。在中央集权加强的律令制时代,不少移民成为军将卫士。他们为日本的军事行动出谋划策,参加修筑城墙等军事工事,经略镇抚东北的虾夷地区。

四、学艺方面,传入汉字、诗文、儒学、天文、历法、阴阳学、医药、数学、音乐和杂伎等。

五、教育方面,在中央官学担任主要教职,教授学生,传播和普及中国文化。

六、科技方面,传入并从事冶炼、金工、织染、皮革、土木、漆画、酿造、各类器具和笔墨纸砚等制造工艺。

七、宗教方面,传入道教和佛教,推动佛教的兴盛,建造寺塔佛像,担任僧职,传布教义。

八、生产方面,从事地区开发,兴建水利事业,传入新的作物品种,牧马养蚕,等等。

此外,大陆移民还成为日本生产开发中的劳动力。

以上列示的八个方面,每一个方面都可以写成一部专著。大陆移民是古代东亚世界内部的文化传播者和牢固的联系纽带。

---

[1] 関晃『帰化人:古代の政治・経済・文化を語る』,至文堂、1956年。

第二编

东亚世界的历史进程

第四章　东亚国际关系的演变

第一节　4世纪以前的东亚

古代东亚世界有一个漫长的形成与演进的过程。

如果以中国统一王朝西晋的崩溃作为一个阶段的标志，那么，4世纪以前的东亚基本上处于中国统一王朝的强烈影响之下，各族在接受汉文化的同时，逐渐成长。

古朝鲜是秦汉流民卫满所建。往前追溯，有箕子朝鲜，《后汉书·东夷传》记载：

> 昔武王封箕子于朝鲜，箕子教以礼义田蚕，又制八条之教。其人终不相盗，无门户之闭。其妇人贞信。饮食以笾豆。其后四十余世，至朝鲜侯准，自称王。汉初大乱，燕、齐、赵人往避地者数万口，而燕人卫满击破准而王朝鲜，传国至孙右渠。
>
> 初，朝鲜王准为卫满所破，乃将其余众数千人走入海，攻马韩，破之，自立为韩王。

从西周到汉初的历史，只有概括性的记述。朝鲜保存箕子遗址若干处，著名的如平壤府朝鲜郡有：

> 箕子墓，在府城北兔山上。
> 箕子宫，遗基在正阳门外。

箕子朝鲜末代国王箕准自朝鲜南逃入马韩，当地也有遗迹留存，例如原属于百济的益山郡咸平县有：

> 箕准城，在龙华山上，俗传箕准所筑，故名焉。石筑周三千九百尺，高八尺，有溪有泉井。[1]

朝鲜各地保存的箕氏遗迹与《后汉书》的记载一致。朝鲜有文字以来直至近代的史籍也都承认箕氏朝鲜，朝鲜最初的史书《三国史记》卷二二，作者金富轼论曰：

> 玄菟、乐浪，本朝鲜之地，箕子所封。箕子教其民以礼义、田蚕、织作，设禁八条。是以其民不相盗，无门户之闭，妇人贞信不淫，饮食以笾豆，此仁贤之化也。

从朝鲜古史到个人文集，关于箕子的记述不胜枚举。根据这些记载，可知是箕子最早将西周文化传入朝鲜的。

西汉初，原燕人卫满依靠新来流民的力量，取代箕准称王，建立卫氏朝鲜。卫氏朝鲜同西汉的关系，《汉书·朝鲜传》记载稍详，但关于其社会形态、风俗民情，仍付之阙如。

汉武帝时，出兵征伐朝鲜，卫氏灭亡，置乐浪、玄菟、临屯和真番四郡，为汉朝直辖地。此后由于周边部族的侵扰，玄菟、临屯和真番三郡内迁并省，保存乐浪郡，将三郡部分领县并入，乐浪遂领有二十五县，成为中央朝廷控制东方的重镇。东汉末年，公孙度祖孙三代割据辽东，从乐浪郡分出带方郡，管辖朝鲜半岛南部，兼领日本列岛事务。魏景初二年（238），司马懿平辽东，收复乐浪、带方二郡，此局面一直维持到西晋末年。

---

[1] 以上引文见《新增东国舆地胜览》卷三三、卷五一。

从箕子朝鲜到汉晋乐浪郡，朝鲜半岛北部处于汉文化的直接影响之下。附近的高句丽、濊貊、三韩等部族在吸收汉文明的过程中逐渐强大。北部的高句丽族"汉时赐鼓吹技人，常从玄菟郡受朝服衣帻，高句丽令主其名籍。后稍骄恣，不复诣郡"[1]，迅速成长起来。313年，高句丽借五胡进入中原之机，攻破乐浪郡，随后再破带方郡，西晋失去了对朝鲜半岛的控制。南部的三韩也在动乱中崛起。

从汉武帝平朝鲜直至4世纪初，朝鲜为汉晋王朝的直辖郡县，不是东亚世界的组成部分。然而，在汉文化强有力的影响下，半岛各族逐渐强盛，到中国动乱的4世纪，开始踏上建国之路。

和朝鲜半岛一海之隔的日本列岛，有更大的独立性。在汉代，日本列岛上的部落国家已经开始同汉朝交往。《汉书·地理志》记载：

> 乐浪海中有倭人，分为百余国，以岁时来献见云。

但是，具体形态不详。到东汉，双方交往更多。《后汉书·东夷传》对日本列岛有比较详细的记述。然而，此记载主要根据晋人陈寿《三国志·魏书·倭人传》而作，而陈寿则大量采用魏晋时人的撰述。因此，此时期日本列岛的情况，应该采用后者的记述。

根据《三国志·魏书·倭人传》，当时日本列岛仍处于部落国家阶段，"旧百余国，汉时有朝见者，今使译所通三十余国"。这些部落国家都积极争取同汉魏王朝交往。就东汉的情况而言，"建武中元二年，倭奴国奉贡朝贺，使人自称大夫，倭国之极南界也。光武赐以印绶。安帝永初元年，倭国王帅升等献生口百六十人，愿请见"[2]。见于史籍记载的就有"倭奴国"和"倭国"，后者颇可怀疑，因为当时日本尚未形成统一的"倭国"。北宋版《通典·边防一》记

---

[1]《三国志》卷三〇《魏书·东夷传》，第843页。
[2]《后汉书》卷八五《东夷·倭传》，第2821页。

载:"永初元年,倭面土国王师升等献生口。"[1]可知此处的"倭国"实为"倭面土国"。

东汉对于日本列岛部落国家的朝贡,采取积极交往的政策,给予册封和赏赐,将它们纳入东汉国际体系中来。汉光武帝册封倭奴国王,授予金印。1784年,日本福冈县志贺岛上一位挖水沟的农民甚兵卫无意中发掘出一枚金印来,其印文为"汉委奴国王",金质、蛇纽、边长2.3厘米、高2.2厘米、重108.7克,同1956年中国云南省晋宁石寨山滇王墓(六号墓)出土的"滇王之印"形制基本相同,佐证它应该就是汉光武帝所赐金印。

曹魏继承东汉的对外政策,在平定辽东公孙氏之后,积极开展对倭交往。此时,日本列岛上出现了女王统治的大国"倭国",以邪马台国为中心,其下统属数十国,《三国志·魏书·倭人传》列出国名的就有31国,汉光武帝曾经封赐的奴国亦在其中。景初三年(239)六月,倭女王卑弥呼派遣使者难升米、次使都市牛利到带方郡,献男生口四人、女生口六人、班布二匹二丈,要求朝贡,带方郡太守刘夏派人将他们送往京都。十二月,魏国册封倭王为"亲魏倭王",授予紫绶金印,给予丰厚的回赐:

> 绛地交龙锦五匹、绛地绉粟罽十张、蒨绛五十匹、绀青五十匹,答汝所献贡直。又特赐汝绀地句文锦三匹、细班华罽五张、白绢五十匹、金八两、五尺刀二口、铜镜百枚、真珠铅丹各五十斤,皆装封付难升米、牛利还到录受。悉可以示汝国中人,使知国家哀汝,故郑重赐汝好物也。[2]

不难看出,双方都采取了积极的态度。魏朝厚赏倭国,应该同

---

[1] 杜佑撰,长泽规矩也、尾崎康校订,韩昇译《北宋版通典》第八卷,上海人民出版社,2008年,第92页。参阅韩昇《海东集》,上海人民出版社,2009年。
[2] 《三国志》卷三〇《魏书·倭人传》,第857页。

东亚的政治形势有关。东北局势颇不安定,先是公孙氏割据辽东。建安十年(205),曹操借追击袁绍残部袁尚兄弟之机,进军东北,大破乌丸,但已成强弩之末,不得不班师[1],用计令公孙康斩袁尚兄弟。此后,公孙氏一直是魏朝一块心病。东吴也洞悉这一点,故派遣使者到东北联络公孙氏甚至高句丽,图谋从背后攻击辽东,牵制魏朝。《三国志·魏书·明帝纪》记载:

> (青龙元年)十二月,公孙渊斩送孙权所遣使张弥、许晏首,以渊为大司马、乐浪公。
> (青龙四年)秋七月,高句骊王宫斩送孙权使胡卫等首,诣幽州。

从东北大局来看,魏明帝厚封倭王卑弥呼,应有稳定东北的战略考虑。同时,其也积极争取将东北亚国家纳入魏朝国际关系体制中。

从倭国的角度而言,和魏建立关系,获得册封,至关重要。

首先,日本列岛上部落国家林立,远未统一。获得魏朝的承认和支持,就可以在同敌对国家竞争中取得优势的政治地位。而且,如果得到魏的实质性支持,更可以获得军事优势。实际上,魏也确实在多方面给予大力支持。《三国志·倭人传》记载:

> 正始元年,太守弓遵遣建中校尉梯儁等奉诏书印绶诣倭国,拜假倭王,并赍诏赐金、帛、锦、罽、刀、镜、采物,倭王因使上表答谢恩诏。
> 其六年,诏赐倭难升米黄幢,付郡假授。其八年,太守王

---

[1]《三国志》卷一《魏书·武帝纪》引《曹瞒传》记载:"时寒且旱,二百里无复水,军又乏食,杀马数千匹以为粮,凿地入三十余丈乃得水。既还,科问前谏者,众莫知其故,人人皆惧。公皆厚赏之,曰:'孤前行,乘危以徼幸,虽得之,天所佐也,故不可以为常。诸君之谏,万安之计,是以相赏,后勿难言之。'"足以为证。

顾到官。倭女王卑弥呼与狗奴国男王卑弥弓呼素不和，遣倭载斯、乌越等诣郡说相攻击状。遣塞曹掾史张政等因赍诏书、黄幢，拜假难升米为檄告喻之。

魏朝赐物中，黄幢、锦、罽等，可令倭王与周邻部落显著区别开来，展现出王的威仪。而且，打着魏的黄幢，明确向敌方显示魏的支持，亦是一种震慑。更重要的是，魏带方郡派往日本列岛的使者都是军官，一方面"檄告"敌国服从，另一方面则直接充当军事顾问。

其次，当时倭王"名曰卑弥呼，事鬼道，能惑众，年已长大，无夫婿，有男弟佐治国。自为王以来，少有见者。以婢千人自侍，唯有男子一人给饮食，传辞出入。居处宫室楼观，城栅严设，常有人持兵守卫"[1]。女王作为神的代言人，通过"男弟"治理国家，其国家政治形态还相当原始。原来各自立国的诸王服属于邪马台国女王之后，成为世袭的中央贵族或者地方豪族，分割国家权力，自上而下的尊卑等级秩序尚未建立。故倭王希望通过魏朝册封其下属，来逐步确立等级秩序。前述景初三年（239）魏册封倭王的同时，还封难升米为率善中郎将、都市牛利为率善校尉，授青绶银印；正始四年（243），魏又封倭使"掖邪狗等壹拜率善中郎将印绶"[2]，都是明显的例证。这类册封出自倭国内部的政治需要，维持了相当长的时间，一直到南朝刘宋时代，还见到倭王珍"表求除正，诏除安东将军、倭国王。珍又求除正倭隋等十三人平西、征虏、冠军、辅国将军号，诏并听"。元嘉二十八年（451），刘宋再次"除所上二十三人军、郡"[3]。

倭国要借助外部权威来提高王权，魏朝也深明此点，故特地厚赐倭王，并在诏书中不忘写道："悉可以示汝国中人，使知国家哀

---

[1]《三国志》卷三〇《魏书·倭人传》，第856页。
[2]《三国志》卷三〇《魏书·倭人传》，第857页。
[3]《宋书》卷九七《倭国传》，第2395页。

汝，故郑重赐汝好物也。"魏朝对倭王的扶植煞费苦心。当然，倭王也心领神会，把魏朝的赏赐品下赐部属，显示王权有强有力的靠山，从而建立权威。

魏朝的政治支持，在倭国内部有着举足轻重的作用。《三国志·魏书·倭人传》记载，倭女王卑弥呼死后，曾经立过男王，但"国中不服，更相诛杀，当时杀千余人"，亦即从神权政治向世俗政治的过渡中途夭折，只好"复立卑弥呼宗女壹与，年十三为王，国中遂定"。值得注意的是，在此过程中，魏国军事使者张政始终在场，恐怕壹与的继立与张政颇有关系，故一旦王位之争尘埃落定，"政等以檄告喻壹与，壹与遣倭大夫率善中郎将掖邪狗等二十人送政等还，因诣台，献上男女生口三十人，贡白珠五千，孔青大句珠二枚，异文杂锦二十匹"。

综上所述，在4世纪以前，汉、魏、晋文化已经有了高度发展，周邻民族与国家深受影响，并在吸收汉晋文化的同时，逐步成长起来。汉、魏、晋三朝也积极介入东方民族与国家事务，如帮助倭国提高王权等，致力于构建一个以中国为中心的国际体系。因此，此时期的民族及国家关系，以政治关系为主导。

第二节　高句丽与南北朝关系的演变

西晋末年爆发了"八王之乱"，这场没有道义的内讧，引来了五胡大举进入中原，长安和洛阳两京先后陷落，洛阳更被匈奴刘曜的一把大火吞没，数百年文明化作灰烬。中国古代王朝失去了对国际局势的驾驭能力。在东方，高句丽族趁势而起，313年攻陷乐浪郡，接着再破带方郡，汉武帝以来掌控东方的重镇失陷，东亚进入了激烈动荡的时代。

高句丽族分布于中国东北吉林、辽宁以及朝鲜半岛北部地区，汉晋时代，属于乐浪郡辖下，中原发生动乱，高句丽就乘机进攻乐浪,但每次都遭到痛击,伤亡惨重。曹魏以来,高句丽因为向西扩张而遭讨伐、都城被攻破的事例,就有魏正始七年(246)魏将毌丘俭破丸都,逼使高句丽迁都平壤城;东晋咸康七年(341),高句丽故国原王回迁丸都,图谋西进,遭鲜卑慕容皝痛击,破丸都,烧宫室,扣留高句丽王母,逼使其迁都平壤东黄城。规模小于此的战斗不胜枚举。

故国原王母亲被鲜卑扣为人质,高句丽不得不向燕称臣,同时还向东晋派出使节。[1]此背景决定了高句丽同南朝的交往具有相互借重的政治目的。高句丽希望联合南朝抗衡北朝,南朝也希望高句丽从背后牵制北朝。这种政治关系在以下交往中显现得十分清楚:

> 晋安帝义熙九年,高丽王高琏遣长史高翼奉表,献赭白马,晋以琏为使持节、都督营州诸军事、征东将军、高丽王、乐浪公。[2]
>
> (宋元嘉)十六年,太祖欲北伐,诏琏送马,琏献马八百匹。大明三年,又献肃慎氏楛矢石砮。[3]

马匹是南朝对北作战的紧缺资源,肃慎弓箭闻名当时,双方对相互交往甚为重视,其政治军事色彩相当浓厚。因此,高句丽在南朝对外关系中,自然居于东亚诸国之首。

这种具有南北呼应、相互支持的关系,因形势的变化而改变。引起重大变化的事件,首先是北燕的灭亡。

五胡十六国后期,北魏崛起,逐渐统一华北,进而向鲜卑族根

---

[1]《三国史记·高句丽本纪六》"故国原王十三年(343)"条记载:"春二月,王遣其弟,称臣入朝于燕,贡珍异以千数。燕王皝乃还其父尸,犹留其母为质。秋七月,移居平壤东黄城,城在今西京东木觅山中。遣使如晋朝贡。"
[2]《南史》卷七九《高句丽传》,第1970页。
[3]《宋书》卷九七《高句丽传》,第2393页。

据地东北进军。延和元年（432），太武帝拓跋焘开始征北燕，遭遇抵抗，战事迁延多年。太延二年（436）二月，北魏"遣使者十余辈诣高丽、东夷诸国，诏谕之"[1]。显然，北魏感觉到区区北燕历年不下，其背后有高句丽及东夷的支持，故遣使诏谕。对于高句丽而言，衰弱的北燕是其与北魏的缓冲，利益所在，岂是北魏一纸诏谕所能劝阻的？三月，北魏再次发动强大攻势，北燕冯弘不敌，向高句丽求救。高句丽遂派步骑两万人，将冯弘君臣及大批人员军资财宝接入高句丽。

北魏完整夺取北燕的计划落空了，遂向高句丽索要冯弘一行。然而，冯弘带来的兵员物资，正是高句丽所急需的。在高句丽的发展史上，冯弘一行的作用相当显著，接收冯弘一行后，高句丽骤然强大许多，取得了对宿敌百济的优势。因此，高句丽不惜与北魏对抗，也不肯交出冯弘一行，北魏同高句丽关系骤然紧张，北魏甚至开始讨论征伐高句丽。

北魏拿下北燕，用了五年的时间，师老兵疲，已是强弩之末，高句丽看清了这一点，敢于同北魏对抗。然而，高句丽也明白，如果真的和北魏结仇，待北魏休整过来后，其压力不堪承受。因此，高句丽采取了要实利但给足北魏面子的对策，频频向北魏派出使者，朝贡游说，极力缓和局势。高句丽长寿王（琏）时代，同北魏的往来多达42次，其中大部分是围绕北燕冯弘问题及其善后处理所进行的交涉，可见当日形势之紧张。

高句丽缓和局势的外交努力取得了部分成果，北魏中止了征伐高句丽的讨论。高句丽乘机杀掉冯弘，既消除同北魏交往的障碍，又彻底吞并其人员资财，壮大自己。北魏不能无条件让步，故提出要求高句丽长寿王之女作为献文帝嫔妃，实际上就是要高句丽纳质称臣。长寿王推三阻四，一再更换人选，提出："若天子恕其前愆，

---

[1]《魏书》卷四上《世祖纪上》，第86页。

谨当奉诏。"在双方交涉过程中，因献文帝去世，北魏只好作罢。

北魏孝文帝掌握大权，高句丽顺势改善同北魏的关系，《魏书·高句丽传》记载："至高祖时，琏贡献倍前，其报赐亦稍加焉。"然而，高句丽同时也和南朝交往，孝文帝初期还因为捕获高句丽派往齐朝的使者而切责之。显然，一直到此时，高句丽仍对南北朝采取双面外交政策。

这时候，一件意想不到的事情改变了东亚外交格局，促进了高句丽与北魏的关系。延兴二年（472），百济盖卤王突然派使者到北魏控诉高句丽称霸东方，勾结南北敌国共图北魏。北魏同百济素少交往，突然接到百济请其征伐高句丽的上表，当然不会轻易接受。高句丽获悉此事，深感忧虑，意识到北魏同其敌国结盟的严重危险，遂断然采取措施，一方面全力改善同北魏的关系，稳住强邻；另一方面则在三年之后大举南下，破百济都城，诛其国王，彻底粉碎百济与北魏结盟的图谋。百济盖卤王的盲动，反而促使高句丽加强了同北魏的关系，放弃了以往对南北朝两面外交的政策，投向北朝。

北魏孝文帝太和十五年（491），高句丽长寿王去世，北魏孝文帝为他"举哀于东郊，遣谒者仆射李安上策赠车骑大将军、太傅、辽东郡开国公、高句丽王，谥曰康。又遣大鸿胪拜琏孙云使持节、都督辽海诸军事、征东将军、领护东夷中郎将、辽东郡开国公、高句丽王，赐衣冠服物车旗之饰"[1]。高句丽接受册封，向北魏称臣，以此为标志，之后北魏和高句丽虽然也有矛盾，但关系基本良好，形成北魏与高句丽为一方的东亚外交阵营。

孝文帝中期积极发展同高句丽的关系，有其深刻的国内因素。孝文帝时代，北魏积极进行改革，太和九年（485）实行均田制，翌年设立党长、里长和邻长三长，编制户籍，全面整顿动乱时代被大族控制的乡村。到太和中，进一步改革政治体制已经势在必行。为

---

[1]《魏书》卷一〇〇《高句丽传》，第2216页。

此，孝文帝在心中筹划将首都从拓跋族权贵控制的平城迁到洛阳。此举不但在国内会遭到权贵们的反对，而且，首都南迁，势必对北方边防造成重大影响。故孝文帝隆重追谥高句丽长寿王，同时厚封新继位的文咨王（云），借重东亚强国高句丽以确保东北边疆的安全。

孝文帝对高句丽的政策被下一代所继承，正始年中，高句丽使节来到北魏，当面向宣武帝禀告：

> 高丽系诚天极，累叶纯诚，地产土毛，无愆王贡。但黄金出自夫余，珂则涉罗所产。今夫余为勿吉所逐，涉罗为百济所并，国王臣云惟继绝之义，悉迁于境内。二品所以不登王府，实两贼是为。

高句丽以贡物为借口，控告勿吉和百济，这恐怕是高句丽长期的图谋。因为在《魏书·勿吉传》中可以看到，勿吉原称肃慎，在高句丽北面，太和初年派遣使者乙力支到北魏，"自云其国先破高句丽十落，密共百济谋，从水道并力取高句丽，遣乙力支奉使大国，请其可否"。可知高句丽和勿吉、百济为敌，谋图对方。如前所述，孝文帝此时专注于国内改革，尽力稳定国际局势，故约束三国不得相侵："诏敕三国同是藩附，宜共和顺，勿相侵扰。"宣武帝正始年间，朝政日渐腐败，南北交相征伐，魏帝亲任高句丽人高肇，疏离宗室。此时高句丽使者控告勿吉和百济，实际上是暗示要求采取军事行动。宣武帝竟回诏称：

> 高丽世荷上将，专制海外，九夷黠虏，实得征之。瓶罄罍耻，谁之咎也？昔方贡之愆，责在连率。卿宜宣朕旨于卿主，务尽威怀之略，揃披害群，辑宁东裔，使二邑还复旧墟，土毛无失常贡也。

将本应属于天子专有的征伐权力授予高句丽。这大概是高肇的主意。

然而，不能不说北魏宣武帝不谙国际事务及基本原则，采取机会主义路线，违背了孝文帝以来一直遵循未改的对外关系政策。

北魏同高句丽结成亲密的关系，听任高句丽称霸东亚，获得了短暂的利益，保证了东北边疆的安全。然而，从长远来看，却造成了相当深刻的祸害。宣武帝以后北朝对东亚权威失落，隋唐同高句丽的尖锐矛盾，以及高句丽一再卷入东北地区与中央朝廷的对抗，与此有着不可推脱的干系。

高句丽同北魏的友好关系一直保持到北朝末年，高句丽历代新王继立，北魏都给予册封，一般都授予车骑大将军、领护东夷校尉、辽东郡开国公、高句丽王，地位尊贤。

纵观北魏同高句丽的关系，地缘政治和国际政治的因素起着十分重要的作用。

第三节　百济与南北朝关系的演变

同北方的北魏—高句丽紧密关系相比，南方却出现不同的景象。百济很早就向东晋朝贡，《宋书·百济传》记载，义熙十二年（416），东晋册封百济王为"使持节、都督百济诸军事、镇东将军、百济王"。也就是说，乐浪郡陷落后不久，东晋就承认了百济，册封其为外臣。

刘宋建立之后，百济依旧不断朝贡，刘宋也晋升百济王为镇东大将军。元嘉二年（425），宋文帝专门下诏褒奖百济"累叶忠顺"，派遣"兼谒者闾丘恩子、兼副谒者丁敬子等宣旨慰劳称朕意"[1]。此后，双方关系日益密切。值得注意的是，双方的关系中文化因素甚重，如元嘉二十七年，百济毗有王上书献方物，"表求《易林》、《式占》、腰弩，太祖并与之"。百济积极输入南朝文化，当与其视南朝

---

[1]《宋书》卷九七《百济传》，第2394页。

为正统有关。宋孝武帝大明二年（458），百济遣使请求宋封其部属十一人官职，宋满足其要求。[1]百济在政治上视南朝为正统，文化上倚重南朝，《周书·百济传》说：

> 俗重骑射，兼爱坟史。其秀异者，颇解属文。又解阴阳五行。用宋《元嘉历》，以建寅月为岁首。亦解医药卜筮占相之术。有投壶、樗蒲等杂戏，然尤尚奕棋。僧尼寺塔甚多，而无道士。

可见南朝文化技术对其影响至深，这同刘宋与高句丽的关系侧重于政治和军事方面颇为不同。

随着中国国内形势的转变，刘宋曾经想恢复中原的雄心壮志在北伐失败后渐渐消失，同外国的关系也更加注重向文化传播的方向转变。军事上的竞争败于北朝，文化上的正统之争成为南朝的主要战场。南朝大量向海东输出文化，意义在此。

在这种形势下，百济同南朝悠久的文化联系就显出优势，国际关系的变化也促使双方往来日趋紧密。这时期发生的两件事情值得高度重视。

首先是472年（北魏延兴二年），百济突然向北魏派出使节，上表控诉，"高丽不义，逆诈非一，外慕隗嚣藩卑之辞，内怀凶祸豕突之行。或南通刘氏，或北约蠕蠕，共相唇齿，谋陵王略"，请求北魏出兵征伐高句丽。如上节所述，北魏没有接受百济的请求，回诏给百济王：

> 卿与高丽不穆，屡致陵犯，苟能顺义，守之以仁，亦何忧于寇雠也？

---

[1]《宋书》卷九七《百济传》。

> 高丽称藩先朝,供职日久,于彼虽有自昔之衅,于国未有犯令之愆。卿使命始通,便求致伐,寻讨事会,理亦未周。[1]

从北魏回诏来看,大概对于百济同南朝的亲密关系早已知晓,故趁势要求百济顺义守仁,同时告知北魏与高句丽关系已久,拒绝百济所请。当然,北魏也给自己留下余地,称将来高句丽不奉诏时再同百济一起讨伐高句丽。北魏一方面争取百济投向己方,一方面考虑让百济从背后牵制高句丽。所以,专门派遣使者邵安前往百济慰喻。邵安一行取道高句丽前往百济,北魏特地诏令高句丽护送。这一举动不啻向高句丽通告北魏与百济的关系,恐怕隐含震慑高句丽的用意。果然,高句丽大为惊恐,坚决阻挡北魏使者南下,令其折回。北魏对此只是"下诏切责之",高句丽确定北魏不会为百济兴师后,挥军南下,打破百济。百济在遭受沉重打击的同时,也断绝了同北魏建立联盟的念想。

其次,接下来发生的北魏同百济的武装冲突事件,使得东亚格局更清楚地区分为两个交往圈,亦即北魏和高句丽等为一方,南朝和百济、倭国等为另一方。

关于北魏征伐百济的事件,留下来的史料极为有限,且十分模糊。《三国史记·百济本纪》"东城王十年(488)"条记载:"魏遣兵来伐,为我所败。"联系前后各年的记载,这一事件显得十分孤立与突然,看不出有什么前因后果。

考诸中国史籍,北朝方面全无记载,似乎没有任何事件发生;但在南朝史书里,可以找到有关的记述。《南齐书·百济传》记载:

> 是岁,魏虏又发骑数十万攻百济,入其界,牟大遣将沙法名、赞首流、解礼昆、木干那率众袭击虏军,大破之。

---

[1] 以上引文俱见《魏书》卷一〇〇《百济传》,第2218—2219页。

"是岁"为何年，由于《百济传》散佚不全，不得而知。文中记载百济王名牟大，考诸上引《三国史记·百济本纪》"东城王，讳牟大"，可知乃东城王时事。《南齐书》载上述事件之后，紧接着引录了牟大于建武二年（495）的上表：

> 去庚午年，狁犹弗悛，举兵深逼。臣遣沙法名等领军逆讨，宵袭霆击，匈梨张惶，崩若海荡。乘奔追斩，僵尸丹野。由是摧其锐气，鲸暴韬凶……

这是牟大请求论功册封其下官员的表文。在册封名单里，见到沙法名、赞首流、解礼昆、木干那四人，恰好与上引《南齐书》记载一致。由此可知，《南齐书》是根据百济王的表文记载的，二者为同源史料。

在《建康实录》卷一六《魏虏传》"百济"条里，也发现了一条关于此事件的记载：

> 永明二年（484），魏虏征之，大破百济王牟都。

"牟都"，未见于《三国史记》。以年代考索，永明二年在位之百济王为东城王牟大，则"牟都"为"牟大"之误。另外，《册府元龟·外臣部·封册一》记载：南齐建元二年（480）三月，"百济王牟都遣使贡献"。是年之百济王亦为东城王牟大，益证"牟都"即牟大。《广雅》说："都，大也。"故"都"可能是"大"字的混用。但上引《册府元龟》又载：永明八年，南齐"策命太（大）袭亡祖父牟都为百济王"。东城王的祖父为盖卤王，名庆司，不叫"牟都"。所以，南齐册封诏书中的"牟都"系误记。《建康实录》作者许嵩，大约为唐肃宗时人，其书多采遗文，颇补六朝正史之遗漏。上引这条材料，颇异于《三国史记》和《南齐书》，显然另有所据，估计很可能出自北朝的记录。

这样,关于北魏伐百济事件,可以找到三条不同的记载。《三国史记》和《南齐书》的记载大概都出自百济的称述,可视为同一系统的材料,而《建康实录》则为另一系统的材料,可能源于北魏的记录。这三条记载内容并不一致,甚至相互矛盾。

首先,关于事件发生的时间,有484年、488年和"庚午年"三说。离建武二年最近的庚午年为490年,即南齐永明八年,北魏太和十四年。是年,北魏太皇太后冯氏崩,国丧期间,北魏不可能大举讨伐百济。由此亦可看出,百济的上表,颇有不实之词。至于484年和488年两说,在没有其他旁证的情况下,颇难确定。就国际关系来说,两个国家之间发展到爆发战争程度的紧张关系,势必对整个地区产生影响。值得注意的是488年前后,和百济对立的高句丽不同寻常地频繁遣使赴魏。兹将中国与朝鲜古代史籍可以稽查的朝鲜三国同南北朝的交往情况(次数)统计列示如下表。

表1　朝鲜三国与东晋、南朝的交往

	东晋	宋	南齐	梁	陈	合计
高句丽	3	22	5	11	6	47
百济	6	12	4	7	4	33
新罗				1	8	9

表2　朝鲜三国与北朝的交往

	五胡国家	北魏	东魏	北齐	北周	合计
高句丽	12	79	15	6	1	113
百济		1		2	2	5
新罗	2	2		2		6

注:以上二表均未统计中国前往朝鲜三国使节的情况。由于中国史籍在对外交往的记载方面遗漏不少,所以上述统计只能视作最低的数据。

通观5世纪80年代,在480—483年的四年间,未见高句丽入魏朝贡;到484年有一次;485年有两次;486年和487年各有一次。由此看来,在平常年份,数年一次,或一年一二次朝贡属于正常情况。但在488年2月、4月、6月，却见高句丽三次入朝；翌年2月、6月、10月亦多达三次。[1] 如此频繁的交往暗示东亚发生了异常的情况，双方有必要增加磋商，此其一。上引《册府元龟》记载，永明八年，南齐遣使册立百济王牟大。实际上，牟大早于南齐高帝建元元年（479）即位，翌年即遣使入齐朝贡，获得册封。而武帝永明八年又予以册封，实难理解。但若与魏伐百济一事相联系，则此疑问便豁然明朗，即百济遣使向南齐报告抗击魏军的事迹，而南齐则通过再度册封以示支持与褒奖，此其二。综合以上对国际关系的分析，魏伐百济很可能发生在488年，即《三国史记》的年代记载比较准确。

其次，战争的地点与规模。根据《南齐书》的记述，魏军为数十万骑兵，战场在百济境内，但具体地点不明。《建康实录》和《三国史记》则无北魏军种数量的记载，只反映战场在百济。众所周知，北魏和百济之间隔着高句丽，因此，若无高句丽的允许，魏军是不可能越境作战的。而这方面的记载，中韩史籍均无所见。此时期，高句丽和北魏虽然密切，但如后所述，关系十分微妙复杂，绝不可能允许数十万魏军过境。那么，另一种可能性就是通过海路进攻百济。毋庸赘述，北魏的水军是很弱的，完全不具备大规模越海作战的能力，在国内战争时，水上作战的主动权完全控制在南朝手中。运送数十万大军，即使在强大的隋唐时期亦不可能做到，更遑论北魏。因此，北魏与百济的冲突，只能是小规模的。更重要的是，北魏高祖时期，其政治的着眼点在于国内的改革，如实行均田制、迁都洛阳、汉化运动等。在对外关系方面，则力求维持和平局面。因此根本不可能在没有彻底臣服周邻民族的情况下，舍近求远，大规模征伐百济。《南齐书》和《建康实录》的记载源于作战双方的战报，可信程度都不高，所以后人金富轼在编撰《三国史记》时，采

---

[1]《魏书》卷七《高祖纪》；《三国史记·高句丽本纪第六》"长寿王"条。

第四章　东亚国际关系的演变

取了比较慎重的态度。

朝鲜三国同南朝均有往来，而北魏对此颇为警惕，在光州海面巡逻防范，力图阻断其交往。高祖时就曾在光州海中截获高句丽前往南齐的使节。[1]所以，北魏和百济的冲突很可能也是由此引起的，即北魏拦截并追击百济前往南齐的使船，战斗蔓延至百济境内。

这样一次低层次的冲突，为什么百济要大肆渲染，并向南朝吹嘘报告呢？

北魏拒绝百济提出共同讨伐高句丽的请求，让百济求助于北魏缓解高句丽军事压力的政策转换落空。而高句丽获悉此事后大规模入侵百济，使得百济反而遭到更加沉重的打击。这时候，发生同北魏的冲突，哪怕再小的冲突，也足以令百济对北魏绝望，彻底倒向南朝。故整个北魏时代，文献上可以稽考的百济同北魏的交往仅此一次。相反，百济对南朝的交往却日趋紧密，如表1和表2所示，东晋103年间百济平均17年派遣一次使者，到刘宋显著增多，平均不到5年就派遣一次，齐代平均不到6年，梁代不到8年，陈代8年。显然，百济的友好邻邦乃至强大后援国是南朝。

百济彻底倒向南朝，遂出现南朝—百济的亲密交往关系，同北魏—高句丽外交关系相抗衡。这就给南朝对东亚国家的定位带来深刻的变化。原来，由于高句丽同中原接壤，接触频繁，故南北朝均以高句丽为东亚首要政权。[2]就南朝而言，其对东亚国家的册封反映了南朝的东亚国际关系秩序。兹将东晋南朝对高句丽、百济和倭的册封情况（新罗因为与南朝建立关系较迟，所以未见册封），列示如表3。

---

[1]《魏书》卷一〇〇《高句丽传》。
[2]《南史·夷貊传下》说道："东夷之国，朝鲜为大。"《梁书·诸夷传》也有相同的说法。"朝鲜"一词，在南北朝时代常常用来指高句丽。以上二书均为唐朝史馆编修的正史，其所述当反映了南朝及唐人对朝鲜三国的一般认识。由此上溯，《魏书》卷一〇〇传论说"高丽岁修贡职，东藩之冠"，同样说明在北朝人眼里，高句丽位居东亚诸政权之首。

表3　东晋南朝对东亚政权册封情况表

	东晋	宋	南齐	梁	陈
高句丽	征东将军	征东大将军→车骑大将军	车骑大将军→征东大将军	车骑大将军→宁东将军	宁东将军
百济	镇东将军	镇东大将军	镇东大将军	征东大将军→宁东大将	抚东大将军
倭		安东将军→安东大将军	镇东大将军	征东将军	

注：倭国至迟在齐代已经中止入朝，故梁代属遥封，仅有象征意义。

根据表3可知，在南朝的东亚国际关系秩序中，高句丽比百济高一级。到宋代，因为同北魏作战，有求于高句丽，故高句丽的地位进一步升高。宋后期开始，南朝对高句丽的政治、军事利用已经不重要了，故高句丽的实际地位开始下降，到梁代表面化，地位从车骑大将军一路下降为宁东将军。同期，百济的地位节节攀升，从镇东大将军升至征东大将军，反超高句丽，以后一直保持东亚政权的最高地位，亦即南朝的东亚政权间关系秩序，由原来的高句丽→百济→倭，转变为百济→高句丽→倭。这是一个重要的转变。

第四节　倭国与南朝关系的演变

5世纪的倭国，国内外形势都发生了重要的变化。

在国内，以奈良为中心的倭朝廷统一了日本列岛大部，除了本州岛东北地区和北海道以外，地方势力被编入倭朝廷的政治序列之中，成为大小不一的国造及豪族，影响一方。在中央，势力强大的若干贵族世袭掌握朝廷的各个职能部门。所以，倭朝廷的统一是相当表面化的，倭王是地方和中央各大氏族的共主，维持中央朝廷内部各大贵族以及中央和地方势力的平衡，不具备中国皇帝的最高政治权力及威望。

因此，借助中国王朝的威望来增强倭王的政治地位，仍是倭国同中国王朝交往的一个重要方面。《宋书·倭国传》记载，

"赞""珍""济""兴"和"武"五位倭王[1]先后向刘宋朝贡:

> 赞死,弟珍立,遣使贡献。自称使持节、都督倭、百济、新罗、任那、秦韩、慕韩六国诸军事、安东大将军、倭国王。表求除正,诏除安东将军、倭国王。珍又求除正倭隋等十三人平西、征虏、冠军、辅国将军号,诏并听。

"珍"不但要求刘宋册封他,还提出了"倭隋"等十三人的名单,请求任命。这显然是借重刘宋以助其提高国内政治权威,用中国的职官序列来逐渐建立倭国的职位等级。这一政策上承邪马台国,并被后一代倭王"济"所沿袭,故《宋书·倭国传》记载:

> (元嘉)二十八年,加使持节、都督倭、新罗、任那、加罗、秦韩、慕韩六国诸军事,安东将军如故。并除所上二十三人军、郡。

值得注意的变化有两个方面,一是倭国对于借助外部政治权威来加强中央朝廷地位的政治需要,比起邪马台国已经大为减弱,所以,提请宋朝册封部属仅见此二例。这表明倭朝廷的中心地位已经基本确立了。

二是倭国要求册封的职位,已经不限于倭国,而发展到要求授予其对朝鲜半岛南部的统治权。此要求首先见于"珍",其自称的官职包括新罗、百济、任那,涵盖整个朝鲜半岛南部。至于所谓的"秦韩""慕韩"则是历史上的国名,亦即倭国要求刘宋承认其对朝

---

[1] 关于这五位分别对应于日本史上的哪几位倭王,日本学术界自古以来争论很大,其中争论最大的是前两位"赞""珍"应对应于"应神""仁德"王,或者"仁德""反正"王等,最后三位"济""兴"和"武",一般认定为"允恭""安康"和"雄略"王。具体的研究史回顾,参阅笠井倭人『研究史 倭の五王』,吉川弘文館,1973年。

鲜南部自古以来的统治权。这表明倭国统一国内大部之后，亟欲获取通往大陆的跳板，故而向曾经统治朝鲜半岛约四百年的中国王朝提出对朝鲜半岛南部的统治要求。换言之，倭国视中国为朝鲜三国的宗主国，所以要求转让宗主权。

自乐浪郡被占领之后，中国的汉族政权对朝鲜半岛失去控制，北方为"五胡"建立的政权，东晋在南方艰难立足，面对强大的胡族军事压迫，无暇太多顾及海外。然而，在朝鲜半岛，南朝同百济有着深厚的关系。所以，宋文帝除了册封倭国王和任命其国内官员外，没有同意倭国的请求。

于是，下一代倭王"济"在元嘉二十年（443）继续遣使上表，要求统治朝鲜南部国家。元嘉二十八年，宋文帝部分同意了倭王的要求，加封其为"使持节、都督倭、新罗、任那、加罗、秦韩、慕韩六国诸军事"，亦即从倭王的请求中剔除与刘宋关系亲密的百济，加入加罗，凑成六国，满足倭王的请求。

需要特别注意的是，元嘉二十七年，宋文帝发动了北伐战役，结果惨败，北魏太武帝亲自率大军南下，直逼江防，南方震动，"内外戒严"。翌年正月，宋文帝"以寇逼不朝会"[1]。刘宋就是在这种严峻的形势下，完全改变以往所坚持的外交政策，用取悦倭国的手段来争取国际友邦，同意其对新罗、任那、加罗的统辖，乱了方寸。这同上述北魏宣武帝因内政吃紧而允许高句丽称霸东亚有相似之处。虽然刘宋与新罗、任那、加罗没有外交关系，看似无关痛痒，然而，将本应属于中央帝国专有的权利出让，显然违背了以往的对外关系原则，属于短视的政策。

宋文帝的继承者孝武帝显然看到了这一点，所以，大明六年（462）借倭王"济死，世子兴遣使贡献"之机，下诏称：

---

[1]《宋书》卷五《文帝纪》，第99页。

> 倭王世子兴，奕世载忠，作藩外海，禀化宁境，恭修贡职。新嗣边业，宜授爵号，可安东将军、倭国王。[1]

这道诏书看似褒奖，实际上收回了对倭国统辖新罗、任那、加罗的任命。尽管这种任命都是名义上的，却具有相当的政治意义。孝武帝迅速地纠正了文帝晚年的外交失误。

倭国显然不满孝武帝的诏书，故倭王"兴"一死，其继承者"武"便自称"使持节、都督倭、百济、新罗、任那、加罗、秦韩、慕韩七国诸军事、安东大将军、倭国王"，不但坚持倭国以前提出的领有六国的请求，而且把宋文帝封予的"加罗"也加上，成为七国。宋顺帝昇明二年（478），"武"遣使朝贡，上表称：

> 臣虽下愚，忝胤先绪，驱率所统，归崇天极，道经百济，装治船舫，而句骊无道，图欲见吞，掠抄边隶，虔刘不已，每致稽滞，以失良风。虽曰进路，或通或不……至今欲练甲治兵，申父兄之志，义士虎贲，文武效功，白刃交前，亦所不顾。若以帝德覆载，摧此强敌，克靖方难，无替前功。窃自假开府仪同三司，其余咸各假授，以劝忠节。[2]

倭王武控诉高句丽阻断其朝贡之路，要求出兵朝鲜和刘宋册封。这时，宋顺帝已经控制不了国内局势，翌年就被齐所取代，在内外交困之际，宋顺帝重蹈宋文帝晚年覆辙，册封倭王武为"使持节、都督倭、新罗、任那、加罗、秦韩、慕韩六国诸军事、安东大将军、倭王"。

然而，武没有获得历代倭王梦寐以求的"百济"，要求出兵朝鲜也未见获得支持，遂中断了同南朝的外交。倭与中国历代的交往，因此中断了一百多年，直到隋开皇二十年（600）才告恢复。

---

[1]《宋书》卷九七《倭国传》，第2395页。
[2]《宋书》卷九七《倭国传》，第2395页。

第五章　南朝文化向东亚的传播

第一节　南朝向百济的文化传播

南朝向东亚的文化传播，百济起着十分重要的作用。

百济和南朝有着长期友好关系，积极向南朝引进文化。南朝也把百济作为在东亚的重要友邦，给予特殊的礼遇，尽可能满足百济的要求，将大量先进的文化技术输往百济。

两汉时代，朝鲜半岛南部隶属于乐浪郡管辖。公孙康据辽东，分乐浪郡南面之地设置带方郡，马韩、辰韩都受其管辖。汉魏动乱之际，大批郡县管辖之民流入朝鲜半岛南部。《三国志·魏书·弁韩传》记载：

> 桓、灵之末，韩濊强盛，郡县不能制，民多流入韩国。
>
> 辰韩在马韩之东，其耆老传世，自言古之亡人避秦役来适韩国，马韩割其东界地与之。有城栅。其言语不与马韩同，名国为邦，弓为弧，贼为寇，行酒为行觞。相呼皆为徒，有似秦人，非但燕、齐之名物也。

《南史·百济传》记载：

> 言语服章略与高丽同，呼帽曰冠，襦曰复衫，袴曰裈。其言参诸夏，亦秦、韩之遗俗云。

大批郡县民自北往南流入，把许多外来的文化传入半岛南部，这可以在墓制、壁画、漆器等出土遗物上得到充分的证明。[1]所以，百济和新罗的文化，早期深受乐浪和带方郡的影响。

一 南朝、百济和倭国的文化传播路线

南北朝时代，百济在文化上出现重要的转型，亦即从乐浪、带方文化传统向南朝文化的转变。因此，输入南朝文化至关重要。

南朝文化在百济的传播，如前引《周书·百济传》的记述，涵盖面很广，从天文、历法、地理、医药到历史、卜筮、宗教、游戏等方面。文献的记载，可以在出土文物上得到印证。兹举两例为证。

20世纪中叶，韩国在谷城郡观音寺遗址进行考古发掘，发现一尊破损的佛教头像。韩国有些学者曾进行研究鉴定，认为此头像为佛陀，属元代雕塑。2001年，我应邀到当地对此头像做鉴定，与中国所发现的历代佛教塑像加以比较，确认了以下几点：

第一，此为石质雕像，而非韩国学者认为的陶质雕像。

第二，头像丰满圆润，面带微笑，即韩国所称的"百济式微笑"。实际上，这就是中国称之为"童子面佛像"的造型，出现甚早，广泛流行于南朝，而与元代佛像造型风格迥异。因此，完全可以判定，此头像的年代属于南朝。

第三，从头部破损处残留的雕刻形状判断，此头像并非佛陀，而是菩萨。由于头顶部分破损严重，故无法进一步判断是否为观音菩萨头像。

第四，此头像的南朝风格十分突出，应是南朝雕塑。也就是说，很可能不是百济制作，而是从南朝输入的。

以上几点，对于东亚古代交往史的研究，具有重要的意义。

谷城郡在古代济倭交流上，地位特殊。古倭国向大陆获取资源，

---

[1] 参阅三上次男『古代東北アジア史研究』，吉川弘文館、1966年。

其中非常重要的就是铁资源。《三国志·魏书·弁韩传》记载：

> 国出铁，韩、濊、倭皆从取之。诸市买皆用铁，如中国用钱，又以供给二郡。

也就是说，谷城郡为古代著名的铁产地，供给朝鲜南部和乐浪、带方二郡，乃至输出倭国。此记载可以获得文献和实物的证明。

谷城郡在韩国南部光州东北，古时名为谷那。《日本书纪》"应神八年（277）三月"条引《百济记》记载：

> 阿花王立无礼于贵国，故夺我枕弥多礼，及岘南、支侵、谷那、东韩之地。是以遣王子直支于天朝，以修先王之好也。

"谷那"即今日的谷城郡。《新增东国舆地胜览》卷三九"谷城县"条记载："本百济欲乃郡，新罗改今名。"该地有大荒川、鸭绿津、鹑子津。《日本书纪》"神功五十二年（252）九月"条记载：

> 久氐等从千熊长彦诣之，则献七枝刀一口、七子镜一面，及种种重宝，仍启曰："臣国以西有水，源出自谷那铁山，其邈七日行之不及，当饮是水，便取是山铁，以永奉圣朝。"

鲇贝房之进《日本书纪朝鲜地名考》"谷那铁山"条根据上引文中"西有水，源出自谷那铁山"，判断此水为临津江或者礼成江，故推测"谷那铁山"为黄海道谷山郡。《新增东国舆地胜览》卷四二"谷山郡"条记载："本高勾丽十谷城。"但其山川记载中未有江，不符合"西有水"。所以，推断"谷那铁山"为高句丽所有的谷山郡，颇可置疑。百济在高句丽领地制作七支刀和七子镜赠送给倭王，难以想象。所以，"谷那铁山"乃应在今日谷城郡，此地明确有大荒川等水的记载。我在谷那考察时，就见山谷间河水流淌，河上还有一座建于明代的廊桥，甚为美丽。

日本明治时代在奈良天理市石上神宫发现一把七支刀，刀上铭文对于日本古代史及对外关系史研究十分重要。前面已经引录全部铭文，其中有：

> 泰□四年五月十六日丙午……百济王世□奇生圣音故为倭王旨造。

东晋太和四年，亦即369年。日本5世纪以前的纪年要加上120才符合历史，故神功五十二年应为372年。石上神宫发现的这把为倭王造的七支刀，时间上同《日本书纪》记载的百济赠送倭国的七支刀十分接近。所以，日本学界一般推测就是百济赠送的七支刀。

由此越发显示出谷城郡的重要性。在当地，还发现了记录百济与东晋交往的口述史《玉果县圣德山观音寺事迹》[1]，叙述古代百济盲人之女洪庄被东晋使者迎入皇宫，成为皇后，发宏愿将东晋佛像传往百济的故事。此故事虽然不是信史，但同百济自东晋传入佛教的历史相吻合，可以看到历史在民间流传的生动形态。

将以上考古发现与文献记载联系起来，清晰地显现出从南朝经百济到倭国的一条文化传播路线。南朝文化技术通过百济大量输往东亚，谷那恰是通向东面的新罗，南面的任那、加罗和越海到日本列岛的要地，对于联系东亚各国起着十分重要的作用。

二 百济武宁王陵

韩国公州西北锦江南岸，有一处叫作"宋山里"的山地，历史上

---

[1] 参阅韩昇《海东集》，上海人民出版社，2009年。

为宋氏的墓地，今日的行政地名为"锦城洞"。宋山里南斜面分布着多座古坟，1927年考古调查时，上方有五座古坟，后来有一座天井塌陷而消失，现在存四座，编号为1—4号坟，皆为⌐形石室墓，内部全部被盗。下方三座，为武宁王陵、5号坟（石室墓）和6号坟（砖室墓），5号坟在东侧，6号坟在西侧，相隔约10米，其后方紧挨着武宁王陵，故三座古坟构成正三角形。武宁王陵的封土已经大部流失，故未被发现。6号坟已经被盗，随葬物品荡然无存，仅保留砖室墓四壁的彩色四神图。1933年日本考古学者轻部慈恩做实地调查后，墓室开放，供人参观，远近闻名。1971年6月29日起，为了解决5号、6号坟天井渗水问题，韩国文化公报部文化财管理局在两墓背后开挖一道壕沟，阻断山坡渗水。工程进行约一周，7月5日，挖出石灰硬土层。公州博物馆馆长金永培意识到可能挖掘出新坟，果然，工人随后挖出砖块，被鉴定为百济时代的砖。于是，引起轰动的武宁王陵被发现了。

随后正式进行发掘，幸运的是，武宁王陵保存完好，完全没有被盗过，这在韩国实不多见。

武宁王陵羡道宽1米，长2.9米，高1.4米。入口摆放六朝青瓷六耳壶、铜盌、铜匙各两件。羡道中间有一镇墓兽，前面有两块方形厚石板，乃墓志，上面放着一缗铁制五铢钱。东边为武宁王，西边为王妃墓志。两方石板正中都凿了一个贯通的洞，武宁王墓志石背是十二支方位板，王妃墓志石背则是买地券。墓志、镇墓兽和买地券相配套出土，颇异于韩国发现的其他墓葬。

从羡道到墓室之间，有一道长1米，深21厘米的凹地，上面摆放着黑棋玄琴，琴前有青铜杯两只，铜箸一组，琴东侧有青瓷四耳瓶一只，南侧有铁铧一柄。

进入墓室，东西2.72米，南北4.2米，高2.93米。墓室北壁中间有棂窗，上方用两块造型砖砌一宝珠形的龛，中间放一白磁灯盏。棺木置于台上，棺台与羡道齐高，墓室地面同羡道一样铺无文砖。

第五章　南朝文化向东亚的传播

武宁王头朝羡门，故王妃在其左侧，与新罗发现的夫妇合葬墓妻在右侧迥异。百济以右为尊，同乐浪墓葬一致。

武宁王棺厚8厘米，栗木板黑漆，使用包银花纹头镶钉。内长2.24米，宽62厘米，铺绢。王妃棺内长2.26米，宽60厘米，高62厘米，中心盖板长2.5米。由于地面潮湿，两口棺木均腐烂散落。

武宁王随葬物品有金制冠饰，金制飞燕形笄，金制耳饰，炭化姆制金缘平玉颈饰，金制丸玉及蜜柑玉饰，银制銙带，金制六花形饰，银、金铜制履，金铜制单龙镮头大刀，七乳兽带镜，浮雕人兽纹镜。王妃随葬物品有彩绘头枕，木制凤凰头，木制王妃足枕，金制耳饰，粒金玉颈饰，琉璃玉颈饰，有铭引腕环，金腕环，金银装刀子，琉璃童子像，兽带镜，铜托银杯，铜制熨斗。墓室随葬品还有银制金具、铜杯、青瓷四耳瓶、白瓷灯盏等。

武宁王陵在百济古墓中十分独特。其砖室墓的结构和砌法，尤其引人注目。

武宁王墓室四壁直至券顶，很有规则地用砖横排平砌四列，再竖砌一列，横竖交错，井然有序。我在墓室里逐行观察，确认整个墓室四壁没有一行有增减变化。显而易见，这需要对整个墓室的尺寸和用砖规格有综合精准计算，否则难以做到。因此，此墓必然是专门造墓的熟练工匠所为。

在中国，将墓室的砖横砌称作"平"或者"顺"，将砖竖砌称作"竖"，横竖组合，恰如一"丁"字，故将几道横砖与一道竖砖的组合称作"×顺一丁"或者"×平一竖"。就南朝而言，砖室墓中大量出现三排横砖一排竖砖的砌法，即三顺一丁或三平一竖。当然也有二顺一丁乃至十顺一丁的情况，还有混合砌法，常见从地面起砌多排横砖，然后再出现横竖交错砌法。至于券顶，则常见横砌。

不同的砌法，有没有什么相对稳定的规律性呢？我试将已经发现并公布的南朝砖室墓做统计调查。下面试举若干座有代表性的南朝墓，简略做一分析。

A．江苏句容陈家村发现西晋南朝墓[1]，2号墓年代为西晋晚期，墓壁按三顺一丁砌成；1号墓壁也是三顺一丁，正中各砌出方窗形装饰，年代为南朝早期。

以南京为中心的江苏地区：

B．南京富贵山东晋墓[2]，墓室壁砌七组三顺一丁砖壁，年代为东晋晚期。

C．南京象坊村东晋墓[3]，墓室壁按三顺一丁砌成。

D．南京西善桥油坊村南朝大墓[4]，墓室全按三顺一丁砌成。

E．南京北郊涂家村六朝墓[5]，甬道两壁均砌三顺一丁，墓室壁砌五组三顺一丁，室内三壁正中各有一个凸形的小壁龛。

F．江苏仪征三茅晋墓[6]，墓室及甬道均为三顺一丁。

G．江苏丹阳胡桥南朝大墓[7]，墓室为三顺一丁砖壁。

此外，如南京甘家巷和童家山的六朝墓等[8]，墓壁都按三顺一丁砌成。

接着再来看看江苏以外地区的情况。

湖北地区：

H．随县唐镇汉魏墓[9]，1号为双室墓，室壁先砌三排或四排横砖，再砌一排竖砖，上砌三组后，再上则重叠起顶。

I．武汉地区发现的四座南朝墓[10]，墓室壁皆按三顺一丁砌成，并有小龛。

――――――――

[1]《考古》1966年第3期。
[2]《考古》1966年第4期。
[3]《考古》1966年第5期。
[4]《考古》1963年第6期。
[5]《考古》1963年第6期。
[6]《考古》1965年第4期。
[7]《文物》1974年第2期。
[8]《考古》1963年第6期。南京市郊张家库东晋墓室壁也是三顺一丁砌法，见《考古》1963年第6期。
[9]《考古》1966年第2期。
[10]《考古》1965年第4期。

湖南地区：

J. 长沙地区的五座晋墓，以及南朝墓、隋墓[1]，墓壁均为三顺一丁。

江西地区：

K. 新干金鸡岭九座晋墓，仅2号墓壁为二顺一丁砌法，封门为横砌；南朝墓7号为一顺一丁，33号为"人字型"砌法。[2]

L. 南昌市南郊六朝早期墓[3]，墓壁为横平叠砌。

M. 清江洋湖1、2、3、4、9、12号晋墓，墓壁均单砖直铺叠砌，横砖平叠封门；南朝墓均平砖纵横砌成单墙。[4]

福建地区的砖室墓起源于晋代，墓室一般都是平铺叠砌，仅封门见到一横一竖砌法，也有横砌的。[5]

广东地区，韶关发现的六朝墓[6]，墓壁有用长方形砖顺行平砌的，也有的先用砖平顺放起，砌至34厘米高后，改用横砖两层砌法。

从以上诸例不难看出，江苏特别是南京地区，也就是南朝中央的中心地带，其墓室都是按三顺一丁砌法。这种建筑方法向其他地区传播时，在交通线上的重要城镇，如武汉、长沙等地，大体保持不变。但到了再边远一点的地方，如湖北随县、江西、福建、广东等地，则大为走样，呈现出各地各样的风格。

由此是否可以将规整的横竖交错砌法看作南朝中心地区砖室墓的风格？不能完全按照统一的横竖砌法造墓室，大概有三个原因可资考虑：一是计算复杂；二是造砖规格不统一，亦即造砖技术有差距；三是工匠水平及其墓室知识。

武宁王墓室整体为四顺一丁砌法，完全是南朝风格。当然，北

---

[1]《考古》1965年第5期。
[2]《考古》1966年第2期。
[3]《考古》1966年第1期。
[4]《考古》1965年第4期。
[5] 曾凡《关于福建六朝墓的一些问题》，《考古》1994年第5期；卢茂村《福建建瓯水西山南朝墓》，《考古》1965年第4期。
[6]《考古》1965年第5期。

方也有这种砌法，洛阳邙山古墓博物馆，搬迁复原西汉至宋代古墓二十二座，其中汉墓十座，魏晋墓五座，唐墓二座，宋墓五座，在魏晋墓中不乏横竖交错的砖室墓。然而，如前面所述，武宁王及其前后时代，百济同北魏几乎没有交往，因此，基本可以排除受北朝砖室墓的影响。

韩国金元龙和尹武炳教授认为，中国南朝的砌法是不规则的，横排五列、七列或八列不等，再竖砌一列，即每组横砌列数各不相同，与武宁王陵的规则砌法呈现细微的不同。[1] 然而，如上面所列举的南朝主要砖室墓所示，金元龙和尹武炳教授对南朝墓砖砌法的看法显然是错误的。尹武炳教授还认为，始终如一的四平一竖砌法，体现了百济的个性。如上面所列示，南朝中心地区的砖室墓基本上都是始终如一的横竖砖交错砌法，这是典型的南朝风格。百济始终如一的横竖砖砌法，仅见武宁王墓一例，何以证明是百济的个性呢？

可以拿出来做比较的是宋山里6号坟，如前面介绍，位于武宁王陵前面。此坟当年亦由轻部慈恩教授做过调查，留下照片和白描图[2]，我也实地考察过。6号坟墓室四壁为横竖砖交错砌法，由下而上，横砖行数渐次减少，从"八平一竖"依次减为"六平一竖""四平一竖"，接着直至整个券顶均为横砖。此砌法在南朝也不罕见，故属于南朝风格。从6号坟到武宁王陵，可以看出砌法的演变，武宁王陵更加成熟。据此，我认为6号坟应早于武宁王陵。[3] 日本斋藤忠教授比较两墓砖纹饰，认为6号坟年代在先，并推测为武宁王父亲东城王之坟[4]，当可成立。

---

[1] 日本朝日新聞社編『古代日本の国際化：邪馬台国から統一国家へ』（朝日新聞社、1990年）所载金元龙在讨论会上的发言。尹武炳《对武宁王陵与宋山里六号坟砖砌结构的考察》，载韩国忠南大学校百济研究所《百济研究》第6辑，1974年。
[2] 轻部慈恩『百济遗跡の研究』、吉川弘文館、1971年。
[3] 韩国文化财管理局《武宁王陵》（1973年）第10—11页认为武宁王陵先于宋山里6号坟。
[4] 斎藤忠「百济武寧王陵を中心とする古墳群の編年の序列とその被葬者に関する一試考」、『朝鮮学報』第81輯、1976年。

东城王曾于484年2月"闻南齐祖道成，册高句丽巨琏为骠骑大将军，遣使上表，请内属，许之"。同年7月，再度向南朝齐派出使者，遭高句丽阻拦。486年，再度遣使到南朝齐。《南齐书·东南夷传》有记录，可以相互参证。而且，在东城王十年（488），还同北魏发生武装冲突，此事真相没有明确记载，我推测很可能是百济到南朝的朝贡使船遭到北魏拦截而爆发小规模冲突，但被百济大肆渲染，向南朝齐报告。其实，此事件最重要的意义不在于武装冲突，而在于从此百济对联合北魏抗衡高句丽一事彻底失望，完全倒向南朝。百济同南朝的关系进入新的紧密阶段。因此，此时的寝陵出现南朝样式的砖室墓，完全合乎情理。

实际上，宋山里6号坟不但全面采用南朝的砖室墓，还留下重要的遗物，首先是砖室墓东西南北四壁画着青龙、白虎、朱雀、玄武四神兽。毋庸赘论，这是受南朝的影响。其次是其砖铭出现"梁官瓦为师矣"六字，草书。[1]这是非常重要的线索。

砖铭上的"梁"字，确定了宋山里6号坟建造于武宁王时代。东城王于479—501年在位，501年11月遇刺，12月死去。翌年，其子武宁王即位。恰好是年南朝梁武帝登基。基于双方的亲密关系，武宁王采用南朝墓制为其父造墓。退一步说，即使此坟不是东城王陵，也是建于武宁王时代的陵墓，其形制等问题皆可获得合理的解释。砖铭还证明采用了梁朝砖室墓形制，并与之配套烧制梁朝规格的墓砖，也就是完整地移植梁朝的墓制。

如前所述，武宁王陵一行不乱的四平一竖砌法，需要精确的计算。百济在修建宋山里6号坟取得经验之后，才进行武宁王陵的修筑。此时，造墓经验与烧制墓砖的技术均臻成熟，故武宁王陵的建造水平明显高出一筹。其羡道和墓室均用砖砌，地面铺设排水道，上面铺砖。墓室棺床用砖砌双层。共有25种规格的砖，大的为36厘米×

---

[1] 前引轻部慈恩『百济遗迹の研究』图版30、31。

16厘米×4厘米，用得最多的是32厘米×15.4厘米×4厘米，有无纹砖，也有斜格小莲纹等多种，其中使用的莲花纹砖，与南京油坊村南朝墓砖形制完全相同[1]，亦即墓砖完全按照南朝样式烧制。

武宁王墓室结构及其随葬品也非常引人注目。就墓室结构而言，在上面列举的南朝墓中，D和G两座大墓特别值得注意。前者有可能是陈朝帝陵，后者可能为南朝齐高帝之弟萧道生夫妇合葬陵。这两座大墓，从墓制结构到随葬物品，均与武宁王陵相似。据此推断，武宁王陵采用南朝帝陵制度建造。

再看武宁王陵的随葬品，青瓷器有青瓷广口莲瓣纹六耳壶两件，盘口长颈四耳壶一件，青瓷灯碗五件和青瓷碗一件。这九件青瓷器，日本学者三上次男做了深入的研究比对，确认全部为中国南朝制品，很可能出自越州瓷窑，且属于"南朝越窑中类型少见的上等制品"[2]。三上次男先生据此指出，随葬物显示了当时百济具有从梁朝获得高级制品的政治、经济力量。

随葬物品中，六朝镜多达四面，其中浮雕人兽纹镜，为汉式方格规矩镜，其铭文为：

尚方佳竟真大好，上有仙人不知老，渴饮玉泉饥食枣，寿如金石考。

基本相同的铭文镜，在"王氏"镜里见得最多，试举几例：

王氏佳竟真大好，上有仙人不知老，渴饮玉泉饥食枣，浮

---

[1] 南京油坊村南朝墓砖，见罗宗真《南京西善桥油坊村南朝大墓的发掘》，《考古》1963年第6期。
[2] 三上次男「百済武寧王陵出土の中国陶磁とその歴史的意義」，末松保和博士古稀記念会編『古代東アジア史論集』下巻、吉川弘文館、1978年。

游天下敖四海，寿如金石之国保（四神规矩镜，河南）。[1]

王氏佳竟真大巧，上有山人不知老，渴饮玉泉饥食枣（盘龙镜，朝鲜）。[2]

王氏佳竟真大好，上有仙人不知老，渴饮玉泉饥食枣，浮游天下敖四海，为国保（方格规矩四神镜，东京国立博物馆）。[3]

从这里可以看出这类镜在中国、朝鲜、日本有广泛的分布，正好构成一条文化传播的路线。根据王仲殊教授等人的研究，魏晋南北朝时代，铜镜制作都集中于南方[4]，武宁王陵出土的方格规矩镜，应该也来自南朝。

武宁王陵还出现了镇墓兽、墓志和买地券，且墓志安放于羡道之中。这是典型的南朝墓葬特点，在国内已有众多研究，成为通说，故此不赘。

买地券上摆放的铁五铢钱一缗，相当于买地券所说的"钱一万文"。此五铢钱直径 2.4 厘米，方孔边长 0.8 厘米，是梁武帝于普通四年（523）铸造的。武宁王死于这一年，故梁武帝铸造的铁五铢钱旋输出到百济，造武宁王陵时随葬作为买地冥钱。

综上所述，武宁王陵的各个方面，无不显示出南朝风格，颇异于朝鲜此前的墓葬。在百济，采用砖坟修造王陵，此为先河。因此，可以排除该墓由百济境内原带方郡汉人所建的可能性。

历代帝陵建造均严格保密，外人无从知晓。武宁王陵墓室同南朝墓相比较，从墓砖到其砌法，直至墓室结构，无不与南朝大墓雷同。因此，除了认为烧制墓砖和造墓的工匠都来自南朝外，没有更好

---

[1] 三木太郎『古鏡銘文集成：日本古代史研究要覧』、59頁、新人物往来社、1998年。
[2] 三木太郎『古鏡銘文集成：日本古代史研究要覧』、58—59頁。
[3] 三木太郎『古鏡銘文集成：日本古代史研究要覧』、59頁。
[4] 王仲殊《吴县、山阴和武昌——从铭文看三国时代吴的铜镜产地》，《考古》1985年第11期；徐苹芳《三国两晋南北朝的铜镜》，《考古》1984年第6期。

的解释。从宋山里6号墓砖铭文可以看到，其墓砖采用的是"官瓦"，不是一般的南朝砖。据此，造墓的工匠也只能是南朝的官手工匠。

皇帝的寝陵，决无让民间工匠建造的道理。而且，众所周知，南北朝均对工匠实行严格的匠籍制度，牢牢控制工匠的人身自由。匠籍制度下的工匠，特别是建造帝陵的工匠，除非中央政府许可，是不可能自由地来到百济的。十分明显，百济的这些工匠是通过政府间的交往获得的。《梁书·百济传》明确记载：

> 中大通六年、大同七年，累遣使献方物，并请《涅槃》等经义、《毛诗》博士，并工匠、画师等，敕并给之。

梁武帝亲自下敕，给予百济工匠。百济一直向南朝求取文化技术，此前宋文帝时曾经给予百济《易林》、《式占》、腰弩。[1] 梁朝与百济特别友好，输给百济的文化技术只会更多。考虑到中国正史漏载许多对外交往的情况，可以肯定南朝给予百济的技术与工匠，不会仅限于上述两次。在此之前，肯定已有工匠到过百济了。

南朝各代对百济的要求无不予以满足，这是十分特殊的待遇。我们不妨来看看其他国家的情况。《册府元龟》卷九九九《外臣部·请求》记载：

> 南齐武帝永明六年，宕昌王使求军仪及杂伎书。诏报曰："知须军仪等九种，并非所爱，但军器种甚多，致之未易；内伎不堪涉远；秘阁图书，例不外出，《五经集注》《论语》，今特敕赐王各一部。"
>
> 河东王拾寅子易度侯好星文，尝求星书，朝议不给。

---

[1]《宋书》卷九七《百济传》说，宋元嘉二十七年（450），百济"表求《易林》、《式占》、腰弩，太祖并与之"。

>芮芮主求医工等物。武帝诏报曰:"知须医及织成锦工、指
>南车、漏刻,并非所爱,南方治疾与北土不同;织成锦工并女
>人不堪涉远;指南车、漏刻,此虽有其器,工匠久不复存,不
>副为恨。"

以上三国,都是南朝的册封国,其所请求,基本上得不到满足。一般性图书尚可见到外赐的事例,至于可转用于军事的器物、军器、工匠等则属于禁断之列,不得外出。这样,百济所享有的特殊待遇就非常清楚了。而且,把属于严格控制的寝陵工匠赐予百济,更显示出梁与百济的关系非同一般。

南朝对百济,并没有什么政治或军事上的企图,所以两国间的友谊尤其真诚,难能可贵,不会因国内外局势的变动而变化。这种亲近感是基于文化上的认同,即南朝视百济为文化发达的国家。而百济享有特殊地位,在东亚世界起着重要的作用。试举几例说明之。

新罗使者自随高句丽到前秦朝贡后,长期未见与中国交往。一直到梁时,才见百济偕其使者入朝,并为之充任翻译,足见百济对新罗外交方针的影响。

武宁王陵出土的七乳兽带镜,在日本古坟也发现了四面,且为相同大小的同型镜,是六朝仿制的东汉镜。[1]这些都清楚地表明许多中国文物是通过百济传往日本等东亚国家的。此外,如日本的吴音与百济、南朝语言的渊源关系等,此类事例不胜枚举,充分反映出百济在沟通东亚国家和南朝关系上的重要桥梁作用。

第二节 百济向倭国的文化传播

百济与南朝的文化关系日趋繁荣之际,却是东亚国家间关系出

---

〔1〕 樋口隆康「武寧王陵出土鏡と七子鏡」、『史林』第 55 輯 4 号、1972 年。

现重要变化的时代。最重要的变化是，高句丽向西北方向的扩张，为北魏所阻止。因此，高句丽转而向南发展，联合靺鞨，向百济施加强大的压力，双方战事频仍。501年，百济武宁王即位，旋出兵袭击高句丽水谷城，采取积极防御的政策。从501年起到武宁王去世的523年，见于《三国史记·百济本纪》的对高句丽、靺鞨的作战有六次，可见来自北方的军事压力十分沉重。

为了对抗高句丽，百济采取积极的对外交往政策，一方面加强同南朝萧梁的关系，遣使朝贡，特别是在521年，武宁王派遣使者上表称："累破高句丽，始与通好，而更为强国。"[1]向梁显示自己的实力和战绩，以获得更高的册封，强化自身在东亚的地位。梁武帝给予百济大力支持，册封武宁王为"宁东大将军"。另一方面，百济加强同倭国的关系，积极向近邻倭国寻求军事支援。

根据《日本书纪·继体天皇纪》记载，倭国继体王即位后，马上同百济交涉朝鲜半岛南部的问题。至继体六年（512），倭国送给百济马四十匹。

> （继体七年）夏六月，百济遣姐弥文贵将军，州利即尔将军，副穗积臣押山，贡五经博士段杨尔，别奏云："伴跛国略夺臣国己汶之地，伏请天恩判还本属。"

这是《日本书纪》首次出现百济向倭国贡献"五经博士"的记载。百济用文化输出，向倭国换取军事支援。此项政策维持了相当长的时间。《日本书纪》"继体十年"条记载：

> 秋九月，百济遣州利即次将军，副物部连来谢赐己汶之地，别贡五经博士汉高安茂，请代博士段杨尔，依请代之。

---

[1]《三国史记·百济本纪第四》"武宁王二十一年（521）十一月"条。

根据此条记载可以了解到百济再次派往倭国的"五经博士",是为了同三年前派遣的博士轮替。也就是说,百济和倭国之间形成了博士轮替的制度,保持长期稳定向倭国输出文化的态势。因为是一种制度性交流,故其交往的实际次数应该要比记载的多。而且,双方根据各自的需要,提出交流的内容要求。属于有新内容的交流,就被记录下来。《日本书纪》"钦明十四年(553)"条记载:

> 六月,遣内臣使于百济。仍赐良马二匹,同船二只,弓五十张,箭五十具。敕云:"所请军者,随王所须!"别敕:"医博士、易博士、历博士等,宜依番上下。今上件色人正当相代年月,宜付还使相代。又,卜书、历本种种药物可付送。"

此条记载反映出文化交流的面在不断扩大,倭国在五经博士之外,要求增加医、易、历博士,同时还要求送相关的书籍。此交流仍然依照轮替制度进行,可知此制度已经维持了近半个世纪。

值得注意的是,553年朝鲜半岛南部形势发生重要转折,新罗袭取百济东北重镇,置新州,百济和新罗对抗高句丽的联盟破裂。翌年,百济为了夺回失地,出兵攻打新罗,遭到惨败,百济圣王死于军中。在朝鲜南部形势骤变的前夕,倭国向百济提供了军事援助,同时提出更多的文化交流要求。百济同倭国的文化交流,具有政治与文化交换的特点。次年,百济再次向倭国派遣各种博士。

> 二月,百济遣下部杆率将军三贵、上部奈率物部乌等乞救兵。仍贡德率东城子莫古,代前番奈率东城子言:"五经博士王柳贵代固德马丁安,僧昙惠等九人代僧道深等七人。别奉敕贡易博士施德王道良、历博士固德王保孙、医博士奈率王有陀、采药师施德潘量丰、固德丁有陀、乐人施德三斤、季德己麻次、

季德进奴、对德进陀。"皆依请代之。[1]

此后，百济派遣博士的记载未再出现于《日本书纪》。然而，从上条记载来看，定期派遣博士的轮替制度依然执行，因此，不能就此断言钦明十五年的博士为最后一批。

从《日本书纪》记载的情况来看，百济成为向倭国输出文化技术最主要的国家，尤其是在倭王"武"（雄略王）中止向南朝派遣使者以来，百济输出的文化技术，对于倭国越发显得重要。而且，这种文化交往在不断扩大，从最初的儒经发展到医药历法等实用领域，人数也逐渐增多。

百济为什么能够源源不断地向倭国提供文化技术呢？不妨看看百济同南朝萧梁的交往。《梁书·百济传》记载：

> 中大通六年，大同七年，累遣使献方物；并请《涅槃》等经义、《毛诗》博士，并工匠、画师等，敕并给之。

中大通六年为534年，大同七年为541年。核查《三国史记》，这两个年份都见到百济向梁朝遣使朝贡的记载，尤其是大同七年请博士、工匠等的记载，两国的史料完全吻合。显然，百济的文化技术来自南朝。其中的博士，在《陈书·儒林·陆诩传》中见到一条珍贵的记载：

> 陆诩少习崔灵恩《三礼义宗》，梁世百济国表求讲礼博士，诏令诩行。还除给事中、定阳令。

根据这条记载，可以了解到南朝萧梁派往百济的博士是定期归还的。这些博士奉命到海外传播文化技术数年后回国，就可以取得官职或

---

[1]《日本书纪》卷一九"钦明十五年"条。

者晋升。通过这种办法，南朝萧梁得以不断派出博士和工匠等，向海外传播文化技术。百济定期向倭国派遣博士和工匠的轮替制度，恐怕模仿了南朝。

值得注意的是，百济派往倭国的博士、工匠，其姓氏为段、杨、高、王、马、潘、丁等，显然是中国姓氏，说明这些人大概都是中国人。他们应该就是来自南朝的博士，被派往百济，又受百济的委托前往倭国传播儒学和技术。因为他们是南朝人，所以，百济也只能采取轮替制度，确保他们能够按期返回南朝。

将南朝派来的博士和工匠派往倭国，说明当时百济的形势相当严峻，为了获得倭国的军事支持以对抗高句丽乃至新罗，百济只好优先用来自南朝的文化技术同倭国做交换。该时期，百济同倭国的文化交流，大多具有此种色彩。

通过向外输出文化技术，百济成为东亚地区传播南朝文化的主要国家，受到周邻国家的重视。倭国通过同百济的文化交换，获得了急需的文化技术，促进了国内社会的发展。倭国获得的文化技术包含甚广，例如对倭国具有重大影响的官方佛教，也是在此背景下由百济传往倭国的，因为篇幅较长，故在后面另设一章进行讨论。

除了通过朝鲜半岛的渠道，倭国也直接从南朝输入文化技术，下一章就来讨论这个问题。

第六章 倭国与江南

第一节 倭与江南"吴国"

古代日本一直致力于从中国吸收各种文化和技术,在其外来文化中,来自中国北方的文化因素历来备受重视,研究积累甚厚;相对而言,对中国南方文化的研究要薄弱得多。这恐怕同中国江南与倭国的海上交通之路缺少考古实物证据有关。

然而,许多学者都敏锐地指出中国江南文化与技术对日本的重大影响。举一个例子,改变日本渔捞经济面貌的农耕生产方式,就是从中国南方传入日本列岛的,水稻栽培带来土地开发、生产工具、水利灌溉、生活方式乃至社会形态等各个方面的巨大变化,使得古代日本从绳纹文化时代跃入弥生文化时代。因此,中国江南对古代日本的历史进程至关重要。日本民俗学大师柳田国男在晚年集毕生心血的研究撰成不朽名著《海上之路》[1],探索并疾呼研究南传文化。

近几十年来,中国南方考古发掘和区域史研究的重大进展,引起日本学术界的高度关注。航海学家茂在寅男撰写了《古代日本的航海术》[2],科学地论证了上古时代人类的航海能力,以及日本文化中的南洋文化因素。农史学家渡部忠世认为稻作起源于"东亚半月弧",即贵州、云南到尼泊尔的半月形地带,提出了"照叶树林文化

---

[1] 柳田国男『海上の道』、岩波書店、1978年。书中所收论文发表于20世纪50年代初期。已有史歌中译本,北京师范大学出版社,2018年。
[2] 茂在寅男『古代日本の航海術』、小学館、1979年。

圈"说。[1]然而，中国南方长江流域稻作遗迹不断发现，中国考古学家提出水稻起源于长江下游的学说[2]获得越来越多的支持，日本学术界也采纳此说[3]。上述学术进展，从不同角度揭示了日本与中国江南的内在联系，反响强烈，海上之路重新被认识。1991年，日本"黑潮漕破远征队"在京都大学名誉教授熊本水濑的指导下，乘双人木舟，顺着太平洋北上暖流，重航海上之路。他们用18小时横穿台湾海峡，再从台湾省花莲港出发，沿琉球群岛成功地划过1500公里的海路，抵达日本九州岛南端，用事实雄辩地证明，在古代航海条件下，从中国南方直航日本是完全可能的。

中国考古学者对古代江南与日本的交流也发表了若干实证研究成果。安志敏先生《长江下游史前文化对海东的影响》[4]，分别论证了江南稻作、建筑和器物等方面对日本的影响。杨泓先生《吴、东晋、南朝的文化及其对海东的影响》[5]，用考古发掘的实物论证了江南与朝鲜、日本的文化源流关系。在日本反响甚大的当推王仲殊先生对日本三角缘神兽镜的研究[6]，他考证三国至南北朝时代中国铜镜制作中心在吴县、山阴和武昌[7]，均在江南，从根本上动摇了日本学术界关于3世纪倭国舶来铜镜为北方曹魏镜的通论，进而论证未见于中国和朝鲜的日本三角缘神兽镜，实为江南工匠到日本制作的。

---

[1] 渡部忠世『稲の道』、日本放送出版協会、1977年。『アジア稲作の系譜』、法政大学出版局、1983年。上山春平・渡部忠世編『稲作文化：照葉樹林文化の展開』、中央公論社、1985年。
[2] 严文明《中国稻作农业的起源》，《农业考古》1982年第1、2期；《中国史前稻作农业遗存的新发现》，《江汉考古》1990年第3期。赵志军《植物考古学与农业起源研究》，《中国社会科学院院报》2005年9月1日。
[3] 森岡秀人・中園聡・設楽博己『稲作伝来』、岩波書店、2005年。
[4] 安志敏《长江下游史前文化对海东的影响》，《考古》1984年第5期。
[5] 杨泓《吴、东晋、南朝的文化及其对海东的影响》，《考古》1984年第6期。
[6] 王仲殊自20世纪80年代以来，发表了十余篇考证三角缘神兽镜的论文，如《景初三年镜和正始元年镜的铭文释考》(《考古》1984年第12期)、《关于日本三角缘神兽镜的问题》(《考古》1981年第4期)等，主要发表于《考古》杂志，请参阅。
[7] 王仲殊《吴县、山阴和武昌——从铭文看三国时代吴的铜镜产地》，《考古》1985年第11期。徐苹芳《三国两晋南北朝的铜镜》(《考古》1984年第6期)一文，系统考证了该时期铜镜产地、制作风格的变迁，有力地支持了王仲殊的观点。

此结论对于日本古代史具有重大意义。因为这不仅涉及日本同中国江南的文化渊源关系，而且，如果能确定日本铜镜制作中心地，还将对近代以来争论不已的邪马台国地理位置、古代社会形态等问题产生深刻影响。凡此种种，都促进了日本学术界加强对中国南方的研究。

实际上，在日本古代文献里有不少关于"吴"的记载。《日本书纪》中的这些记载，主要出现于应神到雄略时代。根据倭王世系表，该时期共有应神、仁德、履中、反正、允恭、安康和雄略七位天皇。而根据中国史书记载，此时期与中国交往的有赞、珍、济、兴、武五位倭王，史称"五王时代"，大约相当于中国东晋义熙到南朝梁天监年间（405—519）。其间中日两国有过比较密切的交往，而且，两国史书都留下了相关的记载。因此，日本史籍上的"吴国"，应该就是指中国江南国家。这本来没有什么疑义，传统史学也一直做此解释。但是，吴国的"吴"字，按照日语音读应该读作"Go"，在古史里却读作"Kure"。这一特殊的读法，引起了学者的注意和研究。

"Kure"与日语的"暮"同音。"暮"意为日落、黄昏，引申为西方的意思。《隋书·倭国传》记载，大业三年（607），倭国使者入隋称："闻海西菩萨天子重兴佛法，故遣朝拜，兼沙门数十人来学佛法。"其国书曰："日出处天子致书日没处天子。"《日本书纪》"推古十六年（608）"条也记载了日本致隋朝的国书，其文曰："东天皇敬白西皇帝。"

显而易见，日本将中国视为西方大国。就中国魏晋南北朝的情况而言，日本只同南方王朝建立交往关系，因此，"吴"的音应该也是由此而来，亦即语言习惯上以"Kure（暮，西方）"称中国江南，而书写时则用"吴"字代表。这样的解释从语言学到历史学皆与当时情况相符合。

在中国，古人常称江南为"吴"。因此，日本人按照中国习俗以"吴"指称江南，于理亦顺。

第六章　倭国与江南

但是，这一传统的解释，首先受到日本的朝鲜史学者的怀疑。他们主要从语音学的角度，比较日语和朝鲜语的语音，找出若干与"Kure"谐音的朝鲜古地名，从而认为"吴"实是指朝鲜某地。例如井上秀雄教授认为中国历史上的吴国共有三个，分别出现于春秋、三国和五代，而《日本书纪》所记载的"吴"出现于南朝，年代不合。他还援引20世纪30年代鲇贝房之进《杂考日本书纪朝鲜地名考》以"吴"为"句丽"之说，再次得出相同的结论。[1]据此，"吴国人"自然也就成了朝鲜移民，5世纪将纺织等技术大量传入倭国者，也变成了高句丽，吴文化自然被纳入北方文化系统进行研究。

综观日本和韩国学术界对"吴国"所在地的研究，主要有三种不同意见：

第一种意见认为，"吴"指的是中国的江南及其文物制度。本居宣长及传统的古代史学家大多持这种见解。岸俊男教授指出，"吴"不是指中国三国时代的吴国，而是南朝的总称。[2]

第二种意见认为，"吴"字的读音来源于"句丽"（高句丽），即由"Kuri"演变而来。而且，吴国移民居住于大和国高市郡，此地曾设置过高丽人的小身狭屯仓和韩国人的大身狭屯仓，故"吴"指的是高句丽。持此论的代表性学者有日本的上田正昭和朝鲜的金锡亨等。[3]

第三种意见认为，"吴"指的是朝鲜半岛南部的旧加罗地区。持这种见解的学者有日本的山尾幸久和韩国的金廷鹤等。[4]后者还进一步具体地指出"吴"就是百济和加罗的边境城邑求礼，两者的读

---

[1] 井上秀雄『古代日本人の外国観』、学生社、1991年、37、78頁。参阅鲇贝房之進『雜攷 日本書紀朝鮮地名攷』、国書刊行会、1937年。
[2] 岸俊男「『呉・唐』へ渡った人々」、大林太良編『日本の古代3：海をこえての交流』、中央公論社、1986年。
[3] 上田正昭『帰化人：古代国家の成立をめぐって』、中央公論社、1965年。金锡亨著、朝鲜史研究会訳『古代朝日関係史：大和政権と任那』、勁草書房、1969年。
[4] 山尾幸久編『日本古代王権形成史論』、岩波書店、1983年。金廷鹤「任那と日本」、『史学雑誌』第87卷4号，1978年4月。

音相同。韩国的李永植从古代移民中的吴氏推演判断"吴"就是百济、新罗和加罗诸国争夺的边境山城久礼，直到6世纪中叶以后，由于中国南朝文物输入日本，"Kure"才写作"吴"。[1]其文颇有牵强附会及史事年代颠倒之处，兹不一一指出。仅就其结论而言，日本与南朝的交往实际上到南朝刘宋（420—479）即告中断，则6世纪中叶以后南朝文物输入日本，从何谈起？而且，此时期日本主要依靠百济转手输入南朝文化，则何以反而将朝鲜地名改写为"吴"？

三种意见，其实就是两种，亦即"吴"为中国江南，或者为朝鲜。后者没有经得起推敲的证据，只是根据语音近似做判断，随意去除"吴"的字形，仅取其音同朝鲜语做比对。这种比对随意性很大，只要音似就可以得出新说，遂有第三种乃至更多的观点出现。如后述，《日本书纪》大量出现"吴"记载的年代，正是倭与高句丽关系紧张、兵戎相见的时期，高句丽根本不会向倭输出先进技术。至于第二和第三种意见则大相径庭，或说是北部的高句丽，或称是南端的加罗。其实，这两地在种族、文化和习俗等方面差异颇大，难以相提并论。朝鲜语和日语的音素都少，故随意的语音比对，可以得出令人难以想象的结果，例如韩国研究者用朝鲜语音解读日本古歌集《万叶集》，结果得出其为淫秽诗篇的结论。显然，脱离历史背景孤立地进行对音研究，或仅仅依靠支离破碎的史料片段来考证"吴"是朝鲜地名，都是不足为据的。

至于说吴国只出现于中国的春秋、三国和五代，则是对中国甚不了解，称江南为吴，古今皆同。"吴"既是国号，也源于地域之称。而且，日本自古习惯用某种称呼来指中国大陆，例如，古代用"吴"称中国，不仅有"吴国"，还有"吴音"（唐以前的汉语语音）、"吴人"、"吴织"等；唐代以后则长期用"唐"称呼中国，甚至连此

---

[1] 李永植「古代人名からみた『呉』」、『日本歴史』502号、1990年。

前的隋朝也被称作"唐"[1]，直至清代仍称中国为"唐"，著名的"唐船"就是明证。

第二节 倭国与"吴国"的交往

吴国究竟在哪里呢？最好还是从基本史料出发，先全面分析一下《日本书纪》的有关记载。

> A.（应神三十七年）春二月戊午朔，遣阿知使主、都加使主于吴，令求缝工女。爰阿知使主等，渡高丽国，欲达于吴。则至高丽，更不知道路，乞知道者于高丽。高丽王乃副久礼波、久礼志二人为导者，由是得通吴。吴王于是与工女兄媛、弟媛、吴织、穴织四妇女。
>
> B.（应神四十一年二月）阿知使主等自吴至筑紫。
>
> C.（仁德五十八年）是冬十月，吴国、高丽国并朝贡。
>
> D.（雄略六年）夏四月，吴国遣使贡献。
>
> E.（雄略八年）春二月，遣身狭村主青、桧隈民使博德使于吴国。
>
> F.（雄略十年）秋九月乙酉朔戊子，身狭村主青等将吴所献二鹅到于筑紫。
>
> G.（雄略十二年）夏四月丙子朔己卯，身狭村主青与桧隈民使博德出使于吴。
>
> H.（雄略十四年）春正月丙寅朔戊寅，身狭村主青等共吴国使，将吴所献手末才伎汉织、吴织及衣缝兄媛、弟媛等，泊于住吉津。是月，为吴客道通矶齿津路，名吴坂。三月，命臣连迎吴使，即安置吴人于桧隈野，因名吴原。以衣缝、兄媛奉

---

[1]《日本书纪》卷二二"推古十五年（607）七月"条称："大礼小野臣妹子遣于大唐。"

东亚世界形成史论

大三轮神，以弟媛为汉衣缝部也。汉织、吴织衣缝，是飞鸟衣缝部、伊势衣缝之先也。夏四月甲午朔，天皇欲设吴人，历问群臣曰："其共食者谁好乎？"群臣佥曰："根使主可。"天皇即命根使主为共食者，遂于石上高拔原飨吴人。

按照以上日本正史的记载，日本遣使到吴国有三次，而吴国使者和吴国人回聘者共四次。日本遣使的目的，在于求取纺织工匠。本居宣长认为，《日本书纪》之《应神天皇纪》和《雄略天皇纪》关于遣使赴吴国的记述内容基本相同，因此是同事复出，推测《应神天皇纪》有错简，里面混入《雄略天皇纪》的内容。这当然只是一种猜测，从下引中国史籍的记载来看，没有必要硬把两者合而为一。因为无论根据《日本书纪》，还是根据中国史籍，都表明从应神天皇到雄略天皇，日本一直与南朝有使节往来。

上引八则史料，可以得出以下几点认识：

第一，日本遣使到吴国的年代，与下揭中国史籍的记载完全吻合。雄略十四年之后，再未见日本遣使到吴国，而中国文献也表明，自宋末以后未见日本使节到来。两国史籍记载的高度一致，绝非出于偶然。

第二，吴国和高句丽是完全不同的两个政权，而且，日本对吴国知之不详，所以其赴吴国使节需要求助于高句丽向导。特别值得注意的是，高句丽向导名叫"久礼波"和"久礼志"，都冠以"久礼"，与"吴"同样读作"Kure"。显然，高句丽将与"吴"有密切关系者称作"久礼"，后面再加上其名，若将此语音与文字混合使用的名字全用汉字表示，应可作"吴波"和"吴志"。由此可见，高句丽的"久礼"很可能源于同江南朝廷的交往，进而影响传播至其邻国，乃至日本。

第三，日本将吴国置于高句丽之前，可见其国际地位犹胜于高句丽，则所谓吴国为加罗边境小邑云云，不知从何谈起。

第四，吴国拥有先进的技术，所以日本要一再向其求取工匠。我们再来看看中国史籍对同时期中日交往的记载。

a．倭国在高丽东南大海中，世修贡职。高祖永初二年（421），诏曰："倭赞万里修贡，远诚宜甄，可赐除授。"（《宋书·夷蛮·倭国传》）

b．太祖元嘉二年（425），赞又遣司马曹达奉表献方物。（《宋书·倭国传》）

c．元嘉七年春正月，倭国王遣使献方物。（《宋书·文帝纪》）

d．元嘉十五年夏四月己巳，以倭国王珍为安东将军。（《宋书·文帝纪》）

赞死，弟珍立，遣使贡献。自称使持节，都督倭、百济、新罗、任那、秦韩、慕韩六国诸军事，安东大将军，倭国王，表求除正。诏除安东将军、倭国王。珍又求除正倭隋等十三人平西、征虏、冠军、辅国将军号，诏并听。（《宋书·倭国传》）

e．元嘉二十年，倭国王济遣使奉献，复以为安东将军、倭国王。（《宋书·倭国传》）

f．元嘉二十八年秋七月甲辰，安东将军倭王倭济进号安东大将军。（《宋书·文帝纪》）

加使持节，都督倭、新罗、任那、加罗、秦韩、慕韩六国诸军事，安东将军如故。并除所上二十三人军、郡。（《宋书·倭国传》）

g．大明四年（460），倭国遣使献方物。（《宋书·孝武帝纪》）

h．大明六年三月壬寅，以倭国王世子兴为安东将军。（《宋书·孝武帝纪》）

济死，世子兴遣使贡献。世祖大明六年，诏曰："倭王世子

兴，奕世载忠，作藩外海，禀化宁境，恭修贡职。新嗣边业，宜授爵号，可安东将军、倭国王。"(《宋书·倭国传》)

i．昇明元年（477）冬十一月己酉，倭国遣使献方物。(《宋书·顺帝纪》)

兴死，弟武立，自称使持节，都督倭、百济、新罗、任那、加罗、秦韩、慕韩七国诸军事，安东大将军，倭国王。(《宋书·倭国传》)

j．昇明二年五月戊午，倭国王武遣使献方物，以武为安东大将军。(《宋书·顺帝纪》)

顺帝昇明二年，遣使上表曰……诏除武使持节，都督倭、新罗、任那、加罗、秦韩、慕韩六国诸军事，安东大将军，倭王。(《宋书·倭国传》)

k．建元元年（479），进新除使持节，都督倭、新罗、任那、加罗、秦韩、慕韩六国诸军事，安东大将军，倭王武号为镇东大将军。(《南齐书·倭国传》)

l．天监元年（502），镇东大将军倭王武进号征东将军。(《梁书·武帝本纪中》)[1]

梁武帝即位于502年。倭王武（即雄略天皇，"武"当是其名"大泊濑幼武"的略称）首见于昇明元年。根据《日本书纪》记载，其在位23年，即使从昇明元年算起，500年倭王武也已死去。显然，梁武帝不可能册封已经死去的倭王武。所以，此系梁武帝为庆贺登

---

[1]《梁书·武帝纪中》以及同书《诸夷·倭传》均记载梁武帝册封倭王武为"征东将军"，而中华书局标点本以为脱"大"字，遂据《南史》补为"大将军"。实际上，6世纪中叶以前，南朝的东亚国际政治关系秩序依次为高句丽、百济、倭，三国之间地位相差一级。梁武帝即位，封高句丽王为车骑大将军，百济王为征东大将军，故不应封倭王为征东大将军，而应低一级，为征东将军。《梁书》记载无误。关于南朝与东亚国家国际政治关系及其文化交往的变迁，请参阅韩昇《"魏伐百济"与南北朝时期东亚国际关系》，《历史研究》1995年第3期。

基大典而进行的册封，并无倭国使节入朝之事。

南京博物院藏有传为梁元帝所作《职贡图》摹本的残卷，其中有倭国使节图一幅。图中倭使裹头跣足，前胸赤裸，仅被结束相连的横幅，颇不雅观。《三国志·魏书·倭人传》记载倭人"男子皆露，以木绵招头。其衣横幅，但结束相连，略无缝。妇人被发屈，作衣如单被，穿其中央，贯头衣之"。《职贡图》的倭使形象正与《三国志·倭人传》记载相符。然而，从日本发掘的五六世纪古坟人物埴轮来看，其服饰已非昔日模样，男子上着交领衣，下着长裤，膝下以带结缚，女子则着长裙。十分明显，梁朝未见到倭国使者，故依《三国志·倭人传》记载绘以充数。因此，《职贡图》所反映的情况，正说明梁武帝册封倭王，实乃粉饰大典的虚封，实际上，同倭国的交往已经中断。

根据中国史籍记载，倭国派遣使节到南朝的主要目的是谋求南朝的册封。

南北朝时代，东亚的许多国家视南朝为正统王朝。倭五王反复要求南朝册封其为"使持节，都督倭、百济、新罗、任那、秦韩、慕韩六国诸军事，安东大将军，倭国王"，目的很明显，就是要争取对朝鲜南部的控制权。秦韩和慕韩为朝鲜南部旧国名，早已不存。倭王把它们都罗列出来，显然是要表明对该地区的控制权由来已久，亦即倭国视中国为朝鲜的宗主国，所以，要南朝承认其为朝鲜南部的合法统治者。然而，南朝早已册封了百济，且封其王为镇东将军，地位在倭王之上，故始终不承认日本对百济的主权要求，在册封倭王时，也只授予较低一级的安东将军。倭王为了达到目的，不厌其烦地频频遣使到南朝，反复申述。根据《日本书纪》记载，雄略王死后不久，继体六年（512），倭国在朝鲜南部的角逐失败，任那四县被百济占领。任那余地为新罗攻占。这样，倭国失去了向南朝朝贡的国际政治意义，遂中断遣使。《日本书纪》是奉命编撰的史书，其作者大概觉得此事有伤体面，故避而不载，将政治朝贡掩饰为求取工匠，甚至出现倭使不远万里到吴国提两只鹅回国之类令人忍俊不禁的记载。

由此可见，"吴国"对于倭国具有重要的政治意义。这样就不难理解倭王隆重接待"吴国"使节的举动。这种政治意义绝不是高句丽或所谓加罗边境小邑所能具备的。仅此一点，就足以否定吴国为高句丽或朝鲜半岛南部某乡镇诸说。

第三节 "吴国"所在

对比上节所引录的中日两国史料，综合考察，就可以对日本古史所载之"吴国"究竟在何处得出比较合理的解释。

第一，关于使节往返的时间。前引《日本书纪》史料之 A 和 B 为相隔四年；E 和 F，G 和 H 均为两年。中国史料之 i 和 j，应可视为一事，即倭使于昇明元年（477）十一月入朝，翌年五月受封回国。此推测如若无误，则两国史籍所见使节往返的时间是一致的，亦即一般都是两年。

古代海上交通受自然条件限制颇大，一年可以航行的季风期仅维持数月。根据木宫泰彦《日中文化交流史》[1]的研究，金秋季节是利用季风由日本驶向中国的最佳时期，而回航则以阴历四至七月份为宜。因此，中日之间往返一次，往往需要跨年进行。而且，外交折冲颇费时日，一旦错过季风期，就得延误一年。

此时期，从日本到南朝的交通为沿岸航行。《文献通考·四裔考一》说：

> （倭人）其初通中国也，实自辽东而来，故其迂回如此。至六朝及宋，则多从南道，浮海入贡，及通互市之类，而不自北

---

[1] 木宫泰彦著，胡锡年译《日中文化交流史》，商务印书馆，1980年。

方，则以辽东非中国土地故也。

这段记载常为论者所引，以为南道就是从日本直航中国江南，此乃误解。木宫泰彦认为，所谓"南道"，是指由百济横渡黄海而言。[1]此说甚是。

《宋书·倭国传》载倭王武上表说："道经百济，装治船舫，而句丽无道，图欲见吞，掠抄边隶，虔刘不已，每致稽滞，以失良风。"说明倭国到南朝取的是辽东海路。这条路线历史悠久。东吴通辽东，其海船被魏将田豫于山东半岛的成山截获[2]，即是明证。从前引日本史料A可知，倭国从高句丽求得向导一同前往"吴国"，说明当时高句丽到南朝，走的也是沿岸航路。《魏书·高句丽传》记载："至高祖时……时光州于海中得（高句丽王）琏所遣诣萧道成使余奴等送阙。"直到北魏孝明帝正光（520—525）初年，仍于光州海面截获萧梁赴高句丽使节[3]，可知当时南北交通都取沿岸航路。百济和中国交往，应该也是沿岸航行。

然而，自百济与高句丽结仇后，沿岸航行的道路被阻断，故百济王于北魏延兴二年（472）遣使冒险横穿黄海抵北魏，上表控诉高句丽："臣建国东极，豺狼隔路……谨遣私署冠军将军、驸马都尉弗斯侯，长史余礼，龙骧将军、带方太守、司马张茂等投舫波阻，搜径玄津，托命自然之运，遣进万一之诚。"由"搜径玄津，托命自然之运"一语可知，横穿黄海乃是新开航路，且颇被视作畏途。北魏遣邵安回聘，为高句丽所阻，陆路不通。延兴五年，魏使邵安不得已转取海

---

[1] 木宫泰彦著，胡锡年译《日中文化交流史》，第35页。
[2]《三国志·魏书》卷二六《田豫传》记载："会吴贼遣使与〔公孙〕渊相结，帝以贼众多，又以渡海，诏〔田〕豫使罢军。豫度贼船垂还，岁晚风急，必畏漂浪，东随无岸，当赴成山。成山无藏船之处，辄便循海，案行地势，及诸山岛，徼截险要，列兵屯守。自入成山，登汉武之观。贼还，果遇恶风，船皆触山沉没，波荡着岸，无所蒙窜，尽虏其众。"
[3]《魏书·高句丽传》记载："正光初，光州又于海中执得萧衍所授〔高句丽王〕安宁东将军衣冠剑佩，及使人江法盛等，送于京师。"

路，由山东东莱越海赴百济，结果"遇风飘荡，竟不达而还"[1]。

三国曹魏和隋朝派遣到倭国的使者，都曾留下弥足珍贵的旅行记。他们从朝鲜出发，取沿岸航线，虽然前后相隔数百年，但旅途都花费了不少时日。《三国志·倭人传》记载："从（带方）郡至倭，循海岸水行，历韩国，乍南乍东，到其北岸狗邪韩国，七千余里始度一海；千余里至对马国……又南渡一海千余里，名曰瀚海，至一大国……又渡一海，千余里，至末庐国……东南陆行五百里，到伊都国……东南至奴国百里……东行至不弥国百里……南至投马国，水行二十日……南至邪马壹［台］国，女王之所都，水行十日，陆行一月。"最后，总计"自（带方）郡至女王国，万二千余里"。此记载固然不太精确，但足以说明沿岸航行颇费时间，单程至少也得数月。

隋时航道情况大有改善，《隋书·倭国传》记载："倭国，在百济、新罗东南，水陆三千里，于大海之中依山岛而居……度百济，行至竹岛，南望聃罗国，经都斯麻国，迥在大海中。又东至一支国，又至竹斯国，又东至秦王国，其人同于华夏，以为夷洲，疑不能明也。又经十余国，达于海岸。自竹斯国以东，皆附庸于倭。"从朝鲜南部珍岛属岛（竹岛），穿过济州海峡到济州岛（聃罗国），再沿朝鲜海峡到对马岛（都斯麻国），穿过对马海峡到壹岐岛（一支国），进入九州岛（竹斯国），这段路程的记载清晰可考，说"倭国，在百济、新罗东南"也正确。因为都是近海沿岸绕行，故行程有"水陆三千里"之说，基本符合当时的情况。和曹魏时的"万二千余里"相比，隋时的"水陆三千里"已经大为缩短，但同样需要数月方能抵达。以隋使裴世清为例，他出发的具体时间，史无明文，《日本书纪》"推古十五年（607）"条记载："夏四月，小野臣妹子至自大唐……至于筑紫……六月壬寅朔丙辰，客等泊于难波津。"亦即从日

---

[1]《魏书》卷一〇〇《百济传》。

本九州岛进至大阪,花费近两个月。当然,这期间由于日本专门为隋使修筑新客馆而延宕,但也足以说明旅途费时。

因此,从日本出发,需要两年左右时间才能完成一次往返航行的地方,首先不会在隔海相望的朝鲜南部国家加罗,也不应是一年之中可以往返多次的高句丽。从日本出发,先到朝鲜半岛,再沿岸航行到江南,需要花费许多时日[1],加上变幻不定的气象海况、外交折冲和等候回国的信风,两年一往返的目的地显然是中国江南无疑。

第二,倭国和高句丽的关系。前引史料A记载倭国向高句丽索求向导,但是,当时倭国和高句丽处于交战状态,故不可信。然而,高句丽所派遣的久礼波、久礼志两位向导,其名字"久礼"的读音为"Kure",恰与"吴"的读音相同,所以,有些学者将此作为"吴国"就是高句丽的论据。显然,倭国与高句丽的关系,成为揭开"吴国"之谜的又一关键。

根据1877年在今中国吉林省集安市发现的高句丽《广开土王陵碑》记载:

> 百残、新罗,旧是属民,由来朝贡。而倭以辛卯年来,渡海破百残,□□新罗,以为臣民。以六年丙申,王躬率水军,讨伐残国。

> 九年己亥,百残违誓,与倭和通。王巡下平穰。而新罗遣使白王云:倭人满其国境,溃破城池,以奴客为民。归王请命。太王恩慈,称其忠诚。特遣使还,告以密计。

> 十年庚子,教遣步骑五万,往救新罗。从男居城至新罗城,

---

[1] 倭国赴中国的使船,一般由难波港(今大阪)启航,到九州岛筑紫大津浦港(今博德)休整并补充给养,然后再出航。如以《日本书纪》所载齐明天皇五年(659)的遣唐使为例,其于七月三日自难波三津浦启程,先到筑紫大津浦休整,八月十一日重新出发,九月十三日到达百济南畔一岛,费时两个多月。再早的例子,如《三国志·魏书·倭人传》记载由乐浪郡船行至日本,虽然总的行期没有记载,但日本境内的一段路程,即从不弥国至投马国,就需要"水行二十日",则整个行期可想而知。

倭满其中。官军方至，倭贼退。自倭背急追至任那加罗从拔城，城即归服。安罗人戍兵，拔新罗城。盐城倭满。倭溃，城内十九，尽拒随倭。

十四年甲辰，而倭不轨，侵入带方界，□□□□石城，□连船□□□□率□□□平穰□□□锋相遇，王幢要截荡刺，倭寇溃败，斩煞无数。

据此，日本和高句丽分别于六年丙申（396）、十年庚子（400）和十四年甲辰（404）发生激战。404年，日本败后，双方未有战事。根据那珂通世考证，日本应神王死于戊午年，即418年。[1]那么，应神三十七年应为414年。而广开土王死于412年，翌年，长寿王继立。从404年到414年的10年间，日本与高句丽的关系当有改善，特别是以高句丽新旧王更替为转机，两国恢复了和平关系。

东晋义熙九年（413），《晋书·安帝纪》有一条十分重要的记载：

是岁，高句丽、倭国及西南夷铜头大师并献方物。

高句丽和倭国同时遣使入东晋，引起池田温先生的注意，他从《太平御览》所引《义熙起居注》中查到"倭国献貂皮人参等，诏赐细笙麝香"[2]的记载，撰文考证日本古代物产，指出倭王所献貂皮人参，乃高句丽名产，故倭使是随高句丽使者一同到东晋的。[3]也就是说，到413年时，日本与高句丽的关系已经大为改善，甚至相携到中国朝贡。此论证有力地支持了笔者的上述推断。

高句丽乃南北交通要地，在沟通东北亚民族国家与南朝的交往

---

[1] 那珂通世「上世年紀考」、『史学雑誌』第8編第12号、1897年。
[2] 《太平御览》卷九八一《香部一·麝》。
[3] 池田温「義熙九年倭国献方物をめぐって」、『江上波夫教授古稀記念論集—歴史編』、山川出版社、1977年。

第六章 倭国与江南

中起着重要的作用。其携外国使节同赴南朝，非仅倭国一例。《宋书·符瑞志下》记载的"肃慎氏献楛矢石砮，高丽国译而至"就是明证。携后进国家一同入朝，可以提高自身地位，故其他国家如百济，亦颇有此种举动。《梁书·新罗传》记载的"新罗……普通二年，王姓募名秦，始使使随百济奉献方物"，亦是一证。

前引日本史料 A 的纪年（414）与东晋义熙九年（413），有一年之差。这是由于日本古代的纪年不准确，具体纪年是推算出来的缘故。就基本史实而言，两国史籍的记载是一致的。这种吻合显然不是出于偶然。由此可知应神三十七年的记载既非虚构，也不是《日本书纪·雄略天皇纪》的错简，故日本史籍所称的"吴国"不是高句丽，而是中国南朝。

第三，倭国接待"吴国"使节的规格。根据前引史料 H，"吴国"使节于雄略十四年正月抵达倭国住吉津，倭朝廷为欢迎吴使而专门开通矶齿津路。开路颇费时日，而且，倭朝廷也要为会见预做准备，所以到三月才派大臣专程前去迎接吴使，并将"吴国"工匠献于大三轮神前，告祭天神。四月，倭王命大臣缮宴吴使。这种接待规格，未见用于三韩使臣。类似的接待可见于《日本书纪》"推古十六年（608）"条记载：

> 夏四月，小野妹子至自大唐。唐国号妹子臣曰"苏因高"。即大唐使人裴世清，下客十二人，从妹子臣至于筑紫，遣难波吉士雄成，召大唐客裴世清等，为唐客更造新馆于难波津高丽馆之上。六月壬寅朔丙辰，客等泊于难波津。是日，以饰船卅艘迎客等于江口，安置新馆。于是，以中臣宫地连摩吕、大河内直糠手、船史王平为掌客……秋八月辛丑朔癸卯，唐客入京。是日，遣饰骑七十五匹而迎唐客于海石榴市衢。额田部连比罗夫以告礼辞焉。壬子，召唐客于朝廷，令奏使旨……是时，皇子、诸王、诸臣悉以金髻华着头，亦衣服皆用锦紫绣织及五色

绫罗。丙辰，飨唐客等于朝。九月辛未朔乙亥，飨客等于难波大郡。辛巳，唐客裴世清罢归。

对隋使和吴使的接待何其相似。十分明显，倭国对"吴国"用的是接待上国的礼仪，远远高于对三韩使臣的接待规格。如前所述，这时期倭国与南朝交往的目的是谋求册封和控制朝鲜南部。而且倭国一直以中国为上国，所以接待的规格自然隆重。由此亦表明，"吴国"应是中国南朝。

以上三点，均表明"吴国"必为中国南朝无疑。

为慎重起见，还应当对日本古籍中"Kure"所用的汉字，收集起来，归纳分析。

《日本书纪》中，有读作"Kure"的朝鲜人名及地名。这里先将人名当中国籍明了者列示于下。

表4　读作"Kure"的三韩人名表

人名	国籍与职务	出处
久礼波 久礼志	高句丽向导，与日本使节共赴东晋	应神三十七年二月
久迟布礼（久礼尔师知于奈师磨里）	新罗人，遣任那使	继体二十三年四月
久礼斯己母	任那人，遣新罗使	继体二十四年九月
久礼叱及伐干	新罗人，遣日本使	钦明二十二年

以上三韩人名字，虽然都读作"Kure"，却无一例写作"吴"。

地名读"Kure"者，如"久礼牟罗城"，《日本书纪》"继体廿四年九月"条记载，百济和新罗围攻任那，要捉拿倭国使臣毛野臣。"毛野臣婴城自固，势不可擒。于是二国图度便地，淹留弦晦，筑城而还，号曰久礼牟罗城。"此久礼牟罗城是百济和新罗临时修筑的边城，自与"吴国"无关。

再如"久礼山"，同书"钦明五年三月"条记载，新罗攻任那，据有久礼山，"近安罗处，安罗耕种；近久礼山处，新罗耕种"。久

第六章　倭国与江南　　171

礼山明为新罗与安罗边界。若此等山野村夫到倭国,受到隆重接待,且能册封倭王,传播先进文化技术,则倭国古代史必须推倒重写。实际上,《日本书纪》也没有将此地名记作"吴"。

值得注意的是,《倭名抄》"伊势国壹志郡"条注"吴部"为"久礼倍"(Kurebe);"阿波国麻殖郡"条注"吴岛"为"久礼之末"(Kuresima)。显而易见,"久礼"(Kure)之类,完全是一种表音文字,没有字义,犹如拉丁字母一般。而"吴"则是表意文字,所以要另外用"久礼"来标注发音。

日本古代虽有语言,却未创造出自己的文字。所以汉字传入之后,同时被用作表意文字和表音符号。朝鲜的情况也一样。因此,汉字一身而二任的现象,完全是以外国文字为本国语言载体的结果。而且,日语音素很少,同音词很多,若不加限制地和邻国语言进行对音,则可罗列出一大堆谐音词语。因此,作日语语言考古研究时,必须牢牢把握历史文化背景的大前提,切忌孤证和以偏概全。

三韩人名是音译,使用的全是表音文字。而"吴衣缝""吴原忌寸"等使用的是表意文字,两者并未混淆。朝鲜人名和地名中的"久礼"从不写作"吴",说明日本古史作者对此有清楚的区分。而且,在日本人中,也有以"久礼"为名者。《大日本古文书》(第16册第569页)就记载了一位名叫"久礼息万吕"的日本人,可见"久礼"一音并非专指朝鲜人名或地名,不能作为考证"吴国"的根据。

最后,再看看其他有关吴国的记载。《日本书纪》"推古十七年四月"条记载:

> 筑紫大宰奏上言:"百济僧道欣、惠弥为首一十人,俗人七十五人,泊于肥后国苇北津。"是时,遣难波吉士德摩吕、船史龙以问之曰:"何来也?"对曰:"百济王命以遣吴国,其国有乱不得入,更返于本乡。忽遇暴风飘荡海中,然有大幸而泊于圣帝之边境,以欢喜。"

如果"吴国"是百济、新罗和加罗的边邑，甚至是高句丽，则百济使节无论如何都不可能取海路前往，更没有遇暴风漂流到日本的道理。实际上，"吴"不只读作"Kure"，也有按汉字音读作"Go"的例子。譬如核桃，日本平城宫出土木简作"胡桃"，也写作"吴桃"，不仅证明"吴"和"胡"谐音，还表明"吴桃"一词来源于"吴实"，是经由江南传入日本的。

《日本书纪》明确以"吴"指中国者，非止一例，"白雉五年（654）七月"条记载：

> 褒美西海使等奉对唐国天子，多得文书宝物，授小山上大使吉士长丹以小华下，赐封二百户，赐姓为吴氏。

日本将遣唐使称作"西海使"，益证前述"吴"的读音源于西方之意无误。而吉士长丹因出使唐朝得赐"吴氏"姓，则"吴"必指中国，绝无指朝鲜之理。

更明显的例证是日本直接将前往唐朝的航路称作"吴唐之路"[1]。这些虽然是遣唐使时代的例子，但以"吴"称中国，无疑是先代遗俗。其时，中国已经重新统一，故"吴国"也由江南引申为总称中国。

综上所述，"吴国"就是指中国江南，毋庸置疑。

第四节 "吴国"文物

一 染织品

倭国遣使到南朝的目的，首先在于谋求册封。那么，《日本书

---

[1]《日本书纪》"齐明五年（659）七月"条记载："遣小锦下坂合部连石布、大山下津守连吉祥，使于唐国。"其注记载："《伊吉连博得书》曰：同天皇之世，小锦下坂合部石部连，大山下津守吉祥连等二船，奉使吴唐之路。"

纪》所载倭国向南朝求取纺织工匠一事,是否尽为虚饰之辞呢?并非如此。

1990年7月10日,日本《读卖新闻》附载照片报道,在佐贺县神埼町朝日北遗迹,发掘了78座弥生文化时代(公元前3世纪至3世纪)中期的瓮棺。在其中一座较大的瓮棺内,发现一具成年男子尸体,胸部至胫部残存数十片绢片。经京都艺术短期大学客座教授小谷次男鉴定,这些绢片使用的是粗细不同的丝,有五种织法,染成紫、红、黄、白和茶色,属于中国江南的织染技术。也就是说,这些绢来自中国南方地区。这一重要发现使我们进一步确认,早在1世纪,日本就已经和中国江南有着文化技术上的交流,并存在向中国江南求取染织技术的传统。显然,《日本书纪》所说的倭国向"吴国"求取纺织工匠一事,应从此传统去认识。

日本古代的大陆移民集团,如秦氏和东汉氏,均与纺织技术有关。今井启一《归化人与蚕桑机织》一文[1],力证日本的纺织技术非始自秦氏传入。今井博士的见解,基本上是成立的。秦氏是四五世纪的大陆移民,而在此之前,中国史籍《三国志·倭人传》已经记载倭国产锦,如倭女王"壹与遣倭大夫率善中郎将掖邪狗等二十人送(张)政等还,因诣台,献上男女生口三十人,贡白珠五千,孔青大句珠二枚,异文杂锦二十匹",即可为证。但从"异文杂锦"的记载看,其织锦技术显然不高,至于"作衣如单被,穿其中央,贯头衣之"的服饰,水平则更为低下。因此,不断从海外吸收先进技术,实属必要。

反映日本和江南织染技术联系的历史痕迹,大量保存在日语当中。例如,日本将蚕叫作"吴の蚯蚓";将纺织业移民及其织品叫作"吴织";把按照中国南方织法织成的绫叫作"吴服";等等。最早的

---

[1] 今井啓一「帰化人と蚕桑機織」、『秦河勝:帰化人系の一頂点 聖徳太子の寵臣』、綜芸舎、1968年。

和歌集《万叶集》里，也有这方面的诗篇：

  呉藍の八塩の衣朝な旦な穢れはすれどもいやめづらしも。
（第2623首）
  外のみに見つつ恋せむ紅の末摘花の色に出でずとも。（第1993首）[1]

诗中提到的"吴蓝"和"红"，是红色染料，从红花中提取而来。相传原产于埃塞俄比亚或阿富汗一带，经印度传入中国，再由江南传往日本，故日本称之为"吴蓝"。与之相对的是经朝鲜传入日本的"辛蓝"[2]，由原产于亚洲热带的鸡头草提炼而成。漂染和纺织技术相辅相成，中国江南的染织技术显然和朝鲜的有别。日语中保存了许多和江南有关的染织词语，足见当时影响之深远。

二 陶瓷金具等

南朝文化对倭国的影响，在许多方面都清晰可见。《日本书纪》"推古廿年（612）"条记载：

  是岁，自百济国有化来者，其面身皆斑白，若有白癞者乎……仍令构须弥山形及吴桥于南庭，时人号其曰路子工，亦名芝耆摩吕。

---

[1] 湖南人民出版社1984年出版的杨烈译《万叶集》，将上引二诗译作："几重染衣色，晨起已污秽。虽则已云污，此衣仍可爱。""徒观外表荣，此恋难为则。红色未采花，纵然未出色。"聊可达意。但译者似未解"吴蓝"即为"红"，乃由红花提炼的染料。故经其翻译之后，此专有名词消失得无影无踪。当然，诗歌为语言的艺术结晶，翻译不易，故此略加指出，无意苛责。

[2] 也写作"韩蓝"。在日语中，"辛蓝"之"辛"与"韩"同读作"Kara"，故日本常将"韩"写作"辛"。《万叶集》第2278首诗："恋ふる日の気长くあればわが园の辛蓝の花の色に出でにけり。"上引《万叶集》杨烈译本作："相思相恋时，岁月长无极。上苑有红花，花颜已出色。"亦为意译。

据说江南海滨原住民中颇有白身者,此问题留待医学专家赐教。引文中的吴桥,显然就是江南水乡的建筑样式。江南水网纵横,为便利船只往来,河桥筑成拱形,两侧有栏杆,有的还加筑屋盖以避雨。日本将阶梯式拱桥称作"吴桥"。有趣的是,在日本,"吴"常与"韩(辛)"成对出现。"吴蓝"与"韩蓝"成对,已见上述。"吴桥"同样也和"韩桥"成对。《三代实录》"元庆三年(879)九月廿五日"条记载:"是夜,鸭河辛桥火,烧断大半";《类聚三代格》收载"延喜二年(902)七月太政官符"《应置守韩桥丁二人事》。韩桥为水平架设,与吴桥明显不同。

日本古坟时代(三四世纪之交至七世纪)使用一种称作"须惠器"的陶器,据专家考证,其制作技术系由百济、新罗和伽耶传入。但烧制须惠器的窑和陶制品,却与中国江南陶器十分相似。杨泓教授指出,烧制须惠器的"登窑",和中国江南地区的"龙窑"相似。[1] 更引人注目的是一种叫作"五联壶"的陶器,壶的肩部附有四个形状相同的小壶。20世纪80年代以来,我国的考古工作者在江苏省和浙江省发现不少这类陶器[2],可见其在江南地区相当流行。在日本大阪府河南町东山一须贺出土的须惠器中,也发现一种"子持壶"(母子壶),同样是在壶的肩部附有四个形状相同的小壶,与中国江南的"五联壶"极其相似。相同风格的壶,在百济遗址也曾发现。从江南经百济到倭国,是连接东亚的传播路线。

1931年,广州西郊大刀山东晋太宁二年(324)墓出土十九件鎏金铜带饰。[3] 20世纪50年代以后,考古工作者又从江苏宜兴的西

---

[1] 前引杨泓《吴、东晋、南朝的文化及其对海东的影响》。
[2] 奉化县文管会《奉化白杜汉熹平四年墓清理简报》,《浙江省文物考古所学刊》,文物出版社,1981年;吴玉贤《浙江上虞蒿坝东汉永初三年墓》,《文物》1983年第6期;南京市博物馆《南京北塘五塘村发现六朝早期墓》,《文物资料丛刊》1983年第8期;屠思华等《南京梅家山六朝墓清理记略》,《文物参考资料》1956年第4期;武义县文管会《从浙江省武义县墓葬出土物谈婺州窑早期青瓷》,《文物》1981年第2期。
[3] 胡肇椿《广州市西郊大刀山晋冢发掘报告》,广州黄花考古学会编《考古学杂志》创刊号,1932年。

晋周处墓中发现形制相同的银带饰。[1]饶有趣味的是，日本奈良县新山古坟也发现了铜带饰[2]，其形制和花纹与中国上述两地出土的带饰毫无二致。所以，杨泓教授认为，新山古坟的铜带饰是从当时中国江南输入日本的。[3]

日本的金属制品，从形制到工艺都深受南朝的影响。1985年，日本奈良县藤之木古坟出土雕有象、鸟和龟等动物的金铜制马鞍。[4]以往的研究多认为日本的制鞍技术来自朝鲜。但此次出土马鞍上的象雕，却不能不引起反思。过去认为，象雕出现于汉代以后。然而，湖北省天门石家河出土大约四千年以前的写实捏雕大象[5]，把我国象雕的出现时间提前到龙山时代的石家河文化时期。到汉代，出现了不少"象舞"图像或明器，表明"象舞"已颇流行。有的象身上配有鞍具，同时还常伴有伎乐俑和其他动物陶俑出土。[6]日本藤之木古坟出土的鞍具，雕有象、鸟和龟等动物，象身上还有骑象者，明显取材于"象舞"艺术。而且，鞍具很可能出自汉工匠之手，不论他们直接来自中国还是转自朝鲜半岛。

南朝文化的传播，有三条路线，即直接由长江口到日本；由华南经台湾沿琉球群岛到日本，以及经由百济到日本。百济文化深受南朝影响，笔者曾有专文论证。[7]《北史·百济传》说：

〔百济〕俗重骑射，兼爱坟史，而秀异者颇解属文，能吏事。又知医药、蓍龟与相术、阴阳五行法。有僧尼，多寺塔，

---

[1] 罗宗真《江苏宜兴晋墓发掘报告》，《考古学报》1957年第4期；南京博物院《江苏宜兴晋墓的第二次发掘》，《考古》1977年第2期。
[2] 『日本の古代』第三卷（中央公论社，1986年）所载彩色图版。
[3] 前引杨泓《吴、东晋、南朝的文化及其对海东的影响》。
[4] 前引『日本の古代』第三卷所载彩色图版。
[5] 刘安国《天门石家河出土的一批红陶小动物》，《江汉考古》1980年第2期。
[6] 贾峨《说汉唐间百戏中的"象舞"——兼谈"象舞"与佛教"行佛"活动及海上丝路的关系》，《文物》1982年第9期。
[7] 韩昇《四至六世纪百济在东亚国际关系中的地位和作用》，第七回百济研究国际学术会议《百济社会的诸问题》，韩国忠南大学百济研究所，1994年10月。

而无道士。有鼓角、箜篌、筝竽、篪笛之乐，投壶、樗蒲、弄珠、握槊等杂戏，尤尚奕棋。行宋《元嘉历》，以建寅月为岁首。

这些记载显示百济具有很高的文化水准，且与中国文化极其相似。其中有不少东西可以确知是由南朝传入的。例如，《宋书·百济传》说，宋元嘉二十七年（450），百济"表求《易林》、《式占》、腰弩，太祖并与之"；《三国史记·百济本纪》称，枕流王元年"九月，胡僧摩罗难陀自晋至，王迎之致宫内礼敬焉，佛法始于此"，皆为明证。

百济也积极向日本转输南朝文化。《日本书纪》"神功皇后五十二年九月"条记载，百济"则献七支刀一口、七子镜一面，及种种重宝"。七子镜系指镜纹内区雕有七个形同小镜的镜乳一类的镜。南朝梁简文帝所作《望月》诗中说："形同七子镜，影类九秋霜。"可见七子镜也是南朝流行的镜类。在百济武宁王陵里，就发现了一面七子镜。

百济不但将南朝器物转输给日本，而且如前所述，还向日本轮番派遣南朝的儒学博士。这样，百济向日本输出"吴国"的人才和文化就不足为奇了。了解了南朝文化传播的背景和路线后，自然不会认为"吴国"位于朝鲜。

南北朝时代，东亚居主流地位的是南朝文化，其影响不仅表现在物质文明方面，还深刻地表现在精神文明方面。日语中的"吴音"就是明显的例证。唐以前，日本使用的是吴音，僧文雄《三音正讹》说："窃按乃昔之世，惟吴音之用……本邦国名亦然，曰日本，曰萨摩、播摩、丰前、丰后、备前、备后、但马、对马、美浓、伊豆、武藏，其从音者无一不依吴……如古先帝号亦多从吴。其有汉者，后人为之。何者？延历之前靡有汉音，而杂之者岂不后人所为邪。"时至今日，日语里还保留许多吴音。而通过语音考古，亦可略示江南文化传播之一斑。试举数例为证：

《汉书·地理志下》"吴地"条记载:"大伯初奔荆蛮,荆蛮归之,号曰句吴。"颜师古注说:"句音钩,夷俗语之发声也,亦犹越为于越也。"日语"吴"读作"Kure",或应源于"钩"音。

《穀梁传》"襄公五年"条记载:"吴谓善伊,谓稻缓。"故吴地"善稻"(盱眙)读作"伊缓"。而日语"稻"读作"Ine",源于吴语。

《诗经·周南·汝坟》:"王室如燬。"《类篇》说:"燬,虎尾切,火也……楚人曰。"日语"火"读作"Hi",谐音。

日本古籍与佛经都用吴音诵读,到平安时代,日本大力推广唐朝文化,用唐音来纠正吴音。唐开元年间,袁晋卿随遣唐使到日本,在日本大学寮教授汉语。日本高僧空海赞扬他"诵两京之音韵,改三吴之讹响",亦即他用唐代的语音改正日本原来的江南"吴音"。然而,吴音根深蒂固,难以完全纠正,特别是佛徒强烈抵制,故至今古籍和佛经仍保留大量吴音。据说日本僧人习惯用吴音诵经,所以汉文尤善。

日本的吴音,不少是由百济传入的。《朝野群载》引《对马贡银记》记载[1],钦明天皇时代,对马岛上有一位比丘尼用吴音传播佛教,故吴音也称为对马音。钦明天皇时代的官方佛教是由百济政府传给日本的,这位比丘尼大概也来自百济。不过,佛教传入日本的问题相当复杂,留待下一章专门探讨。

第五节 "吴国"移民及其事迹

从上一节可以看出,南朝文化对日本乃至百济的影响是巨大的。毋庸赘论,如此多方面、深层次的文化传播,自然也是通过频繁的

---

[1]《朝野群载》三十卷。根据自序记载,成书于永久四年(1116)。以后又有所增补。是著分类汇编平安时代的诗文、宣旨、官符和书札,是研究该时代的重要文献。

人员交流，特别是移民来实现的。《新撰姓氏录》著录了不少来自"吴国"的移民氏族，兹整理为下表。

表5 《新撰姓氏录》所载"吴"氏族表

氏族名	谱牒内容	出处
和药使主	出自吴国主照渊孙智聪也。天国排开广庭天皇〔谥钦明〕御世，随使大伴佐弖比古，持内外典、药书、明堂图等百六十四卷，佛像一躯，伎乐调度一具等入朝。男善那使主，天万丰日天皇〔谥孝德〕御世，依献牛乳，赐姓和药使主，奉度本方书一百卅卷、明堂图一、药臼一，及伎乐一具，今在大寺也。	左京诸蕃下
牟佐村主	出自吴孙权男高也。	左京诸蕃下
松野连	出自吴王夫差也。	右京诸蕃上
工造	出自吴国人太利须须也。 出自吴国人田利须须也。	同上 山城国诸蕃
祝部	工造同祖，吴人田利须须之后也。 同上。	右京诸蕃下 山城国诸蕃
额田村主	出自吴国人天国古也。 《坂上系图》所载东汉氏集团内含额田村主。	大和国诸蕃 逸文
刑部造	出自吴国人李牟意弥也。	河内国诸蕃
茨田胜	出自吴国主孙皓之后意富加牟枳君也。大鹪鹩天皇〔谥仁德〕御世，赐居地于茨田邑，因为茨田胜。	同上
蜂田药师	自吴主孙权王也。 出自吴国人都久尔理久尔也（古记云：怒久利）。	和泉国诸蕃
高向村主	吴国人小君王之后也。 出自魏武帝太子文帝也。 《坂上系图》所载东汉氏集团内含高向村主。	未定杂姓 右京诸蕃下 逸文
吴原忌寸	《坂上系图》所载东汉氏集团内含吴原忌寸。	同上
吴服造	出自百济国人阿漏史也。	河内国诸蕃
吴氏	百济国人德率吴伎侧之后也。	未定杂姓
牟佐吴公	吴王子青清王之后也。	同上
小豆首	吴国人现养臣之后也。	同上
吴公	天相命十三世孙雷大臣命之后也。	山城国神别

和药使主 自称"吴国主照渊孙智聪"后裔。《三代实录》"贞观六年（864）八月十七日"条记载："左京人右近卫将曹正六位上和药使主弟雄、式部位子从八位下和药使主安主、兵部位子从八位

下和药使主黑麻吕等，改使主赐宿祢。其先，吴国人智聪也。"由此可知，此氏族的始迁祖应该是智聪。而南朝皇帝无一人名"照渊"者，若以谐音字求之，则疑为"萧衍"。

和药使主一族随大伴佐弖比古到日本。大伴佐弖比古即大伴连狭手彦。根据《日本书纪》"钦明廿三年（562）八月"条记载："天皇遣大将军大伴连狭手彦，领兵数万伐于高丽。狭手彦乃用百济计，打破高丽，其王窜墙而逃。狭手彦遂乘胜以入宫，尽得珍宝货赂、七织帐、铁屋还来（旧本云：铁屋在高丽西高楼上，织帐张于高丽王内寝）。"这是一则自吹自擂的记载。查《三国史记》，是年高句丽与百济无战事，更没有倭军攻入高句丽王宫之类惊天动地的事件。倒是在朝鲜南部，发生了"新罗打灭任那官家"[1]的事件。同时，百济和新罗也爆发边境冲突。倭国在朝鲜南部的势力遭到打击，其将军回天乏术，便到朝鲜抢了几位美女、若干工艺品回国塞责。和药使主一族大概就是此时从百济被裹胁而来的南朝人士。

和药使主附会崇信佛教的梁武帝为始祖，显然是表明其为梁人。如果进一步将其始迁祖智聪的名字与携来大量佛典等事联系起来考虑，则可以推测其为佛徒。和药使主在向倭国传播南朝文化方面颇有贡献，由他带到倭国的物品有内外典和佛像、医药书籍及乐器等。内典就是佛教经典，外典则指儒家典籍。如下一章所论，倭国佛教首先由中国江南传入，和药使主是早期的传播者之一。关于医药书籍，根据《隋书·经籍志》推测，大概是东晋葛洪撰《肘后方》，梁陶弘景撰《名医别录》和《神农本草经》等[2]，还有针灸穴位图谱《明堂图》[3]。佛徒传

---

[1]《日本书纪》"钦明廿三年（562）正月"条。《三国史记·新罗本纪第四》"真兴王二十三年（562）九月"条也记载了新罗征服加耶，以及与百济交战的事件。
[2] 参阅佐伯有清『新撰姓氏録の研究·考證篇第五』，吉川弘文館、1983 年、13 頁。
[3]《隋书·经籍志》收录《明堂孔穴图》三卷、《黄帝十二经脉明堂五藏人图》一卷等书目。日本法令规定医针生的必修科目，如《令义解》所载《养老医疾令》"医针生初入学"条规定："医针生，初入学者，先读《本草》《脉决》《明堂》……读《明堂》，即令验图识其孔穴。""医针生受业"条规定："医针生，各分经受业……针生，习《素问》《黄帝针经》《明堂》《脉决》，兼习《流注》《偃侧》等图，《赤乌神针》等经。"

教，多兼行医，如唐朝迁居日本并对其医药学贡献卓著者，有鉴真和尚。而且，佛徒多善音乐声律。南朝译经事业发达，因模拟西域读经的方法而发明四声，遂推动永明（南齐武帝年号，483—493）文学兴盛。[1]和药使主是来自佛教盛行的南朝的佛教徒，自然喜好音律，故其携带品中有伎乐调度一具。到倭国以后，行医成为其家族世业，而音乐也家传不衰。这可从上引谱牒后半段记载得到证实。谱牒说智聪于钦明天皇时迁居倭国，其子善那使主于孝德天皇时进献药书和乐器。从钦明天皇到孝德天皇，相距百年，故善那使主不是智聪之子，而至少应为孙辈。所以，这段记载适足以说明其家世。

南朝音乐，对东亚诸国影响颇巨。《日本书纪》"推古廿年（612）"条记载：

> 百济人味摩之归化，曰："学于吴得伎乐舞。"则安置樱井而集少年令习伎乐舞。于是真野首弟子、新汉齐文二人，习之传其舞。

此记载反映了南朝音乐经由百济传入倭国的情形。

在日本古代，南朝乐舞一直占有重要的地位。《令义解》职员令、雅乐寮规定："伎乐师一人，掌教伎乐生，其生以乐户为之。""伎乐"注说："谓吴乐，其腰鼓亦为吴乐之器也。"由此可知，吴乐在日本也称作伎乐，属于中央法定的雅乐。各大寺院也演出吴乐，可见流行甚广。各地上演吴乐，故南朝乐舞器具大量传入日本，各地的寺院文书可以略示一斑。天平十九年（747）二月十一日《法隆寺伽蓝缘起并流记资财账》记载，该寺藏有"伎乐壹拾壹具……吴公壹面〈衣服具〉"；宝龟十一年（780）十二月二十五日《西大寺资财流记账》记载，该寺吴乐器具有"吴乐器二具……吴公二面……吴女二面……吴

---

[1] 参阅陈寅恪《四声三问》，收入氏著《金明馆丛稿初编》，上海古籍出版社，1980年。

鼓六十具〈四十具官纳、廿具大宰帅家纳〉";《上野国交替实录账》法林寺资财条记载,"吴乐具玖种……吴公陆面"。至于"吴公""吴女"的伎乐假面具实物,保存于日本奈良正仓院等地[1]。

牟佐村主 "牟佐"也写作"身狭",是大和国高市郡地名。此处为东汉氏集团的聚居地。"孙权男高",似有脱字,指孙权所立太子孙登。《三国志·吴书·吴主五子传》记载:"孙登字子高,权长子也。魏黄初二年,以权为吴王……是岁,立登为太子……立凡二十一年,年三十三卒……是岁,赤乌四年也。"牟佐村主谱系上的始祖记载,颇与中国史籍相符。而且,以字尊称孙登等细节,也符合中国习惯。因此,其谱牒很难说是朝鲜移民伪造的。《坂上系图》记载,牟佐村主一支隶属于东汉氏集团。《宋书·倭国传》所收录的倭王武上表,系用工整的骈文撰就,文辞远胜于日本人所撰《日本书纪》或朝鲜人所撰《三国遗事》等。即使《宋书》作者沈约在收录表文时有所润色修饰,这样的文章也坚决不可能出自外国人之手。故此篇表文很可能是倭国派往南朝的使臣牟佐村主青和桧隈民使博德所作。由此看来,牟佐村主应是中国江南移民。

牟佐村主一族大概属于较有影响的移民,故迁徙到日本后,其头领颇受重视。《日本书纪》"雄略二年(457)十月"条记载:"置史部、河上舍人部。天皇以心为师,误杀人众,天下诽谤言:'大恶天皇也。'唯所爱宠,史部身狭村主青、桧隈民使博德等。"如前所述,雄略王重视同南朝的关系,故重用东汉氏移民集团。身狭村主青在雄略朝负责对南朝的外交,两度出使南朝,如雄略八年二月,"遣身狭村主青、桧隈民使博德使于吴国";雄略十二年四月己卯,"身狭村主青与桧隈民使博德,出使于吴",并为日本招聘来南朝工匠。[2] 其族人见诸文献记载者,有左大臣舍人正八位下牟佐村主相摸、纪伊国名草

---

[1] 参阅韩昇《正仓院》,生活·读书·新知三联书店,2020年。
[2] 《日本书纪·雄略天皇纪》。

郡拟少领从八位上牟佐村主（阙名）、纪伊国名草郡能应村能应寺知识武藏村主多利丸等[1]，似乎都从事一般性文书工作。

牟佐吴公 根据今井启一博士推测，牟佐吴公与牟佐村主原系同族，都属于东汉氏集团。后来，牟佐村主家族中的一支迁徙到摄津国武库郡见佐村，改称牟佐吴公。[2] 此氏族自称为"吴国王子青清王之后"。查东吴到南朝的皇族，并无所谓的"青清王"。既然牟佐吴公原出自牟佐村主，则"青清王"应该就是上述身狭村主青。

松野连 自称出自吴王夫差。上表基本是中国三国时代以后的移民氏族，松野连谱系已经散佚不全，其后应有"若干世孙某某之后也"之类记载。此氏族缺乏其他史料可资考证。

工造和祝部 表中所列四条史料均记载田（太）利须须为吴国人。可是，《新撰姓氏录·右京诸蕃下》记载："上胜，出自百济国人多利须须也。"同书《山城国诸蕃》记载："胜，上胜同祖，百济国人多利须须之后也。"田（太、多）利须须是音译，原名已不可考。从译名看，似为百济人。但是，《和州五郡神社神名帐大略注解卷四补阙》"子岛神社"条记载："帐云：高市郡吴津孙神社，在桧隈乡子岛村寺边……或曰……彼吴国使人田利须须，奉祀身狭村主远祖祖吴孙权男高灵于吴野，为其祝部，是故负氏而已。"由此可知，田利须须原为吴国使人，是上述几支氏族的始迁祖，其所附会的始祖是东吴孙权的太子孙登。工造是手工业部民，与祭神氏族祝部一同居住于东汉氏集团聚居地的高市郡。根据这几点推测，工造和祝部也应是中国江南的移民。上胜和胜这两支氏族，应是从东汉氏集团中独立出去的百济移民，他们隶属东汉氏集团时，与工造等组成同一氏族团体。

额田村主 额田乃地名，故此氏族应是居住于大和国平群郡额

---

[1] 以上诸人，分别见《续日本纪》"和铜三年（710）七月丙辰"条；《平安遗文》第一册，第112页；《日本灵异记》下（岩波书店，1996年）。
[2] 今井启一『帰化人』、综芸舍、1974年、70—71页。

田乡的吴人。据《坂上系图》记载，额田村主隶属于东汉氏集团。额田乡一带是大陆移民聚居的地方，此地还有另外一支高句丽移民氏族。《日本书纪》"仁贤六年（约6世纪初）九月己酉朔壬子"条记载："遣日鹰吉士使高丽，召巧手者……是岁，日鹰吉士还自高丽，献工匠须流枳、奴流枳等，今倭国山边郡额田邑熟皮高丽，是其后也。"《大和志》"山边郡古迹"条记载："额田邑，嘉幡村西十町许，有皮工邑，邻平群郡额田部。"大概是自高句丽迁来的制皮工匠，最初由东汉氏管理，之后独立，故应属于另外一支移民氏族。

刑部造　没有其他史料可资参考，其族人有刑部造韩国[1]，故有可能是韩国移民。

茨田胜　因居住于河内国茨田郡茨田乡而得名。据佐伯有清氏考证[2]，谱牒中的意富加牟枳君或为意宝荷罗支王。意宝荷罗即朝鲜南部的金官加罗。另据《古事记》"仁德天皇"条记载："役秦人作茨田堤及茨田三宅。"可知茨田郡有不少秦氏移民。茨田胜一族或因与中国移民杂处，或曾经有过隶属关系，因而自称是东吴末帝孙皓之后裔。

蜂田药师　因居住于和泉国大岛郡蜂田乡而得名。《续日本后纪》"承和元年（834）六月辛丑"条记载："和泉国人正六位上蜂田药师文王、从八位下同姓安游等赐姓深根宿祢。其先百济国人也。"今井启一博士指出，蜂田药师为百济人的记载，是其家族经由百济迁徙到倭国的缘故，其实是来自中国江南的移民。[3] 如其氏名所示，蜂田药师一族精通医术，世代行医，还将中国医书介绍给日本。京都市右京区仁和文库珍藏的国宝《黄帝内经太素》二十三卷，其卷一七《证候之一》跋记载的"保元元年润（闰）九月廿六日以家本移点校合了，蜂田药师船人本云云，宪基"就是明证。其族医官辈出，如深根宿祢宗继先后担任针博士、内药正、医博士和侍医；蜂

---

[1]《日本书纪》"持统天皇八年（694）六月"条。
[2] 前引佐伯有清『新撰姓氏録の研究·考證篇第五』，402页、458页。
[3] 前引今井启一『帰化人』，184页。

田岑范任典药大属；深根辅仁为医博士。平安时代著名的行基和尚的母亲，也是蜂田药师族人。[1]蜂田药师一族对日本医药事业的发展贡献巨大，以至成为日本法定的医家。《令义解·医疾令》注文说："谓药部者，姓称药师者，即蜂田药师、奈良药师类也。"

高向村主 如上表所示，其谱系虽有三种不同的记载，但均附会中国皇室为始祖，故应为中国移民，大概属于支族独立而产生的谱牒矛盾。

吴原忌寸 《日本书纪》"雄略十四年（469）三月"条记载："命臣连迎吴使，即安置吴人于桧隈野，因名吴原。"吴原忌寸即得名于此地名，是身狭村主等从南朝招聘来的工匠。在日本古文书里，可以见到许多吴原忌寸族人的名字，大都与写经有关。《日本灵异记》下卷《用网渔夫值海中难凭愿妙见菩萨得全命缘第卅二》记载了吴原忌寸妹丸于海中遇难，为妙见菩萨所救的故事。如后所述，佛教最早由中国江南传入倭国，先是在大陆移民中流传。吴原忌寸一族事迹中的佛教色彩，或许多少与此有关。

吴服造 《古事记》"应神天皇"条记载："百济国……又贡上手人韩锻，名卓素，亦吴服西素二人也。"据此推测，吴服造大概是从百济迁到倭国的。

吴氏 《日本书纪》"白雉五年（654）七月"条记载："褒美西海使等奉对唐国天子，多得文书宝物，授小山上大使吉士长丹以小华下，赐封二百户，赐姓为吴氏。"吴氏旧姓吉士，吴是后来改赐的姓，不属于本章考察的对象，故不赘论。

---

[1] 深根宿祢宗继，《三代实录》"贞观九年（867）二月十一日辛巳"条记载："外从五位下行针博士深根宿祢宗继为医博士。""元庆三年（879）十一月二十五日庚辰"条记载："内药正兼医博士深根宿祢宗继……从五位上。""仁和三年（887）二月二日丙午"条记载："从五位上行内药正兼侍医针博士深根宿祢宗继为（加贺）介。"蜂田岑范，《三代实录》"仁和元年（885）八月十九日辛未"条记载："典药大属蜂田岑范。"深根辅仁，延长三年（925）二月一日《医博士等连署申文》记载："方今典药头菅原朝臣行贞门徒权医博士深根辅仁。"行基和尚的母亲，《行基大僧正墓志》记载："厥姚蜂田氏，讳古尔比卖，河内国大岛郡蜂田首虎身之长女也。"

吴公和小豆首 从吴公的谱牒来看，显然是冒充日本神别氏族者。此二氏未见其他史料，无从论考。

在各种史籍和古代文书中，可以找到近百名出自"吴国"的移民。其中有可能略作论考者，兹再举数例于下。

吴胜 《风土记》"播磨国揖保郡大田里"记载："所以称大田者，昔吴胜从韩国度来……其又迁来于揖保郡大田村。"今井启一博士认为，吴胜乃是吴人的后裔。[1]"胜"姓常见于朝鲜移民之中，所以，即使是吴人后裔，也应与朝鲜移民关系颇深，或者也有可能是百济人。

吴服（吴织）、汉服（穴织） 《日本书纪·应神天皇纪》记载，阿知使主自吴国携来兄媛、弟媛、吴织、穴织四妇女。回到倭国时，应神王已经去世，所以，阿知使主将吴国织妇献给仁德王。今池田市室町仍保存一座吴服神社，社内供奉织姬和仁德王。附近有座猪名津比古神社，祭祀阿知使主，还有安葬吴织的梅室。池田市小坂前町五月山腰，另有一座穴织社，供奉穴织姬和应神、仁德两位大王。该神社境内同样有座祭祀阿知使主和都加使主的猪名津彦神社，还有安葬穴织姬的姬室。[2]这些神社显然是根据《日本书纪》的记载而设立的，反映了吴国织女到达倭国之后，可能就居住在这一带。有趣的是，根据上述两神社缘起的记载，阿知使主在猪名海滨的川边郡小坂田村停泊时，惊悉应神王去世，急速赴京，留下都加使主保护吴国织妇。当时风高浪大，都加使主将船系于岸边待命。由于这个缘故，此地被称为"唐船渊"；而横跨于猪名川上的桥，被称作"吴服桥"。唐朝的出现，迟于吴国织妇到倭国的年代。不过，无论是"唐"，还是"吴"，显然指的都是中国。民俗资料和史籍参证，都说明"吴国"织妇乃是中国江南的移民。

---

[1] 今井启一『帰化人』、45页。
[2] 今井启一『帰化人』、57页。

贵信 《日本书纪》"雄略十一年（466）七月"条记载："有从百济国逃化来者，自称名贵信。又称：贵信，吴国人也。盘余吴琴弹壇手屋形麻吕等是其后也。"李永植氏引《三国史记》所载"罗古记云：加耶国嘉实王见唐之乐器而造之"，认为吴琴乃是加耶国模仿唐琴而制作的加耶琴，却被日本人误认为中国乐器。[1]然而，唐是后代国号，在雄略王所处的5世纪，唐朝远未建立，何来加耶国仿造唐琴输出日本之说？本章第三节引述《义熙起居注》时，已经得知，义熙九年（413）倭使入朝时，南朝曾"诏赐细笙麝香"。若再参照和药使主将南朝乐器传入倭国及南朝乐舞在东亚诸国流传的情形，则贵信所传之"吴琴"乃中国江南乐器，完全可以确认。贵信本人也是经由百济迁徙到倭国的南朝人。

综上所述，中国江南文化主要是依靠中国移民传播的。和南朝文化传播途径一样，日本古代的江南移民也来自两个方面，即直接来自中国，以及经由朝鲜，特别是百济，再转徙到倭国。由于有经由百济的传播路线存在，所以，南朝的文化及其移民便附带了更加复杂的因素。如上述对江南移民的分析所见，江南移民中确实混入了小部分朝鲜移民。但是，根据这些朝鲜移民的存在，或仅根据日本和朝鲜语言对音研究来论证"吴国"或"吴人"是朝鲜或朝鲜人，随意性太大，难以成立。这种现象不能用伪冒谱牒说作解释，而应该从移民的迁徙过程，以及到日本后的组织归属、居住情况和职业关系方面去认识。"吴国"的所在，更应从地理、历史和文化等方面综合考察，才能做出判断。

在中国南北朝时代，倭国、百济等东亚国家都视南朝为正统，和南朝保持国家关系，接受南朝的册封。因此，南朝文化对东亚的影响极为深远。就倭国而言，南朝文化的影响，主要表现在儒学和佛教、语言习俗、医学、音乐、金属锻造和织染技术等方面。这些文化技术传播到日本之后，能够发扬光大，南朝移民的作用和贡献尤其显著。

---

[1] 前引李永植「古代人名からみた『吴』」。

第七章　大陆移民与佛教传播日本

第一节　钦明十三年佛教"公传"说批判

一　国家提倡佛教的现实意义

佛教传入倭国，是日本古代社会政治进程中一件十分重要的事情。在日本，佛教所起的作用及其意义同中国的情况大不相同。6世纪，是倭朝廷强化中央集权体制的重要时期。此时期，以倭王为首的中央朝廷要达成的目标大致有两个：一是在国内进一步排除旧的豪族政治形态，积极推进官司制度，贯彻自上而下的一元化统治。二是要集中国力，改变落后的状态，迅速赶上百济、新罗、高句丽乃至中国南北朝等先进国家，特别是倭国在朝鲜半岛势力的衰退，更使其痛切感到加强中央集权的必要性。然而，要达到以上任何一个目标，任务都是十分艰巨的。中央贵族把持朝政，使倭朝廷未能完全形成一元化的政治中心；文化上的落后，又使得全国不能形成统一的思想意识。因此，建立统一的思想意识，是中央集权过程中一个极其重要的方面。在此过程中，倭国统治者发现由大陆移民传入的佛教是统一思想极其有效的工具，于是便将佛教提升到政治的高度，用朝廷的力量大力推行，使之迅速成为国家宗教。推古十二年（604）四月，圣德太子在"十七条宪法"中的第二条规定：

笃敬三宝。三宝者，佛法僧也。则四生之终归，万国之极宗。何世何人，非贵是法。人鲜尤恶，能教从之，其不归三宝，何以直枉。[1]

由此可知，在日本古代，佛教不单是宗教信仰的问题，而首先是一个现实政治问题。

二 来自百济的佛教"公传"

由于佛教在日本古代扮演了十分重要的角色，所以历来受到日本古代史学家的重视，研究甚多。其中，关于佛教于何时、何地，通过什么途径，由哪些人传入倭国，即日本佛教的起源问题，不仅是研究日本佛教史的出发点，也是研究日本古代史的重要方面。

日本的古代史学界将佛教正式传入日本称为"公传"。截至目前，学界一般认为，佛教传入倭国的具体时间为钦明天皇十三年（552），或为钦明天皇戊午年（538）。其中，以后一种见解居多。至于其传播的途径，认为是由百济国圣明王派遣使者传入的，则没有什么分歧。

众所周知，佛教于西汉末至东汉前期就已传入中国，到南北朝时代，佛教在中国的传播已经相当广泛。而从曹魏到南朝，倭国与中国一直有来往，见诸史籍的使节往还，不下十余次。至于大陆移民迁徙到倭国，更是连绵不绝。那么，倭国佛教的传入何以竟会晚于中国数百年？佛教究竟是否至钦明天皇时代才传入倭国呢？

《日本书纪》"钦明十三年（552）"条记载：

> 冬十月，百济圣明王遣西部姬氏达率怒唎斯致契等，献释迦佛金铜像一躯、幡盖若干、经论若干卷，别表赞流通礼拜功

---

[1]《日本书纪》"推古十二年（604）四月"条。

德云:"是法于诸法中,最为殊胜,难解难入,周公、孔子尚不能知。此法能生无量无边福德果报,乃至成辨无上菩提。譬如人怀随意宝,逐所须用,尽依情。此妙法宝亦复然,祈愿依情无所乏……"是日,天皇闻已,欢喜踊跃,诏使者云:"朕从昔来未曾得闻如是微妙之法。"

这段文字是日本正史中关于佛教传入倭国的最初记载。日本学界持钦明天皇十三年佛教"公传"说的学者,就以此作为主要的论据。其实,上述记载存在不少可疑之处。

第一,百济圣明王的表文,是根据《金光明最胜王经·如来寿量品》(亦见于"四天王护国品")敷衍而成的。其原文为:

金光明最胜王经,于诸经中,最为殊胜,难解难入,声闻独觉,所不能知。此经生无量无边福德果报,乃至成辨无上菩提。

《金光明最胜王经》10卷,703年由唐僧义净译出,距倭钦明王十三年,晚了151年,而与《日本书纪》成书的720年相去不远。显然,上述百济圣明王的表文,是根据晚出的《金光明最胜王经》编造的,其非信史甚明。《日本书纪》的作者常常根据后世文献记述历史。所以,我们对其记载不能不加分析地据以为史实。

第二,百济圣明王所献物品的记载为"幡盖若干、经论若干卷",内容十分含糊。参照同类记载,如推古卅一年新罗赠送佛物时,《日本书纪》就明确记作:"仍贡佛像一具,及金塔并舍利,且大灌顶幡一具、小幡十二条。"相比之下,可知《日本书纪》的作者对钦明十三年百济进献佛物一事已不悉其详,所以,只能以《金光明最胜王经》及含混的记载敷衍搪塞。

第三,《元兴寺伽蓝缘起并流记资财账》收载了有关元兴寺兴建的古史料。一般认为,这些寺志史料的记载要早于《日本书纪》。其中，关于佛教传入倭国的年代是这样记述的：

> 大倭国佛法，创自斯归岛宫治天下天国案春岐广廷天皇御世，苏我大臣稻目宿祢奉时，治天下七年，岁次戊午十二月度来，百济国圣明王时。

据此，则佛教传入倭国的年代应为钦明天皇戊午年，也就是538年，比《日本书纪》所记的552年早14年。此外，《上宫圣德法王帝说》也记载：

> 志癸岛天皇御世戊午年十月十二日，百济国主明王始奉度佛像经教并僧等。敕授苏我稻目宿祢大臣，令兴隆也。

同样将百济圣明王赠送佛像一事记作"戊午年"。十分明显，在《日本书纪》成书之前，佛教于戊午年，即538年由百济圣明王传入倭国，是日本佛教界的通识。

第四，即使仅据《日本书纪》的记载，钦明年间，倭国和百济之间涉及佛教的往来，既不始于钦明十三年，也不仅限于这一次。《日本书纪》"钦明六年九月"条记载了百济国王为日本天皇造佛像一事，说道：

> 是月，百济造丈六佛像，制愿文曰："盖闻造丈六佛功德甚大，今敬造，以此功德，愿天皇获胜善之德。"

可见在钦明十三年以前，倭国对佛教已有接触和了解，并非如上引"钦明十三年"条所谓："天皇闻已，欢喜踊跃，诏使者云：'朕从昔来未曾得闻如是微妙之法。'"

再则，《日本书纪》"钦明十五年二月"条记载：

> （百济）仍贡德率东城子莫古，代前番奈率东城子言；五经博士王柳贵，代固德马丁安；僧昙惠等九人，代僧道深等七人。

僧道深等七人何时到倭国，不得而知。但东城子言见于同书"钦明八年四月"条："（百济）仍贡下部东城子言，代德率汶休麻那。"如果上文中的僧道深等七人是和东城子言等同时到倭国的话，那么，佛教"公传"的时间应在钦明八年，亦早于钦明十三年。

概观钦明朝倭国与百济之间涉及佛教关系的来往，曾经有过多次。可以认为，自钦明时起，佛教开始引起倭朝廷的注意。在此前后，百济的传播作用是相当重要的。至于百济圣明王遣使向倭国赠送佛像经典的具体年代，则戊午年的记载属于古史料，似较可信。平子尚在《上宫圣德法王帝说》的"补校"中说：

> 本书之古传说与《元兴寺缘起》合，而精确无可疑矣。由是观之，佛法戊午渡来之说者，修国史以前之古传，而征证甚确实也。可以为钦明纪年之标准焉。[1]

肯定了戊午年说。当代日本学者通常也都把戊午年作为佛教"公传"日本的起始年。

三　围绕佛教"公传"的论争及其背景

实际上，围绕佛教"公传"年代的争论由来已久，并非近代之事。早在9世纪初的弘仁十年（819），日本天台宗的传教大师最澄在向朝廷申请建立大乘戒坛时，就曾与南都教团的僧纲为此问题发

---

[1] 狩谷望之证注，平子尚补校，花山信郎、家永三郎校译《上官圣德法王帝说》（岩波文库本），岩波书店，1941年。

生过激烈的争论。根据最澄《显戒论》记载,当时,南都教团护命的六名僧纲称:

> 沙门护命等闻……我日本国,志贵岛宫御宇天皇岁次戊午,百济王奉渡佛法。

针对南都僧纲的戊午年说,最澄批驳道:

> 弹曰:天皇即位年庚申,御宇正经三十二岁,谨案岁次历,都无戊午岁,《元兴寺缘起》取戊午岁,已乖实录。

显然,最澄持钦明十三年说。关于他提到的钦明天皇在位期间没有戊午年一事,我们将在后文论述。从最澄的驳文不难看出,他在力陈自己的观点时,所征引的正是《日本书纪》。那么,《日本书纪》又是根据什么将百济传入佛教一事系于钦明十三年的呢?

井上薰教授指出,《日本书纪》钦明十三年佛教"公传"的记载,实出自大安寺道慈之手。[1]道慈是日本三论宗第三代祖师,曾于大宝二年(702)随遣唐执节使粟田真人、遣唐大使高桥笠间一行(即第八次遣唐使)到中国,求法于长安西明寺,学习三论、法相及密教达17年,于养老二年(718)回到日本。他带回了《金光明最胜王经》十卷,并在宫中讲解此经。《续日本纪》"天平九年(737)十月丙寅"条记载:

> 讲《金光明最胜王经》于大极殿,朝廷之仪,一同元日。请律师道慈为讲师,坚藏为读师,听众一百,沙弥一百。

如前所述,《日本书纪》所载百济圣明王的表文,是根据《金光

---

[1] 井上薰「日本書紀仏教伝来記載考」、『日本古代の政治と宗教』、吉川弘文館、1961年。

明最胜王经》敷衍而成的。参照道慈的事迹，井上教授的上述判断，当可首肯。明了这一点，就为探讨钦明十三年佛教"公传"说的理论依据提供了重要的线索。

佛教有正法、像法及末法的时代区分说，亦即释迦入灭后五百年为正法时，此后一千年为像法时，再后万年为末法时。根据道端良秀先生《中国佛教史》的研究，在中国，末法思想形成于南北朝末期至隋代，普及于唐代。北京房山云居寺石刻大藏经的倡建者静琬说：

> 释伽如来，正法像法，凡千五百余岁，至今贞观二年，既浸末法，七十五载，佛日既没……[1]

即是一证。根据静琬的话逆算，末法时始于梁元帝承圣元年（552）。唐朝另一位僧人法琳在《唐破邪论》中引述《周书异记》说：

> 至穆王五十三年壬申岁二月十五日平旦，暴风忽起，发损人舍，伤折树木，山川大地，皆悉震动……当此之时，佛入涅槃。[2]

也就是说，释迦涅槃于周穆王五十三年壬申岁，即公元前924年。根据正法五百年、像法千年计算，则末法时同样始于梁元帝承圣元年，与静琬的说法相吻合。

由此不难明白，在唐代佛教界，末法时始于552年已成为通识。在唐朝求法长达17年的道慈自然也受到末法思想的影响。田村圆澄教授认为，《日本书纪》把佛教"公传"的年代定为钦明十三年，亦即末法时元年的552年，其理论依据乃是上述的末法思想[3]，颇具说

---

[1] 塚本善隆「石経山雲居寺と石刻大藏経」、『東方学報』第5册。
[2] 《广弘明集》卷一一。
[3] 田村円澄「末法思想の形成」、『史淵』63号。「欽明十三年仏教渡来説と末法思想」、『日本歴史』178号。

服力，从中也可发现钦明十三年说穿凿附会的痕迹。

除了末法思想的影响之外，杜撰钦明十三年佛教"公传"说还有其现实的需要与根据。

从前引史料可以看到，钦明戊午年说的主要依据是《元兴寺伽蓝缘起并流记资财账》。元兴寺原为苏我氏的私寺。根据《日本书纪》和其他古史记载，在百济圣明王送来佛像经论之后，倭国朝廷曾围绕是否推行佛教而发生过多次激烈的斗争。最后，主张兴佛的苏我氏战胜了主张排佛的物部氏等旧氏族，兴建元兴寺，积极推广佛教，使之迅速成为国家宗教。可以说，苏我氏和元兴寺对日本佛教的兴起功劳最大。但是，随着中央集权的加强，天皇一派与苏我氏的矛盾日益尖锐，终于在大化元年（645）爆发了诛灭苏我氏的事件，史称"大化改新"。依据天皇史观的官修正史《日本书纪》自然不愿意沿袭元兴寺缘起记载中的戊午年旧说，而要另立新说。大化元年八月，倭朝廷：

> 遣使于大寺，唤聚僧尼而诏曰："于矶城岛宫御宇天皇十三年中，百济明王奉传佛法于我大倭。"[1]

钦定佛教传入倭国的年代为钦明十三年，透露出天皇一派与苏我氏等旧贵族势力的矛盾斗争。

前述道慈回国后，深得朝廷信任，奉敕负责迁建大安寺，后任大安寺寺主。大安寺模仿唐长安的西明寺，居藤原京四大寺之首，是最具权威的官寺。道慈杜撰钦明十三年佛教"公传"说，除了受末法思想影响与迎合朝廷、翼赞国家佛教政策之外，当还有贬低元兴寺、抬高自身地位的意图。

但是，钦明十三年佛教"公传"说出炉之后，并未被南都教团

---

[1]《日本书纪》"大化元年（645）八月癸卯"条。

承认。到了9世纪初,最澄创立日本天台宗时,要借助国家力量,于是又搬出《日本书纪》的记载,附和朝廷钦定的钦明十三年佛教"公传"说,重新引起关于佛教传播年代的争论,目的同样是要提高天台宗的权威。此后,南都佛教的势力日渐衰落,钦明十三年佛教"公传"说遂成为主流观点。

从上述过程可以看出,佛教传播年代争论的背后,还隐含着教派之间的明争暗斗。

最澄在批驳南都教团僧纲时曾指出,钦明天皇在位期间没有戊午年,故戊午年说不能成立。查《日本书纪》,钦明天皇即位于庚申年,即540年,在位31年,其间确实没有戊午年。戊午年是上一代宣化天皇三年(538)。如此明显的年代误差,显然是支持钦明十三年佛教"公传"说的有力根据。奇怪的是,反驳者似乎不愿在此问题上多说,使自己处于不利的地位。

林屋辰三郎《继体、钦明朝内乱史的分析》一文,解开了这一历史之谜。他指出,在钦明天皇即位前后,围绕着皇位的继承,发生了内乱,出现了皇系更替和天皇并立的局面。[1] 迄今的研究证明,钦明天皇即位于辛亥年(531),崩于辛卯年(571),在位四十一年。这与《上宫圣德法王帝说》所说"志归岛天皇治天下四十一年"完全一致,则戊午年是钦明天皇七年(546)。

由此可知,《日本书纪》不采戊午年说而另立十三年说的又一个重要原因,是为了掩盖皇室内讧的事实,以维护天皇万世一系的权威。为此,不惜篡改历史。

通过以上考察可以明白,在日本古代,围绕百济圣明王传播佛教年代的争论,并不纯粹是一个学术问题。除了末法思想的影响之外,争论的背后还包含了宫廷内乱、天皇与苏我氏等旧贵族的政争,

---

〔1〕 林屋辰三郎「継体・欽明朝内乱の史的分析」,『古代国家の解体』東京大学出版会,1955年。

以及教团之间的矛盾,情况错综复杂。如果仅就戊午年说与十三年说而言,前者的史料年代较早,比较可信。但是,无论定何者为佛教传入倭国之始,都只是旧有争论的延续,难以完全摆脱上述各种政治与宗教斗争的纠缠,不易探明史实。

一般说来,高度理论化的思想意识形态的传播,不可能仅靠一两次接触就完成,它需要一个过程。前引《日本书纪》"钦明十三年"条的记载之后,还有一段倭国君臣围绕如何对待佛教的争议。大臣苏我稻目认为:"西蕃诸国一皆礼之,丰秋日本岂独背也。"显而易见,倭国君臣贵族对于国外佛教流传的情况早有所知,应该也有所接触。

《日本书纪》有关佛教的记述,自钦明天皇开始大量出现。其间,虽然经历过崇佛与排佛的短暂斗争,但佛教却迅速取得朝廷的支持,成为国家宗教。由此看来,这场斗争的焦点并不是要不要接纳佛教的宗教信仰问题[1],而是要不要用佛教来统一意识形态的政治问题。《日本书纪》的记载,显然大大缩短了佛教的传播过程,其记述无疑是佛教成为国家宗教的经过,而不是佛教在倭国传播的过程。这两者意义不同,经历各异,不能混为一谈。

第二节 钦明朝以前的佛教遗迹

一 中国向东亚各国的佛教传播

如上节所论,所谓佛教的"公传",如果是指政府间的佛教传播,那么,在现存文献记载上,前述538年的这一次,大概是最早的。但是,如果是指佛教传入倭国,则明显不符合史实。

---

[1] 实际上,佛教早就流传于日本的大陆移民之中,而且,后来积极传播佛教的移民氏族,原先曾经隶属于排佛派的物部氏,可见物部氏对佛教也早有接触,并不曾反对过。

众所周知，三韩的佛教均传自中国。概言之，372年，前秦苻坚派遣使节和僧人，携带佛像及经论顺道访问高句丽；374年，又有僧阿道到来，佛教因此传入高句丽。375年，高句丽小兽林王创建肖门寺、伊弗兰寺；392年，故国壤王颁布教令，尊崇佛法。高句丽采取了国家保护佛教的政策。百济枕流王元年（384），胡僧摩罗难陀自东晋来到百济，次年，在国都汉山创立佛寺，度僧10人，此为百济佛教的发端。大约到圣明王时代（523—554），百济也采取了国家保护佛教的政策。新罗传入佛教的时间，有各种不同的说法。法兴王十五年（528），颁布兴隆佛教的诏令，佛教同样获得国家的保护。[1] 从以上所述可以知道，佛教至迟在4世纪后期已为高句丽和百济所接受。

4世纪倭国的情况，除考古发掘的材料之外，没有可靠的文献记载，故日本史学界称这段时期为"空白的4世纪"。但是，到目前为止的研究证明，在4世纪，倭国与三韩之间也保持着比较密切的来往。因此，从4世纪后期到6世纪中叶的一百多年间，说佛教完全没有传入倭国，令人难以置信。

再说日本和中国的联系，比较具体而翔实的记载，初见于《三国志·魏书·倭人传》。三国以前，史籍仅记其大概。但是，从考古发现来看，这种联系要比文献记载的更加密切。例如，日本的田野考古在九州岛至奈良的广阔地域里发现了汉代的钱币，其中，多处出土的王莽政权的"货泉"[2]，尤其引人注目。根据《汉书·食货志》记载，"货泉"开铸于天凤元年（14），东汉光武帝时即被废止。在中国犹如昙花一现的钱币，却迅速地流传到倭国，使我们不能不对中国文化向四邻诸国的迅速传播表示惊叹。联系到东汉以来日益兴隆的佛教，其于538年以前传入倭国的现实可能性是很大的。

---

〔1〕 关于佛教在朝鲜半岛的传播，此据《三国史记》的记载。
〔2〕 参阅『特别展 発掘された古代の在銘遺宝』，奈良国立博物館、1989年。

二 日本出土的中国样式铜镜

20世纪以来，日本的考古发掘在全国各地发现了各式各样的铜镜。根据产地区分，这些铜镜可以分为两大类：一是日本本土仿制的，日本学界称之为"仿制镜"；二是由中国传入的，被称为"舶载镜"。在这些铜镜里，有一种十分特殊的镜，日本考古学上称作"三角缘神兽镜"[1]。迄今发现的这类镜已达到五百枚左右，这不能不引起日本学者的高度重视和广泛研究。

根据年代测定，三角缘神兽镜属中国魏晋时代镜，这就使人立刻联想起《三国志·魏书·倭人传》的记载：

> 景初二年六月，倭女王遣大夫难升米等诣郡，求诣天子朝献……其年十二月，诏书报倭女王曰："制诏亲魏倭王卑弥呼……又特赐汝绀地句文锦三匹，细班华罽五张，白绢五十匹，金八两，五尺刀二口，铜镜百枚，真珠、铅丹各五十斤，皆装封付难升米、牛利还到录受。悉可以示汝国中人，使知国家哀汝，故郑重赐汝好物也。"

根据这条记载，结合三角缘神兽镜铭文上的"景初"或"正始"年号，日本的考古学界和古代史学界长期以来基本上认为三角缘神兽镜就是魏明帝赐予倭王的铜镜，属于舶来的中国北方镜。随着考古发现的此类镜数量不断增多，远远超过记载的"铜镜百枚"，使得一些学者对此类铜镜是否为曹魏所赐产生怀疑。但是，对于此类镜

---

[1] 在日本考古学上，"三角缘神兽镜"这一专门名词并非指所有镜缘断面呈三角形的神兽镜，而是必须具备以下各种条件：（1）多为直径超过20厘米的大型镜；（2）镜的外区饰两周齿纹带夹一周复线波纹带；（3）内区的外周有一周铭文带或花纹带，后者为兽纹带、唐草纹带、波纹带或半圆方枚带；（4）主纹区由四个或六个"乳"匀称地分隔开，其间配置神像和兽形；（5）图纹的配置有求心式和同向式两种；（6）铭文带内的铭句有各种形式；等等。参见王仲殊《日本三角缘神兽镜综论》，《考古》1984年第5期。

为舶来的中国北方镜这一观点基本未变，几乎成为定论。

20世纪80年代以来，王仲殊先生发表了一系列探讨三角缘神兽镜的论文，认为在日本大量出土的三角缘神兽镜，在中国各地一无所见，因此，这种镜不是中国制作的。三角缘神兽镜的花纹样式接近于中国的平缘神兽镜和三角缘画像镜，因此很可能是结合二者而成的。上述两种镜均为中国吴镜，且三国时期铜镜铸造业的中心在吴境内的吴县、山阴和武昌[1]，所以，三角缘神兽镜显然不会是魏镜，而是参照吴镜制作的。[2]镜铭所见镜的制作者，如"陈氏作镜""张氏作镜""王氏作镜"等，显然是中国工匠。因此，他指出："三角缘神兽镜的确具有中国镜的各种基本特征，与日本的仿制镜大不相同。因此，在目前，我只能提出这样的一种推测：三角缘神兽镜是东渡的中国工匠在日本制作的。当然，应该指出，他们主要是吴的工匠，不是魏的工匠。"[3]

王氏对日本三角缘神兽镜的研究，在日本反响很大，引起了激烈的学术论争。经过研究和讨论，现在三角缘神兽镜不是魏镜而是吴镜的观点已被越来越多的学者所接受。对于吴国工匠东渡日本的见解，则有待于考古发掘的进一步证实。但这种可能性无疑是很大的。可以预见，随着考古成果的日益增多，以及多学科综合研究的进展，日本和中国之间自古存在的"海上之路"问题将会得到重新认识，并会大大深化目前对日本古代史和中日关系史的研究。

在三角缘神兽镜里，必须特别注意这样一种镜，其雕像不是神仙而是佛像，被称作"三角缘佛兽镜"。目前在日本发现的有这样几枚：

（1）奈良县新山古坟出土一枚。

---

[1] 王仲殊《吴县、山阴和武昌——从铭文看三国时代吴的铜镜产地》，《考古》1985年第11期。
[2] 徐苹芳先生的研究，支持了王仲殊先生的观点，他认为魏的铜镜铸造业不发达，流行的多为铁镜，且风格样式也颇异于吴镜。见其《三国两晋南北朝的铜镜》，《考古》1984年第6期。
[3] 王仲殊《关于日本三角缘神兽镜的问题》，《考古》1981年第4期。

（2）京都府寺户大冢古坟出土一枚。[1]

（3）京都府园部垣内古坟出土一枚。

（4）京都市百百池古坟出土一枚。[2]

（5）冈山市天神山一号古坟出土一枚。[3]

（6）群马县赤城冢古坟出土一枚。[4]

以上各镜的年代均在3世纪至4世纪初。迄今为止，中国和朝鲜均未发现这类铜镜，因此，难以认为它们是中国制作的镜，也无法确认是从中国或朝鲜（包括从中国经由朝鲜）输出到日本的。

用佛像作图纹的还有以下两类镜：

A．画文带佛兽镜。迄今发现并见于著录的有如下几枚（不包括外国仿制镜）：

（1）长野县御猿堂古坟出土镜。

（2）河内金刚轮寺所藏镜。

（3）冈山县五墓山古坟出土镜。

（4）千叶县鹤卷古坟出土镜。

（5）名古屋市出土镜（以上为日本出土镜）。[5]

（6）德国柏林民俗博物馆所藏镜。[6]

B．佛像夔凤镜。见于著录的传世镜共有以下四枚：

（1）日本东京国立博物馆所藏镜。

（2）美国哈佛大学福格博物馆所藏镜。

（3）美国波士顿美术馆所藏镜。

---

［1］ 以上两枚分别著录于樋口隆康『古鏡』、266页、图版123〔245〕；图片123〔246〕、新潮社、1979年。

［2］ 以上两枚著录于後藤守一『漢式鏡』、352页、图203、雄山阁、1973年。

［3］ 前揭樋口隆康『古鏡』、267页、图片134〔267〕。

［4］ 王仲殊《关于日本的三角缘神兽镜——答西田守夫先生》，《考古》1982年第6期，图版11-4。

［5］ 前揭樋口隆康『古鏡』、236—238页、图106、图版108〔215、216〕、109〔217〕。

［6］ 梅原末治『歐米に於ける支那古鏡』、114—118页、插图22。

(4) 德国柏林国立博物馆所藏镜。[1]

20世纪50年代以来的考古发掘,在湖北鄂城发现了上述两种镜,为判定上述各镜的性质与年代提供了重要的依据。鄂城寒溪公路发现的画文带佛兽镜证明,其制作年代约在3世纪中期,不晚于日本出土的三角缘神兽镜,属于吴镜。日本古坟出土的画文带佛兽镜,实际上应是从中国输入的东吴镜。国外保存的佛像夔凤镜均为传世品,原产地与年代不明。湖北鄂城的新发现,证明它们制作于3世纪中期的东吴。

概括上述考古发掘的成果和佛像用于图纹雕像的历史,王仲殊先生在《关于日本的三角缘神兽镜》一文中指出,"在铜镜上用佛像作图纹开始于三国时期,而西晋时又有所发展""从地域上说,用佛像作铜镜的图纹是发祥于长江流域""在中国的三国时代,用佛像作图纹的铜镜只限于吴镜。在魏的领域内,既缺少用浮雕式的东王父、西王母等神仙像作图纹的神兽镜和画像镜,更绝无用佛像作图纹的画文带佛兽镜和佛像夔凤镜。事实上,在魏的境内,用佛像作纹饰的其他器物亦为至今所未见"。

以上的考察表明,早在3世纪中期至4世纪初期,江南的佛像已经传入倭国。由于朝鲜半岛至今未发现三角缘神兽镜,而且,如画文带佛兽镜和佛像夔凤镜所示,中国北方未见佛像镜,因此,各类佛像镜显然是从江南直接传入日本的。如果王仲殊先生关于三角缘神兽镜是中国江南工匠到日本制作的推测成立的话,则进一步表明佛像是通过移民传入的,其重要性更加突出,意味着传入的不仅是佛像实物,而且是佛教。

值得重视的是,日本千叶县大冢山古坟出土了一枚画文带佛兽镜,经鉴定表明是日本的仿制镜。[2]它说明倭国不单从江南输入佛

---

[1] 以上均见前揭王仲殊《关于日本的三角缘神兽镜——答西田守夫先生》,图版12-4,12-5。
[2] 前揭樋口隆康『古鏡』、236—238頁。

像镜,还自己仿制。即使王氏的推论尚需进一步证实,但倭国已经传入并制造佛像镜,则是无可争辩的事实。这表明当时倭人不仅对佛教有所接触,而且有所认识。由于上述发现的意义十分重大,所以日本学者对此表现得十分慎重而踌躇。[1]但是,事实既已发现,我们就不能也无法回避,而应该积极、合理地去解释它。

从佛兽镜传入倭国到6世纪初期,佛教并未在日本社会传播开来。对于这段空白,一方面应该积极寄希望于今后的考古发掘来填补,另一方面则不宜过分夸大佛像镜在日本佛教史上的意义,而应仅将它作为倭国社会对佛教的最初接触。

一种文化的传播,至少需要以下三个条件:一是来自外部的接触与刺激;二是相应发展的社会经济文化水准;三是输入方面的社会需要和积极接受的意愿。在3世纪中叶至4世纪初,日本列岛处于由较为原始的小国林立向氏族联合的大和政权过渡的阶段,如《三国志·倭人传》所见,邪马台国尚处于祭政不分的时代,原始神道弥漫于世,政治、经济和文化都比较落后,接受外来文化的第二、三个条件均不成熟,因此,佛教传入后也难以普及推广。

但是,有一点应该是可以肯定的,亦即在钦明天皇朝以前,佛教曾以多种形式、反复多次传入日本,虽然没有传播开来,但似乎也并未完全湮灭,而是保存于大陆移民社会之中,特别是来自中国江南的移民,其事迹传说与佛教颇有关系。如上一章所述,钦明朝有和药使主携佛像经论及药书到倭国。在此之前,雄略朝也有吴原忌寸一族迁来。《日本灵异记》下卷记载,吴原忌寸妹丸于海中遇难,后为妙见菩萨所救。由此可见倭国南来佛教之一斑。

---

[1] 例如,西田守夫教授在致王仲殊的信中说:"如果按照你的看法,认为三角缘神兽镜是吴的工匠来到日本制作的,那么,制作三角缘神兽镜的工匠,纵使不算是将佛教传入了日本,至少也是在日本制作了佛像,这就要牵涉日本古代史上的大问题。从这一点上,也就使我等迄今不能转而下决心肯定三角缘神兽镜系在日本所作之说,即使制作者是中国的工匠也罢。"引自前引王仲殊《关于日本的三角缘神兽镜——答西田守夫先生》。

中国南朝尊崇佛教，佛典缁徒流入海东，其来已久。百济佛教颇盛，而且经常将南朝文物转赠日本，其中包括佛徒经籍。从百济传入的佛教糅入中国北方佛教的因素，使得倭国对北方佛教已有所了解。倭国社会内部潜存的佛教种子，成为日后勃然兴起的重要基础。总之，佛教在倭国的兴起，有一个多次接触和了解，待条件成熟后才破土而出的过程，绝非像《日本书纪》所述，"忽如一夜春风来，千树万树梨花开"。

第三节　大陆移民与佛教勃兴

一　司马达等之事迹

大陆移民在钦明朝以前的佛教流传过程中，是否有迹可寻呢？《扶桑略记》第三《钦明天皇》记载：

> 日吉山药恒法师《法华验记》云：延历寺《僧禅岑记》云：第廿七代继体天皇即位十六年壬寅，大唐汉人案（鞍）部村主司马达止，此年春二月入朝，即结草堂于大和国高市郡坂田原，安置本尊，归依礼拜。举世皆云，是大唐神之。出《缘起》，隐者见此文。钦明天皇以前，唐人持来佛像，然而非流布也。

《扶桑略记》成书于1086年，此时，《法华验记》尚未散佚。藤原犹雪《日本佛教史研究》认为，《法华验记》大约是朱雀天皇时代（930—946）的著作。其所引延历寺《僧禅岑记》，成书年代不详，但据文中"出《缘起》"的记载判断，所依据的《缘起》就是鞍部村主一族氏寺坂田寺的缘起。关口亮仁先生则认为，《坂田寺缘起》至迟在奈良时代初期就已出现，而《扶桑略记》在转引《法华验记》

时，未曾改动。[1]

继体十六年为522年，此年为壬寅年，无误。这表明至迟到8世纪初期，日本僧人认为在钦明天皇以前，佛教已经传入日本。文中称中国为"唐"，是沿袭当时日本对中国的习惯称呼。这种例子，不胜枚举。例如，《日本书纪》混称遣隋使为遣唐使，近世日本仍称明清商船为"唐船"，等等。然而，522年为梁武帝普通三年，唐朝远未建立，所以，后出的《元亨释书》在引用上述记载时，做了相应的改动，一并援引于下：

> 司马达等，南梁人，继体十六年来朝。于时时方未有佛法，达等于和州高市坂田原结草堂奉佛。世未知佛，号曰"异域神"，属〔苏我〕马子乡佛乘，达等翼赞之。敏达十三年，马子供石弥勒像，设斋会，达等预焉。忽于斋饭上得佛舍利，乃献马子。马子以铁砧锤试之，砧锤共陷，舍利不坏；又投水不沉，马子依兹益固信敬。达等之子作比丘，名德齐；女为比丘尼，名善信，时人指家族为佛种。[2]

这段记载根据司马达等于继体十六年到倭国的时间，将其出身改为"南梁人"，至于司马达等与苏我马子的事迹，则显然根据《日本书纪》。在《日本书纪》里，司马达等初见于"敏达十三年（584）"条记载：

> 秋九月，从百济来鹿深臣有弥勒石像一躯，佐伯连有佛像一躯。是岁，苏我马子宿祢请其佛像二躯，乃遣鞍部村主司马

---

〔1〕関口亮仁「扶桑略記の所謂継体天皇十六年仏教伝来説に就て」，『歴史地理』第77卷第1号。

〔2〕《日本高僧传要文抄　元亨释书》卷一七《愿杂十之二·司马达等》。

达等、池边直冰田，使于四方，访觅修行者。于是，唯于播磨国得僧还俗者，名高丽惠便，大臣乃以为师，令度司马达等女岛，曰善信尼〔年十一岁——原注〕。又度善信尼弟子二人，其一汉人夜菩之女丰女，名曰禅藏尼；其二锦织壶之女石女，名曰惠善尼。马子独依佛法，崇敬三尼，乃以三尼付冰田直与达等，令供衣食；经营佛殿于宅东方，安置弥勒石像，屈请三尼大会设斋。此时达等得佛舍利于斋食上，即以舍利献于马子宿祢。马子宿祢试以舍利置铁质中，振铁锤打，其质与锤悉被摧坏，而舍利不可摧毁；又投舍利于水，舍利随心所愿，浮沉于水。由是马子宿祢、池边冰田、司马达等，深信佛法，修行不懈。马子宿祢亦于石川宅修治佛殿。佛法之初，自兹而作。

文中的司马达等和池边直冰田为中国移民，高丽惠便和锦织壶分别是高句丽和百济移民。由此可见，在大陆移民社会里，早就存在着佛教信仰。而且，他们还私下收受弟子。不过，由于没有大德高僧，所以不能剃度受戒。而在日本人的社会里，似乎没有什么佛教信徒，所以高丽僧惠便不得不还俗。

这些记载应该比较真实地反映了佛教兴盛之前于日本流布的情况。综合以上三则史料，司马达等一族于继体时代在大和国高市郡结草堂祭佛一事，乃基于寺社古史料的记载，可以置信。肯定司马达等信仰佛教一事的意义，不只是将佛教传入倭国的年代提前了数十年，还在于揭示大陆移民传播佛教的事实，以及佛教在倭国传播的社会基础及其过程，进而从一个侧面有机地把握东亚世界内在的文化联系。

从继体十六年（522）到敏达十三年（584），相距62年。《日本书纪》将司马达等的事迹记载于敏达天皇时代，引得部分日本学者对于《扶桑略记》和《元亨释书》记载的真实性提出质疑。例如，木宫泰彦先生根据以下三条理由否定《扶桑略记》的记载：第一，假设司马达等20岁迁徙到倭国，那么，在敏达十三年时，他已经82岁，却有一个11岁的女儿；第二，百济与梁朝很少往来，倭国没有和梁朝通好；第三，因此，司马达等没有机会从梁朝来倭国。[1]木宫氏的见解颇具代表性，以后的研究者在此基础上，提出将司马达等到日本的时间后推一轮干支，系于敏达天皇十一年壬寅岁（582）的修改意见。这种见解乍看合理，其实似是而非。用纯粹的推测来批判甚至推翻古史料，难以令人信服。

木宫泰彦先生提出的三条理由，后两条根本不能成立。百济与梁朝的密切关系，前面一再论及，于此不赘。倭国与梁朝没有国家间的关系，但并不能就此抹杀其他渠道的交往，古代数以万计的大陆移民又有多少是搭乘官船到倭国的呢？对于司马达等年龄的推算，亦不足为凭。

首先，继体天皇十六年来到倭国的是司马达等本人，还是这支氏族呢？这两种可能性均存在。如后述，似乎后者的可能性较大。由于司马达等后来出了大名，所以史家遂将其氏族崇佛的事迹记于其名下。所以，司马达等那年20岁的前提设定本身就不能成立。如果都是随意推测的话，那他也可以是3岁或30岁。总之，都没有意义。能够肯定的只有一点，亦即敏达十三年时，司马达等已经不年轻。因为史书里此后再未见到他的事迹，而代之以其子孙的记载，甚至在三年后崇信佛教的用明天皇病笃时，也未见他出场，《日本书纪》仅记载其子"鞍部多须奈进而奏曰：'臣奉为天皇出家修道，又奉造丈六佛像及寺。'天皇为之悲恸"。估计他已经去世。

其次，老年产女，不足为奇。下面同样列举大陆移民的实例为证。《宁乐遗文》收录《御野国加毛郡半布里太宝贰年户籍》，有如下数例：

一、中政户秦人小玉户口十八……
下下户主小玉年七十三耆老　嫡子……

---

[1] 前引木宫泰彦《日中文化交流史》，第46—47页。

次足岛年十四小子

二、上政户秦人部身津户口廿四……

下下户主身津年七十一耆老　嫡子……

次小川年二绿儿

三、中政户秦人部都弥户口十五……

下下户主都弥年八十五耆老　嫡子……

次东人年十四小子

四、中政户秦人阿波户口廿六……

下下户主阿波年六十九耆老　嫡子……

次根麻吕年二绿儿

最后，司马达等女儿岛的年龄，各书记载不一，不能为据。《元兴寺伽蓝缘起并流记资财账》记载的"时按师首达等女斯未卖年十七"，就与《日本书纪》所记之"年十一岁"颇不一致。而且，"年十一岁"是注文，并非本文，若与本文的事迹相对照，尤其难以置信。因为岛11岁才出家，却有弟子2人；14岁漂洋过海，到百济学受戒法；16岁回日本，住持樱井寺，为善德等数尼剃度。凡此种种，未免过于神化。

否定《扶桑略记》的记载，究其原因，是事先确定佛教兴起于钦明时代，或者是不敢触动学术界的通论，因而就要把钦明朝以前佛教流传的史实向后推移以迎合旧说。前面已经指出，《日本书纪》记述的是日本国家佛教兴起的过程，而不是佛教在日本的传播过程。把早期佛教流传的史实向后推延至钦明朝以后的做法，难免有坠入《日本书纪》彀中之嫌。

二　司马氏与其他移民氏族传播佛教

在早期传播佛教的活动中，特别是支持苏我氏的基本上是大陆移民。其中，贡献最大者当推司马达等一族。司马一族的日本氏姓为鞍作村主，或作鞍部村主，日本古史里见到的司马氏均出自鞍作部。鞍作村主一族最初迁徙到倭国的年代记载，见于《坂上系图》所载之《新撰姓氏录》逸文：

> 大鹪鹩天皇（谥仁德）御世，举落随来，今高向村主……鞍作村主……是其后也。尔时阿智王奏建今来郡，后改号高市郡。

仁德在位期间，大致相当于南朝宋武帝前后。《宋书·倭国传》记载：

> 太祖元嘉二年，赞又遣司马曹达奉表献方物。

"赞"是日本的应神、仁德或履中王，目前尚无定论。引文中的司马曹达，与《坂上系图》记载鞍作村主迁徙到日本的年代基本一致，所以，鞍作村主一族于5世纪初期迁徙到倭国，并非毫无根据之说。

关于鞍作部的另一次迁徙，见于《日本书纪》"雄略七年"条。当时，雄略王派兵到百济，强令百济献"手末才伎"，迁来"新汉陶部高贵、鞍部坚贵、画部因斯罗我、锦部安定那锦、译语卯安那等"，由东汉氏负责安置管理。由此看来，鞍作村主一族是先后数次陆续迁到倭国的，司马达等一族亦属其中之一次。至于司马达等是在倭国的鞍作村主氏的后裔，或者是新迁来的鞍作氏，难以判定。鞍作村主氏迁到日本之后，朝鲜国家仍留存部分鞍部。《日本书纪》"皇极四年（645）四月"条记载：

> 高丽学问僧等言："同学鞍作得志，以虎为友，学取其术，或使枯山变为青山，或使黄地变为白水，种种奇术，不可殚究……高丽国知得志欲归之意，与毒杀之。"

所谓"以虎为友"等事迹，表明其居住在山里，拥有高句丽所不知道的各种技术，在当地颇具影响，故其欲南徙倭国，便遭毒杀。

把以上几则关于鞍部司马氏族的记载联系起来，可以看到其氏族从高句丽、百济到倭国连绵分布的情况，这符合西晋王朝崩溃后朝鲜半岛的汉人由城邑向南部的山区农村集团性迁徙的情况。

司马氏是中国古姓，河内郡望族，司马炎篡魏后，成为两晋皇族。南朝时代，仍为南方大姓。其与朝鲜的关系，亦有踪迹可寻。西晋惠帝永平元年（291）三月，汝南王亮当政，"免东安王繇……繇徙带方"[1]。朝鲜的司马氏，不管是否为东安王携往之族众，或为当地汉人所冒充，也许与此有关。

"鞍部"氏名，显然起源于职业名，亦即金工皮革工匠。朝鲜的司马氏以此为世业。司马曹达与司马达等的关系不详，司马曹达是最早见于史籍的倭国司马氏人，被倭朝廷任命为使节，派往南朝，无疑是要利用其熟悉中国事务及语言上的特长。大陆移民首领被任命为外交使节，派回其祖国的事例，屡见不鲜，成为惯例。由此也可证明，司马氏是出身于中国的移民，而不是有些学者所认定的朝鲜移民。

司马氏一族的事迹，文献可考者，可整理成下表。

表6 司马氏族人事迹表

人名	主要事迹	出处
司马曹达	425年出使刘宋，奉表献方物。	《宋书·倭国传》
鞍部坚贵	迁徙到倭国的鞍部首领。	《日本书纪·雄略天皇纪》
司马达等	继体朝，在高市郡坂田原结草堂拜佛；后支持苏我氏弘扬佛教。	《扶桑略记》《元亨释书》《日本书纪》等
鞍作多须奈	司马达等子，法号德齐法师，为用明王出家，修造佛像寺院，"今南渊坂田寺木丈六佛像、挟侍菩萨是也"。	《日本书纪》用明、崇峻天皇纪

---

[1]《晋书》卷四《惠帝纪》，第90页。

续表

人名	主要事迹	出处
岛	司马达等女,法号善信尼,日本最早的比丘尼,到百济学受戒法,回国后住樱井寺。	《日本书纪》敏达、崇峻天皇纪
鞍作鸟	司马达等孙,造佛工,主持铸造元兴寺及佛像等,今法隆寺金堂释迦三尊光背上尚存"司马鞍首止利佛师造"铭文,被授予大仁冠位。	《日本书纪·推古天皇纪》
鞍部德积	推古三十二年（624）四月被任命为最初的僧都。	《日本书纪·推古天皇纪》
鞍作福利	两度随小野妹子出使隋朝,任通事,最后留在中国不归。	《日本书纪·推古天皇纪》
鞍作得志	高句丽学问僧同学,有奇术,善治病,为高句丽所毒杀。	《日本书纪·皇极天皇纪》
鞍作磨心	"能工异才,独越众侣。织成锦绫,实称妙丽。"免杂户,赐姓栢原村主。	《续日本纪》"和铜六年（713）十一月丙子"条
鞍作村主益人		《大日本古文书》4—1004
鞍作主寸玉虫卖		《大日本古文书》1—10

自司马达等以下的鞍部族人,其事迹见诸记载者,均与佛教有密切关系。由此可见,他们是信仰佛教的手工业氏族。

除了司马氏一族外,早期积极从事传播佛教活动者,均为中国和朝鲜半岛移民。例如,前引《日本书纪》"敏达十三年（584）"条的池边直冰田,《新撰姓氏录·和泉国诸蕃》记载:

池边直,坂上大宿祢同祖,阿智王之后也。

他和司马达等同属东汉氏集团。池边氏名源于其原来居住的大和国十市郡池上乡,与司马氏的居地相邻。苏我氏推进佛教事业时,池边直冰田尽力支持,故史籍中颇有其记载。如《日本书纪》"钦明十四年（553）五月"条说:

河内国言："泉郡茅渟海中有梵音，震响若雷声，光彩晃曜如日色。"天皇心异之，遣沟边直入海求访。是月，沟边直入海果见樟木浮海玲珑，遂取而献。天皇命画工造佛像二躯，今吉野寺放光樟像也。

《日本灵异记》上卷"信敬三宝得现报缘第五"也记载了类似的传说，但改变了时间和地点，并明记佛像是池边直冰田雕塑的。池边氏的族人中，有一位漏刻博士池边史大岛。由此看来，此氏族同样出身于手工业者。

如前所述，钦明、敏达两代推动佛教兴隆者，除苏我氏外，都出自东汉氏集团。以后数十年，最大的变化在于倭王也崇信佛教，使佛教成为居于主导地位的意识形态。而在倭王与中央贵族身边，积极推动佛教事业者，主要仍是大陆移民。例如，崇峻元年（588），苏我马子委派山东汉大费直麻高垢鬼和山东汉大费直意等加斯负责指挥大和、河内两地汉人[1]，以及来自百济的僧侣、寺工、炉盘博士、瓦博士和画工等，兴建元兴寺。后年，"汉人善聪、善通、妙德、法定、照善、智聪、善智惠、善光等，鞍部司马达等子多须奈，同时出家"[2]。

推古十一年（603）十一月己亥，秦河胜自圣德太子处请得佛像，因以造蜂冈寺。[3]圣德太子去世时，东汉末贤、高丽加因溢和汉奴加已利三人，特为之作天寿国绣帐画。[4]

舒明十一年（639），书直县负责兴建百济大寺。[5]

皇极三年（644），长直（名字不详）为苏我虾夷造桦削寺。长

---

[1] "山东汉"即为东汉氏。
[2] 《日本书纪》"崇峻三年（590）"条。
[3] 《日本书纪》"推古十一年（603）十一月己亥"条。
[4] 《上宫圣德法王帝说》。
[5] 《日本书纪》"舒明十一年（639）七月"条。

直亦属于东汉氏集团。[1]

白雉元年（650），汉山口直大口奉诏雕刻千佛像。[2]今法隆寺广目天像光背铭记："山口大口费上而次木闭二人作也。"汉山口直大口与山口大口费当为同一人，是当时著名的佛工，属于东汉氏集团。

以上诸例均表明，日本的大陆移民是佛教传播的重要基础。上述诸例中的汉人，绝大部分出自东汉氏集团，可见司马达等一族的佛教信仰并不是偶然的现象。而且，在百济和高句丽移民当中，也存在若干佛教信徒，说明佛教信仰不是孤立的现象。因此，从另一个角度说，在移民社会里，早就在相当程度上存在着佛教信仰。这些佛教信仰的来源颇杂，既有来自中国的，也有来自朝鲜半岛的。但从移民的成分和百济的影响等方面分析其源流，则早期佛教受南朝→百济→日本传播线路的影响较大。

佛教能够在移民社会流传并保持下来，原因是多方面的。

首先，在魏晋动乱时代坞壁乃至村落组织形成时，佛教就已经渗透其中，成为村民的信仰。佛教向社会基层强力渗透，成为一般民众的宗教信仰，并随着他们的迁徙而传播各地。

其次，大陆移民迁徙到倭国之后，在倭朝廷的支持下组成相对独立的大陆移民社会，这是佛教得以保存的决定性条件。

最后，按职业组合的移民集团，民族混杂，使得移民之间既有交流，也需要依靠某种超现实的力量，诸如模拟血缘关系将他们结合在一起，于是，始祖传说、始迁祖崇拜等成为移民集团共同的信仰，这种共同信仰往往依附于宗教而得到加强，其典型表现就是宗教式的宗寺。日本宗寺供奉的偶像相当复杂，既有佛教或神道的神，也有传说中开天辟地的英雄或天皇，还有与本氏族相关的始祖或始迁祖等。现实社会要靠非现实的力量维系，则宗教便大有施展的

---

[1]《日本书纪》"皇极三年（644）"条。
[2]《日本书纪》"白雉元年（650）"条。

余地。

如以上诸例所见,虔诚信仰佛教的大多是基层的生产劳动者,其地位之低下、生活之艰苦,加上经常降临的突发性事故,使他们对平安与幸福有着迫切的希求,对宗教的信仰愈加炙热。

在日本古代的大陆移民集团中,可以见到各支移民氏族普遍建立宗寺的事例。司马达等一支在大和国高市郡结草堂拜佛,就是其中一例。高市郡是东汉氏的聚居地,于此地结草堂拜佛,并非为了传播佛教,而是为了维护自身的团结和生活习俗。这些移民是一批漂泊他乡寄人屋檐下的劳动者,而不是像鉴真和尚那种具有宗教使命感的弘法僧人。前引《日本书纪》"敏达十三年(584)"条记载中,高丽惠便的经历颇能说明问题。

> 释惠便,高丽国人。敏达十三年,苏马子奏取百济弥勒石像,于石川宅侧,创殿安置。时无奉香火者,使梁人司马达等四方寻求沙门,于播州得似比丘者,问之,对曰:"此方不敬沙门,我混俗耳,乃便也。"马子贵为师。[1]

惠便为了"混俗"而还俗。前引《扶桑略记》说:"钦明天皇以前,唐人持来佛像,然而非流布也。"这些记载适足以说明大陆移民无意在倭国积极传播佛教。这些朴实的记载,反映了当时的真实情况。

钦明朝以前佛教传入并存在于移民社会中一事,可以无疑。

三 日本国家佛教骤兴的社会宗教信仰基础

存在于移民社会的佛教信仰,潜移默化地濡染周围百姓,丝毫也不奇怪。所以,当佛教一旦被统治者重视并大力推广时,风云际

---

[1]《日本高僧传要文抄 元亨释书》卷一六《力游九》。

会,大陆移民便能乘势而起,将其积蓄于社会基层的佛教能量大量释放出来,迅速推广于倭国社会的各个阶层,这就是前面所见国家佛教于短时间内蓬勃兴起的缘故。出现这种结果,当然是大陆移民始料未及的。但如果没有存在于移民社会中的佛教,日本国家佛教的推广无疑会是无源之水、无本之木。

任何一种文化的传播,都需要一个复杂的过程。传入倭国的佛教虽然已经过汉魏两晋的长期磨合改造,变得容易适应东亚社会。但是,这只能缩短东亚国家吸收和消化的过程,却无法跨越这个过程。司马达等移植佛教,就是一个比较典型的例子。他早年于高市郡结草堂安置本尊时,被周围的倭人视为"异域神",无人追随信仰。相同的情况,在汉魏也屡见不鲜。梁惠皎《高僧传·摄摩腾传》记载:

> 但大法初传,未有归信,故蕴其深解,无所宣述。

同书《昙柯迦罗传》也记载:

> 于时魏境虽有佛法,而道风讹替,亦有众僧未禀归戒,正以剪落殊俗耳。

要打开这种局面,就需要传播者不懈努力,运用聪明智慧,结合当地固有文化,使众人易于接受。司马达等给苏我马子献上了锤打不坏又能随意浮沉的佛舍利,颇能收到宣传之效,坚定了追随者的信仰。

鞍作部是以制造马鞍为主的手工业者。从五六世纪倭国古坟出土的鞍具实物来看,其制作相当复杂,需要综合运用金、铜、铁、木和皮革等多项技术。这种复杂的工艺技术,一般依靠职业世袭来保持与发扬,因而形成封闭性的职业氏族。此职业特点带来另一个作用,就是氏族内部的宗教与生活习俗能够得以长期保持。佛教文化是抽象化的经义与建筑、铸造、雕塑和绘画等技术文明的高度统一，二者相辅相成，密不可分。鞍作部和佛教各自的特点，使得司马达等一族很容易在传播佛教中发挥重要作用。其他如池边氏等移民氏族，也是如此。这里还反映出一个重要的问题，亦即日本国家佛教兴起过程中，对于大陆移民的依靠，除宗教信仰等方面外，在相当程度上还出于对其制造技术的需求。

日本史学界大多认为，日本早期的佛教为百济式，故佛教传自百济，进而推论佛教传播者也是百济移民。此见解忽视了钦明朝以前移民社会存在佛教的现象。如前所述，早期传播佛教的大陆移民，基本上都是工匠，他们所能提供给倭国社会的，只是朴素的信仰和工艺技术，并不具备传教的充分条件。司马达等奉献佛舍利和池边直冰田于海中寻得菩萨圣迹等事例，显示出这些传教行为是那样朴素直接。大概各国早期佛教传播时都曾经历过这样的阶段，丝毫分辨不出是属于哪国的佛教传播形态。这些传教的做法虽然能收宣传之效，创造崇敬佛教的氛围，却不能传达佛教的经义，当然不能满足倭国对佛教的需要。因此，从钦明时代以后，倭国就不断地从百济输入佛教经典，遇到兴建重要的佛教寺院时，还从百济请来工匠。如此一来，早期的佛教遗迹自然留下浓厚的百济色彩，从而掩盖了大陆移民传播的不成熟的佛教。

实际上，如果对倭国早期佛教细做考察，不难发现其受中国南朝的影响颇大。《元亨释书》将司马达等的出身改为"南梁人"，除在年代上求得一致外，或许还有其他根据。南朝各代都信佛，梁武帝尤甚，因而极大地推动了南方佛教的兴旺发达。倭国与南朝交往甚密，梁以后又通过百济大量输入南朝文化，其中自然包括佛教文化。所以，南朝佛教流入倭国，自不限于司马达等。前述《新撰姓氏录》所载出自"吴国"的和药使主传入佛教经典及佛像，就是一例。把早期江南佛教的传播同司马达等的事例进行比较，可以发现重要的相似性。《高僧传·康僧会传》记载：

时吴地初染大法，风化未全，僧会欲使道振江左，兴立图寺，乃杖锡东游，以吴赤乌十年初达建邺，营立茅茨，设像行道。时吴国以初见沙门，睹形未及其道，疑为矫异……既入五更，忽闻瓶中铿然有声，会自往视，果获舍利。明旦呈（孙）权，举朝集观，五色光炎，照耀瓶上。权自手执瓶，泻于铜盘，舍利所冲，盘即破碎。权大肃然惊起，而曰："希有之瑞也。"会进而言曰："舍利威神，岂直光相而已，乃劫烧之火不能焚，金刚之杵不能碎。"权命令试之。会更誓曰："法云方被，苍生仰泽，愿更垂迹，以广示威灵。"乃置舍利于铁砧锤上，使力者击之，于是砧锤俱陷，舍利无损。权大叹服，即为建塔，以始有佛寺，故号建初寺，因名其地为佛陀里。由是江左大法遂兴。

这段文字，与前引《扶桑略记》《元亨释书》及《日本书纪》关于司马达等传播佛教的事迹何其相似。康僧会乃东吴一代高僧，其事迹流传甚广。《高僧传》成书于梁，其时正是与东亚交流密切的时代。司马达等在倭国的所作所为，明显受到康僧会事迹的影响，甚至是刻意模仿。

在僧官制度方面，同样可以看到南朝的强烈影响。《日本书纪》"推古卅二年（624）四月戊午"条记载：

　　诏曰："夫道人尚犯法，何以诲俗人？故自今已后，任僧正、僧都，仍应检校僧尼。"壬戌，以观勒僧为僧正，以鞍部德积为僧都。即日以阿昙连为法头。

法头是世俗权力对寺院及其僧尼的监督机关的职务[1]，可以不论。问

---

[1] 根据井上光贞「日本における仏教統制機関の確立過程」，『日本古代国家の研究』，岩波書店，1965年。

题是僧正和僧都。考中国南北朝的僧官制度，北魏的统制机构原为监福曹，太和二十一年（497）起，改为昭玄寺，其组成人员为大统（或沙门大统、魏国大统）、统（沙门统、道人统、昭玄统）和都维那（沙门都统）等。[1]南朝统制机构的重要负责人，在宋、齐两代，主要称作僧主；梁、陈两代则主要称作僧正。其副职称作僧都，也常称作都维那。[2]日本僧官称僧正和僧都，与南朝相同。显然，其早期的僧官制度是从南朝移植而来的。

综上所述，百济圣明王向倭国输出佛教一事，发生于钦明七年（538）。但是，这并不是佛教传入倭国的开端。《日本书纪》记述的只是日本国家佛教兴盛的过程，而不是佛教在日本传播的过程。早在3世纪中期至4世纪初期，佛像塑像已经传入倭国，倭国也进行过仿造，说明对佛教有了接触和认识。在钦明朝以前，佛教至少已经传入并存在于倭国的移民社会。其中，司马达等一族是一个比较典型的事例。在早期佛教的传播过程中，中国移民贡献尤其显著。这时期的佛教，在很大程度上受到中国南朝的影响。

四　国家佛教兴盛的曲折历程

佛教在苏我氏的大力推动下，聚集起一批热心的大陆移民，破土而出，日渐成长。但不久之后，它便受到政治斗争的冲击，遭到压制。

向佛教发难的是老牌贵族物部氏。前已述及，物部氏原先统辖的大陆移民中有信仰佛教者，这些移民氏族后来才转归苏我氏管理。因此，物部氏早就应该对佛教有所了解，也未见反对。在苏我氏取得敏达王的同意而大力兴隆佛教之时，物部氏持反对态度，甚至发展到迫害佛教，其来有自。

---

[1]　昭玄寺人员组成情况，散见于《广弘明集》和《大宋僧史略》各传。
[2]　南朝的僧官，散见于《高僧传》和《续高僧传》。对于南北朝僧官的研究，参阅山崎宏『支那中世仏教の展開』、清水書店、1942年。

第一，早在钦明十三年（552）百济送来佛像经论时，物部氏就提出：

> 我国家之王天下者，恒以天地社稷百八十神，春夏秋冬祭拜为事。方今改拜蕃神，恐致过神之怒。[1]

显然，他是站在日本固有的神道角度反对外来佛教的。

第二，物部氏是老牌贵族，与依靠管理品部而崛起的苏我氏不同。苏我氏正当崛起之时，要扩张权力，就必须革新。此时，他和力图加强中央集权的王室政治利益一致，所反对的正是物部氏这类世袭政治权力的贵族。物部氏以神道作为坚持保守立场的有力武器，对外来佛教进行抵制，目的还在于政治。

因此，崇佛与排佛的争论实际上已经演变为政治斗争，其结果也必然以政治手段解决。这里简略介绍这场斗争的经过。《日本书纪》"敏达十四年（585）"条记载：

> 春二月戊子朔壬寅，苏我大臣马子宿祢起塔于大野丘北，大会设斋。即以〔司马〕达等前所获舍利藏柱头。

苏我氏虽然尽力用修塔立寺等物质形态来创造佛教的崇高氛围，然而，当时正流行疫病，死者甚众，保守派找到了借口。

> 三月丁巳朔，物部弓削守屋大连与中臣胜海大夫奏曰："自考天皇及于陛下，疫病流行，国民可绝，岂非专由苏我臣之兴行佛法欤？"诏曰："灼然，宜断佛法。"
> 丙戌，物部弓削守屋大连自诣于寺，踞坐胡床，斫倒其塔，

---

〔1〕《日本书纪》"钦明十三年十月"条。

纵火燔之，并烧佛像与佛殿。既而取所烧余佛像，令弃难波堀江……乃遣佐伯造御室唤马子宿祢所供善信等尼。由是马子宿祢不敢违命，恻怆涕泣，唤出尼等付于御室。有司便夺尼等三衣，禁锢楚挞海石榴市亭。

可是，禁佛并没能阻止疫病的流行，许多患者生疮，痛楚不已，便开始责怪是禁佛所致。故到六月，苏我马子宿祢上奏道：

"臣之疾病，至今未愈，不蒙三宝之力，难可救治。"于是诏马子宿祢曰："汝可独行佛法，宜断余人。"乃以三尼还付马子宿祢。

在这场斗争中，大陆移民的佛教信徒是斗争的焦点之一。在佛教受迫害时，他们始终坚持信仰，站在苏我氏一边。后来在同物部氏的战斗中，他们又站在王室一边，积极支持圣德太子。总之，在整个国家佛教兴起过程中，他们起了十分重要的作用，颇值注目。

经过苏我马子的争取，禁佛规定被打开一道门缝，之后重新兴起，不可阻挡。这年八月，敏达天皇病逝。九月，崇敬佛教的用明天皇上台。第三年，苏我氏与物部氏再次于朝中讨论兴佛时激烈争吵，遂演变为武力冲突，苏我氏在王室及诸臣的支持下，击灭物部氏，从此佛教大兴，成为国家宗教。

推古元年（593），圣德太子在难波修建四天王寺，规模宏大，壮丽辉煌。

翌年，"春二月丙寅朔，诏皇太子及大臣，令兴隆三宝。是时，诸臣连等各为君亲之恩，竞造佛舍，即是谓寺焉"。

…………

而经此战争洗礼后大盛的佛教，不得不与政治结成联盟，为政治所利用。倭国早期佛教的现世功利特点及其日后逐步从政治笼罩下独立出来的历程，是理解日本社会历史的一大关键。

第八章　隋朝重建东亚国际关系秩序与高句丽问题

第一节　隋朝重建国际关系秩序所面临的问题

581年，杨坚建立隋朝。八年之后，隋灭陈，结束了长达两百多年的南北分裂，重新统一中国。作为一个雄心勃勃欲超越前代的新王朝，隋朝必须重新建立在动乱中崩溃的国际体系，确立国家关系秩序。

自汉武帝战胜匈奴之后，东方世界的国家或民族间关系就是以汉朝为轴心展开的。这时期的国家间关系主要具有以下几个特点：第一，以中国为中心；第二，以文化（语言、文字、制度、礼仪等）传播为纽带；第三，通过册封等形式，建立上下君臣关系和交往的道义原则；第四，政治上的服从与军事上的占领相结合；等等。

西晋崩溃后，中原地区四分五裂，对于周边政权，经常处于劣势地位，因此，汉代所建立的国家间关系体系彻底崩溃，哪怕存在表面上的对外册封，往往也只是徒具形式，更多地则是被册封者为了借助册封者的权威来加强对内统治的需要而要求的。对于东方世界而言，一旦失去中国这样一个具有权威和约束力的政治中心，其结果一方面是周边民族自立，纷纷建立国家；另一方面则是各个民族、国家相互间关系完全建立在现实利益与军事实力之上，交相征伐，弱肉强食。在此意义上说，古代中国所构建的国家间关系准则，固然有利于中国，但也有助于维护各国间关系的和平与稳定。

隋朝重新崛起，周边民族、国家以复杂的心情关注着形势的发展。开皇初，他们纷纷来到隋朝，打探消息。在《隋书·高祖纪上》

所粗略记载的名单中，就可以见到白狼国、靺鞨、突厥、百济、高句丽、契丹和吐谷浑等。那些受强大邻国欺凌的民族，对中国抱有相当的期望。而在中国内乱中获得利益的国家，则深恐中国强大，并设法予以阻止。开皇三年（583），隋朝打败最为强大的突厥之后，整个国际形势为之改观，没有任何国家能够正面阻挡隋朝成为东亚的主导力量。对于隋朝而言，重构国家间关系原则，对保障国内的统一，创造有利的外部环境，积极开拓与世界各地的交往与贸易，具有十分重要的意义。

就东亚而言，隋朝建立后，东亚不稳定的国际关系出现了根本性的变化，产生了由多国间的势力均衡向以隋为中心的国际关系秩序转变的趋势。开皇三年，隋文帝大举讨伐突厥。翌年，突厥沙钵略可汗、达头可汗等臣服于隋。契丹也纷纷内附，周边的国家均感受到隋朝的强大压力。于是，从开皇四年起，高句丽转而向陈朝朝贡，同时加紧同突厥联系，一个弱国联合抗衡强隋的微妙变化正在进行。这里可以看到两股力量在做相反方向的运动。

一方面，隋朝为了彻底结束自西晋末年以来的分裂，大大提高了中央集权的程度。在对外关系上，则以汉帝国自许[1]，要建立起以隋为中心的国际关系体系。可以说，其对外政策是国内政治的延长，同样表现为权力的集中。应当指出，国际关系里的权力集中，不应该简单地理解为对权力的追求。在这里，权力集中是为了提高实现目标的能力，而隋朝的目标是建立世界性的帝国和与之协调适应的国际关系。隋朝的对外政策是现实的，不是出于权力欲的冲动。这一点常常被批评隋炀帝好大喜功者所混淆。

另一方面，高句丽、突厥和陈朝的联合，无疑是为了抵抗隋朝的国际战略，保持势力均衡，维护各自的既得利益。这种联合表现

---

[1] 典型的例子，如《资治通鉴》"大业三年八月"条记载，隋炀帝巡视突厥，于启民帐内赋诗："呼韩顿颡至，屠耆接踵来。何如汉天子，空上单于台！"

出国际社会结构上普遍存在的趋向，即权力的分散。

高句丽的新动向是对南北朝以来中国向邻国册封关系的检验。南北朝时期，高句丽同时接受南北两朝的册封。就北朝而言，自北魏太武帝册封高句丽王以后，双方一直保持着君臣关系。但实际上，屡屡见到高句丽未守"臣节"的记载。仅就《魏书·高句丽传》而言，北魏太武帝时，高句丽公然接纳被北魏征讨的北燕冯弘君臣，几乎酿成双方的武力对抗；献文帝时，拒绝送女入宫；孝文帝时，又拒绝送世子入朝参加郊丘之礼。拒绝联姻和送质子，违反"臣节"，这表明高句丽同北魏的关系建立在现实的国家实力和利益之上；冯弘事件之后，高句丽臣服于北魏，建立比较密切的关系以对付南方的百济和新罗。但在涉及具体利益时，高句丽并不完全臣服于北魏，甚至有所抗拒。为此，从北魏后期开始，高句丽又注意同南朝交往，以制衡北朝。北朝后期，高句丽利用南北朝分裂实行南北两面外交的情况越发清楚。例如，北齐时代，高句丽向北齐朝贡六次，向陈朝的朝贡也是六次（包括一次册封）。[1] 南朝的存在实为高句丽的安全保障。所以，当强大的隋朝出现，令高句丽感到威胁的时候，其对外政策就发生重要的转变，从注重北朝变为联合南朝。

在突厥被打败之后，高句丽成为隋朝重建东亚国际关系秩序的最大障碍，只要高句丽公开与隋朝对抗，隋朝就不能实现以自身为中心的国际体系战略目标。高句丽问题就是在这种情况下凸显出来的，使得在旧册封关系下隐藏的双方利益冲突暴露出来。

下面就对高句丽同北朝的历史冲突和隋朝在东北亚重新建立秩序的过程进行考察。

---

[1] 根据《北齐书》和《陈书》本纪统计，高句丽向北齐朝贡的年代分别为天保元年、二年、六年，河清三年，天统元年和武平四年，向陈朝朝贡的年代则为天嘉二年、三年（册封）、七年，太建二年、三年和六年。

第二节　高保宁事件及其影响

隋伐高句丽，有其远因与近因，有些原因是直接的，有些则是间接的和隐蔽的。高保宁占据营州，抵抗北周和隋朝，对于后来隋同高句丽的关系有着深刻的影响。这个人们未曾注意的问题[1]，从一个侧面反映了高句丽问题对中国内政的影响。

高保宁是北齐后主武平（570—576）末年任命的营州刺史，"夷夏重其威信"[2]。营州是北齐镇抚高句丽、契丹、库莫奚等的要地，战略地位十分重要。北周武帝建德六年（577）灭北齐后，"齐之行台、州、镇，唯东雍州行台傅伏、营州刺史高保宁不下，其余皆入周"[3]。周武帝曾遣使招安高保宁，但为其所拒。不仅如此，高保宁还上表投靠突厥的北齐范阳王高绍义，劝其称帝，自己则成为高绍义政权的丞相。宣政元年（578），幽州人卢昌期及北齐遗臣起兵叛乱，占据范阳以迎高绍义。高绍义以为得天所助，遂勾引突厥军队大举入侵。高保宁亦与之呼应，"帅夷、夏数万骑"，欲入寇范阳[4]。此次叛乱为北周柱国、东平公宇文神举讨平，高保宁退据和龙。大象二年（580），高绍义被北周使臣贺若谊执送回国后，高保宁进一步投靠突厥。至开皇三年（583）高保宁兵败被部下所杀为止，他连年勾引突厥入侵，给隋朝东北边境造成重大威胁。[5]

高保宁屡次入侵，史书均明载其军队的组成情况。《北齐书·高保宁传》载，建德六年，"周师将至邺……保宁率骁锐并契丹、靺鞨万余骑将赴救"。《隋书·突厥传》载，开皇元年，突厥怨隋文帝待其礼薄，

---

[1] 关于高保宁问题，我最初用日文撰写了「隋と高句麗の国際政治関係をめぐって」，文章后被收录于『中国古代の国家と民衆：堀敏一先生古稀記念』，汲古書院，1995年3月。本文后来遭到不正当的摘抄，特此注明。
[2] 《北齐书》卷四一《高保宁传》，第547页。
[3] 《资治通鉴》"陈宣帝太建九年二月"条，第5375页。
[4] 参阅《北齐书·高保宁传》，《周书·宇文神举传》，《资治通鉴》"陈宣帝太建十年（578）"条。
[5] 参阅《资治通鉴》"陈宣帝太建十二年、十三年、十四年，陈后主至德元年"诸条，《隋书》卷八四《突厥传》。

"会营州刺史高宝宁作乱,沙钵略与之合军,攻陷临渝镇"。《资治通鉴》载,开皇二年五月,"高宝宁引突厥寇隋平州";开皇三年,隋文帝下诏,分兵八道出塞反击突厥,"幽州总管阴寿帅步骑十万出卢龙塞,击高宝宁……宝宁奔契丹,为其麾下所杀"。

但是,唯独于宣政元年高保宁入寇时,《北齐书·高保宁传》和《资治通鉴》均记作率"夷、夏数万骑"。是役,引突厥入侵者,史书明载为高绍义。那么,高保宁所率之"夷"究竟是何族军队呢?此事颇值得深入研究。从上引诸条史料可知,高保宁统率的外族军队有契丹和靺鞨,皆为东夷,故此处的"夷"有可能是契丹或靺鞨。但是,"夷"所指甚广,因此,还有其他的可能。只是从中国的史书找不出其他有关记载。

所幸,我在朝鲜《三国史记·温达传》里发现了一条十分重要的线索:

> 温达,高句丽平冈王时人也……时后周武帝出师伐辽东,王领军逆战于拜山之野,温达为先锋,疾斗斩数十余级,诸军乘胜奋进,大克。及论功,无不以温达为第一,王嘉叹之曰:"是吾女婿也。"

查周武帝时期,并无伐辽东之举。但是,《周书·突厥传》记载:

> 宣政元年四月,他钵遂入寇幽州……高祖亲总六军,将北伐,会帝崩,乃班师。

《周书·宇文神举传》记载得更加详细:

> 宣政元年……高祖亲戎北伐,令神举与原国公姬愿等率兵五道俱入。高祖至云阳,疾甚,乃班师。幽州人卢昌期、祖英

伯等聚众据范阳反,诏神举率兵擒之。

根据以上两条史料及《资治通鉴》的记载,可以确知周武帝于宣政元年五月亲总六军,分五道北伐。旋因病重而停师。[1]当此之时,高绍义、高保宁、卢昌期等勾引入寇,宇文神举统率的幽州道军奉诏继续北伐,击退入侵者。故《三国史记》所谓的"后周武帝出师伐辽东",指的应该就是宇文神举继续北伐一事。

据此可以对高保宁统率的"夷"军做进一步的分析。周隋之际,契丹和靺鞨均处于部落分立、尚未形成统一国家的状态。《北史·契丹传》记载,契丹"分为十部,兵多者三千,少者千余"。靺鞨分为七部,与中原王朝和高句丽等国有密切关系的是南边的粟末部和白山部。《北史·勿吉传》记载,粟末部"胜兵数千",白山部"胜兵并不过三千"。因此,即使有数部契丹和靺鞨响应高保宁,其兵力恐亦只有数千。就算再加上高保宁统率的营州"夏"军,距史书所载的"夷、夏数万骑",还有很大的差额。上引《三国史记》记载,抗击周师的是高句丽王亲自统率的军队,先锋官是平冈王的女婿温达,故其军队必不在少数。由此可以得出以下两点:

(1)周武帝讨伐东北地区北齐残部以统一北方的时候,高句丽曾较大规模地卷入中原的内战,出兵阻挡周军北上。

(2)高句丽军队很可能是组成高保宁"夷、夏"联军的一部分,或者是与之相呼应者。

高保宁并不具有割据一方同中原王朝抗衡的实力。周末隋初,之所以没有及时讨平高保宁,显然是顾虑到其背后的外族势力,所以不愿意在准备不足的情况下,贸然引起同外族的大规模战事。显而易见,国内外敌对势力的勾结,构成了对中原王朝安全与统一的严重威胁。

---

[1]《资治通鉴》"陈宣帝太建十年五月"条作:"诏停诸军。"

就高句丽而言，自魏晋以来，高句丽趁中原内乱之机向西北的扩张，经过多次同曹魏和鲜卑慕容氏的生死大搏斗，控制了辽河流域。占据该地区对于高句丽具有多方面的重要意义：

第一，可以同其他国家争夺对东北民族的控制权。

第二，获得大量肥沃的农耕地，以补国内之不足，增强经济实力。

第三，可以在此招降纳叛，招徕劳力，吸引人才，直接导入中原先进的文化制度和科学技术。

第四，利用辽河流域易守难攻的地理环境，屏藩本国。

历史一再证明，失去对辽河流域的控制，高句丽便难以抵御来自北方的压力。因此，争夺辽河流域，乃是高句丽重大利益所在，这驱使其在数百年间一有机会便不惜冒国家倾亡的危险，一再同中原王朝或其他北方民族争夺对该地区的控制。当周武帝统一中原、平定高保宁叛军逼近辽东之时，就同高句丽在该地区的利益发生冲突。于是，高句丽便不顾其臣属于北周的名分[1]，悍然动用武力攻击周师。这一事件至少可以反映出以下两个问题：

第一，高句丽攻击周师的目的虽然在于保护其在辽东扩张所获得的利益，不表明有意参与中原的战乱。但是，从长远利益来说，一个强大而统一的中原王朝，势必同高句丽发生直接的利益冲突，这是高句丽所不愿意看到，甚至试图加以阻止的。从眼前利益来说，借助抵抗周师的高保宁，在客观上可以成为其在辽东的屏障。在这里，高句丽同高保宁有着一致的利害关系。

第二，反映出在南北朝时期，中原王朝对外的册封徒有其名，少有臣属之实，不是东亚国际关系的基石。这种册封关系不能抑制

---

[1] 高句丽在东、西魏对立时期，同时接受东、西魏两朝的册封。其向西魏和北周的朝贡，见于记载的有：(1) 琏五世孙成，大统十二年（546），遣使献其方物。(2) 建德六年（577），汤又遣使来贡，高祖拜汤为上开府仪同大将军，辽东郡开国公、辽东王。(以上见《周书·高丽传》) 此事又见于《三国史记·高句丽本纪》"平原王十九年"条。此后至隋开皇元年，未见高句丽入朝，或与其攻击周师有关。

国家间利益的矛盾与冲突，更多表现为外交上纵横捭阖的手段。东亚的国际关系建立在势力与利益的竞争与均衡的基础之上，亲疏分合，主要根据实力的消长而转移。

对于中原王朝来说，控制辽河流域同样具有重要的意义。且不论其自然资源和经济方面的利益，仅就政治和军事方面而言，首先，掌握东北，进可以控制东胡各族及其国家，而且在抗衡势力已达到此地的强大的突厥时，无疑是断其左臂，构成夹击突厥的有利态势，当年汉武帝经略辽东和朝鲜，在很大程度上就是出于抗击匈奴的战略需要；守则可以以其为华北的安全保障，在汉代以后主要经济区域自关中转移到华北之后，东北的重要性更是不言而喻了。其次，北周及其继承者隋是自关中统一中原的，因此，镇抚华北便成为决定新王朝命运的紧要课题，尤其是杨氏通过宫廷政变夺取北周政权，其正统地位屡屡受到怀疑，而且，华北地区一再反抗隋中央政权[1]，这些情况都反映出隋朝安定华北之艰难。因此，若是在毗邻华北的东北地区存在与隋朝对立的政权，它将成为华北反抗势力的依托，鼓励和增强分裂倾向，直接影响王朝统治的巩固和安全。

高保宁据营州抗周，引起周与高句丽的军事对抗，早早地把东北问题摆到周及隋朝统治者的案头，使他们清醒地看透高句丽接受中原王朝的册封只是一种表面现象；相反，其与国内分裂势力的勾结却是中原统一政权的心腹大患。要牢固统一全国，就必须彻底制服国外敌对势力，这是一个问题的两个方面。当高句丽问题暴露出来后，隋朝执政者不能不愤然想起东北乃至朝鲜曾是中原王朝直接统治过的土地。显然，隋朝建立当初就对高句丽深怀戒心，并密切注视其与北方民族的动向。国家的利益、政权的巩固与领土的主权交织在一起，如何处理这些问题，乃是对新王朝的统治能力、意志和手腕的严峻考验。

---

[1] 参阅韩昇《论隋朝统治集团内部斗争对隋亡的影响》，《厦门大学学报》（社会科学版）1987年第2期；中国人民大学资料中心《魏晋南北朝隋唐史》1987年第7期。

第三节 契丹与靺鞨

开皇元年（581），隋朝甫立，高句丽迅速抓住这个机会，遣使赴隋，恢复自北周宣政元年（578）以来中断了的朝贡关系。隋文帝也机智地册封高句丽威德王为大将军、辽东郡公，以打破四面受敌的局面。此后至开皇四年，高句丽年年入贡。双方一度紧张的关系似乎云开雾散了。但实际上，新的一场争夺却在悄悄地展开。

辽河流域曾给高句丽带来莫大的利益。百济在延兴二年（472）给北魏孝文帝的上表中指出，高句丽"自冯氏数终，余烬奔窜，丑类渐盛"[1]。说的是曾被百济重创的高句丽在太延元年（435）甘冒与北魏和刘宋反目的危险，接纳被北魏打败的北燕亡君冯弘及其军队、人户和大量军资等，再度强盛起来。回顾高句丽兴盛的历史，可以说与北方人口大批流入密切相关。攻占乐浪、玄菟郡，兼并夫余族，使高句丽颇具规模。4世纪前期，高句丽又先后招纳了晋平州刺史崔毖和匈奴宇文部等。[2]此类事例，不胜枚举。说明要控制辽河流域，就必须征服东胡各族。5世纪后期对契丹的争夺也反映了这一点。

契丹位于北朝、高句丽和突厥三大势力之间，其战略地位不言而喻，决定了契丹从一开始便成为几大势力争夺的对象。北魏时，蠕蠕强盛，高句丽便与蠕蠕合谋瓜分位于契丹西北地区的地豆于。《魏书·契丹传》载："太和三年，高句丽窃与蠕蠕谋，欲取地豆于以分之。契丹惧其侵轶，其莫弗贺勿于率其部落车三千乘、众万余口，驱徙杂畜，求入内附，止于白狼水东。自此岁常朝贡。"高句丽

---

[1]《魏书》卷一〇〇《百济传》，第2217页。
[2] 冯弘奔高句丽，见于《魏书·高句丽传》《三国史记·高句丽本纪第六》；高句丽攻取乐浪、玄菟及招纳崔毖，见于《三国史记·高句丽本纪第五》；匈奴宇文部奔高句丽，见于《魏书·匈奴宇文莫槐传》："建国八年，晃伐逸豆归……逸豆归远遁漠北，遂奔高丽。"并参见《三国史记·高句丽本纪第五》"美川王"条。

征地豆于，实为假途灭虢之策。《隋书·契丹传》载，契丹"当后魏时，为高句丽所侵，部落万余口求内附，止于白貔河"。此即明证。高句丽企图侵吞契丹的结果，却是驱使契丹依附于中原王朝。此后强大起来的突厥也卷入对契丹的争夺。《隋书·契丹传》载："其后为突厥所逼，又以万家寄于高丽。"突厥势力的介入，遂在辽东与高句丽发生武装冲突。《三国史记·高句丽本纪第七》"阳原王"条载："七年秋九月，突厥来围新城，不克。移攻白岩城。王遣将军高纥领兵一万拒克之，杀获一千余级。"突厥突然进攻高句丽，显然与争夺契丹有很大关系。[1] 结果，契丹分裂，部分并入突厥，部分依附高句丽。契丹的向背关系到北齐北疆的安全。根据《北齐书·文宣纪》记载，天保四年（553）九月，契丹犯塞，文宣帝亲伐之，一路追讨到营州，夺回契丹大部。此后至568年，经常可以看到契丹向北齐朝贡的记载。但此后契丹的动向不明，直到前述高保宁叛乱时，才再见到契丹的记载：一是建德六年（577）高保宁率契丹军抗周，一是开皇三年高保宁兵败后欲奔契丹。估计在北齐末，契丹又背离了中原王朝。

隋朝建立之初，四面皆敌。内乱姑且不论，外敌中最主要的是北方的突厥和南方的陈朝。隋文帝虽无力经略辽东，却不露声色地为将来布局。当开皇四年契丹重见于史籍时，《隋书·高祖上》说："五月癸酉，契丹主莫贺弗遣使请降，拜大将军……九月，契丹内附。"翌年"夏四月甲午，契丹主多弥遣使贡方物"。《隋书·契丹传》亦载："开皇四年，率诸莫贺弗来谒。五年，悉其众款塞，高祖纳之，听居其故地。六年，其诸部相攻击，久不止，又与突厥相侵，高祖使使

---

[1] 金善昱《隋唐时代中韩关系研究——以政治、军事诸问题为中心》（台湾大学历史研究所博士论文，1973年，未出版）认为，是年突厥进攻高句丽乃是因为争夺契丹所引起的，颇有见地。但金氏认为，开皇四年以前，隋无暇争夺契丹。我以为恰恰相反，开皇四年的契丹内附，正说明隋在此之前就已开始介入对契丹的控制。在鞨鞨问题上，我亦与金氏的见解不同，详见正文，不再出注。

责让之。其国遣使诣阙，顿颡谢罪。"十分明显，隋文帝对东北的战略从契丹落子，到开皇四年，取得了明显的成效。但由于多国势力的介入和争夺，契丹内部尖锐对立，内战不休。隋朝招抚契丹各部的工作虽然扎扎实实地推进，但问题远未根本解决。在上述过程中，开皇四年发生的变化尤其引人关注。

如前所述，隋朝建立后，高句丽年年入贡。根据《隋书》和《三国史记》记载，高句丽入朝的情况为：开皇元年一次；二年两次；三年多达三次；四年一次。此后，高句丽突然停止向隋朝贡，转而遣使到陈朝，两国关系趋于恶化。必须指出，朝贡次数并不表明关系的亲疏，过于频繁的往来，反倒让人觉得其中必有重要交涉。我推测至少有三个需要交涉的问题：第一是高保宁问题；第二是突厥问题；第三是契丹问题。开皇三年高句丽三次入朝，必与隋文帝大举讨伐突厥和高保宁有关。是年突厥败北，高保宁被诛。翌年，契丹转向隋朝，整个东北的势力平衡完全改观，高句丽的对外战略遭到重大挫折，特别是契丹倒向隋朝，使高句丽必须直接面对强大的隋朝，犹如锋芒在背，令其不寒而栗。于是，在契丹内附隋朝后，高句丽旋改对外政策，一方面继续争夺契丹，一方面积极结交陈朝、潜通突厥，谋求新的势力均衡。

开皇六年以后，《隋书·契丹传》接着记载道："其后，契丹别部出伏等背高丽，率众内附。高祖纳之，安置于渴奚那颉之北。开皇末，其别部四千余家背突厥来降。"契丹别部背高句丽归附隋朝一事发生在哪一年，史无详载。从记述上看，当在开皇六年至末年之间。我以为最有可能发生在开皇十七年。

首先，隋文帝于平陈后的开皇十年恫吓高句丽王朝贡。[1]紧接着两年，高句丽入朝，时间均在正月，显为参加朝贺典礼。以后至开皇

---

[1]《隋书》及《资治通鉴》将此事系于开皇十七年，但《三国史记·高句丽本纪第七》则系于平原王三十二年（590），当是。

十七年，高句丽才再度入朝，时间在五月[1]，明显是有事交涉。估计交涉破裂，所以，隋文帝下玺书严厉谴责高句丽。

其次，隋文帝在玺书里列数高句丽的罪愆，最重要的有两条，第一是未尽臣节，第二就是"驱逼靺鞨，固禁契丹"。所谓"固禁"，就是以强力拘束。以上分析表明，开皇十七年，隋与高句丽的关系出现了重大危机，从隋文帝玺书透露的消息来看，这场危机便是契丹背离高句丽投向隋朝引起的。也就是高句丽同隋争夺契丹彻底失败，连依附于自己的契丹别部也倒向了隋朝。这场争夺相当激烈，以致高句丽使用强力"固禁契丹"，而隋文帝则向高句丽下达最后通牒式的玺书。契丹问题把双方的关系推到极其危险的地步。

面对如此严峻的局势，高句丽有些不知所措，失去冷静，遂于开皇十八年联合靺鞨入侵辽西，首先开启战端，意图挽回局面，向前推进防御战线。这不啻宣告高句丽在政治上、外交上和道义上的失败。隋朝更有充分的理由堂堂正正地出兵辽东，彻底解决朝鲜问题，重建东亚国际政治秩序。

隋与高句丽争夺东北的另一个方面，便是靺鞨问题。

靺鞨在高句丽东北，分布颇广，在隋代分为七部，不相统属，与中原王朝和朝鲜均有悠久的历史联系。北齐时，靺鞨频来朝贡。隋朝建立后，文帝就积极招抚之。开皇元年，即见其酋长来贡方物。[2]《隋书·靺鞨传》说："开皇初，相率遣使贡献，高祖诏其使曰：'……朕视尔等如子，尔等宜敬朕如父。'对曰：'……愿得长为奴仆也。'"亦即在开皇初年，靺鞨已同隋朝建立起君臣服属关系。其后在开皇三年、四年、十一年、十二年、十三年，均见其朝贡。[3]至隋炀帝时，靺鞨与隋的关系更加紧密。大业初，其"渠帅度地稽

---

[1]《三国史记·高句丽本纪第八》；《隋书·高祖纪下》。
[2]《隋书·高祖纪上》。
[3]《隋书·高祖纪上》。

率其部来降"[1]。不仅如此，靺鞨甚至与隋结成军事同盟，积极帮助隋朝经营东北。在契丹问题上，文帝利用其与契丹的矛盾，收渔翁之利。在对付高句丽时，炀帝先是利用其军队经常骚扰高句丽，"及辽东之役，度地稽率其徒以从，每有战功，赏赐优厚"[2]，更是直接使用其军队与高句丽作战。

金善昱教授认为，至辽东之役，炀帝成功地使靺鞨臣服。如前所述，其实文帝时就已使靺鞨臣服。关键是，整个靺鞨或是其一部臣服，这里表现出靺鞨问题的复杂性。

在靺鞨里，直接与中原王朝和朝鲜有关者，主要为其粟末部和白山部。[3]《隋书·靺鞨传》说："其一号粟末部，与高丽相接，胜兵数千，多骁武，每寇高丽中。"实际上，靺鞨与高句丽敌对，其来已久。《魏书·勿吉传》记载，靺鞨在北魏太和初年来朝，"自云其国先破高句丽十落，密共百济谋从水道并力取高句丽，遣乙力支奉使大国，请其可否"，即是明证。隋朝充分利用靺鞨各部不相统属和粟末部与高句丽的矛盾，早早地争取到粟末部依附于己，并共同对付高句丽。在《隋书》里见到与高句丽为敌之靺鞨，应该都是指粟末部。以上推测，可以在唐人著作里得到证实。《通典·州郡典八》"归德郡燕州"条记载："隋文帝时，粟末靺鞨有厥稽部渠长，率数千人，举部落内附，处之柳城，燕郡之北。"所以，臣服隋朝的应只是粟末部。这样便不难对开皇十八年高句丽与靺鞨联合寇辽西一事做出合理的解释，亦即高句丽所统率的是靺鞨白山部。两《唐书·北狄传》均明载，白山部素附于高句丽。历史上，高句丽惯

---

[1]《隋书·靺鞨传》。中华书局标点本作："炀帝初与高丽战，频败其众，渠帅度地稽率其部来降。"《北史·勿吉传》作："炀帝初，与高丽战……"《北史》的标点，意思比较清楚。但此句的主语不明，且大业初年未见隋与高句丽交战的记载，故《通典》卷一八六《勿吉》将此句省略为"炀帝初，其渠帅度地稽率其部来降"。我以为，《隋书》所载"与高丽战"的主语应是靺鞨。

[2]《隋书》卷八一《靺鞨传》，第1822页。

[3]《隋书·靺鞨传》记载："然其国与隋悬隔，唯粟末、白山为近。"

于使用靺鞨兵对外作战，其用于对百济和新罗作战的事例，频见于《三国史记》，对隋朝和唐朝的作战，亦不少见。显然，隋朝和高句丽都在积极地争取靺鞨。然而，隋朝的努力不像对契丹那样顺利，除了拉拢到原来就与高句丽对立的粟末部外，一直未能打破高句丽与白山部的联盟。无怪乎隋文帝和炀帝在声讨高句丽的诏书中都对此表示愤怒。

高句丽在东胡族里的影响不容小觑。《隋书·室韦传》说，室韦"其国无铁，取给于高丽"。反映出高句丽利用各种手段扩大其在东胡各族的影响。高句丽影响东胡族同隋朝对抗，是隋朝不能容忍的。争取东胡族，说到底就是争取对该地区的控制权。这不仅关系到隋和高句丽的国防安全，更重要的是关系到双方势力的消长。对隋而言，争取东胡族的一个重要方面在于阻断高句丽与突厥的联系，以利于各个击破，分而治之。相反，高句丽虽然无力单独同隋朝对抗，然而，如果争取到东胡族，就会在东北形成一个与隋相抗衡的势力圈，进而同北方的突厥相呼应。这样，不仅使高句丽臣服的区域性目标难以实现，甚至隋朝的世界地位及其重建国际关系秩序的战略都将受到严重的挑战。毋庸置疑，隋与高句丽在争取东胡族问题上，存在着根本的利害冲突。而争取契丹和靺鞨，是隋实现上述对外战略的重要组成方面。

第四节　隋征高句丽

隋朝重建国际关系秩序的努力，在东北地区取得了相当的进展，特别是在开皇三年（583）七月打败称霸北方的突厥之后[1]，高句丽的问题就变得十分突出。为了保持在五胡十六国时代向辽东扩张而获得的利益，高句丽想方设法阻止隋朝在东北亚建立国际关系秩序，

---

[1] 关于隋朝同突厥的关系，请参阅韩昇《隋文帝传》第六章（人民出版社，1998年）和《隋文帝抗击突厥的内政因素》（《欧亚学刊》第二辑，中华书局，2000年）。

为此，同隋朝展开激烈的争夺。这时候，中原王朝内部的分裂再度成为高句丽可资利用的因素，所以，高句丽转而采取联陈抗隋的政策，积极与陈朝开展外交，试图南北呼应，牵制隋朝。

然而，这个愿望很快就落空了。其道理十分明显，南方的陈朝已经是南北分裂的末章，不同于当年东晋和刘宋气势正盛，怀抱恢复中原的宏图，积极联合高句丽以图夹击北方政权。到陈朝时，不但长江以北土地尽入北朝，而且，长江上游和中游战略要地亦被隋朝所掌握，能够偏安一隅已属不易，遑论北上与隋朝一较长短。而且，隋朝的崛起极为迅速，不容分裂局面长期延续下去，故在国内各项制度基本建立之后，就挥师南下，于开皇九年（589）渡江平陈，结束了中国长达三百多年的分裂局面。

隋平江南，在国际上震动颇大。《隋书·高丽传》说，高句丽王得知隋平陈后大惧，立即"治兵积谷，为守拒之策"，两国关系急转直下。高句丽王所惧，除隋平陈打破了东亚国际间的势力均衡外，其立即大规模备战，还表明高句丽意识到自己已经成为最后一个公开抗拒隋朝的国家，只要坚持不臣服，则双方大战难以避免。

当然，高句丽也看到在共同对付隋朝的问题上，还有潜在的支持者，例如突厥，就与其有着共同的利害关系。岑仲勉先生通过对突厥文阙特勤碑的研究，指出突厥强盛时常与高句丽结好及聘使往来。[1]开皇三年，隋文帝北伐，突厥兵败称臣，但其内心实怀再起之志。[2]处于相同的困境，高句丽开始潜通突厥。此过程限于史料，难究其详。但是，大业六年（610）炀帝在启民可汗帐内发现高句丽使节，表明高句丽与突厥在炀帝抵达前要共商对策，进而说明其潜

---

[1] 岑仲勉《隋唐史》上册，中华书局，1982年，第71页。
[2] 突厥必将再度为敌这一点，隋朝的政治家早有明察。《资治通鉴》"大业三年七月"条记载："（高）颎又以帝遇启民过厚，谓太府卿何稠曰：'此虏颇知中国虚实，山川险易，恐为后患。'"同书"大业八年二月"条记载，隋兵部尚书段文振也指出，突厥"异日必为国患"。

相勾通的关系非止一日。

开皇四年以后,高句丽的种种动向,引起隋朝的强烈不满,特别是与突厥潜通,更引起隋朝的高度警惕和忧虑。炀帝在启民帐内警告高句丽使者时特地明言:"苟或不朝,将帅启民往巡彼土。"[1]就是想突出隋与突厥的紧密关系,粉碎高句丽企图与突厥联盟的念头。高句丽与突厥结盟的潜在危险,是对隋朝对外战略的严重威胁,遂成为隋朝再伐高句丽的直接原因。

引起隋朝与高句丽激烈冲突的另一个原因,来自朝鲜半岛三国间的相互战争。朝鲜三国中,高句丽最为强盛,并不断向南扩张。隋立之后,百济和新罗都向隋朝朝贡,接受册封,成为隋的封臣。因此,高句丽进攻百济和新罗,不啻蔑视隋与这两国之间的君臣关系,向隋朝国际关系秩序挑战。唐太宗劝谕高句丽勿攻新罗未果,是唐伐高句丽的重要原因。可见藩国间不得相互侵伐,是守"臣节"的重要内容。隋朝一再怒斥高句丽不守臣节,同样应该包含了这方面的内容。面对高句丽的攻势,百济和新罗都反复向隋朝求援,请伐高句丽。[2]对此,隋朝若坐视不理,就将威信扫地,国际关系秩序无存。朝鲜三国间的冲突,同样表明高句丽是隋制驭东亚的一大障碍。

大业三年,隋朝君臣曾就高句丽问题进行讨论,裴矩力主伐之,列举了两大理由:一是高句丽原属中国领土,二是高句丽不臣。[3]裴矩在此提出了领土问题。值得注意的是,在隋文帝和炀帝声讨高句丽的诏书中,都不提领土问题。因此,有必要对此略作探讨。

毋庸赘言,辽东原为中国领土。但是,自晋末中原丧乱之后,高句丽不断向西北扩张,辽东几度易手,至鲜卑慕容氏衰落后,辽

---

[1] 《资治通鉴》"大业六年"条,第5653页。
[2] 百济请伐高丽,见《隋书·百济传》。新罗向隋求援,见《三国史记·新罗本纪第四》"真平王三十年"条记载:"王患高句丽屡侵封疆,欲请隋兵以征高句丽,命圆光修乞师表。"
[3] 《资治通鉴》"大业六年"条。

东就长期控制在高句丽手中。后燕曾封高句丽王为平州牧,辽东、带方二国王。北魏则封高句丽王为辽东郡开国公。至隋代,各朝皆沿袭此封无改。东晋在义熙九年(413)任命高句丽王为都督营州诸军事;宋武帝时,增督平州诸军事,以后各代亦相沿不变。[1]如本书第二章第二节所论,上述对高句丽的册封,是五胡十六国以来对外臣册封"内臣化"的表现。此册封表明,南北政权将高句丽王作为中国皇帝的属臣,命其管理所辖区域,并不意味着领土主权的割让。因此,如果臣属关系的前提条件发生动摇,领土问题就自然摆到桌面上来。

事实上,在隋唐两代,辽东领土问题一直都是和高句丽不臣问题联系在一起提出来的。隋朝讨伐高句丽的诏书里未提及辽东领土,正表明隋朝统治者是从建立国际关系秩序的角度来理解和处理领土问题的。换言之,辽东领土问题当然是隋伐高句丽的内在原因之一,但是,更为根本性的原因是高句丽不臣造成的东北亚地区紧张局面,对隋朝的国际关系秩序构成严重威胁。只要这一根本问题得到解决,领土问题也就迎刃而解了。诚如隋炀帝在出师时所宣布的,"高丽高元,亏损藩礼,将欲问罪辽左,恢宣胜略"[2],提出了解决高句丽问题的总方针。

从以上分析不难看出,隋朝同高句丽的矛盾,已经超越了两国关系的范畴,具有全局性意义。令高句丽臣服以建立新的国际体系,成为希冀建构世界帝国的隋朝不可回避的选择。因此,征伐高句丽不是某位皇帝根据个人好恶所做的决定,不能归结为隋炀帝好大喜功,否则,整个隋朝的对外政策以及这场战争的历史意义都变得无法理解。正因为高句丽问题具有全局意义,所以,从隋朝到唐朝的四位皇帝都坚持贯彻臣服高句丽的方针。

---

[1] 参照《北史·高句丽传》《魏书·高句丽传》《南史·高句丽传》。
[2] 《隋书》卷三《炀帝纪上》,第75页。

实际上，征伐高句丽的战争是隋文帝发动的。如前所述，隋文帝成功地争取到了契丹和靺鞨粟末部的支持，逐步孤立高句丽。开皇十八年，高句丽婴阳王率靺鞨白山部万余人攻击辽西，被营州总管韦冲击退。关于高句丽的这次突然进攻，由于缺乏史料记载，难得其详。高句丽在东北地区形势日蹙，却贸然发动攻击，或许是为了挽回颓势？隋文帝随即命令大举反击，任命汉王谅与王世勣为行军元帅，率水陆三十万大军征伐高句丽。既然高句丽不退缩，隋朝也不能因此让建构国际关系体系的战略功亏一篑，双方在国际政治、外交方面的较量都已经逼近底线，兵戎相见成为最后的选择。

然而，隋文帝征伐高句丽并没有像外交战线那样取得成功。隋军缺乏在东北地区作战的经验，对当地的天气和地形都不熟悉，后勤运输也跟不上，大军出了临渝关（今山海关）就吃不上饭，甚至发生流行病。周罗睺统率的水军自东莱渡海进攻平壤，遭遇大风，船多漂没。水陆两路折损不少，好不容易到达辽河一线，已经师老兵疲。高句丽国王也想尽量回避同隋军大规模作战，遂上表自称"辽东粪土臣元"[1]。隋朝获得下台的阶梯，顺势罢兵，第一次征伐高句丽就此结束。

然而，双方的结构性矛盾没有解决，只是推延了爆发的时间，所以才有了隋炀帝连续三次征伐高句丽。

大业七年，隋朝的国际中心地位更加强大，业已臣服东、西突厥，打通西域，征服西南，四方来朝，基本建立了以隋为中心的国际关系秩序。举目四顾，唯有高句丽仍不臣服，甚至还潜通突厥，阻碍东亚国家入朝，成为隋朝的心腹之患。于是，隋炀帝下达了征伐高句丽的诏令，试图在东亚最终实现其国际战略目标。

翌年，隋炀帝征调113万大军，分成24军，日发一军，相去40里，首尾相继，长达960里。如果再加上200多万馈运丁夫，真可

---

[1]《隋书》卷八一《高句丽传》，第1816页。

谓漫山遍野式地杀向辽东。这种小说家都难以想象出来的出征规模，由于其戏剧般的铺张而掩盖了自身所包含的深刻用意。

首先，出兵的规模远远超出了隋朝常备军总数。隋代实行府兵制，其规模最多不超过60万人。常备军需要承担守卫漫长国界和中央、地方的众多任务，能够抽调的机动兵力不会太多。由此可知，隋炀帝此次出兵无疑是全国总动员，几乎征调了一切可以动员的军力和民力，倾巢而出。

其次，府兵不足，使得军队的大部分由募兵组成。而这些募兵是平时根本未受军事训练的民丁，其战斗力大成问题。实际上，渡过辽河作战的隋军仅30万人，这恐怕是隋军真正能够作战的主力。

再次，高句丽全盛时的兵力不过30万人[1]，而隋炀帝却动员百万大军讨伐之，实在过于夸张，不但没有这种必要，相反只会增加后勤负担。

最后，大军远征，利在速战和野战，隋兵部尚书段文振就曾向炀帝指明了这一点。[2]但是，隋炀帝的诸般部署却都反其道而行之。

隋炀帝曾任平陈军统帅，不能说他不谙军事，但如此大肆铺张却又不合兵理的出兵，究竟有何用意？

首先，我注意到大业三年六月隋炀帝出巡突厥时，"太府卿元寿言于帝曰：'汉武出关，旌旗千里。今御营之外，请分为二十四军，日别遣一军发，相去三十里，旗帜相望，钲鼓相闻，首尾相隔，千里不绝，此亦出师之盛者也。'"[3]毫无疑问，讨伐高句丽是兵巡突厥的翻版。《资治通鉴》说得很清楚，兵巡突厥的目的是"出塞耀兵"。同样地，征伐高句丽也是一次大规模的耀兵。重要的是，耀兵

---

[1]《三国史记·地理四》"高句丽"条载："渤海人武艺曰：'昔高丽盛时，士三十万。'"
[2]《隋书》卷六〇《段文振传》记载，段文振在征辽途中病危，给隋炀帝上表："水潦方降，不可淹迟，唯愿严勒诸军，星驰速发，水陆俱前，出其不意，则平壤孤城，势可拔也。若倾其本根，余城自克。如不时定，脱遇秋霖，深为艰阻，兵粮又竭，强敌在前，靺鞨出后，迟疑不决，非上策也。"
[3]《资治通鉴》"大业三年六月"条，第5631页。

的对象不仅限于高句丽。《资治通鉴》"大业八年二月"条记载，炀帝"引曷萨那可汗及高昌王伯雅观战处以慑悼之"。曷萨那可汗即西突厥处罗可汗，和他一起从征辽东的还有其弟阙达设及特勤大奈。[1]前述靺鞨渠帅度地稽亦率部从征高句丽。隋炀帝深知，突厥等国入朝是为形势所逼，并非心悦诚服。所以，他调集全国兵力，一方面想先声夺人，压服高句丽；另一方面则向各国示威，使之不敢反叛。因此，出兵高句丽是一箭双雕的威慑行动。

其次，隋炀帝大规模出兵，显然意不在战，而在不战而胜。关于这一点，可以从隋炀帝的以下措施看出来：第一，在二十四军里，每军都设置受降使者，"承诏慰抚，不受大将节制"[2]。这类受降、慰抚使者直接听命于隋炀帝，权力之大，甚至可以左右战场统帅的指挥。例如，高句丽大将乙支文德到隋军中诈降，打探隋军虚实，慰抚使刘士龙制止于仲文将其逮捕，犯了重大错误。第二，隋炀帝严令三军："高丽若降，即宜抚纳，不得纵兵。"[3]高句丽充分利用了这一点，一旦城池危急不保，就声称投降，隋军只能停战待降，使得高句丽获得喘息，修补城墙再战，隋军屡屡受挫。第三，前述段文振上表提醒隋炀帝："但夷狄诈，深须防拟，口陈降款，毋宜遽受。"这绝不是无的放矢，反映出隋炀帝在出兵当初就制定了逼降高句丽的方针。身居决策层的段文振看到了这一方针的危险性，才大力劝谏。

通过以上分析，可以对隋军诸多不合兵理的行动做出合理的解释，亦即隋炀帝征伐辽东，是一次威慑行动，目的在于压服高句丽，震慑各国。空前规模的出兵，很可能是有惩于隋文帝时单纯以军事手段讨伐高句丽而遭到失败的教训，想通过威吓来达到不战而胜的目的。因此，出兵的政治意义要大于军事意义。隋炀帝满心以为高句丽必定屈服于隋军的威压，因而对可能发生的战事，没有做好充

---

[1]《旧唐书》卷一九四下《突厥传下》。
[2]《资治通鉴》"大业八年正月"条，第5660页。
[3]《资治通鉴》"大业八年正月"条，第5662—5663页。

分的思想准备，反倒限制军队的行动，一心等待高句丽前来投降，甚至招引各国首领一同观战助兴。结果，隋朝军事部署和指挥上的一系列重大错误，招致了空前的惨败，渡过辽河的30万隋军，溃败后只剩下2700人，演成了一出贻笑天下的大闹剧。可以说，隋炀帝第一次征讨高句丽，是以军事手段进行的政治大赌博。

失败没有让隋炀帝清醒，反而让他觉得丧失面子，遂一意孤行，于次年再度征调大军，第二次征伐高句丽。这次隋炀帝不再进行政治表演，而是直接发动强大的攻势，谋求军事胜利。高句丽也拼力抵抗，战事十分激烈。然而，隋朝国内的形势已经发生根本性变化，隋炀帝苛酷驱使民力，连年大规模劳役不断，远远超过国内百姓所能承担的限度，各地开始出现农民起义。隋朝内部也发生分裂，受隋炀帝重用的宰相杨素之子杨玄感起兵号召推翻隋炀帝，迫使隋炀帝匆忙从朝鲜前线撤军，赶回来镇压，第二次征高句丽又以失败告终。

大业十年（614），隋炀帝镇压杨玄感之后，不顾国内农民起义的燎原之势，强令第三次征伐高句丽。显然，隋炀帝已经失去理智，不惜一切只想挽回面子，置民众于水深火热之中，把国家推向崩溃的深渊。而高句丽经过连年的大规模战争，也是筋疲力尽，难以坚持下去，故高句丽王上表求降，隋炀帝顺势宣称胜利，征伐高句丽大功告成。实际上，问题根本没有解决，只是双方都无力再战，找个阶梯下台而已。因此，在东亚建立以中国为中心的国际关系秩序问题只能留待日后解决。

隋朝和高句丽之间存在着直接和间接、短期和长期、区域性和全局性的矛盾。从表面上看，是两国在辽东地区的具体利益冲突，隋朝要恢复汉帝国疆域，高句丽则要力保其于中原内乱时向西扩张夺取的辽东地域，这构成隋朝同高句丽冲突的底层逻辑。在此之上，则是隋朝统一中国后要彻底消除致使中原王朝数百年内乱的外部原因，同高句丽支持中原王朝内部敌对势力以建立缓冲地带的冲突。在最高层次，则是隋朝要建构世界性大帝国，重新确立国际关系秩序,同高句丽欲称霸东北亚之间的矛盾。显而易见,这些矛盾是结构性的,在双方都不让步的情况下,军事较量难以避免,这绝不是由于个别领导人的性格所导致的偶然性冲突。所以,不能把隋朝同高句丽的斗争归咎于隋炀帝的好大喜功。

隋朝从国际战略的角度居高临下地处理东亚问题,整个对外政策建立在国家实力的基础之上,冷静而现实,表现出成熟与高超的外交手腕。隋朝阻止了高句丽勾结突厥的企图,争取靺鞨,招抚契丹,吸引百济和新罗,成功地孤立了高句丽,在政治、外交等各个方面都取得了一系列重大胜利,为臣服高句丽创造了良好的条件。在双方最后军事摊牌的时候,隋朝以天子伐诸侯的形式出兵辽东,占据了国际道义的制高点。然而,这些优势反而使得隋炀帝低估了高句丽拼死抵抗的顽强意志,招致一系列的军事失误,前功尽弃,甚至导致国家倾覆,征战辽东遂成为胜利者的挽歌。

如果说南北朝时期,中国向东亚各国的册封,形式重于内容,更多表现为笼络利用的话,那么,隋朝的对外政策则是要追求权力的实质。这便是中国对外"册封体制"在隋朝所发生的根本变化,并为唐朝所继承。支持此转变的是隋唐两代重建世界体系的对外政策及实力。

第九章　隋朝与倭国关系的重建

第一节　突然到来的倭国使节

隋朝建立以后，打败称霸北方的突厥，统一中国，积极向外传播文化、制度和宗教，着手重建国际关系秩序。这一系列动作对整个东方造成重大影响。面对迅速崛起的隋朝，周邻各国纷纷派遣使节入朝，建立国家关系。然而，在东方国家中，倭国似乎对此没有反应，一直到隋开皇二十年（倭推古八年，600），才突然见到其使节到访。从此以后，倭国使者频频而至，见诸记载的就有大业三年（推古十五年，607）、大业五年（推古十七年，609）和大业十年（推古二十二年，614），前后共四次。隋朝也于大业四年（推古十六年，608）派遣使节回访倭国。短短十四年间，双方来往达五次，平均不到三年一次，堪称频繁。

这四次倭使到访中，第一次最为重要，因为它重新开启了两国自南朝以来中断百余年的邦交，具有里程碑意义。然而，此次遣隋使虽然见于《隋书·倭国传》，却未在《日本书纪》中留下记录。至于后面三次，日本史籍均有记载。

从两国史籍关于使节交往的记载来看，遣隋使首见于开皇二十年，可以无疑。《隋书·倭国传》记载，倭使到后，"上令所司访其风俗。使者言倭王以天为兄，以日为弟，天未明时出听政，跏趺坐，日出便停理务，云委我弟。高祖曰：'此太无义理。'于是训令改之"。以上记载表明，由于长时间没有交往，故隋文帝对倭国事情甚感兴趣，特地让相关部门探询，并对其习俗深感诧异。因此，在此之前不应有倭使到访。这么重要的首次遣隋使，为何不见日本古史记载？而且，遣隋使如此频繁，又说明了什么呢？这些问题都需要深入探讨。

关于开皇二十年遣隋使入朝的目的，《隋书·倭国传》没有明确的记载，但在叙述大业三年遣隋使的时候记录了倭使的一段话："闻海西菩萨天子重兴佛法，故遣朝拜，兼沙门数十人来学佛法。"据此，倭使入隋的目的在于学习佛教。《隋书·倭国传》还记载，"敬佛法，于百济求得佛经"。这是以前正史所未见到的新内容。如第七章所论，佛教最初从中国江南传入日本，在大陆移民中流传。6世纪前叶，百济圣明王传来佛像及经论，经过倭国上层激烈的斗争之后，佛教在苏我氏和圣德太子等人的大力支持下，一跃成为国家宗教。故此处记载与日本国家佛教兴起的历史相吻合。同上述遣隋使所言相对照，可知学习佛教确实是其重要任务。

如果进一步探究，可以发现就在倭国贵族推崇佛教的时候，中国却遭遇北周武帝的灭佛运动（始于574年），直到隋朝建立以后，佛教才得以复苏。因此，该时期倭国不能不依赖朝鲜三国来弘扬佛教。例如：

577年，"冬十一月庚午朔，百济国王付还使大别王等，献经论若干卷并律师、禅师、比丘尼、咒禁师、造佛工、造寺工六人"。（《日本书纪》卷廿"敏达六年"条）

579年，"冬十月，新罗遣枳叱政奈末进调，并送佛像"。（同上）

584年，"秋九月，从百济来鹿深臣有弥勒石像一躯，佐伯连有佛像一躯"。（同上）

587年，"六月甲子，善信阿尼等谓大臣曰：'出家之途以戒为本，愿向百济学受戒法。'是月，百济调使来朝，大臣谓使人曰：'率此尼等将授汝国令学戒法。'……"。（同书卷廿一"崇峻即位"条）

588年，"百济国遣使并僧捻、令斤、惠寔等献佛舍利。百济国遣恩率首信……进调,并献佛舍利,僧聆照律师、令威、惠众、惠信、道严、令开等,寺工太良未太、文贾古子,炉盘博士将德白昧淳、瓦博士麻奈文奴、阳贵文、陵贵文、昔麻帝弥,画工白加。苏我马子宿祢请百济僧等问受戒之法,以善信尼等付百济国使……"。(同上)

590年,"春三月,学问尼善信等自百济还,住樱井寺"。(同上)

595年,"五月戊午朔丁卯,高丽僧惠慈归化,则皇太子师之。是岁,百济僧慧聪来之。此两僧弘演佛教,并未三宝之栋梁"。(同书卷廿二"推古三年"条)

日本国内大规模兴建佛寺,也是从此时开始的。594年,"春二月丙寅朔,诏皇太子及大臣,令兴隆三宝。是时,诸臣连等各为君亲之恩,竞造佛舍,即是谓寺焉"[1],可为明证。

就在日本佛教走向高潮的时候,中国也迎来了佛教重兴的机会。隋文帝由比丘尼带大,自幼深信佛教,故登基后立即取消北周废佛政策,至其晚年更大幅度改变既定的文化政策,抑儒崇佛。仁寿元年(601),隋文帝下令裁汰官学,"于是国子学唯留学生七十人,太学、四门学及州县学并废"[2]。与此同时,隋文帝派遣使者向全国三十州颁发舍利。翌年及仁寿四年,又两度向各州颁发舍利,让全国沉浸于佛教崇拜的热潮之中,并调动巨大的人力物力,在全国各地指定修建寺塔一百一十余处,未加载明者也不在少数。无论从经济层面还是精神层面,如此广泛地动员民众崇佛,在中国历史上实属罕见。

而且,颁赐舍利的范围不限于中国,"高丽、百济、新罗三国使者将还,各请一舍利于本国起塔供养,诏并许之"[3],而在中国求

---

[1]《日本书纪》卷二二"推古二年"条。
[2]《隋书》卷二《高祖纪下》。关于隋文帝晚年文化政策转换的背景及其目的,详参韩昇《隋文帝传》第十三章。
[3]《广弘明集》卷一七,《大正新修大藏经》第五二卷。

法的朝鲜僧人也随此佛教高潮，回国传法，如新罗高僧圆光就因为"绩业既精，道东须继"[1]而随新罗使节回国弘法。隋文帝崇佛的声誉也因此鹊起，远传东亚。

对于日本而言，佛教依赖朝鲜转手输入，毕竟不如由中国吸收来得直接。而且，要建立自身的佛教，就必须培养高水平的僧众，不能老是依靠外来僧侣。如上所述，日本虽曾派善信尼到百济留学，但其佛学水准不高，殆可无疑。何况日本还具有与其视为蕃国的三韩一较长短的心理。诸般原因都促使日本转而向中国求法。

据此可以判断，大业三年倭使向隋朝廷所称"闻海西菩萨天子重兴佛法，故遣朝拜，兼沙门数十人来学佛法"，所说的"海西菩萨天子"乃指隋文帝。[2]其理由有三：第一，从北周武帝灭佛中重兴佛法者为隋文帝。第二，隋文帝崇佛，表面上看与隋炀帝颇为相似，实际上颇有区别。隋文帝注重的是外在形式，如造寺、起塔、塑像、颁赐舍利经书和广度僧尼等，隋炀帝则重视对佛教义理的发潜阐幽，故在一定程度上纠正了文帝立寺度僧过滥的缺失。[3]就影响而言，把崇佛事业开展得轰轰烈烈、天下响应者乃隋文帝无疑。第三，中国的事情经由朝鲜国家传播到日本需要一定的时间。遣隋使乃至后来的遣唐使往返一次需要一年以上。自开皇二十年遣隋使回国之后，直到大业三年才重来，倭国对隋朝的直接了解仍停留于隋文帝时代。根据信息传播的时间差判断，大业三年倭使所言乃针对隋文帝崇佛而发。

《隋书·倭国传》记载，大业三年的遣隋使团中有"沙门数十人"。《日本书纪》"推古十六年（608）九月"条则记录下第三次遣

---

[1]《海东高僧传》卷二《圆光传》，《大正新修大藏经》第五〇卷。
[2] 根据金子修一「隋唐交代と東アジア」（收于池田温编『唐と日本：古代を考える』，吉川弘文館、1992年）："倭国の遣使の目的は仏教を手厚く保護している煬帝に使者を派遣し……"亦即认为"海西菩萨天子"指隋炀帝。
[3] 参阅蓝吉富《隋代佛教史述论》第一章，台湾商务印书馆，1993年。

隋使名单，除了大使小野妹子、小使吉士雄成和翻译鞍作福利之外，"遣于唐国学生倭汉直福因、奈罗译语惠明、高向汉人玄理、新汉人大国，学问僧新汉人日文、南渊汉人请安、志贺汉人惠隐、新汉人广齐等并八人也"。其中，僧人约占随行人员的一半。实际上，在《日本书纪》中尚可见到有关惠光、医惠日、灵云、胜鸟养和惠云等留学人员的记载，其数已经超过八人，证明《隋书·倭国传》所谓大业三年第二次遣隋使团有"沙门数十人来学佛法"的记载无误，可以补充《日本书纪》对此次遣隋使记载的缺漏。

综上所述，倭使入隋求法，可以得到确认。然而，这些都是大业三年以后的情况。如果开皇二十年的使节也只是为了求法，那么，日本史籍为什么不予记载呢？而且，为什么双方交往如此频繁？如果同8世纪以吸收先进文化为主要目的的遣唐使相比，更显突出，超出了佛教交流的需要。隋文帝崇佛，并非晚年骤起。隋朝甫立，隋文帝即复兴佛教，并以僧人充任顾问，二十余年间，"每日登殿，坐列七僧，转经问法，乃至大渐"[1]，这些都是天下皆知之事。如果倭国要求佛法，早就应该到隋朝来，不至于等到隋炀帝年间。更重要的是，上述开皇二十年（600）的遣隋使完全没有谈及佛教，使团中也见不到僧人。显然，倭国重开对隋交往，另有更加重要的使命。

第二节　遣隋使的使命

从《隋书·倭国传》的记载来看，开皇二十年（600）的遣隋使带来了许多新的情报，值得重视。

首先，是关于倭国官制的记载：

> 内官有十二等：一曰大德，次小德，次大仁，次小仁，次

---

[1]《集古今佛道论衡》卷乙。

大义，次小义，次大礼，次小礼，次大智，次小智，次大信，次小信，员无定数。

考诸《日本书纪》，推古十一年（603）十二月，圣德太子首次推行官位制度，依次为"大德、小德、大仁、小仁、大礼、小礼、大信、小信、大义、小义、大智、小智，并十二阶"，与《隋书·倭国传》所记阶数相同，但顺序有异。《隋书》按照隋时五德顺序排列，为仁、义、礼、智、信。但是，倭国真正实行的则是另一种顺序，为仁、礼、信、义、智。一般的解释以为圣德太子根据倭国现实需要更改五德顺序。然而，如果将五德背后对应的五行排列出来，就可以明白圣德太子的顺序为木、火、土、金、水，显然是根据中国更早时流行的五行相生顺序排列的，并非他个人的任意更改。[1]但是，其五德排序理论根据显然有别于隋朝。

《隋书·倭国传》还记载：

> 至隋，其王始制冠，以锦彩为之，以金银镂花为饰。

《日本书纪》上条也记载："并以当色缝之。顶撮揔如囊，而着缘焉。唯元日着髻华。"所谓"当色"，亦即根据五行说取与五德对应的颜色，故应为青、赤、黄、白、黑。五德之上加一最高阶"德"，其色为紫。日本史学界称此为"当色之制"，于次年实行。[2]大业四年（608），隋炀帝派遣裴世清出访倭国，倭王率众臣隆重接待，"是时，皇子、诸王、诸臣悉以金髻华着头，亦衣服皆用锦紫绣织及五色绫罗"。此记载既与上引《隋书·倭国传》记载相一致，亦证明冠位服色制度确实在大业四年之前实行。《日本书纪》在"五色

---

[1] 参阅韩昇《五行与古代中日职官服色》，《厦门大学学报》2004年第6期。
[2] 《日本书纪》"推古十二年"条记载："春正月戊戌朔，始赐冠位于诸臣。各有差。"

绫罗"之后注道："一云：服色皆用冠色。"衣服随冠冕颜色，确是当时的制度。《日本书纪》"推古十九年（611）五月"条记载，"诸臣服色皆随冠色，各着髻华"，可以为证。

通过对两国文献记载的比较对证，说明双方记载无误。那么，至关重要的问题随之出现。根据《日本书纪》的记载，圣德太子推行冠位制度在603至604年，然而，600年的遣隋使已经向隋朝报告倭国冠位制度的内容，早于圣德太子实际推行3年。这透露了一个十分重要的信息，那就是开皇二十年的遣隋使是由圣德太子派遣的，其任务之一是向隋朝学习建设中央集权制国家的经验。

此时的倭国，尚处于中央贵族和地方豪族世袭掌握各级权力的阶段，中央集权程度低，国家制度落后，特别是和邻国百济、高句丽相比，现行体制难以应对外来挑战。此时正是东亚因为隋朝的出现而发生一系列重大变化的时代，隋朝重建东亚国际体系，对东亚各国都造成重大影响。提高中央的集权程度，成为各国政治制度变革的基本方向。需要指出的是，东亚各国的内部政治制度变革，往往同外部的国际关系紧密联系，倭国也不例外，从603年圣德太子的改革到645年大化改新，直至白江口战败后全面学习唐朝文化建设"律令制国家"，无不同国际形势紧紧相连。

圣德太子的改革就是在此背景下进行的。其改革的样板，一方面是从百济等国输入先进文化，同时也把眼睛盯住最先进的隋朝。百济等国的制度文化与倭国的落差较小，易于吸取。但是，倭国的目标是超越朝鲜三国，成为区域最强大的国家，因此，就必须向隋朝乃至后来的唐朝取经。此政治改革已经启动，就难以逆转。推古三十一年（623），倭国留学生惠日等人向朝廷建议："大唐国者，法式备定之珍国也！常须达！"[1]这正是倭国向隋唐王朝学习、进行政治体制改革的基本方针。此方针就是从圣德太子时代奠定的，故遣

---

〔1〕《日本书纪》"推古卅一年七月"条。

隋使团中人数最多的就是留学人员，留学生和留学僧大约各占一半，他们在隋朝留学时间甚长，惠日本人就是其中之一，他的名字不在第三次遣隋使团之列，故有可能属于大业三年（607）的留学生，至此时归国，业已留学15年。圣德太子恢复同中国的交往之后，很快就派遣留学生，让他们长期留学，彻底熟悉隋唐制度文化，为将来的改革做人才储备。果然，在"大化改新"之际，起文化领导作用的正是这批留隋学生。由此益见圣德太子对隋交往的政治目的。

如果说彻底熟悉中国的先进文化制度，培养改革人才属于远期目标，那么，把即将在国内实行的官位制改革方案带到隋朝，获得帮助，就是近期的目的。隋朝的应对也透露了这方面的消息。如前所述，隋文帝在听取倭国使节介绍国情的汇报之后，对于倭王半夜听政表示反对，"训令改之"。在隋朝处理对外关系中，罕见如此直接干预外国内部事务的情况，而且，倭国使节对此毫无反应，令人费解。可是，如果是倭国使节向隋朝征询政治改革的意见，这一切就显得顺理成章。与此相联系，改动倭国冠位的顺序，很可能也是隋朝对倭国改革方案的具体回应。只是倭国没有采纳，故隋朝方面留下了自己的修改方案，而《日本书纪》则记录了实际颁行的冠位顺序。

圣德太子提高皇权的改革，直接触动世袭贵族的利益。当时，以苏我氏为代表的贵族势力十分强大，苏我氏数代担任大臣，掌握中央大权，苏我马子更是专权跋扈，于592年派人刺杀崇峻王，这才有了推古女王继立，以圣德太子辅政的局面。面对如此强大的苏我势力，圣德太子虽然痛切感到提高皇权的必要，却必须慎重行事，以免重蹈崇峻王的覆辙。故其派遣使者到隋朝，必须尽量隐秘，这应该就是第一次遣隋使在日本没有留下记载的原因。

第一次遣隋使获得成功，接下来如何派遣使节，颇费踌躇。圣德太子巧妙地利用了佛教，以求法为名，掩饰其政治目的，在派遣留学僧的同时，也安排了多位留学生。

圣德太子的做法，沿用了下一节将要讨论的东亚"佛教外交"

的传统,也给自己对隋外交留下充分的转圜余地,无论是对内还是对外。对内可以对苏我氏有所交代,对外则可以回避外交失败的责任,毕竟长期未同中国交往,能否成功地同隋朝建立国家关系并没有把握,万一失败,可以用求法的名义一推了之。如下节所论,对隋外交确实存在许多变数。

从以上研究,可以探明圣德太子对隋外交的内政目的。然而,双方交往如此频繁,显然还有其他要因。

开皇二十年是东亚发生重要转变的时期。两年前,隋朝和高句丽的矛盾终于发展到兵戎相见的地步,东亚的形势骤然紧张。毋庸置疑,东亚国家间的态势已经被打破,面对强大的隋朝,各国都必须做出自己的选择,保护各自的利益。在隋征高句丽不久,长期没有同中国交往的倭国使节突然出现在长安,两者之间的联系,不言而喻。

倭国在朝鲜半岛南部有着重大的利益,这里是其与大陆联系的主要通道,生死攸关。根据日本和朝鲜的古代文献以及《好太王碑》等碑铭记载,倭国经常军事介入朝鲜南部,企图在此建立通往大陆的跳板。

554年,朝鲜三国之间的关系发生了重大变化。前一年,百济与新罗合谋灭高句丽。为此,百济专门派遣使者入倭求援,获得允诺。于是,百济向高句丽发动攻势。就在此时,新罗王以为,"国之兴亡在天,若天未厌高句丽,则我何敢望"[1],遂暗通高句丽,共谋百济,袭取百济东北部以置新州。此役一改新罗附庸于百济的形象,从此成为朝鲜半岛上势力角逐的一方。

新罗的背叛是百济所不能忍受的,因此,百济于翌年转而向新罗发动进攻,并向倭求援。五月,倭国答应的援军一千人、马一百匹和船四十艘陆续开赴百济。十二月,百济圣王亲率大军发起强大

---

[1]《东国通鉴》卷五"是年"条。

攻势，却被新罗所包围，圣王被俘而死，余部在倭弓箭手的掩护下逃归。

就在百济面临危急时刻，556年，倭国趁百济王子归国之机，"仍赐兵仗、良马甚多……遣阿倍臣、佐伯连、播磨直率筑紫国舟师，卫送达国；别遣筑紫火君率勇士一千卫送弥氏，因令守津路要害之地焉"[1]。在倭军的掩护下，百济重新站稳脚跟。

此后，新罗一方面在朝鲜半岛南部迅速扩张，另一方面则不断派遣使者入倭，以避免再次出现倭军直接支持百济的情况。新罗和百济都在争取倭国。这种情况，在《隋书·倭国传》中有明确的反映，亦即"新罗、百济皆以倭为大国，多珍物，并敬仰之，恒通使往来"的记述。朝鲜三国间的争斗，给了倭国可乘之机，成为影响局势的重要力量，因而被视作"大国"[2]。

这一时期，发生了对倭国造成巨大冲击的事件，562年，新罗攻占倭国在朝鲜南部颇具影响力的任那（加耶）。[3]此后，历代倭王都企图重建任那。《日本书纪》"推古八年（600）"条记载："新罗与任那相攻，天皇欲救任那。是岁，命境部臣为大将军，以穗积臣为副将军，则将万余众，为任那击新罗。"且不去具体考证此记载中的夸张成分，倭国军事介入朝鲜南部的意图是明显的。这一年，正是倭国首次派出遣隋使的年份。

围绕着任那，朝鲜半岛出现的一些动向也值得高度重视。《日本书纪》"推古三年（595）五月"条记载："高丽僧惠慈归化，则皇太子师之。"同年到倭国的还有百济僧慧聪，同样受到倭朝廷的重用。两年后，百济派遣其王子阿佐到倭国。随后，倭国派吉士盘金赴新

---

[1]《日本书纪》"钦明十七年（556）春正月"条。
[2]《日本书纪》"钦明十五年（554）冬十二月"条记载，百济余昌勾引倭国谋伐新罗时，拒绝耆老劝谏道："我事大国，有何惧也。"
[3]《日本书纪》"钦明廿三年（562）春正月"条。据《三国史记》卷四记载，是年，新罗攻占加耶。此事亦见于中国文献，《通典》卷一八五"新罗"条记载："因袭加罗、任那诸国，灭之。"

罗，所交涉者无疑应是任那问题。其结果，倭使于翌年携新罗进献的"鹊二只"而归，八月，新罗再进献"孔雀一只"。显然，倭国和新罗的交涉不得要领，未见成效。

599年，百济向倭国进献驼羊等，翌年，倭国便向新罗采取了上述军事行动。但是，此次行动的成果极为有限。据《日本书纪》称，倭军攻占五城后主动撤军，而"新罗亦侵任那"；翌年三月，倭国更"遣大伴连于高丽，遣坂本臣糠手于百济，以诏之曰：急救任那"。结果似乎不尽如人意，高句丽和百济只是分别派和尚僧隆、云聪和观勒到倭国，再无动静。倭国虽然组织了新的远征军，却由于内部的种种原因，不了了之。

朝鲜半岛南部形势紧张之际爆发的隋朝大举征伐高句丽的战争，对于各方都产生了巨大影响。朝鲜半岛的问题不能再像以前那样，任由高句丽、百济、新罗和倭国自行解决，而必须考虑隋朝的因素。受到高句丽和新罗夹攻的百济王首先做出积极的反应，"开皇十八年，昌使其长史王辩来献方物，属兴辽东之役，遣使奉表，请为军导"[1]。与百济利益比较接近的倭国，必然也要做出反应，那就是恢复同中国中断很久的国交，了解隋朝对朝鲜半岛相关国家的态度及其政策，争取隋朝的支持，以决定自己的朝鲜政策。

到了大业年间，隋朝同高句丽的矛盾更加尖锐，双方都在进行大规模战争的准备。作为在朝鲜半岛南部有着重要利益的倭国，频繁派出遣隋使，明显同朝鲜局势密切相关。如下节所述，倭国的立场并不让隋朝满意，双方存在矛盾。尽管如此，隋炀帝还是忍耐下来，甚至派遣使节回访倭国，其争取友邦牵制高句丽的战略意图十分清楚。由此看来，双方的交往中，朝鲜问题必定是重要的方面。

---

[1]《隋书》卷八一《百济传》，第1819页。

第三节　东亚的"佛教外交"

利用佛教从事外交活动，我称之为"佛教外交"[1]。这种形式早就存在于东亚国家之间，并非倭国的创造。出现这种现象，与佛教在东亚早期传播过程中的实用主义特点密切相关。换言之，其传播自始就处于政治的利用之下。

东亚国家对佛教的实用主义利用，可以从以下三个方面来认识。

第一，早期佛教传播过程中充满功利性政治目的。

在东亚诸国（本节仅探讨高句丽、百济、新罗和日本）中，最早传入佛教的是高句丽。根据《三国史记·高句丽本纪》"小兽林王二年（372）"条记载："夏六月，秦王符（苻）坚遣使及浮屠顺道，送佛像、经文。王遣使回谢，以贡方物，立太学，教育子弟。"两年后，秦僧阿道再来。为此，高句丽于小兽林王五年（375）二月，"始创肖门寺，以置顺道，又创伊弗兰寺，以置阿道"[2]，佛教由此勃兴。故国壤王九年（392），"下教：崇信佛法求福。命有司，立国社，修宗庙"[3]，确立佛教为国家宗教的地位。国家崇佛的着眼点在于现世"求福"等功利性目的。然而，追溯其初传缘由，实发端于前秦对东北地区的控制，亦即东晋太和五年（370），前秦"王猛伐燕，破之。太傅慕容评来奔，王执送于秦"[4]。高句丽以执送燕太傅向前秦示好，前秦也以传播佛教、输出文化相怀柔，政治用意十分明显。

百济的情况亦有相似之处。《三国史记·百济本纪》"枕流王元年（384）"条记载："秋七月，遣使入晋朝贡。九月，胡僧摩罗难陁自晋至，王迎之致宫内礼敬焉，佛法始于此。"一个僧人到来而受

---

[1] 近年来，逐渐有研究者关注东亚的"佛教外交"问题，参阅河上麻由子《佛教与朝贡的关系——以南北朝时代为中心》，载《传统中国研究集刊》第一辑，上海人民出版社，2006年；「遣隋使と仏教」、『日本歴史』717号、2008年。
[2] 《三国史记》卷一八《高句丽本纪第六》"小兽林王五年（375）"条。
[3] 《三国史记》卷一八《高句丽本纪第六》"故国壤王九年（392）"条。
[4] 《三国史记》卷一八《高句丽本纪第六》"故国原王四十年（370）"条。

到如此隆重的欢迎，显然不是那么简单的事。百济与高句丽为敌国，高句丽引进佛法，百济为了与之相对抗，也专门从东晋引进，由此促成佛教的勃兴。翌年二月，百济王特地在汉山创立佛寺，度僧十人，至阿莘王元年（392），百济同样"下教崇信佛法求福"[1]，政治功利的目的不言而喻。

日本国家佛教的兴起，直接受到百济圣明王送佛像经论的刺激，本书第七章已经做了专题讨论，兹不赘述，要言之，百济向倭国输出佛教，是为了换取倭国支持其对高句丽的作战，政治目的十分明显。

显而易见，东亚国家佛教的传播，无不具有强烈的政治目的。而且，佛教的兴盛同样出于镇护国家等现世利用的原因。[2]

第二，教徒的功利性政治活动。

在这种背景下传入的佛教，僧侣自然热衷于以佛干禄，无须多怪。兹举二例论之。

其一，《东国通鉴》卷四记载，高句丽长寿王六十三年（475）九月，

> 高句丽王巨琏自将攻百济，杀其王余庆。初，高句丽王阴求可以间百济者，浮屠道琳应募曰："臣虽无能，思有以报国，愿大王指使之。"王悦，密遣之，琳为得罪亡入百济。时，百济王好搏弈，琳诣王门告曰："臣少而学棋，颇入妙。"王召与棋，果国手，遂尊为上客，甚昵之，恨相见之晚……

就这样，百济王在高句丽派来的奸僧教唆下，落入圈套，奢靡腐败，最终被高句丽打败，自己也成了刀下鬼。

其二，《三国史记》卷四四《列传第四·居柒夫》记载，居柒夫

---

[1]《三国遗事》卷三《兴法第三·难陁辟济》。
[2] 参阅韩昇《净土教在日本的流传与发展》，《闽南佛学院学报》1998年第2期。

为新罗奈勿王五世孙,少时为僧,曾潜入高句丽刺探消息。

> 入其境闻法师惠亮开堂说经,遂诣听讲经。一日……其夕法师招来相见,握手密言曰:"吾阅人多矣,见汝容貌,定非常流,其殆有异心乎?……老僧不敏,亦能识子,此国虽小,不可谓无知人者,恐子见执,故密告之,宜疾其归。"居柒夫欲归,师又语曰:"相汝燕颔鹰视,将来必为将帅,若以兵行,无贻我害。"

新罗僧充当间谍,而高句丽僧不惜卖国求荣。居柒夫回国后,于551年统率大军攻破高句丽。

> 至是惠亮法师领其徒出路上,居柒夫下马,以军礼揖拜,进曰:"昔游学之日,蒙法师之恩,得保性命,今邂逅相遇,不知何以为报?"对曰:"今我国政乱,灭亡无日,愿致之贵域。"于是居柒夫同载以归,见之于王。王以为僧统。

打着佛教幌子,奔走于各国之间,从事政治活动以牟取现世利益的事例尚有不少,不再一一列举。

第三,国家对佛教的功利性政治利用。

国家利用佛教进行国际政治活动,上引诸例皆可见其一斑,这里再举一例,以说明东亚国家间佛教外交乃常用手段。

在隋代,新罗屡遭高句丽进攻,为求得隋朝支持,其王乃命令自隋归国的和尚圆光修书,向隋乞师。[1]

佛教外交并不限于友好国家之间,国家利用宗教开展外交活动也不限于佛教。高句丽一贯与隋唐对抗,唐建立后,高句丽王便让

---

[1]《海东高僧传》卷二《圆光传》。

道士入唐求天尊像及道法，以求缓和关系。武德八年（625），新罗遣使向唐朝控诉高句丽阻塞朝贡道路，高句丽仍是"遣人入唐，求学佛老教法"[1]，甚至泉盖苏文发动政变，杀荣留王，改立宝藏王，使得高句丽与唐朝的战争一触即发的时刻，泉盖苏文仍派遣使者入唐求道教。《三国史记·高句丽本纪》"宝藏王二年（643）"条记载：

> 苏文告王曰："三教譬如鼎足，阙一不可。今儒释并兴，而道教未盛，非所谓备天下之术者也。伏请遣使于唐，求道教以训国人。"大王深然之，奉表陈请。太宗遣道士叔达等八人，兼赐老子《道德经》。

泉盖苏文知道唐朝崇道，所以投其所好，企图用道教外交来缓解两国一触即发的矛盾。这些求法活动，不过是变换形式的外交而已。

在朝鲜国家与倭国的交往中，佛教外交也屡见不鲜。前述6世纪末，高句丽、百济与倭国改善关系，共同对付新罗时，均向倭国派遣高级僧人，成为圣德太子之师。601年，倭国要求高句丽和百济出兵增援任那时，两国不愿配合，便分别派遣僧人前往交涉。显然，佛教外交同时具有官方与民间的双重性质，可以使采取主动的国家处于进退自如的地位，交往失败则不失国家体面，成功则能够达成外交目的。

实际上，唐日之间也曾使用佛教外交手段。唐平百济后，镇戍百济的刘仁愿派遣郭务悰赴日本安抚，日本即以沙门智祥接待。日本刚在白村江战败，对唐朝的动向既关注又惧怕，此时以和尚来转圜，不失为好办法。故唐朝于如意元年（692）闰五月派遣"郭务悰为御近江大津宫天皇所造阿弥陀佛"[2]，力图修复与日本的关系。

---

[1]《三国史记》卷二〇《高句丽本纪第八》"荣留王八年（625）"条。
[2]《日本书纪》卷三〇《持统天皇纪》。

由此可知，佛教外交是日本与朝鲜各国之间常用的外交手段，多用于打开相互间的交往，完成秘密使命，增进友好和转圜陷入困境的外交关系。总之，佛教外交经常是谋求外交关系向好的方向转变的方法。倭国在重开对隋交往时，采用了这一手段，其目的当然在于重新建立友好邦交的政治方面，协调双方的战略利益，绝不是要羞辱对方或者寻求对抗。

倭国对隋朝的佛教外交，只是将东亚国家间存在的佛教外交形式转用于隋朝而已，应置于东亚佛教外交的延长线上来认识。佛教外交流行于佛教教理研究与普及水平甚低，国家和社会各阶层一般将佛教用于现世镇护与祈福禳灾等功利主义时代，自然而然地转用于国家对外活动上，实质上，仍然是功利性的政治活动。

第四节　国书与倭王号

圣德太子恢复同中国的国交，面临着一个重大的问题，那就是如何定位同隋朝的关系。迄止南朝，倭国一直要求获得中国的册封。雄略王中断同南朝的交往之后，倭国脱离了中国的册封体制。现在同隋朝建立国交，倭国是否回归隋朝的国际体制？双方关系的确定成为重要问题。

开皇二十年（600）的遣隋使是否递交国书，史无明文。大业三年（607）的遣隋使则向隋朝进呈国书。《隋书·倭国传》记载：

> 其国书曰"日出处天子致书日没处天子无恙"云云。帝览之不悦，谓鸿胪卿曰："蛮夷书有无礼者，勿复以闻。"

这封国书表明了倭国对隋交往的立场，那就是不再请求隋朝册封，继续保持独立状态，进而同隋朝保持大致平等的关系。所以，这封国书引起隋炀帝的"不悦"，斥之为"无礼"。那么，到底哪里

"无礼"呢？

有日本及韩国学者以为，"日出处"表示旭日东升，"日没处"表示日薄西山，故暗含贬损隋朝的意思。此说根本不能成立。倭国遣使的目的是主动要求恢复国交关系，而不是来挑战隋朝的国际地位的，断然不会故意激怒隋朝。其实，"日出处"和"日没处"的第一层含义，是"东"和"西"。佛典有此说法，例如《大智度论》卷九《十方菩萨来释论》说：

> 如经中说：日出处是东方，日没处是西方，日行处是南方，日不行处是北方。

中国内地少数民族也有相同的说法，《后汉书·南蛮西南夷列传》收录西南部族诗歌《远夷慕德歌诗》：

> 蛮夷所处，日入之部。慕义向化，归日出主。

圣德太子学养颇佳，相传他熟读中国典籍，而《史记》《汉书》《后汉书》三史早就传入倭国，他应该读过。而且，他也是佛教信徒，据说曾经注释过《胜鬘经》等三部佛经[1]，对佛教颇有造诣，积极推动佛教的传播，使之成为国家宗教。因此，他特意引用佛典修国书给"海西菩萨天子"，合情合理。由此亦可见其对国书之用心。

我曾经撰文讨论过，早期倭国流传的佛教，主要是宣扬西方净土的佛像及其思想。[2]《扶桑略记》"钦明十三年（552）十月"条记载："百济明王献阿弥陀佛像、观音、势至像。"显然，阿弥陀净土信仰是其国家宗教兴起的嚆矢。此后倭国供奉的佛像，即以如来、

---

[1] 参阅藤枝晃「勝鬘経義疏」，『日本思想大系2 聖徳太子集』，岩波書店、1975年。此外，圣德太子还撰写了《法华义疏》和《维摩义疏》。然而，其真伪颇有争议。
[2] 参阅韩昇《净土教在日本的流传与发展》，《闽南佛学院学报》，1998年第2期。

观音和阿弥陀三尊佛为主。如圣德太子创建的四天王寺就供养如来、观音、阿弥陀和文殊佛像，而其本人则发愿往生净土。另据《日本书纪》记载，白雉三年（652）四月，孝德天皇"请沙门惠隐于内里使讲《无量寿经》，以沙门惠资为论议者，以沙门一千为作听众"。可见在"大化改新"前后，阿弥陀净土教在日本颇为流行，居于中心地位。从当时倭国西方净土信仰的普及情况来看，我认为称隋朝为"西"，是一种褒义的双关语，既是方位的指称，又暗喻西方净土世界，丝毫没有贬损之意，反而应该含有宗教的尊敬。此应是"日没处"亦即西方的引申义。当年倭国使者用求法的名义入隋，心怀崇敬，向西而行，圣德太子煞费苦心地引用佛典，所修国书与此情景颇为贴切，语含双关，后人不应以俗见误释，有贬圣德太子智慧。

实际上，"日出处"和"日没处"用语并未造成隋炀帝的反感，故下一次遣隋使到来时，其国书称"东天皇敬白西皇帝"[1]，依然是东西对举。那么，被隋炀帝斥为"无礼"的是什么呢？很清楚，就是自称"天子"，且与隋朝天子并称，完全没有君臣上下之分。关于这一点，如果对比突厥可汗同隋文帝之间的书函格式，就可以看得更加清楚。

突厥沙钵略可汗势力尚强时，致书隋文帝称："从天生大突厥天下贤圣天子、伊利俱卢设莫何始波罗可汗致书大隋皇帝。"口气虽大，称号也基本对等，但是仍有细微的差别，亦即称隋文帝时用正式的"皇帝"称号，自己则称"天子"。隋文帝回书时则称"大隋天子贻书大突厥伊利俱卢设莫何沙钵略可汗"[2]，使用"天子"对"可汗"的格式，明确上下身份差别。沙钵略势力衰落后，其书函格式也相应变为"大突厥伊利俱卢设始波罗莫何可汗臣摄图"，仍称隋文帝为"大隋皇帝"。显然，即使是强盛的突厥可汗，也避免和隋朝

---

[1]《日本书纪》"推古天皇十六年（608）"条。
[2]《隋书》卷八四《突厥传》，第1868页。

皇帝并用同一称号。由此看来，倭国国书犯了大忌，故被斥为蛮夷无礼。

和隋朝皇帝相提并论遭到斥责，故大业五年（609）遣隋使入朝时，国书改作"东天皇敬白西皇帝"[1]，用正式的"皇帝"称号称呼隋炀帝。至于自称"东天皇"，则是《日本书纪》作者的篡改，因为"日本"的国号和"天皇"号，要到唐高宗时代以后才形成，因此，这里充其量只是自称"王"或者"大王"之类。这封国书为隋朝所接受，故《隋书·倭国传》不再作为问题提出来。

诚然，倭王退让了。但是，从国书透露出来的信息十分清楚，倭国不想再像从前那样成为隋朝的臣属国，即使承认隋朝地位更加崇高，也依然希望保持独立，一方面既想向隋朝学习，建立友好关系，另一方面却又不愿被纳入隋朝的册封体制之中。

对于隋朝而言，倭国承认其中心地位，可以接受。当时，征伐高句丽的战争正在紧锣密鼓筹划中，故在东方必须尽量争取友邦，孤立高句丽。倭国的立场固然不尽如人意，但还是表示尊隋，所以，隋炀帝还是在翌年派遣文林郎裴世清出使倭国。文林郎官品较低，但裴世清出自名门[2]，选择这种身份的文化官员充任使节，恰到好处。

裴世清随倭使小野妹子前往倭国，携带的隋朝国书称"皇帝问倭王"[3]。《隋书·倭国传》也同样一律以"倭王"称呼倭国君主，此为定制。在隋朝看来，皇帝乃天下至尊，四邻皆在其下，由此构成天下秩序。倭国为了接待裴世清，似乎内部颇有不同意见。如前所述，遣隋使为圣德太子所派遣，其政治对手苏我马子在一旁虎视眈眈，故圣德太子既要达到同隋朝建立友好关系的目的，又不能向隋

---

[1]《日本书纪》"推古十六年（608）九月"条。
[2] 参阅池田温「裴世清と高表仁－隋唐と倭の交渉の一面」、日本歴史学会编『日本歴史』1971年9月号。
[3]《日本书纪》"推古十六年（608）八月"记为"皇帝问倭皇"。隋文帝称倭王为"皇"，绝无可能。《善邻国宝记》上引古籍《经籍后传记》作，"皇帝问倭王"，当是。所谓"倭皇"之称，无疑是《日本书纪》作者的改窜。

朝过于示弱，以免被苏我马子抓到把柄，倭国对隋外交就是在这种艰难的国内政治环境下进行的。

大业四年（推古十六年，608）四月裴世清到达筑紫，六月入住难波新馆，直到八月才得以进入都城觐见倭王。[1]这么长的时间，倭朝廷内部就是在讨论接待隋使的规格礼仪，也就是在检讨如何定位同隋朝的关系。最后，倭王亲自接见裴世清，裴世清当面向倭王宣读隋炀帝的国书，进献礼物。《隋书·倭国传》记录了当时倭王同裴世清的对话：

> 其王与清相见，大悦，曰："我闻海西有大隋，礼义之国，故遣朝贡。我夷人，僻在海隅，不闻礼义，是以稽留境内，不即相见。今故清道饰馆，以待大使，冀闻大国惟新之化。"
>
> 清答曰："皇帝德并二仪，泽流四海，以王慕化，故遣行人来此宣谕。"

这段对话应该是根据裴世清回国后的报告记录的，倭王解释没有及时接见裴世清的缘故，以及同隋朝交往的目的是"冀闻大国惟新之化"，这些都同《日本书纪》的记述对得上，因此是可靠的。

倭王语气谦恭，却没有要求隋朝册封，这同倭国国书表现出来的立场是一致的。同时，也说明双方交往属于国事活动，绝不是民间的佛教交流。日本近代明治维新以后，国力强大，历史学界遂出现尽量掩饰乃至否定古代日本追随中国的倾向。自本居宣长以来，有些日本古代史研究者认为倭国对隋外交的目的在于求法和输入大陆文化，甚至认为"遣隋（唐）使几乎未见在国际政治上的活动"[2]，这明显有悖于史实。

倭国要尽量争取独立于隋的国际地位，自然希望隋朝能够承认

---

[1]《日本书纪》卷二二。
[2] 井上秀雄「『記紀』に見る古代の外交」、上田正昭ほか『「古事記」「日本書紀」総覧』、新人物往来社、1990年。

其国王的称号。当时倭王的称号尚未定型,有"大王""天王"等说。如上引国书所示,隋朝所能采用的就是"倭王"一称,这同以往历代称"倭王"或者"倭国王"是一致的。[1]要隋朝使用倭国自己制定的王号,几乎是不可能的。而且,在隋朝同该地区其他各国交往中亦无此先例。因此,倭国使节采用曲折隐晦的办法来达到目的。《隋书·倭国传》记载:

　　倭王姓阿每,字多利思比孤,号阿辈鸡弥。

"阿每"乃日语"天(アメ)","阿辈鸡弥"乃"大王(オホキミ)"的对音。"多利思比孤(タリシヒコ)"亦为译音,末尾的"比孤(ヒコ)"乃"彦"的对音,是对男子的美称。"多利思"如何比定,似未定论,或为《新唐书·日本传》所载的用明王。[2]把这一连串奇怪的文字串在一起,实指男性"天王"(アメ・オホキミ,アメキミ)。此称号到唐高宗时代演变为"天皇"。

这一奇怪的倭王名字,只能出自遣隋使的介绍。他们把倭国内王号当作倭王名字向隋朝介绍,所以留下这段奇妙的记载。然而,如果隋朝采用此"名字"给倭国修国书,拿到倭国内宣读,不啻承认了倭王称号,至少在其国内显示获得了重大的外交成果。这不是故事,而是确实发生的事情。在唐朝官方文献中,保存了一件张九龄为唐玄宗撰写的《敕日本国王书》[3],起首称:

　　敕日本国王王明乐美御德。

---

[1]《三国志·魏书·倭人传》记载曹魏册封倭王为"亲魏倭王",南朝刘宋册封其为"倭国王"。
[2] 据《新唐书》卷二二〇《日本传》记载:"次用明,亦曰目多利思比孤,直隋开皇末,始与中国通。"用明王586—587年在位,时属开皇末年,未见与隋朝交往之记载。
[3] 张九龄《敕日本国王书》,收于《曲江张先生文集》卷一二;《文苑英华》卷四七一,中华书局,1966年影印版。

"明乐美御德"就是"スメラミコト"的对音,意为"天皇"。唐朝不可能称日本国王为"天皇",但是,日本采用音译的手段达到目的。这种做法明显源于遣隋使,一脉相承。

利用语言和地理上的隔阂,自我夸大,闪烁其词,在日本同唐朝的交往中也常见到,唐人也不免起疑,故《旧唐书·日本传》称:"其人入朝者,多自矜大,不以实对,故中国疑焉。"

这种"矜大,不以实对"的背后,是倭国力图最大限度确保其利益。隋朝同倭国曲折幽隐的外交折冲,典型地反映出东亚国家面对隋唐帝国强势崛起并积极整合重建东亚世界的时候,如何应对时势,维护各自的利益。

自从汉帝国崩溃之后,东亚失去了确立国际关系规则的权威中心,国家间关系建立在实力的基础之上,武力决定国家的地位,强弱离合围绕着各自的利益展开。随着国家利益和实力的变动,国际关系也随之变化,脆弱的和平轻易被打破,难有国际道德和准则可言。隋唐崛起,致力于重建基于中国道德文明基础的国际体系,其目标并不是要扩张领土,而是要建立国际关系准则和秩序,确立国际中心,成为稳定的国际关系的基础。此一努力既有符合各国利益的方面,也同各国的具体利益有所冲突。东亚世界就是在错综复杂的国家利益调整和冲突中逐渐建立起来的。

第十章　东亚局势与唐朝的朝鲜政策

第一节　唐朝对外政策的基础

　　古代帝国强大与否，同周边民族、国家的关系至关重要。对于一个具有世界影响的帝国而言，与周邻的关系归根结底体现为能否确立国家间关系秩序，以此建构以其为中心的国际体系。唐朝自太宗时代起，积极整合东亚国家关系，致力于重建东亚世界。然而，从"五胡之乱"以来，东亚失去原有的国际权威中心已经过去了大约两个世纪，国际形势变化甚大，各国的利益错综复杂，故重整东亚世界的进程困难重重。本章拟考察唐朝建立以后至讨平高句丽为止东亚国家关系的演变和唐朝对朝鲜政策的形成及其嬗变。

　　唐朝建立翌年，高句丽即派遣使者入唐朝贡。[1]有趣的是，高句丽新一代荣留王的即位恰与唐朝的建立同年。也就是说，原先相互对立的两国君主都已退出了历史舞台，虽然战争的创伤远未平愈，但是，由于政局和人事的改变，使得两国关系可以在新的基础上重新展开。对于两国领导人来说，如何扬弃前代的外交政策，建立新的关系准则，就是首要的课题。

　　从国际政治的角度看，国家领导人的变更不具有根本性意义。因为决定国家关系演变的，归根结底是国家利益，而不是领导人的性格好恶。隋朝灭亡，并没有改变其与高句丽矛盾的结构，只是推

---

〔1〕《旧唐书·高丽传》记载："其王高建武，即前王高元异母弟也。武德二年，遣使来朝。"

迟了解决的时间。唐朝和高句丽新领导人上台，依然要面对同样的问题。只要双方结构性利益冲突不能得到根本性调整，冲突就难以避免。当然，解决矛盾的手法、时机、规模等会受到领导人个性、意志以及其他因素的影响，被内政所左右，这是研究国际问题时始终不可轻视的重要方面。

唐太宗征伐高句丽是对隋朝高句丽政策的继承。毫无疑问，经历了魏晋南北朝的分裂动乱，新建立的统一王朝势必要重新构筑以中国为中心的国际关系秩序。在此意义上，隋唐两代的高句丽政策，具有继承性。但是，两个王朝所面临的国际环境不尽相同，唐代又有许多新的因素出现，因此，有关高句丽政策必然有所变化与发展。所以，我们不能不分析从武德年间与高句丽关系友好到贞观年间征伐高句丽之间所发生的政策变化，进而探讨这一变化的内外原因，以及对高句丽政策的实质。

从东亚世界的大局着眼，唐朝和高句丽的关系就不是简单的双边关系，而是和整个东亚的国家间关系紧密联系在一起。只是高句丽的国家实力及其地理位置，使其与唐朝的关系对整个东亚影响颇大，是唐朝在东亚建立国际关系秩序的关键所在。例如，长期同高句丽对立的百济，在隋炀帝征伐高句丽失败之后，逐渐倒向高句丽；新罗则在高句丽的长期重压之下，不得不积极寻求外援，甚至袭取盟友百济在汉江流域的出海口地区，其目的恐怕是要打通前往中国的道路。然而，同百济反目，使得新罗遭到高句丽和百济的夹攻，形势更加恶化，遂采取彻底倒向唐朝的政策，不但在国际政治上称臣，而且积极导入唐朝政治法律乃至文化制度，进行国内的重大改革，以同高句丽和百济抗衡。由此均可看出高句丽对东亚的重要性。这样就能理解为什么隋唐两代始终把高句丽作为中心问题来解决。所以，从相当程度上说，唐朝与高句丽的关系是东亚国家间关系演变的主轴。

唐太宗征伐高句丽并未完全达到预期的目的，故研究者多认为这是一次失败的战争。这种见解，容易使人孤立地看待唐太宗攻打高句丽事件，从而忽视了这一军事行动的意义，特别是贞观十九年（645）以后唐太宗实行持久困敝高句丽的方针，更未见引起重视和阐述，而这一方针恰是唐高宗大获成功的重要基础。因此，我认为若就唐太宗攻打高句丽而言，与其说是失败，不如说是导致了明智的政策转变。正因为有了太宗征高句丽的经验和教训，才有了高宗对太宗高句丽政策的继承与发展。

朝鲜问题的复杂性、艰巨性，通过隋文帝始征高句丽到唐高宗灭百济、高句丽的大半个世纪充分反映出来。此过程给予唐朝许多启示：国际关系体系不可能没有中心国家实力的支撑，但不能光靠军事力量维持，最重要的是要具有先进的政治、法律制度，强大的经济和繁荣的社会，令人向往的文化，才能对周边国家产生吸引力。而且，中心国家必须能够制定国家关系的秩序和最低限度的国际准则，让加入其国际体系的国家获得利益，保障国际关系的稳定与和平。这些显然都是唐朝统治者充分认识到的，所以，可以看出唐朝和汉朝在构建国际体系时的重要区别。汉武帝更加重视军事占领和拓展领土，唐朝则强调让当地民族自主统治，只是要求他们在国际政治上服从于唐朝，加入唐朝的国际体系，唐朝称此做法为"羁縻"。羁縻是唐朝处理同周邻国家关系最常见的方法。正是由于这种认识，所以，在后面章节里我将论述唐高宗和武则天在平百济和高句丽之后，实际上允许新罗统一朝鲜，其间虽然有不愉快的经历，但是，没有军事占领和领土纠葛，反而让双方容易在国际政治关系上调整利益，最终形成稳定友好的关系。

由此可知，唐朝处理对外关系的时候，已经在总结汉代经验教训的基础上，强调制度文化的传播和对周邻国家的开放，通过人员、物质、文化的广泛流动，充分吸收各国之长，维持自身的先进性和活力，形成对周邻的优势和吸引力，确保自身的中心地位。这一点在唐朝历史上可以看得十分清楚，唐朝对外关系鼎盛的时期，恰好是唐朝最繁荣的时代，两者完全重合。"安史之乱"以后，唐朝国力开始衰退，最重要的是动乱改变了唐人的许多观念，从积极开放到逐渐消极，乃至对"胡人"产生排斥心理，唐朝的国际影响力也随之降低。从唐至宋，汉族主义逐渐高涨，宋人甚至视唐人一身"狐（胡）臭"，唐朝鼎盛时代那种盛大的国际关系局面就不复存在了。所以，唐朝留给历史的经验，就是建设先进的制度和多元文化，用兼收并包的开放性社会去赢得周邻国家的尊重，成为国际中心。在东亚，唐朝的遗产就是建成了以汉字、儒学、教育制度、律令制度、佛教和技术等共同文化为基础的东亚世界。其成功的经验就在于先进制度、多元文化和开放性社会这三方面，而不是军事征服。其国际政治的理论基础源于中国的文化传统，那就是孔子所说的"远人不服，则修文德以来之，既来之，则安之"。

第二节　唐高祖时代的朝鲜政策

唐代隋立，对于高句丽来说，无疑是一件值得庆幸的大事。新即位的高句丽荣留王立即抓住机会，几乎是年年向唐朝遣使朝贡。兹根据中国和朝鲜的史籍，将武德年间两国的外交往来整理如下：

（1）武德二年（619），遣使来朝。（《旧唐书》卷一九九上。参见《三国史记·高句丽本纪第八》记载，具体时间为"春三月"。）

（2）四年，秋七月，乙丑，高句丽王建武遣使入贡。（《资治通鉴》卷一八九。参见《旧唐书》卷一九九上；《三国史记·高句丽本纪第八》。）

（3）五年，遣使入唐朝贡。唐高祖感隋末战士多陷于此，赐王诏书……（《三国史记·高句丽本纪第八》。参见《资治通鉴》卷一九〇；《旧唐书》卷一九九上。）

（4）六年，冬十二月，遣使入唐朝贡。（《三国史记·高句丽本纪第八》。）

（5）七年，王遣使入唐请颁历。遣刑部尚书沈叔安，策王为上柱国、辽东郡公、高句丽国王。命道士以天尊像及道法，往为之讲《老子》，王及国人听之。冬十二月，遣使入唐朝贡。(《三国史记·高句丽本纪第八》。参见《资治通鉴》卷一九〇；《旧唐书》卷一九九上。)

（6）八年，王遣人入唐，求学佛老教法，帝许之。(《三国史记·高句丽本纪第八》。)

（7）九年，新罗、百济遣使讼建武，云闭其道路，不得入朝。又相与有隙，屡相侵掠。诏员外散骑侍郎朱子奢往和解之。建武奉表谢罪，请与新罗对使会盟。(《旧唐书》卷一九九上。)

以上记载表明，高句丽的对唐外交十分积极主动，使节来往频繁，恰和其与隋朝的交往成为鲜明的对照。双方交往的内容，如武德五年（622）遣还因隋炀帝征伐高句丽而陷没其地之人所示，首先是通过对上一代战争的善后处理来缓和紧张关系，结束战争状态，修筑新的关系基础；其次，如武德七年（624）请唐颁历、接受册封以及输入佛教、道教所示，表明愿意臣服于唐朝，接受唐朝文化；最后，如武德九年（626）新罗、百济控诉高句丽"闭其道路，不得入朝。又相与有隙，屡相侵掠"所示，表明高句丽要保持其在东亚的强国地位，在实质性的既得利益上没有做出让步。概言之，高句丽对唐朝外交的方针，一是在表面上臣服于唐朝；二是要确保其在东亚的既得利益和地位。那么，导致隋朝向高句丽开战的问题，实际上没有解决。

唐高祖在处理高句丽问题时所面临的局面要严峻得多。首先是中国远未统一，内战尚在激烈地进行。其次是北方还承受着突厥的严重威胁。在此局势下，高祖无力勾画国际关系蓝图，只能尽量缓和矛盾，避免树敌，争取友邻。因此，武德五年，唐高祖在解决战争遗留的两国俘虏问题时，致书高句丽王：

    王既统摄辽左，世居藩服，思禀正朔，远循职贡。故遣使者，跋涉山川，申布诚恳，朕甚嘉焉。方今六合宁晏，四海清平，玉帛既通，道路无壅。方申辑睦，永敦聘好，各保疆场，岂非盛美。

申明与高句丽关系的原则是在藩属基础上"方申辑睦，永敦聘好，各保疆场"。

如前所述，此时唐朝尚未确立自己的世界战略，所以高祖的上述申明只是面对现实的对策。这一点，从武德七年高祖与侍臣的下述对话可以得到确认：

高祖尝谓侍臣曰："名实之间，理须相副。高丽称臣于隋，终拒炀帝，此亦何臣之有！朕敬于万物，不欲骄贵，但据有土宇，务共安人，何必令其称臣，以自尊大。即为诏述朕此怀也。"侍中裴矩、中书侍郎温彦博曰："辽东之地，周为箕子之国，汉家玄菟郡耳！魏、晋已前，近在提封之内，不可许以不臣。且中国之于夷狄，犹太阳之对列星，理无降尊，俯同藩服。"高祖乃止。

这段对话表明唐朝尚未确立对高句丽的政策方针。究其原因，除受国内形势的制约外，还有惩于隋炀帝征伐高句丽而导致社稷倾覆的惨痛教训，因而在棘手的高句丽问题上举棋不定。

长远的外交方针未能确定，那么，在具体的外交行动上也就只能以临时举措敷衍。上引武德九年新罗和百济控诉高句丽阻其入朝以及三国间相互侵掠时，高祖只是遣使谕和之。《旧唐书》仅记载高句丽遣使谢罪，似乎高祖谴责了高句丽侵犯邻国的行为。实际上，根据《三国史记》记载，高祖派遣的使者是到三国谕和一圈；而《资治通鉴》更明确记载，"三国皆上表谢罪"，也就是高祖不问是非曲折，采取各打五十大板的做法，扮演了和事佬的角色。兹将武德年间朝鲜三国与中国的交往整理成下表：

表7　朝鲜三国使节入唐统计表（一）[1]

年份 \ 次数及典据 \ 国名	高句丽	百济	新罗	重要事件
619	1（旧、三）			
620				
621	1（旧、三）	1（旧、三）	1（旧、三）	唐遣使新罗
622	1（旧、三）			唐与高句丽各遣还战俘
623	1（三）		1（三）	百济攻打新罗
624	1（旧、三）	2（旧、三）		唐遣使册封并谕和三韩 百济讼高句丽塞朝贡之路 百济攻打新罗
625	1（三）	1（三）	1（三）	新罗讼高句丽塞朝贡之路
626	1（旧、三）	2（三）	1（三）	唐遣使谕和三韩 百济攻打新罗
合计	7	6	4	

然而，高祖的这番"谕和"并无成效，三国间依然不受约束地相互征战，甚至日趋激烈。这一方面是因为唐朝对三国鞭长莫及，难以发挥有约束力的影响；另一方面则是唐朝尚未确立其东亚外交政策。

在古代，中国是否确立长期性的东亚政策并保持强有力的影响，对东亚局势的发展是至关重要的。如果中国能发挥有效的影响力，那么，在君臣藩属关系下，藩国间的行为将受到约束规范，从而形成国际关系秩序，保持区域的稳定与和平。反之，如果这一权力中心丧失或者不起作用，那么，各国间的关系势必建立在实力基础上，

---

[1]　"朝鲜三国使节入唐统计表"（一）（二）的史料出处分别为："旧"为《旧唐书·东夷传》；"资"为《资治通鉴》之该年条；"三"为《三国史记》之各国本纪；"东"为《东国通鉴》。

无制约的交相征伐势所难免，直到新的权力中心或势力均衡形成之前，战争的车轮是无法停止的。由于地缘政治等原因，强大统一的中国的出现，自然会成为东亚国际关系的中心，这种国际关系秩序固然是从中国的立场出发，有利于中国的，但同时也是东亚地区和平与稳定的杠杆。隋朝统一中国之后，曾试图恢复中国在东亚的中心作用，但随着隋炀帝征伐高句丽的失败，这种努力亦告破灭。高句丽、百济和新罗之间的相互征讨，就是在统一的中原王朝崩溃之后，不受制约地进行，并愈演愈烈。

武德年间，唐朝尚未在东亚发挥有力的影响。此时，朝鲜三国争相与唐朝结交。高句丽因为与隋朝有过激烈的战争，所以，其与唐朝的交往包含着结束战争状态，重建睦邻关系的意义。至于百济和新罗，如表中所见，两国间战事频仍，同时积极开展对唐外交，明显是希望能够利己性地争取唐朝介入争端，结为强援，以压倒对方。此外，两国又都向唐朝控诉高句丽，可见三国间仍处于互相敌视的状态。也就是三国间的角逐仍是自发性的，尚看不到力量集中的联合趋势。而竞相争取唐朝支持，则反映出各国重新组合力量的诉求。但这种组合是利己性的，所以，当唐高祖态度暧昧地"谕和"三国时，自然碰壁而回。唐朝介入朝鲜，既有唐朝自身的愿望，也有来自朝鲜内部的要求。这一要求是要唐朝态度明确，有倾向性地介入。要做到这一点，就必须与朝鲜国家建立具有实质意义的藩属关系。而且，这种带有倾向性的介入，也势必引起东亚国际关系大的变动与组合。这一切都有待于唐朝首先确立对东亚国家关系的基本方针。

据此，可以把武德年间作为唐朝和朝鲜三国关系，同时也是唐朝对高句丽政策的第一个时期。在此时期，唐朝由于受国内战乱和社会经济凋敝等因素的制约，注意力集中于国内事务，尚无余力构建以唐为中心的国际关系秩序。对于同朝鲜三国的关系，则采取缓和矛盾，恢复关系，承认现状，回避冲突，尽量不介入朝鲜三国争斗的方针。武德七年，唐朝同时册封高句丽、新罗和百济王，与此三国建立了君臣关系[1]，基本实现了此时期以恢复关系为主的外交目标。然而，此时期的册封，并非建立在真正的臣属关系之上，表面意义要超过实质意义。

第三节　贞观十九年以前东亚局势的演变和唐太宗的朝鲜政策

唐太宗时代，随着国内统一，政权安定，在对外关系方面出现了积极进取的趋向。

贞观元年（627），唐太宗致书百济武王，明确指出："新罗王金真平，朕之藩臣，王之邻国，每闻遣师，征讨不息，阻兵安忍，殊乖所望。朕已对王侄信福及高丽、新罗使人，具敕通和，咸许辑睦。王必须忘彼前怨，识朕本怀，共笃邻情，即停兵革。"[2]表明了唐朝将积极调停藩国间的相互征伐，支持新罗不受侵犯，重整东亚国际关系秩序，确立并加强在该地区的影响力。唐太宗的坚定态度，确实对百济产生了作用。根据《三国史记·百济本纪第五》记载，百济得知新罗向唐朝告急后，停止了大规模讨伐新罗的行动。

唐朝积极介入朝鲜事务的态度，使得高句丽深感忧惧。贞观二年，"奚、霫等数十部多叛突厥来降""契丹酋长帅其部落来降"[3]，东胡各族纷纷归附，大大加强了唐朝在东亚的地位和作用。于是，高句丽借庆贺唐朝击破突厥颉利可汗之机，遣使上封域图[4]，表面上是表示真心臣服，实际上是试探唐朝的态度。这一点，从以后局势的发展可以看得很清楚。唐太宗对此心中有数，贞观五年，"诏遣

---

[1]《资治通鉴》卷一九〇"武德七年二月"条，第5976页。
[2]《旧唐书》卷一九九上《百济传》，第5329页。
[3]《资治通鉴》卷一九二"贞观二年四月"条。
[4]《旧唐书》卷一九九上《高丽传》；《三国史记·高句丽本纪第八》。

广州都督府司马长孙师往收瘗隋时战亡骸骨，毁高丽所立京观"。这一行动向高句丽强烈暗示，两国间尚存在悬而未决的问题，试问其何去何从，亦可谓是对高句丽"上封域图"行动的回答。高句丽随即做出反应，"惧伐其国，乃筑长城，东北自扶余城，西南至海，千有余里"[1]。这条长城，经过李健才、冯永谦等先生的实地考察研究，已可判明东北起自夫余城（今吉林省农安县城），向西南经今公主岭、昌图、开原、铁岭、沈阳、辽中、辽阳、鞍山等地，直至营口市[2]，基本包括了辽东地域，亦即高句丽用实际行动向唐朝清楚地表明了其不惜以武力保卫既得利益的决心。前面分析的高句丽对唐朝的立场，在这里就表现得十分明显了。贞观初年双方针锋相对的行动，是相互间的试探与考验。至此，双方的立场都已明确，武德年间双方表面上的密切关系亦告终结。此后，高句丽问题日益成为唐朝处理同朝鲜国家关系的主轴。

兹将贞观元年至十九年，即唐与东亚关系第二个时期，朝鲜三国与唐的交往整理如下表：

表8　朝鲜三国使节入唐统计表（二）

年份 \ 次数及典据 \ 国名	高句丽	百济	新罗	重要事件
627		1（旧）	2（旧、三）	
628	1（旧、三）			东夷内附（资）
629	1（三）	1（三）	1（三）	
630				东夷内附（资）
631		1（三）	1（旧、三）	高句丽修长城（旧、三）
632		1（三）	1（三）	

---

[1]《旧唐书》一九九上《高丽传》，第5321页。
[2] 李健才《唐代高句丽长城和夫余城》，冯永谦《东北古代长城考辨》，载张志立、王宏刚主编《东北亚历史与文化——庆祝孙进己先生六十诞辰文集》，辽沈书社，1991年。

续表

年份 \ 次数及典据 \ 国名	高句丽	百济	新罗	重要事件
633			1（三）	
634				
635				唐册封新罗善德王（旧）
636		1（三）	1（三）	
637		1（旧、三）		
638				
639		1（三）		
640	1（旧、三）		1（三）	
641		2（旧、三）		唐册封百济义慈王（三）
642	1（三）		2（旧、三）	高句丽泉盖苏文政变（旧）
643	1（三）	1（三）	2（三）	唐册封高句丽宝藏王（旧）
644	1（三）	1（三）	1（三）	
645	1（旧）	1（东）	1（三）	唐伐高句丽（旧）
合计	7	12	14	

从表中可以清楚看到，高句丽在上封域图后不久，即从贞观四年起，就中止了与唐朝的外交。高句丽是东亚强国，其桀骜不驯便成为唐朝重整东亚国际关系体制的最大障碍。如果不能使高句丽真正臣服，朝鲜三国之间不受唐朝约束的战争就无法停止，唐朝不能在东亚重建国际关系秩序。而且，唐朝不能切实保护藩国新罗不受侵犯，必然国际信誉扫地，东亚便会形成以高句丽居主导地位的势力圈，对唐朝的内政外交构成严重的挑战，这些都是唐朝所无法容忍的，此后局势的发展也确实反映了这一点。所以，臣服高句丽是唐朝在东亚发挥领导作用的关键。

在朝鲜半岛南部，各方的角逐呈现出另外一种态势。兹根据《三国史记》之各国本纪及《日本书纪》[1]，将640年以前该地区的国家间关系逐年列示于下：

627年，百济攻取新罗二城，并拟大举征伐新罗。新罗向唐告急，百济罢兵。

628年，百济围新罗椵岑城。

629年，新罗攻取高句丽娘臂城。

630年，高句丽、百济遣使赴日本。(《日本书纪》)

631年，百济义慈王子丰章入质日本。[2]（同上）

632年，百济伐新罗，不利。

633年，百济进攻新罗西边。

635年，百济使节赴日本。(《日本书纪》)

636年，百济袭击新罗独山城，不克。

638年，高句丽攻击新罗七重城，不克。百济、新罗使节赴日本。(《日本书纪》)

640年，百济、新罗使节赴日本。（同上）

从以上记载可以看出，在朝鲜南部，主要是百济与新罗的对抗。自从553年新罗乘百济与高句丽大战之机，夺取百济东北的汉江流域以后，百济为了夺回失地，频频向新罗进攻。但两国实力大体相当，哪一方都无法取得优势，所以都积极寻求外援。历史上，百济与日本关系比较紧密，所以频繁遣使日本，甚至遣送质子，目的应是寻求结盟。

新罗占领汉江流域和朝鲜南部的任那，与百济、高句丽和日本

---

[1] 未注明出处者皆出自《三国史记》各国本纪。
[2] 《日本书纪》的该条记载可能系年有误，或"义慈王"记载有误。因为根据《三国史记》，义慈王即位于641年。如后所述，丰章确实入质日本。此外还可见到其他入质的事例，如《日本书纪》"皇极元年（642）八月条"记载，"以小德授百济质达率长福"；翌年（643）七月条记载，"（百济）大使达率自斯……自斯，质达率武子之子也"，皆可为证。

关系紧张。在《日本书纪》里，可以见到7世纪前叶，日本因任那问题而攻打新罗的记载，且不论这些记载是否完全可靠，但日本与新罗关系紧张应是事实。新罗攻占汉江流域时，也占领了高句丽的领土，所以高句丽的兵锋直指新罗。换言之，新罗同时承受着来自高句丽、百济和日本的压力。在这三者之中，新罗一方面采取与日本缓和关系的政策，遣使交往，以解后顾之忧，另一方面则积极争取唐朝的支持，求得力量平衡。

唐朝的主要敌国是高句丽，对于其他东亚国家，唐朝则积极开展外交活动，以争取其归附。贞观五年，日本遣使入唐，翌年，唐朝派遣新州刺史高表仁赴日。[1]根据《旧唐书》记载："表仁无绥远之才，与王子争礼，不宣朝命而还。"未达成出使目的的原因是"与王子争礼"，实际上应该不那么简单。联系隋炀帝时日本的"无礼"国书以及永徽年间唐高宗敕令日本出兵援助新罗[2]，可知日本谋求与中国分庭抗礼，而中国欲以日本为藩国，两者立场相去甚远，具体反映在展现双方身份地位的"礼"上，发生严重的争执，导致高表仁"不宣朝命而还"。此事件反映出东亚尚未形成国际关系的中心和唐朝影响力的限度。

对于百济和新罗，在各国史籍记载上，看不出唐朝有明显的偏袒。但是，如果仔细研究中日交往的航线，却可发现一个不太为人注意的变化。隋朝派遣裴世清赴日本时，《隋书·倭国传》明记其"度百济"达日本。而高表仁赴日本时，《日本书纪·舒明天皇纪》记载，"新罗送使等从之"。639年，日本学问僧惠隐、惠云回国时，"从新罗送使入京"；640年，日本留学生高向、玄理等人回国时，也是"传新罗而至之"，亦即唐太宗时，中日间的交往均改道新罗，

---

[1] 高表仁赴日经过，见《旧唐书》卷一九九上《倭国传》，《新唐书》卷二二〇《日本传》，《资治通鉴》卷一九三"贞观五年（631）十一月"条，《日本书纪》卷二三《舒明天皇纪》等。参阅池田温「裴世清と高表仁」，『日本歴史』1971年9月号。

[2]《新唐书》卷二二〇《日本传》。

这应该反映出此时期唐与新罗的关系较为密切。前引唐太宗致百济王书，也可看出唐朝对新罗的支持。所以，唐朝的态度并非不偏不倚。只是唐朝对新罗的支持，并不意味着与百济为敌，毋宁说，此时期唐朝仍在争取百济，与之友好。

7世纪30年代，是唐朝同朝鲜三国关系发生实质性变化的重要时期，唐太宗着手建立东亚国际关系秩序，对朝鲜的外交政策也逐渐清晰，确定了在朝鲜半岛北部臣服高句丽的方针；在南部，则逐步把重心转向新罗，保护其不受侵略和瓜分，同时争取将百济和日本纳入唐朝的国际关系体系中。

然而，到了7世纪40年代，形势发生了重要变化。首先，贞观十五年（641）百济武王扶余璋去世，义慈王即位后，大举亲征新罗，攻克四十余城，局势十分紧迫；更严重的是，百济久攻新罗不下，遂与高句丽结盟。《三国史记·百济本纪第六》"（义慈王）三年（643）"条记载："冬十一月，王与高句丽和亲，谋欲取新罗党项城，以塞入朝之路。"百济和高句丽结盟，极大地动摇了唐朝在东亚的地位，若再听凭两国联合击破新罗，则唐朝在东亚的影响力便荡然无存。形势的发展，促使唐朝不能不采取行动。

其次，高句丽长期与唐朝对峙，其国内形势发生了激烈变化。要同力量悬殊的强国对抗，就必须高度集中国内权力与资源，加速集权化的过程。高度集权引起的权力争夺，引发了以王族为代表的中央势力和地方豪族势力的激烈斗争，左右着国家发展的方向。642年，荣留王君臣企图铲除负责修筑长城的西部大人泉盖苏文，完成中央集权，却引发了泉盖苏文的军事政变，荣留王君臣百余人被杀，泉盖苏文另立傀儡宝藏王，自立为莫离支。据《旧唐书·东夷传》记载，莫离支"犹中国兵部尚书兼中书令职也"，即集军政大权于一身。这样，高句丽的集权化道路由豪族军事集团完成，建立起军国体制。

然而，其国内外的代价颇大。在国内，造成了深刻的裂痕，如辽东重镇安市城，"其城主材勇，莫离支之乱，城守不服，莫离支击之，不能下，因而与之"[1]，即可为证；在国际上，这种弑君行为违反中国的君臣伦理，为唐朝所不容，成为讨伐高句丽的口实。而且，国内政治军事化，使得对外政策趋于强硬，更加激化了国际矛盾。其表现为：

第一，激化了与唐朝的矛盾。泉盖苏文以防御唐朝军事首领的身份上台，需要显现强硬立场来加强其权力的合法性，故643年唐太宗派遣司农丞相里玄奖携玺书至高句丽做最后的外交努力时，遭到泉盖苏文断然拒绝，泉盖苏文甚至违反外交礼仪规则，囚刑唐使，将双方关系推向战争。

第二，泉盖苏文政变之后，积极进行结盟活动。642年是东亚局势发生重大转折的一年。此年，百济大举讨伐新罗，攻取四十余城，还夺取了南部的大耶城，即旧加罗地区。更严重的是，八月，高句丽和百济结成联盟，"欲取党项城，以绝归唐之路"[2]，彻底打败新罗。同时，高句丽突然频繁遣使赴日本，根据《日本书纪》皇极、孝德天皇纪的记载，整个7世纪40年代，朝鲜三国同日本的交往情况如下：

642年，高句丽、百济、新罗遣使赴日本。

643年，高句丽、百济使赴日本。

645年，高句丽、百济、新罗使节赴日本。

646年，高句丽、百济、新罗使节赴日本。日本派遣高向玄理到新罗"使贡质"。

647年，高句丽、新罗使节赴日本。新罗金春秋入质日本。

648年，新罗使节赴日本。

649年，日本遣使赴新罗。新罗人质等37人赴日本。

650年，新罗（高句丽、百济——据原注）使节赴日本。

---

[1]《三国史记》卷一〇《高句丽本纪第九》"宝藏王四年（645）"条。
[2]《三国史记》卷五《新罗本纪第五》"善德王十一年（642）"条。

《日本书纪》"皇极二年（643）六月"条特地记载："高丽自己亥年不朝而今年朝也。"己亥年为639年。《日本书纪》的纪年不准，但反映出高句丽使节久未赴日。从7世纪30年代的资料看，高句丽仅在630年遣使赴日一次，此后中断，到642年后，又突然连年遣使赴日。显然，泉盖苏文政变后，加剧了高句丽同唐朝的对立。为了强化自身地位，高句丽利用百济同新罗的矛盾，联合百济大举进攻新罗，企图击破新罗，解除后顾之忧，这就是《三国史记》所见642年至644年高句丽和百济连年合攻新罗的情况。而高句丽积极拉拢日本，恢复派遣使者，显然欲图结为后援。

至于日本方面的态度，因为史籍记载不详，难做结论。日本史学家大多认为，7世纪40年代以来，日本对新罗的外交转向强硬。日本和新罗因为任那地区的争端，关系不好。645年，朝鲜三国使节到日本，日本给高句丽和百济回书，唯独没有回书新罗，颇显冷淡。此后，日本到新罗的使节都是为了要新罗贡调纳质，双方存在利益冲突。日本关心的是在朝鲜南部的利益，百济关心的则是击败新罗，收复失地。在对付新罗方面，高句丽、百济和日本有一致性。但是，这种一致性并不构成反唐联盟的基础。[1]

新罗面对紧张的国际局势，于642年派遣金春秋赴高句丽，争取高句丽的支持。但是，高句丽已决心同百济联盟，反而扣押金春秋。金春秋虽然逃回，但两国关系已告破裂。[2]这样，新罗只能寻求唐朝的支援。翌年，新罗向唐朝告急，唐太宗明确支持新罗，故其后新罗采取了对唐一边倒的政策，在国内引进唐朝制度文化，大刀阔斧地进行改革。在中央集权化的政治体制改革过程中，647年，金春秋、金庾信主导的中央粉碎了以毗昙为代表的庆州门阀势力的

---

[1] 山尾幸久「大化前後の東アジアの情勢と日本の政局」(『日本歴史』229号) 认为，645年后，以日本为盟主，联合三韩组成反唐联盟。这种见解无法成立，首先，因为各国间存在着不同的利害关系，与唐朝对抗的只有高句丽。其次，日本不具备充当盟主的实力和威望。
[2]《三国史记》卷五《新罗本纪第五》"善德王十一年"条。

叛乱[1]，走上了与高句丽不同的发展道路，即由中央领导的集权化体制改革。648年，金春秋入唐，"请诣国学，观释奠及讲论……又请改其章服，以从中华制"。回国后，649年，新罗"始服中朝衣冠"；650年，"始行中国永徽年号"；651年，"贺正之礼始于此"；654年，金春秋即位后，即"命理方府令良首等，详酌律令，修定理方府格六十余条"[2]，迅速完成了国家体制的改革。这一改革奠定了新罗与唐朝联盟最坚实的基础，并使新罗完全纳入唐朝国际关系体制之中，虽然两国关系后来有暂时的起伏，但长期友好的方针却坚定不移，这在很大程度上是因为新罗的内政改革所决定的。

642年，高句丽的政变和高句丽—百济联盟的形成，打破了东亚的势力均衡，对唐朝重建东亚国际关系秩序构成严重挑战。对此，唐朝的反应是将新罗纳为藩属盟国，公开予以支持。这是东亚各国关系在7世纪40年代发生的新的重要变化，各国力量于此时期重新组合，形成国家集团对峙的局面，外交对抗也随之上升为军事对抗。

朝鲜半岛风云突变，反映到唐朝内部，则是以李勣为代表的军人强硬派的意见占了上风。

唐朝对于如何臣服高句丽，一直有两种不同的主张。在此之前，主张通过政治和外交手段解决高句丽问题的一派居主导地位，唐太宗虽然也有过使用军事手段的想法，例如，《资治通鉴》记载，贞观十五年八月，太宗曾说道："高丽本四郡地耳，吾发卒数万攻辽东，彼必倾国救之，别遣舟师出东莱，自海道趋平壤，水陆合势，取之不难。但山东州县凋瘵未复，吾不欲劳之耳！"这番话与后来唐军征伐高句丽的部署完全吻合，可知太宗早就做过深思熟虑。但是，唐太宗还是尽量克制。之所以不使用武力，一是如太宗所说的"山东州县凋瘵未复"，亦即唐朝尚未从隋末大乱中完全恢复过来，国内条件不够成熟。

---

[1] 毗昙和金春秋等在采行唐制上并无矛盾，所不同的是由中央还是由地方门阀势力来领导改革运动，其结果必然迥然不同。
[2] 均见《三国史记》卷五《新罗本纪第五》。

二是如唐朝君臣在讨论高句丽问题时太宗所说，"夫出师吊伐，须有其名"[1]。所谓师出有名，就是要争取国际政治上的道义支持，造成天子伐罪的道德优势，故仍应从国际政治着手。三则如长孙无忌所说："盖苏文自知罪大，畏大国之讨，必严设守备，陛下少为之隐忍，彼得以自安，必更骄惰，愈肆其恶，然后讨之，未晚也。"[2]高句丽有备，军事解决不易，故须从其他方面着力，促使其内部生变。四是房玄龄、魏徵、长孙无忌和褚遂良等主要朝臣在讨论高句丽问题时，均持政治解决的立场，他们的意见占主导地位。房玄龄直到最后关头仍说："陛下士勇而力有余，戢不用，所谓'止戈为武'者。"[3]强烈反对行使武力。总之，在7世纪30年代，唐朝的基本方针是通过加强同百济、新罗的关系，扩大对此二国的影响，以孤立高句丽，逼使其就范。

所以，这一时期军事手段只是作为对政治、外交手段的补充和支持，稍做准备。贞观十五年：

> 上遣职方郎中陈大德使高丽；八月，己亥，自高丽还。大德初入其境，欲知山川风俗，所至城邑，以绫绮遗其守者，曰："吾雅好山水，此有胜处，吾欲观之。"守者喜，导之游历，无所不至，往往见中国人，自云："家在某郡，隋末从军，没于高丽，高丽妻以游女，与高丽错居，殆将半矣。"因问亲戚存没，大德绐之曰："皆无恙。"咸涕泣相告。数日后，隋人望之而哭者，遍于郊野。大德言于上曰："其国闻高昌亡，大惧，馆候之勤，加于常数。"[4]

根据《资治通鉴》胡三省注："职方，掌天下地图及城隍镇戍烽候之

---

[1]《旧唐书》卷一九九上《高丽传》，第5322页。
[2]《资治通鉴》卷一九七"贞观十七年闰六月"条，第6202页。
[3]《新唐书》卷二二〇《高丽传》。
[4]《资治通鉴》卷一九六"贞观十五年七月"条，第6169页。

数,辨其邦国之远近及四夷之归化,凡五方之区域,都邑之废置,疆场之争讼,举而正之。"唐太宗派遣专家出使高句丽,兼侦察其山川形势、风俗民情,为将来的军事部署提供情报。

在使用军事手段上,唐太宗思考过多种用兵方案,其中不乏有限的军事打击,乃至动用他国军力的方案。唐太宗曾经问臣下道:"吾欲且使契丹、靺鞨扰之,如何?"此方案既可加深东胡族与高句丽的矛盾对立,又可以"不欲劳百姓"[1],降低行使武力的成本。然而,这些方案表明唐太宗仍然把行使武力作为施压的筹码,而不是解决问题的主要手段。唐太宗很清楚,要使有限的军事手段奏效,关键仍在政治方面。如果高句丽的抵抗意志不受动摇,那么,如唐太宗对新罗使臣所言,这种办法只能救一时之急,而不能从根本上解决问题。[2]所以,当贞观十七年太常丞邓素出使高丽回国后,"请于怀远镇增戍兵以逼高丽"时[3],太宗否定了他渐次施加军事压力的建议。

贞观十七年,高句丽和百济联盟的形势已经明朗,政治解决高句丽问题的希望越发渺茫,军事将领要求动武的压力日强,唐太宗虽然内心也倾向于采取军事行动,但仍然做了最后的外交努力。"司农丞相里玄奖赍玺书赐高丽曰:'新罗委质国家,朝贡不绝,尔与百济各宜戢兵;若更攻之,明年发兵击尔国矣!'"[4]翌年,相里玄奖抵达高句丽后,对其莫离支泉盖苏文多方劝诫调解。紧接着,太宗"又遣蒋俨谕旨盖苏文",均遭到断然拒绝。不仅如此,泉盖苏文甚至"以兵胁使者,不屈,遂囚之窟室中"[5]。泉盖苏文不但拒绝了唐朝,而且伤害了唐太宗的面子,再无回转的余地。

---

[1]《资治通鉴》卷一九七"贞观十七年闰六月"条,第6202页。
[2]《新唐书》卷二二〇《高丽传》;《三国史记·新罗本纪第五》。
[3]《资治通鉴》卷一九七"贞观十七年六月"条,第6198页。
[4]《资治通鉴》卷一九七"贞观十七年九月"条,第6204页。
[5]《东国通鉴》卷六。

相里玄奖回国报告此行经过，反对动武的大臣褚遂良已经提不出有力的反战理由，只能劝唐太宗慎重，万一出师不利，有损一世英名。如此苍白无力的说辞，只能被视为消极畏战。故军事将领李勣当场严词驳斥，指责道："间者薛延陀入寇，陛下欲发兵穷讨，魏徵谏而止，使至今为患。向用陛下之策，北鄙安矣。"唐太宗也完全站到动武的一方，说道："然。此诚徵之失；朕寻悔之而不欲言，恐塞良谋故也。"[1]就这样，唐朝从使用政治、外交手段转变为采取军事手段，以图彻底解决高句丽问题。

一个国家的对外政策并非由单方面主观决定，而是在各方面因素交相影响下不断调整形成的。唐与高句丽关系的发展，以致最终演变为大规模军事冲突，就是各方面因素交相作用的结果。就唐朝对高句丽政策而言，并没有什么突然性的转折与断层，所不同的只是达到目标所运用的手段。据此，可以贞观十九年为界，划分出唐朝对高句丽政策的第二个时期。此时期唐朝积极介入朝鲜事务，扩大影响力，通过政治、外交手段，欲达到迫使高句丽臣服的目标。然而，这个目标没有实现，东亚形成了百济与高句丽、唐朝与新罗军事联盟的重大变化，促使唐朝转而采取军事手段来解决高句丽问题。

第四节　唐朝征伐高句丽的各种因素

促使唐朝讨伐高句丽的因素是多方面的，除了上节的分析，还有不少值得深入探讨之处。兹引录唐太宗君臣有关言论于下。

贞观十八年（644），唐太宗说道："盖苏文弑其君，贼其大臣，残虐其民，今又违我诏命，侵暴邻国，不可以不讨。"[2]

翌年，唐太宗说道："辽东本中国之地，隋氏四出师而不能得；

---

[1]《资治通鉴》卷一九七"贞观十八年二月"条，第6207页。
[2]《资治通鉴》卷一九七"贞观十八年二月"条，第6207页。

朕今东征,欲为中国报子弟之仇,高丽雪君父之耻耳。且方隅大定,惟此未平,故及朕之未老,用士大夫余力以取之。"[1]

房玄龄称讨伐高句丽是"内为旧王雪耻,外为新罗报仇"[2]。

综合起来,可以整理出以下几个因素:

(1)泉盖苏文弑君;(2)高句丽违诏;(3)拯救新罗;(4)收复辽东领土;(5)雪隋代之耻;(6)恐为后世乱源;(7)大定天下。

这些在表面上各不相同的因素,其实是一个问题的几个不同侧面,即(4)(5)(6)主要是中国内政方面的因素,而(1)(2)(3)(7)则主要是唐朝国际政治方面的因素,两个方面紧密联系,互为表里。

隋朝因为征伐高句丽而崩溃。对于中国而言,堂堂大国被蕞尔小国打败,不能不是奇耻大辱,无论在面子上,还是对于国内民众,都难以交代。因此,这一耻辱迟早总是要洗刷的。否则,作为后继统治者也将寝食不甘。唐太宗曾说:"朕今征高丽,皆取愿行者,募十得百,募百得千,其不得从军者,皆愤叹郁邑。"[3]实际情况表明此言并非虚饰,"有不预征名,自愿以私装从军,动以千计,皆曰:'不求县官勋赏,惟愿效死辽东。'上不许"[4]。民众踊跃从军,反映出民间要为数十万战死辽东子弟复仇的心理。所以,唐伐高句丽战争在某种意义上已带有民族斗争的色彩。

唐太宗年事已高,太子李治个性懦弱,又没经历过大风大浪,故太宗忧虑李治应付不了严峻的国际局势,更担心他将来被主战的将军所包围,开启战端却控制不了局势,步隋炀帝后尘。唐太宗出征至洛阳时,曾对左右透露心声道:"今天下大定,唯辽东未宾,后嗣因士马盛强,谋臣导以征讨,丧乱方始,朕故自取之,不遗后

---

[1]《资治通鉴》卷一九七"贞观十九年三月"条,第6217—6218页。
[2]《旧唐书》卷六六《房玄龄传》。
[3]《资治通鉴》卷一九七"贞观十八年十二月"条,第6216页。
[4]《资治通鉴》卷一九七"贞观十九年三月"条,第6218页。

世忧也。"[1]这无疑是促使太宗下决心在有生之年解决高句丽问题的关键。

而且，辽东本属汉代四郡地，作为汉朝以来新一代强大王朝，自有恢复汉代版图的使命感。况且，辽东对于控制东亚、羁縻东胡、夹击突厥、屏蔽华北，均具有十分重要的战略意义。

辽东路遥地险，唐高宗龙朔元年（661），蔚州刺史李君球曾上言："高丽小丑，何至倾中国事之？有如高丽既灭，必发兵以守，少发则威不振，多发人不安，是天下疲于转戍。臣谓征之未如勿征，灭之未如勿灭。"[2]指出了要确保辽东之艰难。显然，收复辽东的关键是臣服高句丽，否则终将得而难保，又失之不甘。而且，也只有臣服高句丽，才能彻底解决朝鲜三国间愈演愈烈的纷争。

至于高句丽不服从唐朝，甚至囚禁唐朝使者，藐视唐朝权威，与百济结盟，动摇唐朝在东亚的地位，频频攻击唐朝藩国新罗，种种不守臣节的行为，则构成了对唐朝国际战略的严重挑战。

由此看来，高句丽问题并非简单的两国间领土争议，它已经上升到攸关国家安定和国际战略关系的高度，隋唐两代领导人对此都看得十分清楚。所以，不难理解为什么唐太宗在基本收复辽东之后仍要继续征伐高句丽；为什么隋朝在征伐高句丽诏书里不提领土问题，唐朝也继承这一做法。相里玄奖在谕诫高句丽勿伐新罗时说："既往之事，焉可追论！至于辽东诸城，本皆中国郡县，中国尚且不言，高丽岂得必求故地。"[3]中国为何不言呢？因为仅仅从领土争议的层次问罪高句丽，就变成两国之间具体的利益冲突。可是，上升到全局的高度，唐朝就可以获得天子伐罪的权威性，为高句丽诛逆臣，为东亚平乱源，始终居于道德制高点上。唐太宗在分析征伐高

---

[1]《新唐书》卷二二〇《高丽传》，第6190页。
[2]《新唐书》卷二二〇《高丽传》。
[3]《资治通鉴》卷一九七"贞观十八年正月"条，第6206—6207页。

句丽必胜的原因时说:"一曰以大击小,二曰以顺讨逆,三曰以治乘乱,四曰以逸待劳,五曰以悦当怨,何忧不克!"[1]后面两条未免强词夺理,但此言确实反映了其处理高句丽问题的战略思想。

贞观二十二年,唐朝大体收复辽东后仍不断讨伐高句丽,房玄龄因此上谏太宗适可而止,说道:"向使高丽违失臣节,诛之可也;侵扰百姓,灭之可也;他日能为中国患,除之可也。今无此三条而坐烦中国,内为前代雪耻,外为新罗报仇,岂非所存者小,所损者大乎!"[2]其所言均未中的,违失臣节者,既如上述;他日为中国患者,则房玄龄只看到高句丽无力大规模入侵唐朝的一面,而没有看到他日唐朝因征伐高句丽不当而酿成大患的一面;侵扰百姓者,则如《资治通鉴》"贞观二十年"条所记载:"上自高丽还,盖苏文益骄恣,虽遣使奉表,其言率皆诡诞;又待唐使者倨慢,常窥伺边隙。屡敕令勿攻新罗,而侵陵不止。"

贞观十九年征讨高句丽,收复辽东后,东亚的紧张局势未见缓和,反而日渐加剧,足以说明臣服高句丽是解决问题的关键。太宗亲征高句丽前,对李靖说:"公南平吴,北破突厥,西定吐谷浑,惟高丽未服,亦有意乎?"[3]此言透露出唐朝在平定南北西三方之后要在东方最终确立国际关系秩序的意图。所以,唐太宗是以天子匡正天下秩序的旗号征伐高句丽,"以大击小,以顺讨逆",以大定天下。

第五节　贞观末年至高宗时代的东亚形势与朝鲜政策

贞观十九年(645),唐太宗亲征高句丽,在局部上收复了辽东,但在全局上未能达到臣服高句丽的战略目标。而且,朝鲜半岛的局

---

[1]《资治通鉴》卷一九七"贞观十八年十一月"条,第6214页。
[2]《资治通鉴》卷一九九"贞观二十二年七月"条。参见新旧《唐书·房玄龄传》。
[3]《新唐书》卷九三《李靖传》,第3815页。

势丝毫未见缓和。然而，此役无论在国际还是在国内，都促成了一系列深刻的变化。

首先，在东亚国际方面，唐朝征服高句丽未果，使得百济误以为唐朝将和隋朝一样无法战胜高句丽，所以进一步密切与高句丽的同盟，以其为北部屏障，放手攻打新罗。645年，"（百济）王闻太宗亲征高句丽，征兵新罗，乘其间袭取新罗七城"[1]。此后，647年，"百济兵围茂山、甘勿、桐岑三城"；648年，"百济将军义直侵西边，陷腰车等一十城"；649年，"百济将军殷相率众来，攻陷石吐等七城"[2]。十分明显，百济利用其与高句丽的联盟，正在加紧进攻新罗，力图取得优势。其借唐朝进攻高句丽之机攻打唐朝盟国新罗，无疑是对唐朝的严重挑战。这一点，百济自然十分明白，所以从646年起，即中断向唐朝的朝贡[3]，实际上已经站到唐朝的对立面上。在与日本关系方面，《三国史记·百济本纪第六》于653年突然出现"王与倭国通好"的记载。从前引史料可知，百济一直与日本有来往，但《百济本纪》均未做记载，653年突然出现的这条记载，应该不仅是一般性的外交往来，而有更深的含义，是否意味着百济与日本达成某种协议或默契？从国际形势上看，651年，唐高宗警告百济停止进攻新罗；655年，百济联合高句丽、靺鞨猛攻新罗，破三十余城，导致唐朝重开与高句丽的战事。前后联系起来，百济和高句丽显然都在拉拢日本更多介入朝鲜南部的争端，最大限度地孤立新罗。

日本在645年爆发所谓的"大化改新"，中大兄皇子在中臣镰足及留唐学生等的帮助下，铲除了大豪族苏我入鹿的势力。"大化改新"很大程度上是受到国际形势的刺激而发生的，《日本书纪·皇极天皇纪》就明确记载："谓因韩政而诛。"日本在7世纪中央集权化

---

[1]《三国史记》卷二八《百济本纪第六》。
[2]《三国史记》卷五《新罗本纪第五》。
[3]《旧唐书》卷一九九上《百济传》。

的过程中，同样遇到中央与豪族势力的尖锐斗争，"大化改新"使中央取得优势，但国内的矛盾依然尖锐复杂。革新势力在国内进行中央集权改革的同时，也希望通过积极介入朝鲜事务，谋取外部利益，以增进国内权威。从"大化改新"以来，日本与朝鲜三国的外交活动非常频繁，这期间有几件事值得重视。

651年，新罗采行唐制以后，遣使日本。"着唐国服泊于筑紫。朝廷恶恣移俗，诃嘖追还。于时巨势大臣奏请之曰：'方今不伐新罗，于后必当有悔。其伐之状不须举力，自难波津至于筑紫海里，相接浮盈舻舳，召新罗问其罪者，可易得焉。'"[1]日本对新罗使者穿唐朝服装的反感，绝非"恶恣移俗"那么简单，而是深恐唐罗联盟不利于日本在朝鲜南部的利益，乃至讨论征伐新罗，企图武力介入朝鲜争端。

657年，日本遣使新罗，要新罗护送其使者等赴唐朝，遭到新罗的拒绝[2]，反映出新罗与日本关系冷淡。实际上，从这年起到667年唐罗联合发动灭高句丽战役时止，新罗已经停止派遣使者赴日，两国关系处于敌对状态。形成如此局面，除日本正在积极介入朝鲜南部事务的原因外，还与日本同高句丽的关系有关，亦即656年，日本派遣大型使团前往高句丽。[3]此时，新罗正遭受高句丽和百济等围攻，而唐朝则进攻高句丽以援助新罗。日本遣使到高句丽，既是对高句丽一再派遣使者的回访，也是对高句丽的支持。

日本支持高句丽与百济的态度，从其他方面也可以得到证实。从630年首批遣唐使起，日本分别于653年、654年、659年、665年、667年和669年遣使入唐。如此频繁的遣唐使，绝非只是出于吸收唐文化的需要，其中绝大部分应该是与东亚局势有关的外交活动。《新唐书·日本传》记载："永徽初，其王孝德即位，改元曰白雉，

---

[1]《日本书纪》卷二五《孝德天皇纪》"白雉二年（651）"条。
[2]《日本书纪》卷二六《齐明天皇纪》是年条。
[3]《日本书纪》卷二六《齐明天皇纪》是年条。

献虎魄大如斗，码硇若五升器。时新罗为高丽、百济所暴，高宗赐玺书，令出兵援新罗。"《日本书纪·孝德天皇纪》记载，654年的遣唐使到唐后，"奉觐天子"，故唐高宗的玺书是由该年的遣唐使带回的。唐朝要求日本站到自己一边的努力显然没有成功，所以659年下一批遣唐使来时，唐朝"敕旨：'国家来年必有海东之政，汝等倭客不得东归。'遂逗西京，幽置别处，闭户防禁，不许东西，困苦经年"[1]，亦即唐朝十分清楚日本的种种支持高句丽和百济的活动，遂于征伐百济之前，采取防范措施，幽闭日本使节，两国关系事实上处于敌对状态。唐平百济后，百济与新罗的盟文里指责百济"结托高句丽，交通倭国"[2]，亦反映唐朝已将日本列为敌国。

唐朝与百济关系破裂，是此期东亚国际关系的另一重要变化。《三国史记·新罗本纪第七》记载，唐与新罗关系在平定百济和高句丽之后破裂，新罗王致书薛仁贵说："先王贞观二十二年入朝，面奉太宗文皇帝恩敕：朕今伐高丽……平定两国，平壤已南，百济土地，并乞你新罗，永为安逸。"似乎唐太宗时代已确定征伐百济的方针。然而，如下一章所论，这是新罗声称合法拥有朝鲜领土的片面之词，不可相信。诚然，唐太宗有过袭击百济的设想[3]，但是，在644年准备征高句丽时，唐朝"诏诸军及新罗、百济、奚、契丹分道击高丽"[4]，显然把百济作为友邦。终太宗之世，唐朝未以百济为敌。可以说，唐太宗的打击对象始终限于高句丽。直到高宗时代，百济完全倒向高句丽，有恃无恐地猛攻新罗，而唐朝从北方屡攻高句丽不下，才决定采取战略大迂回，征服百济，开辟南线战场。这一重要变化，产生于7世纪50年代。

---

[1]《日本书纪》卷二六《齐明天皇纪》"齐明五年（659）"条。
[2]《三国史记》卷六《新罗本纪第六》"文武王五年（665）"条。
[3]《三国史记·新罗本纪第五》记载，善德王十二年（643），唐太宗曾经对新罗求援使者说："百济国恃海之险，不修机械，男女纷杂，互相燕聚，我以数十百船，载以甲卒，衔枚泛海，直袭其地。"
[4]《资治通鉴》卷一九七"贞观十八年十二月"条，第6215页。

综上所述，7世纪50年代东亚国际关系基本上是前一时期的发展，其间最重要的事件，一是唐朝与百济关系的破裂，遂演变为660年的大规模战争。二是日本积极介入朝鲜，支持高句丽和百济的联盟。故日本与唐朝爆发的白江口之战有一个清楚的发展过程，绝非偶然性突发事件。

其次，在唐朝国内方面，辽东一役，使得唐太宗了解到高句丽未易征服，实为不容小觑的劲敌，改变"以大击小"可以无往不胜的轻敌思想。《资治通鉴》"贞观二十一年二月"条记载：

> 上复将伐高丽，朝议以为："高丽依山为城，攻之不可猝拔。前大驾亲征，国人不得耕种，所克之城，悉收其谷，继以旱灾，民大半乏食。今若数遣偏师，更迭扰其疆场，使彼疲于奔命，释耒入堡，数年之间，千里萧条，则人心自离，鸭绿之北，可不战而取矣。"上从之。

这次朝议，确立了长期骚扰以困敝高句丽的战略。

一般认为，唐太宗征讨高句丽是失败的。这种见解并不公平。就局部成果而言，唐朝"凡征高丽，拔玄菟、横山、盖牟、磨米、辽东、白岩、卑沙、麦谷、银山、后黄十城，徙辽、盖、岩三州户口入中国者七万人。新城、建安、驻跸三大战，斩首四万余级"[1]，既给予高句丽沉重的军事打击，又稳固地控制了辽东地带，为以后继续攻打高句丽建立了前进基地，大大缩短了战线，其战略意义在此后的对高句丽作战中，日益显现出来。譬如，以往对高句丽作战，最佳的作战时间在夏季。然而，因为战线过长，后勤补给困难，以及东北秋霖早冻等气候原因，只能维持几个月的攻势。到了唐高宗时代，由于战线缩短，军队能够整年作战，使得高句丽不堪承受

---

[1]《资治通鉴》卷一九七"贞观十九年十月"条，第6230页。

如此重压。更为重要的是,通过这次征伐,唐朝转变了对高句丽的战略。

从一举臣服高句丽到拼国力、打持久战,是贞观末年最重要的战略转变。实现这一转变,是唐太宗汲取隋炀帝亡国教训而做出的明智选择,使得唐朝立于不败之地,为唐高宗最后征服高句丽奠定了基础。没有贞观十九年征服高句丽未果的经验,就难以有此战略转变。由此可见,唐太宗君臣颇能以长远战略眼光把握时局,善于总结历史和现实的经验教训,保持清醒的头脑,冷静地处理国际事务。

从贞观十九年到总章元年(668)灭高句丽,是唐朝对高句丽政策的第三个时期。此时期的特点是确立持久作战的方针,不断向高句丽施加政治、军事压力,并通过征服百济以实现战略大包围,最终征服之。这一时期还可进一步细分为两个阶段,即以太宗晚年为第一阶段,高宗年间为第二阶段。

第一阶段,太宗虽然确立了长期作战的方针,但其目标仍是在有生之年灭亡高句丽,故年年出兵,规模较大,不免操之过急。

贞观二十一年三月,唐朝以"左武卫大将军牛进达为青丘道行军大总管,右武卫将军李海岸副之,自莱州度海;李勣为辽东道行军大总管,右武卫将军孙贰朗、右屯卫大将军郑仁泰副之,率营州都督兵,繇新城道以进。次南苏、木底,虏兵战不胜,焚其郛。七月,进达等取石城,进攻积利城,斩级数千,乃皆还"。战事从三月进行到七月,既打击了高句丽,又破坏其春播夏收,逼使其王"藏遣子莫离支高任武来朝,因谢罪"。

翌年,唐朝又以"右武卫大将军薛万彻为青丘道行军大总管,右卫将军裴行方副之,自海道入。部将古神感与虏战曷山,虏溃;虏乘暝袭我舟,伏兵破之。万彻度鸭渌,次泊灼城,拒四十里而舍。虏惧,皆弃邑居去。大酋所夫孙拒战,万彻击斩之,遂围城,破其援兵三万,乃还"。从唐将更换的情况看,显然是实行轮番作战的方针。而且,唐朝还"储粮械于三山浦、乌胡岛",建立起南线作战的前进基地,加强了南北夹击的力量。两次作战的成果,使太宗确信,"高丽困吾师之入,户亡耗,田岁不收,盖苏文筑城增陴,下饥卧死沟壑,不胜敝矣",遂决定于次年以三十万众,一举灭亡高句丽。太宗急于求成的做法,既有因为自己时日不多、渴望成就一代功业的心理,更有担忧此事成为后代遗患的焦虑。但频频大规模出兵,却造成了国内的骚动不安,如"巴、蜀大骚,邛、眉、雅三州獠皆反"[1]等,暴露出征讨高句丽对国计民生的破坏。就在此时,太宗逝世,高宗即位,即"罢辽东之役及诸土木之功"[2],缓和国内矛盾,采取更有耐心的持久作战方针。

第二阶段,唐高宗"罢辽东之役"并不意味着改变了对高句丽的政策,所不同的,第一是修改了太宗急于求成的做法,真正实行持久战的战略;第二是鉴于百济与唐朝对立的立场,正式将其列为打击对象,以粉碎百济与高句丽的联盟,加强南线作战力量。

实际上,攻击百济的方案,唐太宗时已见端倪。贞观十七年,太宗曾经对新罗使者说道:"百济恃海,不修戎械,我以舟师数万袭之。"[3]然而,其时百济与唐交往尚密,虽然不听从唐的劝谕,却未公开与唐对立。所以,唐太宗并没有真正考虑对其发起攻击,反而积极争取其归附。到了太宗征讨高句丽以后,百济乘隙加紧攻打新罗,并中断入唐朝贡,与唐对立的立场已经十分明显。太宗去世后,永徽二年(651),百济"始又遣使朝贡"[4],显然是来打探唐高宗继立后的动向。高宗识破百济的意图,致书其王说:

> 王所兼新罗之城,并宜还其本国;新罗所获百济俘虏,亦遣还王。然后解患释纷,韬戈偃革……王若不从进止,朕已依

---

[1] 以上引文均见《新唐书》卷二二〇《高丽传》。
[2] 《资治通鉴》卷一九九"贞观二十三年五月"条,第6268页。
[3] 《新唐书》卷二二〇《高丽传》。
[4] 《旧唐书》卷一九九上《百济传》,第5330页。

法敏所请，任其与王决战；亦令约束高丽，不许远相救恤。高丽若不承命，即令契丹诸蕃渡辽泽入抄掠。王可深思朕言，自求多福，审图良策，无贻后悔。[1]

另据《资治通鉴》记载，高宗还严厉警告百济使者："勿与新罗、高丽相攻，不然，吾将发兵讨汝矣。"[2]高宗为了打开朝鲜半岛的僵局，加大了对百济的压力，并确定如其不服，则将其列为敌国的方针。面对唐朝的压力，百济于翌年再度遣使入朝后，断绝了同唐朝的交往，同时加强与高句丽的联盟，在永徽六年，不顾唐朝的再三警告，"与高丽、靺鞨率兵侵其（新罗）北界，攻陷三十余城"[3]。这样，唐与百济的关系已由政治、外交的对立演变为军事对立，战争成为彻底解决问题的手段。

需要指出的是，唐伐百济不是单独的事件，而是东亚国际关系中的一环。唐将刘仁轨在灭百济后说道，"今天子欲灭高丽，先诛百济，留兵镇守，制其心腹"[4]，说明征伐百济乃是为了灭亡高句丽而展开的迂回行动。百济灭亡后，高句丽的南线全部暴露在唐罗联军兵锋之下，覆灭之势已定。显然，唐朝的目标始终是高句丽。然而，百济未能明察此点，不顾一切只想着向新罗复仇，夺回汉江流域的失地[5]，甚至与高句丽联盟，极大地危害到唐朝与新罗的关系。而且，百济还根据以往中国屡攻高句丽不下的历史经验，错误地估计了形势，以为有高句丽作屏障，就可以放手进攻新罗，不把唐朝的警告当回事，也没有认真防备。如前所述，唐太宗早就看到了百济

---

[1]《旧唐书》卷一九九上《百济传》，第5330—5331页。
[2]《资治通鉴》卷一九九"永徽二年是岁"条，第6277页。
[3]《旧唐书》卷一九九《新罗传》，第5336页。
[4]《新唐书》卷一〇八《刘仁轨传》，第4082页。
[5] 6世纪前叶，百济与新罗联盟，共御高句丽。553年，新罗借百济与高句丽激战之机，攻占百济东北地区，取得汉江流域的出海口，并击杀前来收复失地的百济圣王，两国反目成仇，交战不休。

的这一弱点。客观地说，从百济长期与高句丽对立的历史上看，其与高句丽的联盟，是为了对付新罗，而非唐朝；而中国与百济有着悠久的友好关系，亦无意征服之。由于百济不能冷静地审时度势，一再采取唐朝无法容忍的行动，加剧了两国间的对立，把自己和高句丽绑在一起，使其与新罗的局部矛盾上升为全局矛盾，遂遭灭顶之灾，这不能不说是一场悲剧。

在唐与高句丽的正面战场，高宗继承太宗的既定方针，频频出击，保持强大的军事压力。

《新唐书·高丽传》记载，永徽五年，高句丽"以靺鞨兵攻契丹，战新城，大风，矢皆还激，为契丹所乘，大败。契丹火野复战，人死相藉，积尸而冢之。遣使者告捷，高宗为露布于朝"。新城在今抚顺一带，乾封二年（667）李勣征高句丽时曾指出："新城是高丽西境镇城，最为要害。"[1]辽东城被唐收复后，新城便成为高句丽西北防御的第一线。贞观二十二年，契丹帅窟哥率所部内属，唐"以契丹部为松漠府，以窟哥为都督"[2]，地邻高句丽，直接威胁其西北防线。永徽五年的战斗，战场就在新城，很可能是高句丽为防备契丹入侵而先发制人发动的攻击，由此可知，唐朝用契丹对高句丽施加军事压力。

翌年，高句丽为了减轻南线的压力，联合百济、靺鞨，进攻新罗。唐朝随即派遣"营州都督程名振、左卫中郎将苏定方率师讨之。至新城，败高丽兵，火外郭及墟落，引还"[3]。唐朝南北战线相互呼应，使高句丽陷入两面作战的不利境地。

显庆三年（658），唐朝复遣"营州都督兼东夷都护程名振、右领军中郎将薛仁贵将兵攻高丽之赤烽镇，拔之，斩首四百余级，捕虏百余人。高丽遣其大将豆方娄率众三万拒之，名振以契丹逆击，

---

[1]《旧唐书》卷一九九上《高丽传》，第5327页。
[2]《资治通鉴》卷一九九"贞观二十二年十一月"条，第6263页。
[3]《新唐书》卷二二〇《高丽传》。

大破之，斩首二千五百级"[1]。明年，又以薛仁贵、梁建方、契苾何力等率军出击，"与高丽将温沙门战于横山，破之"[2]。

显庆五年，唐朝大举讨平百济后，从南北两线向高句丽发动强大攻势，"以左骁卫大将军契苾何力为浿江道行军大总管，左武卫大将军苏定方为辽东道行军大总管，左骁卫将军刘伯英为平壤道行军大总管，蒲州刺史程名振为镂方道总管，将兵分道击高丽"[3]。第二年，高宗征兵天下，并调集回纥诸部兵，准备大举亲征，乘胜击破高句丽。在前方战场，"苏定方破高丽于江，屡战皆捷，遂围平壤城"[4]；契苾何力攻破鸭绿江防线，斩敌三万后，奉诏班师。明年春，"左骁卫将军白州刺史沃沮道总管庞孝泰与高丽战于蛇水之上，军败，与其子十三人皆战死"。各路兵马进攻不利，"苏定方围平壤久不下，会大雪，解围而还"[5]，历时三年的战事功亏一篑。

龙朔三年（663），日本大举增援百济余众，与唐军激战于白江口。这样，朝鲜战争遂成为东亚各国均参加的全面大战。结果，唐军大败日军，"四战皆克，焚其舟四百艘，烟炎灼天，海水为丹"[6]。是役对日本朝野震动巨大，遂促成其国内改革，全面吸收唐朝制度文化，建设"律令国家"。可以说，日本的参战，加快了以唐为中心的东亚国际关系体系及文化圈的形成。关于白江口之战，下章将专门讨论。

连年征战，使唐朝国内百姓承受了极其沉重的兵役负担。《资治通鉴》"贞观二十二年九月"条记载，当时建造"大船一艘，庸绢二千二百三十六匹"，按唐朝户调绢一匹计算，需要花费两

---

[1]《资治通鉴》卷二〇〇"显庆三年六月"条。《新唐书·薛仁贵传》及《资治通鉴》均作显庆三年，而《旧唐书·薛仁贵传》系此役于显庆二年，恐误。
[2]《资治通鉴》卷二〇〇"显庆四年十一月"条。参见新旧《唐书·薛仁贵传》。
[3]《资治通鉴》卷二〇〇"显庆五年十二月"条，第6322页。
[4]《资治通鉴》卷二〇〇"龙朔元年七月"条，第6325页。
[5]《资治通鉴》卷二〇〇"龙朔二年二月"条，第6327页。
[6]《三国史记》卷二八《百济本纪第六》。

千二百三十六户均田农民一年之调,更何况其他的军役开支。有鉴于此,唐高宗没有急于求成,而是在龙朔三年"以海东累岁用兵,百姓困于征调,士卒战溺死者甚众,诏罢三十六州所造船,遣司元太常伯窦德玄等分诣十道,问人疾苦,黜陟官吏"[1],适时休养生息。由此可见,高宗较好地坚持了对高句丽的持久战略。

来自外部的强大压力,是高句丽难以承受的。一般说来,当外部压力骤然而至时,往往会激发内部的团结、潜力的凝聚与迸发。高句丽泉盖苏文的高度集权与拼死抵抗,属于这种情况。然而,高度集权会激化国内的矛盾;资源集中于一点,会使各部门的平衡紊乱与畸形发展,这种情况只能支撑一时,而无法长期维持,其破坏性后果是严重的。因此,当外部强大压力保持不断,超过内部承受力时,就会使内在矛盾暴露,导致变革或崩溃。高句丽末年统治集团的分裂,正是这种情况的体现。乾封元年(666),高句丽在唐朝持久强大的压力下,已难支撑。是年,"盖苏文死,其子男生代为莫离支,与其弟男建、男产不睦,各树朋党,以相攻击。男生为二弟所逐,走据国内城死守,其子献诚诣阙求哀。诏令左骁卫大将军契苾何力率兵应接之。男生脱身来奔"[2]。统治集团的分裂,是其国内社会矛盾激化与统治能力衰退乃至丧失的表现。泉男生投奔唐朝,使得外战介入了内战,高句丽败局已定。

乾封元年(666)十一月,唐朝趁高句丽内讧之机,任命"司空、英国公李勣为辽东道行军大总管,率裨将郭待封等以征高丽"。来年二月,唐军突破高句丽辽东防线。这时,高句丽统治集团进一步分崩离析,军无斗志,"数有降者",其王"高藏及男建遣太大兄男产将首领九十八人,持帛幡出降,且请入朝",只有泉男建困兽犹斗。总章元年(668)九月,唐军兵临平壤城下,"男建下捉兵总管

---

[1]《资治通鉴》卷二〇一"龙朔三年八月"条,第6336页。
[2]《旧唐书》卷一九九上《高丽传》,第5327页。

僧信诚密遣人诣军中,许开城门为内应。经五日,信诚果开门,勣从兵入,登城鼓噪,烧城门楼,四面火起。男建窘急自刺,不死。十一月,拔平壤城,虏高藏、男建等"[1],高句丽灭亡。

韩国忠南大学校百济研究所所长金善昱教授的研究表明,唐平百济与高句丽后,"无意将朝鲜半岛永久并入中国"[2]。如上所述,唐朝在东亚的最高目标是建立以唐为中心的国际关系体制,创造与其世界大国相适应的国际环境,并非要长期占领、直接统治朝鲜,"倾中国事之"[3]。所以,百济和高句丽平定之后,唐朝与新罗的关系经历了短期的摩擦和调整,终因两国之间没有根本的利害冲突,很快就稳定下来。此后,两国虽经改朝换代,却一直保持着亲密友谊,成为关系持久稳固的友好邻邦。

---

[1] 以上引文均见《旧唐书》卷一九九上《高丽传》,第 5327 页。
[2] 金善昱《隋唐时代中韩关系研究——以政治、军事诸问题为中心》,台湾大学历史研究所博士论文,1983 年,未出版。笔者于 1993 年到韩国访问讲学时,承蒙赐赠,谨致谢忱。
[3] 《新唐书》卷二二〇《高丽传》。

第十一章　东亚大博弈——白江之战

第一节　唐高宗朝的朝鲜战略

唐朝为什么要发动对百济的战争呢?

当时和现在,存在着各种说法,我觉得唐朝镇守百济的带方州刺史刘仁轨的话,至关重要。660年,唐朝名将苏定方率水军渡海灭百济后,留下刘仁愿和刘仁轨戍守百济,即班师回朝,旋率唐军自北方战线大举征伐高句丽,推进到平壤,战至661年9月,未克,撤回辽东。唐朝南方战线的刘仁愿和刘仁轨,受到百济复国势力的强大压力,在苏定方后撤之后愈显孤立。高宗允许他们收缩战线乃至撤军回国,提出两个方案,供他们斟酌选择:

> 平壤军回,一城不可独固,宜拔就新罗。若金法敏藉卿留镇,宜且停彼;若其不须,即宜泛海还也。[1]

亦即第一,自百济退入盟国新罗境内;第二,自海路撤回唐朝。对于这两个方案,刘仁轨均认为不妥,他对希望班师的将领们分析形势道:

> 主上欲灭高丽,故先诛百济,留兵守之,制其心腹;虽余

---

[1]《资治通鉴》卷二〇〇"龙朔二年七月"条,第6329页。

寇充斥而守备甚严,宜厉兵秣马,击其不意,理无不克。既捷之后,士卒心安,然后分兵据险,开张形势,飞表以闻,更求益兵。朝廷知其有成,必命将出师,声援才接,凶丑自歼。非直不弃成功,实亦永清海表。今平壤之军既还,熊津又拔,则百济余烬,不日更兴,高丽逋寇,何时可灭?且今以一城之地居敌中央,苟或动足,即为擒虏,纵入新罗,亦为羁客,脱不如意,悔不可追。况福信凶悖残虐,君臣猜离,行相屠戮,正宜坚守观变,乘便取之,不可动也。[1]

在此,刘仁轨提出了第三个方案,也就是坚守百济。刘仁轨在朝鲜战场上建立功勋,回朝后深受武则天倚重,长期担任宰相要职。他本人并不是军事家,而是政治家,故他对局势的把握,主要着眼于政治考虑。上述形势分析是在百济唐军统帅部内进行的,所做出的决断关系到全军的生死存亡。因此,其分析可以视为对当时战局的真实写照,不同于外交辞令。[2] 据此可知,唐朝出兵百济,目标仍在于灭亡高句丽。也就是说,唐朝开辟百济战线,是为了从南面夹击久攻不下的高句丽。南方战线依靠水军来完成,出兵规模、后续增援和辎重运输的规模都不可能太大,所以,要依靠新罗盟军紧密配合,难以由唐军单独承担。这些因素都决定了百济战场对于唐朝而言,属于辅助性战线。如果因为此战线的开辟而致使唐朝需要投入大量的人力、物力,影响辽东主战场,那就不符合唐朝的战略。因此,当百济地区战事胶着时,尤其是在辽东战线的唐军停止进攻,使得高句丽得以喘息,能够掉头向南面的唐军发动攻势时,高宗便

---

[1]《资治通鉴》卷二〇〇"龙朔二年七月"条,第6329—6330页。
[2] 唐朝征伐高句丽时,有多种说法,例如《三国史记》卷七《新罗本纪第七》"文武王十一年(671)"条记载,648年,唐太宗曾对前来朝见的新罗国相金春秋说:"朕今伐高丽,非有他故,怜你新罗,摄乎两国,每被侵陵,靡有宁岁。"这明显属于外交辞令。新罗遭到高句丽和百济的联合进攻而出现危机时,会影响到唐朝发起征伐高句丽战事的时间,却不能左右唐朝对朝鲜半岛的战略决策。

考虑让南面的唐军撤退，以免被歼。这充分表明了高宗对南部战线的基本立场。要使得南部战线的战略价值增高，就必须依靠南线唐军自己去创造。刘仁轨清楚地认识到这一点，所以提出要坚守百济，相机出击，打开局面，然后争取朝廷支援的战略方针。显然，刘仁轨想走活南线这步棋，以免前功尽弃。当然，他对于敌我双方的力量对比有过认真的衡量计算。

值得注意的是，刘仁轨对唐朝开辟南方战线的分析，并非一时之言。他曾经多次谈到唐伐百济的目的，前后一致，并无二辞，说明他对唐朝最高战略决策有着深刻而正确的领会。664年10月，刘仁轨在给朝廷的报告中说：

> 陛下留兵海外，欲殄灭高丽。百济、高丽，旧相党援，倭人虽远，亦共为影响，若无镇兵，还成一国。今既资戍守，又置屯田，所藉士卒同心同德……[1]

此时，白村江之战结束，唐军在百济立足已稳，朝廷考虑轮换前线将士，派先期回国的刘仁愿统帅新军接替刘仁轨旧镇之兵，刘仁轨对刘仁愿说：

> 国家悬军海外，欲以经略高丽，其事非易。今收获未毕，而军吏与士卒一时代去，军将又归。夷人新服，众心未安，必将生变。不如且留旧兵，渐令收获，办具资粮，节级遣还；军将且留镇抚，未可还也。[2]

刘仁轨在三个重要场合所说的话，都指出出兵百济是为了平高句丽。

---

〔1〕《资治通鉴》卷二〇一"高宗麟德元年十月"条，第6341页。
〔2〕《资治通鉴》卷二〇一"高宗麟德元年十月"条，第6341—6342页。

征伐高句丽，是隋唐两代构建天下秩序的既定战略。但是，具体的战略因素随着时间和形势而转变。就唐太宗朝而言，征伐高句丽的原因，比起隋代又增加了报辽东子弟之仇、雪前朝兵败之耻、扬唐朝国威，以及不贻患于后世（柔弱的高宗）的考虑。在唐太宗的战略擘画中，并没有把百济列为打击对象。诚然，唐太宗在贞观十七年（643）考虑出兵征伐高句丽前夕，曾经对前来求援的新罗使者说过："百济恃海，不修戎械，我以舟师数万袭之。"但是，这是同新罗使者讨论如何解救新罗困境时说的[1]，参照唐朝实际采取的外交行为，只能视此为外交场合的应对。

唐朝与百济的关系，不能与高句丽相提并论。在历史上，百济一直同中国保持友好关系，尤其同南朝关系极其亲密，大量吸收甚至还向邻国中转输出南朝文化，成为东亚中文明程度最高的国家。[2]然而，由于地理条件的限制，百济不是一个具有世界战略和野心的大国。从其与高句丽、新罗在敌友两极之间摇摆不定来看，百济所谋求的是确保国家利益不受侵犯，一旦受到侵犯，则不惜同往日的敌人联手对付今日的敌人。百济所谋求的利益，局限于朝鲜半岛，并没有与中国争雄抗衡的企图，也看不出有称霸东亚的野心。其与新罗的矛盾，源于土地为盟国新罗所侵夺，故转而同旧敌高句丽联合对付新罗。从历史到现实利益上，百济和唐朝都没有根本的利害冲突。而且，由于百济一直同高句丽有仇，所以，隋唐两代都积极

---

[1]《新唐书》卷二二〇《高丽传》记载此次会谈的内容和经过："会新罗遣使者上书言：'高丽、百济联和，将见讨。谨归命天子。'帝问：'若何而免？'使者曰：'计穷矣，惟陛下哀怜！'帝曰：'我以偏兵率契丹、靺鞨入辽东，而国可纾一岁，一策也。我以绛袍丹帜数千赐而国，至，建以阵，二国见，谓我师至，必走，二策也。百济恃海，不修戎械，我以舟师数万袭之；而国女君，故为邻侮，我以宗室主而国，待安则自守之，三策也。使者计孰取？'使者不能对。"这些对策，都是唐太宗在决断发起征伐高句丽之前的一些临时措施，显然不属于唐朝战略思考的方案，亦即此时唐朝并未将自己的战略计划告知新罗。同时，从谈话内容可看出，这也是唐太宗对新罗意图的一次试探。在没有其他政策宣示和外交行动的支持下，这类外交场合的谈话，不能表明唐朝已经形成对百济政策的重大转变。

[2] 参阅韩昇《南北朝与百济政治、文化关系的演变》，载韩国忠南大学百济研究所编《百济研究》第26辑，1996年2月。

争取百济，希望百济成为夹击高句丽的盟国。而百济也多次向隋、唐朝廷控诉高句丽。[1]正因为如此，唐朝屡次派遣使者到百济和新罗，企图调和两国的矛盾，使之共同成为唐朝的盟友。

显然，打击高句丽，联合新罗，争取百济和日本，是唐太宗重建东亚国际关系秩序的既定政策，一箭双雕，构思宏大。当然，在新罗和百济之间，唐朝是有所侧重的。最初，唐朝对新罗的支持，基本上出自扶弱抑强的传统外交战略，但不针对百济。到了7世纪40年代，这一战略发生了重大转变。贞观十六年（642），新罗金春秋到高句丽，希望与高句丽恢复旧盟，却被高句丽扣押。金春秋逃回后，翌年转赴唐朝，与唐朝结为同盟，共同对付高句丽。金春秋回新罗后，立即推动全面实行唐朝制度的改革，建立中央集权的政治体制。到唐高宗时代，新罗进一步采用唐朝年号，制定法律制度，在政治、文化等方面完全向唐朝看齐。这样，新罗成为唐朝真正的盟友，唐朝在朝鲜南部的政策也随之发生变化，从对新罗、百济的中立逐渐转为倾向新罗。上述唐太宗对新罗使者提到越海袭击百济的方案，就是在此背景下出现的。唐朝对新罗的倾斜，随着新罗的"唐化改革"而逐步加强，故此时唐太宗所言，既是对新罗的鼓励和引导，也是一种试探。唐朝真正站到新罗一边，大概要到高宗时代。由此看来，新罗的国内政治改革，同与唐朝结盟互为因果关系。东亚国家的国内政治变化，往往受到外部环境的强烈刺激，并非完全出于主动，这是深值注意的。

在朝鲜南部以新罗为重心，争取百济和日本的政策，是唐朝的战略。然而，此战略构想首先在百济问题上就遭受挫折。唐太宗没有估计到百济对新罗的仇恨如此难以消解，态度如此顽固。如上所述，百济在中国分裂时期，与南朝关系极其亲密，而与北朝没有太多交往，和隋、唐两朝缺乏亲近感，隋朝征伐高句丽时，百济表面

---

[1] 见于《隋书》和《旧唐书》《新唐书》的《东夷列传》。

上支持，实际上采取骑墙态度，详见《隋书·百济传》。隋朝因为征高句丽而亡国，致使百济以为唐朝难以攻克高句丽，企图利用高句丽同唐朝的争斗作为盾牌，放手攻击新罗，获取现实利益。这种态度，在唐太宗贞观十九年亲征却未能一举平定高句丽后，越发明显。从贞观二十年起，百济就中断了向唐朝的朝贡。[1]百济要最大限度地利用高句丽同唐朝的战争，乱中取利。而高句丽在新罗追随唐朝之后，面临南北受敌的严峻局面。虽然新罗为百济所纠缠，腾不出手来攻击高句丽，但终是如芒在背，寝食难安。故高句丽抓紧辽东战场的机会，一有喘息便立即南下进攻新罗，欲除此患。百济和高句丽在灭亡新罗问题上不谋而合，虽然各自的利益与目标不同，却有共同点，迅速结成联盟。

新罗既然成为唐朝贯彻国际战略的盟友，唐朝当然不能坐视新罗被高句丽消灭。唐朝可以在辽东攻击高句丽来援助新罗。然而，现在增加了百济的因素，使得增援新罗变得困难，更不用说利用新罗来夹击高句丽。百济间接地妨碍了唐朝的战略，也就站到了唐朝的对立面上，尽管百济对新罗的攻击不是针对唐朝。

7世纪50年代中期出现的这一变化，是唐朝没有充分估计到，也是不愿意看到的。实际上，直到贞观十八年十二月十四日，唐太宗还下达了"诏诸军及新罗、百济、奚、契丹分道击高丽"的命令[2]。因此，对于百济的这种变化，唐朝调整政策需要时间。而且，鉴于百济同唐朝在历史上无怨无仇，所以还是想通过劝和、警告的手段，让百济停止攻击新罗，避免矛盾升级。也就是说，终唐太宗之世，唐朝并未将百济真正列为敌人，也没有攻击百济的计划。

高宗即位后，对朝鲜的政策逐步发生变化。从永徽五年（654）辽东重新爆发战事起，到显庆五年（660）为止，唐朝对高句丽发动

---

[1]《旧唐书》卷一九九上《百济传》。
[2]《资治通鉴》卷一九七"贞观十八年十二月"条，第6215页。

多次攻势，兹列示如下：

永徽六年，唐朝为了救援遭到高句丽攻击的新罗，命令营州都督程名振、左卫中郎将苏定方率部进攻高句丽，在新城取得胜利。[1]

显庆三年，营州都督兼东夷都护程名振、右领军中郎将薛仁贵攻占高句丽赤烽镇，高句丽大将豆方娄率众三万反击，唐朝令契丹参战，破高句丽，斩首数千人。[2]

显庆四年，薛仁贵、梁建方、契苾何力等率军出击，破高句丽将军温沙门于横山。[3]

从永徽五年高句丽进攻新城，到后来唐朝的三次进攻，战线仍在辽东一带，可见这一阶段唐军未能突破高句丽的防御，并无重大战果，战局呈现胶着态势。战事长期拖延，对于唐朝是不利的。因此，必须再谋良策，打破僵局。

高宗对于百济的发言，见于永徽二年致百济国王的玺书：

> 至如海东三国，开基自久，并列疆界，地实犬牙。近代已来，遂构嫌隙，战争交起，略无宁岁。遂令三韩之氓，命悬刀俎，寻戈肆愤，朝夕相仍。朕代天理物，载深矜愍。去岁王及高丽、新罗等使并来入朝，朕命释兹仇怨，更敦款穆。新罗使金法敏奏书："高丽、百济，唇齿相依，竞举兵戈，侵逼交至。大城重镇，并为百济所并，疆宇日蹙，威力并谢，乞诏百济，令归所侵之城。若不奉诏，即自兴兵打取。但得故地，即请交和。"朕以其言既顺，不可不许。昔齐桓列土诸侯，尚存亡国；况朕万国之主，岂可不恤危藩。王所兼新罗之城，并宜还其本

---

[1]《新唐书》卷二二〇《高丽传》，第6195页。
[2]《资治通鉴》卷二〇〇"显庆三年六月"条，第6309页。
[3]《资治通鉴》卷二〇〇"显庆四年"条，第6319页；《旧唐书》卷八三《薛仁贵传》，第2781页，其时间记载或有误，《通鉴考异》据《实录》做了订正，见《资治通鉴》卷二〇〇"显庆三年六月"条。

国；新罗所获百济俘虏，亦遣还王。然后解患释纷，韬戈偃革，百姓获息肩之愿，三蕃无战争之劳。比夫流血边亭，积尸疆场，耕织并废，士女无聊，岂可同年而语矣。王若不从进止，朕已依（新罗使节金）法敏所请，任其与王决战；亦令约束高丽，不许远相救恤。高丽若不承命，即令契丹诸蕃渡辽泽入抄掠。王可深思朕言，自求多福，审图良策，无贻后悔。〔1〕

这是一份非常重要的文件，其中涉及的一些问题，有必要略做考订。

此件玺书收录于《旧唐书·百济传》和《全唐文》卷一五，前者文字稍有讹误，点校者已做校订。但是，《新唐书·百济传》摘引时，省略为：

海东三国，开基旧矣，地固犬牙，比者隙争侵校无宁岁，新罗高城重镇皆为王并，归穷于朕，丐王归地。昔齐桓一诸侯，尚存亡国，况朕万方主，可不恤其危邪？王所兼城宜还之，新罗所俘亦畀还王。不如诏者，任王决战，朕将发契丹诸国，度辽深入，王可思之，无后悔！

文字固然减省了，但诏令原貌尽失，尤其是最后一句，意思全变。高宗说的是听任新罗与百济决战，若高句丽参战，将令契丹诸蕃攻打高句丽，使得高句丽无法介入。然而，经过《新唐书·百济传》一改，就变成听任百济决战，不但决战对象不明，而且误会为唐朝将令契丹诸国深入攻击百济。与原意相去甚远。

《新唐书·百济传》的误导，似乎影响了《资治通鉴》。因为在《资治通鉴》"永徽二年是岁"条记载：

---

〔1〕《旧唐书》卷一九九上《百济传》，第5330—5331页。

> 是岁,百济遣使入贡,上戒之,使"勿与新罗、高丽相攻,不然,吾将发兵讨汝矣"。

这条记载颇可怀疑。首先,如前述,唐太宗曾下令百济进攻高句丽,故高宗没有约束百济不得与高句丽相攻的道理;相反,这正是唐朝所期望的。其次,高宗明确威胁要出兵讨伐百济,在中国和朝鲜的史籍里别无所见,亦即典据不明。因此,此条记载恐怕本于《新唐书·百济传》,乃以讹传讹所致。

从高宗甫立即罢辽东之役,到永徽五年战事重起,这段时间是高宗重新确立东亚政策的重要时期。这件玺书恰好在此时期,对于了解唐朝的战略决策颇具价值。玺书所透露的几点信息,必须重视。第一,高宗是从"万国之主"的战略高度来处理东亚问题的,关涉唐朝的国际关系的宏图大略。第二,对于朝鲜南部局势,唐朝"以其俱为藩附,务在和睦"[1],故一直在调解百济和新罗的纷争,对百济的警告,也仅限于牵制高句丽,让新罗与百济对等决战。也就是说,高宗虽然已经站在支持新罗的立场上,但还没有出兵攻打百济的考虑,大概对争取百济尚存一线希望。第三,新罗对唐朝的臣属关系已经确立,并依此展开对唐朝的国交。对于臣属国来说,相互之间不得征战侵伐,有争执必须禀报盟主,听候裁判。新罗完全按照规则行事,赢得了唐朝的支持。这也说明,新罗与唐朝的同盟并非平等,而是从属性的。

由此可见,进攻百济不是高宗最初的战略构想,而是随着时局推移逐步演变所致。促使高宗下此决心的因素中,百济的行为起了重要作用。自永徽三年以后,百济再度中断与唐朝的国交,同时对新罗展开更大规模的攻击。永徽六年,百济与高句丽、靺鞨联兵攻破新罗三十余城,新罗再次到唐朝告急求援,为此,高宗重开停止

---

[1]《旧唐书》卷一九九上《新罗传》,第 5335 页。

多年的辽东战事，进攻高句丽以解救新罗。[1]显庆三年（658），百济再次攻击新罗。这次进攻的情形，未见于唐朝史籍和《三国史记》，而仅见于日本使者自百济回国的报告：

> 又西海使小花下阿昙连颊垂自百济还言："百济伐新罗还时马自行道于寺金堂，昼夜勿息，唯食草时止。"[2]

根据《三国史记》记载，显庆四年四月，百济再度进攻新罗，规模甚大，以至于新罗国王准备亲自率兵抵御，同时派使者入唐求援。战争打到十月：

> （新罗）王坐朝，以请兵于唐不报，忧形于色。忽有人于王前，若先臣长春罢郎者，言曰："臣虽枯骨，犹有报国之心，昨到大唐，认得皇帝命大将军苏定方等，领兵以来年五月来伐百济，以大王勤伫如此，故兹控告。"[3]

有关这一年的战事，亦未见于新旧《唐书》，但颇为重要。这是最初见到的唐朝计划征伐百济的记载。长春罢郎是新罗抗击百济的烈士，所谓幽灵传言，当是新罗王遮掩消息来源的手法。新罗使者四月到唐朝，新罗王十月获得唐朝明年进攻百济的消息，从时间上算，应是新罗使者带回的消息。唐军越海长途谋袭百济，必须得到新罗的紧密配合，才较有胜算。因此，必须提前告知新罗国王。这是最高国家机密，故唐朝和新罗双方都要严加保密。由此判断，这条记载是可信的。那么，唐朝做出征伐百济的决断，恐怕就在显庆四年。此推断，也可以从日本方面的记载得到印证。《日本书纪》"齐明天

---

[1]《旧唐书》卷一九九上《百济传》，第5331页。
[2]《日本书纪》卷二六"齐明天皇四年是岁"条。
[3]《三国史记》卷五《新罗本纪第五》"太宗武烈王六年"条。

皇五年（659）七月"条注引《伊吉连博德书》记载了唐朝给前来长安的日本使者敕书：

> 敕旨："国家来年必有海东之政，汝等倭客不得东归。"遂逗西京，幽置别处，闭户防禁，不许东西，困苦经年。

促成唐朝决定征讨百济的主要原因，第一，打破唐军在辽东久攻不下的僵局；第二，百济已经不听命于唐朝，妨碍唐朝联合新罗夹击高句丽的战略意图，而且，此行为还伤害了唐朝的权威；第三，新罗一再请兵。

新罗请兵，对于唐朝的决断颇起作用。永徽六年，新罗请兵，唐朝随即发起辽东战役予以支持。显庆四年第二次请兵，大概促成了唐朝出兵百济。

对于唐朝而言，灭百济可以树立权威，以儆效尤。而且，与新罗连兵，可以实现南北夹击，使唐军主力得以突破高句丽防御，自北灭亡高句丽。

从朝鲜局势的演变、战事的发展，以及刘仁轨的话来分析，都说明唐朝征讨百济是高宗应对朝鲜局势演变而做出的新决策，主要还是为了早日灭亡高句丽，实现唐朝的国际战略构想。因此，进攻百济从属于灭亡高句丽，军事上考虑的因素颇多，并不是以攻占百济为目标的政治行为。弄清楚这场战争的性质，有助于理解后来唐朝对百济采取的政策。因为唐朝没有直接占领百济的野心，所以曾经考虑建立羁縻统治体制，扶植亲唐政权，而后在新罗的坚决反对下，放弃这一构想，退出朝鲜南部，默认新罗吞并百济故地。主要的原因在于唐朝的目的限于构建以唐朝为中心的国际关系体系。

然而，唐军进入朝鲜南部，局势就发生了深刻的变化，新罗请求唐朝出兵的目的、其与唐朝的利益关系，乃至日本对唐朝进军百济的利益冲突，都不能不凸显出来。

第二节 新罗的战略考虑

新罗遭受高句丽和百济的联合打击，国家危亡，不得不完全投靠唐朝，抗衡强敌。如果说新罗投向唐朝是朝鲜半岛形势所迫，那么，金春秋亲自到唐朝以后，看到唐朝的繁荣强大，应该就是真心实意地学习唐朝，力图使得后进的新罗能够迅速强盛起来。所以，金春秋回国后，便在国内积极引进唐朝制度文化，大刀阔斧地进行改革。在中央集权化的政治体制改革过程中，647年，金春秋、金庾信主导的中央粉碎了以毗昙为代表的庆州门阀势力的叛乱，走上了与高句丽不同的发展道路，即由中央领导的集权化体制改革。648年，金春秋入唐，"请诣国学，观释奠及讲论……又请改其章服，以从中华制"。回国后，649年，新罗"始服中朝衣冠"；650年，"始行中国永徽年号"；651年，"贺正之礼始于此"；654年，金春秋即位后，即"命理方府令良首等，详酌律令，修定理方府格六十余条"[1]，迅速完成了国家体制的改革。这一改革奠定了新罗与唐朝联盟的坚实基础，使新罗完全纳入唐朝国际关系体制之中。唐朝把新罗作为对高句丽作战的南翼，希望形成南北夹击之势，尽快打下高句丽。

同时还应该看到，后进的国家在迅速发展时期，往往带有向外扩张的倾向，以争取更大的发展空间和资源，打破于己不利的国际环境。6世纪前叶，新罗积极致力于建立国内政治体制，法兴王时代（514—540）颁布早期的律令，规定百官的秩序，保护佛教发展，并在536年建立自己的年号，称"建元元年"。从6世纪中叶起，即下一代真兴王时代（540—576）起，新罗从内政建设进而积极向外拓展，扩张领土，北取高句丽十余郡城；东占百济边疆，置新洲，引起同百济的激烈对抗，新罗杀死前来夺回领土的百济国王，两国同

---

[1] 均见《三国史记》卷五《新罗本纪第五》。

盟彻底破裂，反目成仇。百济在这种情况下，转而同高句丽联盟，共同对付新罗，而新罗也逐步靠拢隋、唐帝国，与之抗衡。

　　前已述及，隋、唐两朝积极介入朝鲜半岛事务，是为了重建国际关系秩序，故利用朝鲜三国间的对立与矛盾，全力制服桀骜不驯的高句丽。然而，新罗的战略目标显然与唐朝不同，其目的在于借助唐朝的力量，扭转劣势，并尽可能扩张。至于扩张的限度到哪里，因为没有史料留存，难以判明。就当时的形势来看，在唐朝先后灭亡百济和高句丽之前，新罗恐怕还不会脱离现实到希望统一朝鲜。有一件当时的史料，透露了极其重要的信息。《三国史记·新罗本纪第七》收录新罗文武王的信函称：

> 先王贞观二十二年入朝，面奉太宗文皇帝恩敕："朕今伐高丽，非有他故，怜你新罗，摄乎两国，每被侵陵，靡又宁岁。山川土地，非我所贪，玉帛子女，是我所有。我平定两国，平壤已南，百济故土，并乞你新罗，永为安逸。"垂以计会，赐以军期，新罗百姓，具闻恩敕，人人畜力，家家待用。大事未终，文帝先崩，今帝践祚。

这是咸亨二年（671），唐朝与新罗关系破裂时，新罗文武王给唐将薛仁贵的报书。文中的"先王"，即金春秋。前面已经分析过了，唐太宗并没有进攻百济的计划，因此也不可能告诉新罗出兵的具体时间，甚至把军事机密宣告百姓，使之"具闻恩敕"。所以，这个所谓唐太宗与金春秋的约定，大概是新罗文武王编造的。第一，唐太宗与金春秋早已逝世，死无对证。第二，如此重大的战果瓜分，竟是口头约定，又一个空口无凭。第三，约定的文辞，显然不是唐人所作，而是新罗人的汉语。第四，贞观二十二年（648），金春秋入唐乞兵，以全面实施唐朝制度文化等内政改革承诺取悦唐太宗，双方结为从属关系，故唐太宗不可能与金春秋讨论瓜分百济事宜。第五，唐朝此时仍在争取百济，没有进攻百济的计划。第六，唐太宗征讨高句丽，乃至唐高宗征百济，都是从重建东亚国际关系秩序的战略角度出发的，唐朝对周边民族国家，一般不实行直接占领的办法，而使用羁縻制度进行笼络，尽量保持原有体制，培养亲唐人物执政，非但不进行掠夺，还经常给予扶持，因此，不可能用"山川土地，非我所贪，玉帛子女，是我所有"这种霸道贪婪的口吻说话。不过，这种霸道话语也不是全无所本。唐高祖李渊太原起兵当初，突厥进犯，李渊致书突厥可汗说：

> 我今大举义兵，欲宁天下，远迎主上，还共突厥和亲，更似开皇之时，岂非好事。且今日陛下虽失可汗之意，可汗宁忘高祖之恩也？若能从我，不侵百姓，征伐所得，子女玉帛，皆可汗有之。必以路远，不能深入，见与和通，坐受宝玩，不劳兵马，亦任可汗。一二便宜，任量取中。[1]

那是在不得已的情况下，对粗通文墨的强敌突厥可汗说的话。新罗文武王给薛仁贵报书的文辞，与此相近，可能是模仿此典故编造的。正因为这个所谓的"约定"漏洞百出，故文武王用"大事未终，文帝先崩，今帝践祚"来掩饰，欺高宗不是当事人，情况不明。

这封信的重要性，在于透过它可以了解新罗的战略意图和目的，也就是要借助唐朝之力，取得平壤以南的土地。

显然，唐朝和新罗在共同对付高句丽和百济的问题上，利益一致。但是，双方的战略目标和侧重点各不相同。唐朝要建立以唐朝为中心的天下秩序，新罗要夺取整个朝鲜南部；唐朝首先要灭亡高句丽，新罗要消灭百济。这种带有根本性的分歧，在唐朝灭百济之后，逐步显露出来，首先表现在新罗对唐军的配合方面，微妙之处，

---

[1]《大唐创业起居注》卷一，上海古籍出版社，1983年，第19页。

远在长安的唐朝最高当局不一定体会得到，而身在前线作战的将领，最能体察。

首先，新罗对南部作战的唐军，接应配合，不尽如人意。《三国史记·新罗本纪第七》所录文武王给薛仁贵的报书中透露了不少信息。例如，661年：

> 熊津请兵，日夕相继。新罗多有疫病，不可征发兵马，苦请难违，遂发兵众，往围周留城。贼知兵少，遂即来打，大损兵马，失利而归。南方诸城，一时总叛，并属福信。福信乘胜，复围府城，因即熊津道断。

显然，唐军在百济遭遇百济反抗势力围攻时，新罗并没有倾力相助，只是派遣少量部队敷衍了事，以致局势顿然改变，无法形成唐军与新罗军联合作战的态势。

其次，在对高句丽的作战上，新罗更显得消极被动。这一年，唐朝从北面大举进攻高句丽，而南方战线由于唐军与新罗军不能全力配合，故北线唐军无功而返，这一年新罗是否发生严重的疫病，《三国史记·新罗本纪第六》全无记载，大概没有如此严重的疫病，只是一种托词。

662年，支援北线对高句丽作战，新罗亦是消极，稍与高句丽交锋，旋退师而还，甚至在李勣最后总攻高句丽时，新罗的配合似乎也不太得力，以致战后李勣"漏云：新罗前失军期，亦须计定"[1]。

由此看来，新罗是有意识地在保存实力，尽量让唐军冲锋陷阵，摧破强敌，以图将来收拾局面。这是唐朝和新罗因目标不同而必然出现的各行其是的局面。

对于在百济前线同百济反抗势力殊死战斗的唐朝前线指挥官而

---

〔1〕《三国史记》卷七《新罗本纪第七》所录文武王给薛仁贵的报书。

言，当然比遥远的唐朝中央更能体察到新罗的意图，尤其刘仁轨是位政治家，对政治局势颇能洞察，所以才会在前述战情分析时指出："纵入新罗，亦为羁客，脱不如意，悔不可追。"也就是说，如果驻守百济的唐军一旦退入新罗，就将丧失主动权，得到新罗善待，也不过是"羁客"；倘若为新罗并吞，那就"悔不可追"了。因为新罗与唐朝的矛盾还未彰显，所以，他也只能说到这里，但是意思已经十分清楚了。不难看出，刘仁轨不但对唐朝中央的朝鲜战略有准确的把握，而且对于新罗的意图也有清醒的认识，因而颇怀戒备。他坚决不肯退入新罗，道理就在于此。

从高宗提出唐军退入新罗的方案来看，到此时，唐朝中央对于新罗在合作下面潜藏的战略意图，似乎还没有完全认识清楚。

然而，随着战事的进展，唐朝与新罗的利益矛盾日益显现出来，在重建百济新政权的问题上，就是一次正面冲突，可以看出双方的重大战略分歧。唐军镇压百济故地的反抗之后，新罗在短时间内与百济多次会盟，显得不合情理。上引文武王的报书透露了会盟的经过和内幕：

> 南方已定……新罗即欲回还。杜大夫云："准敕，既平已后，共相盟会。任存一城，虽未降下，即可共相盟誓。"新罗以为：准敕，既平已后，共相盟会，任存未降，不可以为既平；又且百济奸诈百端，反复不恒，今虽共相盟会，于后恐有噬脐之患。奏请停盟。
>
> 至麟德元年，复降严敕，责不盟誓。即遣人于熊岭，筑坛共相盟会，仍于盟处，遂为两界。盟会之事，虽非所愿，不敢违敕。
>
> 又于就利山筑坛，对敕使刘仁愿，歃血相盟，山河为誓：画界立封，永为疆界，百姓居住，各营产业。

文武王对新罗推三阻四、不愿同百济会盟一事所做的辩解，透露了当时唐朝在重建百济问题上，与新罗颇有争执。争执的焦点在于新罗不肯与百济盟会，所谓百济反复无常等，均为借口。其时百济已经灭亡，唐朝想扶植原百济太子扶余隆重建百济新政权。这时候，根本谈不上微弱的百济威胁强大的新罗。实际上，倒是新罗不愿意百济复兴。新罗的反对将使得百济时刻面对其威胁而难以重建，唐朝也无法通过扶植亲唐政权来贯彻国际关系体制。所以，这个矛盾，实际上是唐朝同新罗的战略利益之争。

唐朝以强大的实力为后盾，压新罗同百济会盟。根据上引文武王报书称，唐军在百济地区扭转被围攻的局势，将百济反抗势力压缩在任存城时，就要求新罗同百济盟会。这个时间可以考定在龙朔三年（663）。也就是说，唐朝于百济地区胜利在望时，就开始谋划重建百济，采用的是唐朝对外广泛实行的用当地人统治当地的羁縻制度。这个计划不符合新罗占领整个朝鲜南部的目标，故新罗以百济尚未完全平定为借口，用拖延战术来表示反对。事情上报唐朝后，唐朝中央应该认识到新罗有所图谋，所以"复降严敕，责不盟誓"。唐朝需要获得新罗不侵犯百济的盟誓，以作为重建百济的保证。在唐朝的压力下，麟德元年（664），新罗不得不在唐军统帅刘仁愿的主持下，派遣"角干金仁问、伊飡天存，与唐敕使刘仁愿、百济扶余隆，同盟于熊津"[1]。然而，新罗设了一个陷阱，国王不亲自参加盟会，而只让臣下代行，为日后翻案埋下伏笔。唐朝国际交涉的经验丰富，岂能不知新罗潜藏的用心。所以，翌年"秋八月，王与敕使刘仁愿、熊津都督扶余隆，盟于熊津就利山"[2]。盟誓的内容，除对百济以往罪行的谴责外，最具实质意义的有两点，一点是上面引文中的划定疆界，永不相侵；另一点是"各承诏命，永为藩服"。前

---

[1]《三国史记》卷六《新罗本纪第六》"文武王四年"条。
[2]《三国史记》卷六《新罗本纪第六》"文武王五年"条。

一点意在约束新罗，后一点则是确认新罗和百济共为唐朝藩国，在朝鲜南部建立唐朝的国际关系体制。唐朝对此极其重视，故盟誓完成后，刘仁轨即带新罗、百济、耽罗和日本使节赶赴泰山，参加唐高宗封禅大典，将此功业昭示天下。

从唐朝压新罗与百济盟誓的经过，也可以证明前述新罗文武王所谓金春秋与唐太宗密约瓜分百济一事纯属子虚乌有，如果真有这样的密约，为什么在此重要时刻新罗不提出来，作为抵制唐朝压力的有力武器呢？

唐朝对朝鲜南部的安排与新罗的战略目标根本冲突。只是当时高句丽尚未灭亡，故新罗勉强从命，暂时忍耐。这也为不久唐朝灭高句丽后，新罗从暗中支援高句丽、百济残部反抗，到公开吞并百济、蚕食高句丽，与唐朝对抗埋下了伏笔。

毫无疑问，对于灭亡了百济与高句丽之后的朝鲜，唐朝与新罗有着战略层面的矛盾与斗争。两国的战略分歧，从唐朝灭亡百济开始逐渐形成，并随着局势的发展而逐步加深扩大，新罗从占领朝鲜南部到谋求统一整个朝鲜半岛，欲望在不断膨胀。故唐朝和新罗在高句丽灭亡之后，立即转变为敌对关系，甚至爆发激烈的军事冲突，也是必然的结果。

新罗与唐朝虽然有着重大的国家利益冲突，但是，双方的矛盾不同于唐朝和高句丽的关系。根本的一点，在于新罗并不谋求同唐朝的国际关系体制对抗，只是要在唐朝国际关系框架内，谋求国家利益的最大化。而且，新罗不妨碍唐朝在东亚的影响，甚至帮助唐朝稳定东亚。从这个意义上说，新罗与唐朝没有根本性冲突。其实，一个拥护唐朝的统一的新罗，对于实现以唐朝为中心的国际关系秩序，以及内在联系紧密的东亚世界，颇有帮助。所以，唐朝同新罗经过一段时间的对抗之后，重新恢复和平，唐朝基本退出朝鲜半岛，新罗臣属于唐朝，这是一个合理的演变结果。

第三节　日本争夺朝鲜南部的战略利益

朝鲜半岛问题的复杂性与重要性，还在于它对整个东北亚地区都深具影响，尤其对于日本更为巨大。日本是岛国，其发展有赖于同大陆的联系，以获取大陆的资源、人才，输入文化制度，不至完全孤立于大陆之外，封闭落后。其与大陆交往的主要通道，就是朝鲜半岛。

自古以来，日本就不断侵袭朝鲜南部，谋求获得一个稳固的立足点，作为通向大陆的桥头堡。《宋书·倭国传》记载了日本同南朝的交往，使者频频到访，主要目的就是请求南朝册封日本，并使之获得对朝鲜南部的统治权。实际上，日本经常攻击朝鲜南部，争夺对南部小国的控制。为此，日本与百济、新罗时常发生冲突，甚至还同北方的高句丽激战多次，其战和关系错综复杂，兹不赘述。日本同朝鲜三国的关系有自身的利益追求，并不为朝鲜三国相互之间的矛盾所转移，更多是利用三国间的矛盾谋求自身的利益。因此，谈不上日本与朝鲜的哪个国家有同盟关系。

大约就在前述新罗积极向外扩张的时代，其同日本的矛盾尖锐起来。《日本书纪》称，新罗吞并了日本在朝鲜半岛南部的任那，因而同日本处于对立状态。日本一再谋划出兵进攻新罗，为此加强同百济的关系。与此同时，百济为了围攻新罗，也加强同高句丽和日本的联络，一时形成利害一致的关系。

日本同隋唐两朝关系友好。隋朝建立后，日本主动派遣使者到隋朝，甚至向隋朝学习政治制度，在日本国内推动改革，其间微妙的政治交往，本书第九章已有论述，不再重复。但必须注意的是，日本同隋唐的交往不同于同南朝的关系，亦即日本在中国动乱而无力主导国际局势时，已经独立于中国的国际关系体制之外，习惯于自己凭借实力处理同朝鲜国家的关系。因此，日本一方面同隋唐友好，另一方面并不希望隋唐介入其与朝鲜的关系。在历史上，南朝从不支持日本对百济的领土要求。

因此，当新罗完全倒向唐朝之后，朝鲜南部国家之间的势力动态平衡格局就发生了重大变化，日本对此保持高度警惕和防备。651年，新罗国内实行唐化改革后，其使者前往日本时遭到驱逐，两国关系大为恶化。先来看看事件的经过：

> 是岁，新罗贡调使知万沙飡等，着唐国服泊于筑紫。朝廷恶恣移俗，诃啧追还。于时巨势大臣奏请之曰：方今不伐新罗，于后必当有悔。其伐之状不须举力，自难波津至于筑紫海里，相接浮盈舻，召新罗问其罪者，可易得焉。[1]

日本违反外交礼仪，粗暴对待新罗使者，不惜恶化两国关系，理由是"恶恣移俗"。所谓"移俗"，亦即前述549年新罗改行唐朝服饰制度，翌年使用永徽年号，根据唐朝制度推行改革。实际上，日本早在圣德太子时代就吸收了许多隋朝文化制度的要素。唐朝建立之后，日本君臣都认识到："大唐国者，法式备定之珍国也，常须达。"[2] 故召回留隋学生，导入隋唐制度。显然，日本并不反对隋唐的制度文化，它反对的是新罗将唐朝势力引入朝鲜半岛南部。唐朝与新罗的联盟，必将大大限制日本在朝鲜南部的活动空间，加速日本被纳入唐朝的国际关系体制的进程。对此，日本是反对的，驱逐新罗使者，就是明确的表示。至此，日本与百济、高句丽在抗衡唐朝势力进入朝鲜半岛上，多了一层共同利益。由此可以明白，后来日本出兵百济而与唐朝正面交战，也是一个合理的演变结果，即首先是基于日本自身的利益，而不是因为百济同日本的友好关系。

唐朝最高当局对于日本的立场，也有一个认识和变化的过程。

---

[1]《日本书纪》卷二五"孝德天皇二年（651）是岁"条。
[2]《日本书纪》卷二二"推古卅一年（623）七月"条。

> 贞观五年，遣使献方物。太宗矜其道远，敕所司无令岁贡，又遣新州刺史高表仁持节往抚之。表仁无绥远之才，与王子争礼，不宣朝命而还。至二十二年，又附新罗奉表，以通起居。[1]

显然，唐太宗把日本作为友好邻邦，故专门派遣使节高表仁前往日本绥抚。然而，当时的日本已经不是南朝时代希望中国予以册封的小国，其谋求的是与唐朝平等交往。唐朝对此并无思想准备，导致宣抚使命不能完成，无功而返。唐朝怪罪高表仁"无绥远之才，与王子争礼"，这是不公平的。此问题颇为复杂，需要专门探讨。[2]

因为对于日本的立场缺乏清楚的把握，故高宗时代仍将日本视同"藩附"。

> 永徽初，其王孝德即位，改元曰白雉，献虎魄大如斗，码瑙若五升器。时新罗为高丽、百济所暴，高宗赐玺书，令出兵援新罗。[3]

让日本站在唐朝一边，出兵援助新罗，完全是唐朝中央的一厢情愿。

对于东亚形势，首先是唐朝指挥官刘仁轨通过百济前线作战而有所洞察。他在前引664年给高宗的上表中指出："百济、高丽，旧相党援，倭人虽远，亦共为影响，若无镇兵，还成一国。"明确向朝廷报告，日本与高句丽、百济相互支持的关系。刘仁轨的报告，应该引起了高宗的注意和警惕。

唐朝对日本态度的变化，由于各方史料欠缺，难以描述。然而，根据前引日本使节撰写的《伊吉连博德书》可以清楚地知道，唐朝

---

[1]《旧唐书》卷一九九下《倭国传》，第5340页。
[2] 请参阅池田温「裴世清と高表仁」、日本历史学会编『日本歴史』1971年9月号。
[3]《新唐书》卷二二〇《日本传》，第6208页。

在决定次年征讨百济后，扣押了在长安的日本使节，明显将日本视为敌国。实际上，在此期间，日本大大加强了同高句丽和百济的呼应关系，迅速滑向唐朝的对立面。唐朝对日本使节的处置，说明对日本立场已经有了比较清醒的认识。

在这种形势下，唐朝灭百济，自然引起日本的高度紧张。660年9月，百济达率沙弥觉到日本，报告百济灭亡、鬼室福信率残部抵抗的消息。10月，鬼室福信派人将一百多名唐朝俘虏送到日本，请求日本出兵增援，并请送还在日本的百济王子扶余丰璋，立为新君。日本齐明天皇同意百济所请，开始整军备战，建造船只，拟攻击新罗。齐明天皇移居难波宫（今大阪市），坐镇海港。[1]

翌年正月，齐明天皇亲自出动，自海路经吉备大伯海（今冈山县邑久郡）、伊豫熟田津（今爱媛县松山市），三月抵达北九州岛那大津（今福冈县福冈市博多），建立盘濑行宫。五月，迁居博多海边的朝仓橘广庭宫，摆出一副决战的架势。就在这个时刻，发生了一件常被忽视的事情。《日本书纪》"齐明天皇七年（661）五月丁巳"条记载：

> 耽罗始遣王子阿波伎等贡献。

其下注称：

> 《伊吉连博德书》云：辛酉年正月廿五日，还到越州。四月一日，从越州上路东归。七日，行到桂岸山明，以八日鸡鸣之时，顺西南风，放船大海。海中迷途，飘荡辛苦。九日八夜，仅到耽罗之岛，便即招慰岛人王子阿波伎等九人同载客船，拟献帝朝。五月廿三日，奉进朝仓之朝。耽罗入朝始于此时。

---

[1]《日本书纪》卷二六"齐明天皇七年"条。

据此可知，所谓躭罗王子贡献，是日本使者途经新罗时带回者。最需重视的是，日本使者在唐朝攻克百济之后，旋被释放，自越州送回日本。迅速释放，是为了能赶上四月的季风。当时，日本与唐朝的海上交通，一定要依赖季风往返，一年只能完成一个来回。因此，放回日本使者，是唐朝有目的的行动，是让他们传递信息。其具体内容，史无传文，不得其详。从后来局势发展推测，应该是传达唐朝无意进攻日本，甚至可能是争取日本的信息。

总之，齐明天皇移驻博多后，并未立即采取军事行动，七月，死于朝仓宫。天智天皇即位，十月回到难波。从天智天皇即位到663年与唐朝战于白村江，《日本书纪》的记载多有混乱与可疑之处。例如：《日本书纪·天智天皇纪》记载，661年8月，亦即天智天皇即位后，立即派遣前将军大华下阿昙比罗夫连等，增援百济。但是，在662年5月，又记载派遣"大将军大锦中阿昙比罗夫连等，率船师一百七十艘，送丰璋等于百济国"。两事不但重复，而且记载也有错误。661年条记阿昙比罗夫冠位"大华下"，是"大化改新"制定的冠位十九阶中的第八阶。而662年条的"大锦中"，是天智天皇三年（664）"增换冠位阶名……其官有廿六阶"[1]中的第八阶，时间倒置。因此，阿昙比罗夫出兵朝鲜一事，《日本书纪》同时混用了不同来源的材料，应是同一件事的重复记载。

此外，百济反抗势力到日本迎还扶余丰璋以号召民众，《日本书纪》卷二七在661年记载："乃遣大山下狭井连槟榔、小山下秦造田来津率军五千余，卫送于本乡。于是，丰璋入国之时，福信迎来。"然而，在662年又记载："大将军大锦中阿昙比罗夫连等，率船师一百七十艘，送丰璋等于百济国。"同样是重复记载。

有些记载则完全无法获得证明，例如：《日本书纪》卷二七记载，661年，"日本救高丽军将等，泊于百济加巴利滨而燃火焉"。662年，

---

[1] 《日本书纪》卷二七。

"唐人、新罗人伐高丽，高丽乞救国家，仍遣军将据疏留城。由是唐人不得略其南界，新罗不获输其西垒"。这两条记载与其他相关记载不同之处是都没有将领的名字。无论是唐朝方面还是朝鲜三国的记录，都没有见到成建制的日本军队出现于战场。唐朝灭百济以后，日本派了一些人员乃至小股部队到朝鲜侦察形势，联络高句丽和百济，这是完全可能的。至于大规模介入战斗，则不可能不在唐朝及朝鲜的档案和史籍里留下记录，前引新罗文武王致薛仁贵的报书中，罗列大小战绩摆功，其中提到了靺鞨兵，却完全没有涉及日本。因此，《日本书纪》关于663年以前日本援军在朝鲜战场作战的记载，令人难以置信。

显然，《日本书纪》是把不同来源的材料编集在一起了。而且，日本军队各部夸大其词，邀功请赏，造成记载相当混乱。大概日本朝廷对其军队和战局的掌握也是混乱的。

这里根据现存唐朝、朝鲜和日本三方的记载，将日本在此期间的行动做一整理。

天智天皇继位后，暂时停止了出兵计划。前面考证的唐朝送回日本使者伊吉博德带回唐朝的信息，对于日本最高决策应该起了重要作用。这期间，日本主要进行两方面的工作：

第一，在军事物资上支援高句丽和百济反抗势力。

例如，661年8月，"救于百济，仍送兵杖五谷"；662年1月，"赐百济佐平鬼室福信矢十万支、丝五百斤、绵一千斤、布一千端、韦一千张、稻种三千斛"，3月，"赐百济王布三百端"[1]。通过支持百济反抗势力，使唐朝和新罗难以迅速平定百济，以争取时间，观察形势，留下决策的进退空间和介入的桥头堡。

第二，积极整军备战。

（1）根据《日本书纪》卷二七记载，日本参加百济战场的将领有：阿昙比罗夫连、河边百枝臣、阿倍引田比罗夫臣、物部连熊、守

---

[1] 均见《日本书纪》卷二七。

君大石、狭井连槟榔、秦造田来津、上毛野君稚子、间人连大盖、巨势神前臣译语、三轮君根麻吕、大宅臣镰柄、庐原君臣。这些人主要为京畿地区出身且出仕于朝廷的豪族，多与水军深有关系。[1]但是，他们统率的士兵来自全国各地，从各类官私文献中可以找到骏河、甲斐、常陆、陆奥、但马、播磨、备中、备后、赞岐、伊予、筑前、筑后、丰前、肥后等地兵士从军的记录[2]，可知征兵是在全国范围内实行的。

值得注意的是上述京畿豪族以外，并未见到地方豪族的高级将领。这说明来自地方的兵士应编入日本远征军中，而不是作为独立的地方武装参战。因此，八木充、鬼头清明教授提出日军由地方武装组成、互不统属、分别投入战场、各自为战的观点[3]，难以成立。

（2）需要建造大批战船。660年，"敕骏河国，造船"[4]。662年，"是岁，为救百济修缮兵甲，备具船舶，储设军粮"[5]。日本水军到底拥有多少军船，在《日本书纪》卷二七里反复出现"一百七十艘"这一数字，例如"阿昙比罗夫连等，率船师一百七十艘"，唐朝水军也是"大唐军将率战船一百七十艘，阵烈（列）于白村江"。由此看来，"一百七十艘"虽然不是一个准确的数字，但也不应是凭空杜撰的。日本在663年大规模出兵朝鲜时，兵力为两万七千人[6]。根据日

---

[1] 笠井倭人「白村江の戦と水軍の編成」、大林太良編『船』（日本古代文化の探究）、社会思想社、1975年。该文后被收入笠井倭人『古代の日朝関係と日本書紀』、吉川弘文館、2000年。
[2] 森公章「朝鮮半島をめぐる唐と倭—白村江会戦前夜」、池田温編『唐と日本：古代を考える』、吉川弘文館、1992年。
[3] 八木充「百済の役と民衆」、小葉田淳教授退官記念事業会編『国史論集：小葉田淳教授退官記念』、1970年。此后，鬼头清明在其著作『日本古代国家の形成と東アジア』（校倉書房、1976年）和『白村江：東アジアの動乱と日本』（教育社、1981年）中，肯定八木充的观点，但是，对于八木充把前、中、后军解释为按照征兵地区编制而成的见解提出修正，认为应是按照出兵时间区分的。
[4] 《日本書紀》卷二六"齊明天皇六年（660）是歲"条。
[5] 《日本書紀》卷二七"天智天皇元年（662）是歲"条。
[6] 石晓军《唐日白江之战的兵力及几个地名考》（载《陕西师范大学学报》1983年第3期），认为日军兵力为四万人。其根据是将《日本書紀》有关兵力记载的四条材料相加而得出的。但是，前述池内宏、坂本太郎以来的日本研究者均指出这四条记载的史料来源不同，实际上是同一事的不同记载，本文前面也对这些记载的具体情况做了分析，指出不但存在重复记载的情况，而且，有些出兵记载根本就没有实现，或者说是将一件事拆开分别记载于不同年份。因此，对于日军兵力，我认为《日本書紀》"天智天皇二年（663）三月"条所记载的两万七千人比较可信。

本古代造船史学者茂在寅男《遣唐使船与日中间的航海》[1]的研究，当时日本的远航船只排水量约一百吨，可搭乘一百四十人左右，则一百七十艘船可以搭乘约两万四千人，接近于《日本书纪》记载的出兵规模。一百吨左右的战船，比较有利于作战。日本从来没有向海外出动如此规模的水军，所以印象深刻，常以"一百七十艘"形容水军之盛。唐朝记录白村江之战，焚毁日本战船四百艘，新罗甚至记为千艘[2]，这些数字大概都源于战报，有所夸大，不一定准确。即使按照日本方面的数字，投入"一百七十艘"战船，则赴朝鲜水师总规模必须远大于此数。制造数百艘战船，亦需要相当时间。

除了建造战船，还见到661年"是岁，播磨国司岸田臣麿等献宝剑"[3]。

从战备情况来看，到662年，日本仍在积极赶造战船和储备军粮，大规模出兵的条件并未完全具备。

当然，最重要的是日本最高当局对于是否出兵以及为什么出兵，还在盘算之中。所以，从660年唐朝灭百济到663年，近三年的时间里，日本出兵是雷声大雨点小，采取拖延战术，让百济反抗势力、高句丽同唐朝、新罗双方去拼个你死我活。

站在日本的立场上，有两个至关重要的问题不能不考虑。第一，唐军出现在百济，与对日本抱有敌意的新罗联盟，将使日本失去在朝鲜南部的利益，故日本要争。第二，朝鲜战火将来会不会进一步烧到日本，也是无从预料的。从这两个方面来看，天智天皇虽然改变了齐明天皇的激进政策，但肯定始终在观望形势，也未打消军事介入的方案。在军事介入的考虑上，战场的形势对于日本的决断十

---

[1] 茂在寅男「遣唐使船と日中間の航海」，江上波夫编『遣唐使時代の日本と中国：日本・中国文化交流シンポジウム』，小学館，1982年。
[2] 见《旧唐书》卷八四《刘仁轨传》，卷一九九上《百济传》；《三国史记》前引新罗文武王致薛仁贵报书等。
[3] 《日本书纪》卷二七《天职天皇纪》"称制年（661）是岁"条。

分重要。如果唐朝迅速取胜，日本也就难以插足，问题是唐朝在南北两线均未能取得决定性的胜利，这便使得日本跃跃欲试。

在这个时候，情报是非常重要的。一方面，从《日本书纪》记载分析，日本朝廷获得的情报相当混乱，军队谎报军情恐怕是存在的。例如前述662年日军坚守疏留城，割断唐军与新罗的联系等，便是例证。另一方面，百济和高句丽也用各种方法做日本的工作。百济不断将唐军战俘送到日本来，660年10月，"百济佐平鬼室福信遣佐平贵智等，来献唐俘一百余人"[1]。663年2月，也就是在日本出兵前夕，"佐平福信上送唐俘绩守言等"[2]。送唐军战俘来，无非是报功和坚定日本出兵的信心。高句丽也在动员日本，661年，"十二月，高丽言：惟十二月，于高丽国寒极冻，故唐军云车，冲輣鼓钲吼然。高丽士率胆勇雄壮，故更取唐二垒，唯有二塞，亦备夜取之计。唐兵抱膝而哭，锐钝力竭而不能拔，噬脐之耻非此而何"。但实际的情况是，苏定方一路打到平壤城下，契苾何力也突破鸭绿江，斩敌三万[3]。显然，高句丽也在谎报战绩，目的同样是鼓励日本尽早出兵。在不实情报影响下，日本低估了唐朝的军事能力，认为有机可乘，这无疑是促使其做出参战决断的重要因素。

日本出兵要达到什么目的呢？分析《日本书纪》含混而矛盾的记载，可以看出日本朝廷对此问题颇有分歧，主要有两种方案。

日本出兵的第一个方案，是乘机攻略新罗。这是日本朝廷中一派人的夙愿。因此，唐朝灭百济的消息传来，"是岁，欲为百济将伐新罗，乃敕骏河国造船"[4]。日本朝廷首先想到的就是攻掠新罗。

（天智天皇二年）三月，遣前将军上毛野君稚子、间人连大

---

[1]《日本书纪》卷二六"齐明天皇六年十月"条。
[2]《日本书纪》卷二七"天智天皇二年（663）二月"条，第285页。
[3]《资治通鉴》卷二〇〇"龙朔元年（661）"条，第6325页。
[4]《日本书纪》卷二六"齐明天皇六年是岁"条，第276页。

盖、中将军巨势神前臣译语、三轮君根麻吕、后将军阿倍引田臣比罗夫、大宅臣镰柄率二万七千人打新罗。

六月，前将军上毛野君稚子等，取新罗沙鼻岐、奴江二城。[1]

据此，日本大规模的增援部队是从新罗登陆的，而不是从百济反抗势力控制的地带登陆。从三月登陆到八月决战于白村江，宝贵的五个月时间，就在日本攻略新罗的私心下度过，让唐军和新罗军队得以集中，唐朝援军孙仁师部得以赶到，以逸待劳，大破一路转战而来的日本、百济联军。

日本学术界对于日军在白村江战败的原因，一般归结为日本军队的组成，亦即日军由各地豪族武装临时组合而成，没有统一的上级指挥机构，遭遇组织严密的唐军，当然失败。这几乎成为定论。如前所述，日军确实是从各地征召而来，将领之间的协调会有些问题。但是，从上面引文可以看出，首先，日军部队分为前、中、后军三个战斗序列，各有正副将军二名，总兵力二万七千人，若平均分为三部，则每部九千人，还是合理的，也有上下指挥系统存在，故不能说成是缺乏组织的乌合之众。其次，近三万人的部队，在一个方面发动突袭，是强大而有力量的，大有成功把握。日军越海而来，战役发起的时间、地点都难以预料，防不胜防。因此，战役的主动权实际上掌握在日军手里。再次，唐朝在朝鲜南部的兵力不多，才会被百济反抗势力长期围攻，艰难据守。也就是说，唐军不具有兵力优势。因此，日军失败的关键在于战略指挥错误。如果日军直接在白村江一带登陆突袭，与据守周留的百济主力会合，则形势殊难预料。

然而，日本出于对朝鲜南部利益的执着，短视地将应为突袭性的攻击，变成从次要战场发起的推进式进攻，一路攻城略地，完全

---

[1]《日本书纪》卷二七"天智天皇二年"条，第285页。

丧失战役突袭性优势。唐军得以掌握日军动态,不与这股日军作战,主力集中于周留城,全力包围这里的百济反抗武装,围而不攻,分断敌军。《旧唐书·刘仁轨传》记载:

> 余丰袭杀福信,又遣使往高丽及倭国请兵,以拒官军。诏右威卫将军孙仁师率兵浮海以为之援。仁师既与仁轨等相合,兵士大振。于是诸将会议,或曰:"加林城水陆之冲,请先击之。"仁轨曰:"加林险固,急攻则伤损战士,固守则用日持久,不如先攻周留城。周留,贼之巢穴,群凶所聚,除恶务本,须拔其源。若克周留,则诸城自下。"于是仁师、仁愿及新罗王金法敏帅陆军以进。仁轨乃别率杜爽、扶余隆率水军及粮船,自熊津江往白江,会陆军同趣周留城。仁轨遇倭兵于白江之口,四战捷,焚其舟四百艘,烟焰涨天,海水皆赤,贼众大溃。[1]

刘仁轨的判断和指挥是正确的,集中兵力,围城打援。所以,刘仁轨率唐、罗水军赶赴白村江口,迎击日军。显然,刘仁轨已经料定日军必来,早已严阵以待。可见日军自弃优势,战略失误何其严重。此时,日军已无胜算。

刘仁轨敢于分兵迎敌,在于手上有兵。因此,孙仁师部队的到达至关重要。前已述及,百济战场,只是唐朝的辅助战线,故投入的兵力较少。孙仁师在朝鲜战场上,算不上名将,统率的也是临时征集的部队,"仁愿乃奏请益兵,诏发淄、青、莱、海之兵七千人,遣左威卫将军孙仁师统众浮海赴熊津,以益仁愿之众"[2],兵力规模并不大。然而,这支军队抵达朝鲜的时间至关重要。各书记载含混

---

[1] 关于白村江之战,唐朝方面的记录,以《旧唐书》卷八四《刘仁轨传》的此段记载最为详细,卷一九九上《百济传》的记载为此段记录的要约。朝鲜方面史料,《三国史记·百济本纪第六》记载与《旧唐书·刘仁轨传》大同小异。

[2] 《旧唐书》卷一九九上《百济传》,第5332页。

矛盾。按照《旧唐书·百济传》、《资治通鉴》卷二〇〇、《三国史记·百济本纪第六》等记载，孙仁师部是662年前往百济增援的。然而，前引新罗文武王报书明确说：

> 至龙朔三年，总管孙仁师领兵来救府城。新罗兵马亦发同征，行至周留城下。此时倭国船兵，来助百济。倭船千艘，停在白沙，百济精骑岸上守船。

显然，孙仁师部是在白村江之战前夕赶到百济，与刘仁轨部会合的。如果按照《资治通鉴》系时，则孙仁师部从龙朔二年（662）七月增援百济唐军，到翌年夏天才抵达，历时经年，全然没有这个道理。因此，应该是刘仁轨获得日军出动的情报，紧急要求国内增援[1]，同时调集新罗主力，集中于周留城下，故孙仁师部才会及时赶到，旋投入战斗。这绝非巧合。

日军从新罗登陆，用了五个月的时间才进入主战场，完全丧失战机，不败何待！岂是军队编制不善所能够解释的？

日本出兵的第二个方案，是出兵百济，扶植听从于日本的政权。日本手上握有百济王子扶余丰璋，当然是一张王牌。百济君臣王室被唐军掳往唐朝后，扶余丰璋就成为反抗势力号召民众的象征，故鬼室福信在660年10月领导百济残部反抗时，立即向日本要求迎回扶余丰璋立为新君，已见前述。然而，日本迟迟不放回丰璋，故翌年，"夏四月，百济福信遣使上表乞迎其王子解"。[2] "解"就是扶余丰璋。日本并没有响应鬼室福信的请求，而是拖到齐明天皇死后，皇太子称制的九月。

---

[1]《旧唐书》卷八四《刘仁轨传》称："俄而余丰袭杀福信，又遣使往高丽及倭国请兵，以拒官军。诏右威卫将军孙仁师率兵浮海以为之援。"此可以为证。
[2]《日本书纪》卷二六"齐明天皇七年四月"条。

> 皇太子御长津宫，以织冠授于百济王子丰璋，复以多臣蒋敷之妹妻之焉。乃遣大山下狭井连槟榔、小山下秦造田来津，率军五千余，卫送于本乡。于是，丰璋入国之时，福信迎来，稽首奉国朝政，皆悉委焉。[1]

如后述，此时丰璋回到百济的记载，与后面的记载重复，而福信交权的记载，也与后面的记载矛盾，故此条记述颇有疑问。实际上，丰璋到达百济恐怕要更迟些。当百济反抗斗争如火如荼之际，日本不是即刻送回丰璋，而是关心在百济的利益，忙着给丰璋授以冠位，妻以日妇，制造傀儡，目的是战后建立和控制百济亲日政权，这样，一直等到第二年，亦即662年。

> 夏五月，大将军大锦中阿昙比罗夫连等，率船师一百七十艘，送丰璋等于百济国。宣敕：以丰璋使继其位。又予金策于福信，而抚其背，褒赐爵禄。于时，丰璋等与福信稽首受敕，众为流涕。[2]

据此还可知道，鬼室福信并没有主动交出权力，而是日本封丰璋继任国王，要福信服从。前述福信主动交权的记载，是后来杀福信后用以证明福信篡权而编造的。

从丰璋回国的经过来看，日本出兵百济，仍主要考虑的是自身的利益。

从军事角度而言，日本直接突袭百济，与百济反抗势力会合，为上策。进攻新罗，进逼新罗首都，为下策。然而，日军先在新罗登陆，再转战百济，为无策。这一切，恐怕都是执着于私利所致，

---

[1]《日本书纪》卷二七"天智天皇称制辛酉年（661）九月"条。
[2]《日本书纪》卷二七"天智天皇元年（662）五月"条。

谋求私利而不顾大局，结果把百济局势搞得一团糟。

丰璋到达百济之后，662年12月，"其臣佐平福信等与狭井连、朴市田来津议曰……"。[1]据此记载，可知前引661年9月丰璋第一次回国记载，大概是日本同意其回国，并为他配备日本随从官员。狭井连亦即狭井连槟榔，朴市田来津亦即秦造田来津，与前引史料人员相符。这些人成为丰璋身边的决策官员，并力图夺取百济反抗势力的领导权，所以，《日本书纪》接着记载，福信提议放弃周留（州柔）城，转移到低地之避城。日将朴市田来津反对，但福信执意转移。663年春，遭到新罗进攻，不得不回周留。也就是说，丰璋回到百济之后，日本官员立即与福信意见分歧，结果证明福信决策失误。

这段记载可以判明是捏造的。福信自始至终以周留城为根据地，前引《旧唐书·刘仁轨传》所载刘仁轨在白村江战前提议围攻周留，指出此城为"贼之巢穴，群凶所聚"，是很好的证明。福信坚守百济多年，一度打得唐军颇为狼狈，绝不至于突然提议放弃险要的根据地，这明显是在栽赃福信，作为杀他的理由。但是，这条记载十分珍贵，证明日本官员一开始就想夺取福信的领导权。所以，丰璋与福信的矛盾，实际上是日本要夺取百济反抗势力领导权的斗争，丰璋只不过是个傀儡。此内部激烈的斗争，外人难以窥知详情。《旧唐书·百济传》记载：

> 时福信既专其兵权，与扶余丰渐相猜贰。福信称疾，卧于窟室，将候扶余丰问疾，谋袭杀之。扶余丰觉而率其亲信掩杀福信。

《三国史记·百济本纪第六》也沿袭此说。唐人难以知道百济统帅部的内情，恐怕是根据丰璋杀福信后所公布罪状而做的记载，不如当事者一方的日本记录更为可靠。其实，福信重兵在握，要杀丰璋无须如此大费周

---

[1]《日本书纪》卷二七"天智天皇元年十二月"条。

折。相反，日本官员与福信的矛盾日益尖锐，但要铲除福信需要实力，故等到663年三月，日本二万七千人的大部队登陆后，"夏五月癸丑，犬上君驰告兵事于高丽而还，见解于石城。解乃语福信之罪"[1]。此时，日本和丰璋已经决意杀福信，相与密谋，故当日军转战开赴百济时，《日本书纪》"天智天皇二年（663）六月"条记载了诛杀福信的过程：

> 百济王丰璋嫌福信有谋反心，以革穿掌而缚，时难自决，不知所为，乃问诸臣曰："福信之罪既如此焉，可斩不？"于是达率德执得曰："此恶逆人不合放舍。"福信即唾于执得曰："腐狗痴奴！"王勒健儿，斩而醢首。

此段记载，要比《旧唐书》的道听途说更加可靠。就这样，百济反抗势力的领袖死于内讧。日本固然借丰璋之手，夺得领导权，但大敌当前却挑起内讧，不能不使得百济抵抗势力士气沮丧，人心涣散。所以，八月，刘仁轨和新罗联军知道消息后，旋做出了前述围攻周留的重大决策。《日本书纪》"天智天皇二年八月"条便透露：

> 新罗以百济王斩己良将，谋直入国先取州柔。

可见对手视福信为良将，而以百济内讧为良机，集中兵力准备决战。日本以远道转战之师，驱使百济沮丧之众，失战机于前，入对手选定之战场于后，焉能不败？

日本一直视百济和新罗为藩属，如果能够帮助百济复国，就可以建立对半岛南部的控制。其实，日本对朝鲜的介入，还不限于南部。出兵之后，前述日本"犬上君驰告兵事于高丽"，亦即同高句丽联络，相互呼应，以期共同对付唐罗联军。《日本书纪》"天智天皇

---

[1]《日本书纪》卷二七"天智天皇二年三月"条。

元年"条记载:"夏四月,鼠产于马尾。释道显占曰:'北国之人将附南国,盖高丽破而属日本乎。'"这条占卦记事绝非无稽之谈,可知日本朝廷对朝鲜局势发展做过种种预测,并对自身的抉择祈祷于天,此卦大吉。次月,日本就大规模出兵了。由此也透露出日本的战略思考,亦即当高句丽顶不住唐朝的进攻而垮台时,日本已经抢先在南部建立了从属于己的新战线。

日本早就想出兵朝鲜南部,却苦于没有合适的机会。百济灭亡提供了这样一个机会,使得日本投身于战火之中,不再置身事外。在东亚的这场大战中,日本不同于其他国家,是自己要卷进去的。然而,这也是有迹可寻的演变结果。日本经过五、六世纪的发展,成为国内大部统一的国家,在圣德太子时代同隋朝交往的时候,已经摆脱了过去希望中国予以册封的国交模式,力图追求同中国的平等国交。而隋朝因为征伐高句丽而灭亡,无疑让东亚国家难免产生低估唐朝之心。所以,日本敢于同唐朝对抗。白村江的军事较量,日本大败而归,举国震动,惶恐不安,深惧唐朝乘胜进攻日本,故在九州岛一线修栅筑城,紧张设防。其注意力转而集中于国内,各种政治势力因战败之机而抬头,矛盾激化,在天智天皇去世后围绕皇位继承一举爆发,酿成"壬申之乱",直到天武天皇通过内战夺取皇位后才告安定。白村江之战使得日本痛定思痛,认识到唐朝的强大。如果说圣德太子以来日本国内政治体制革新的外部刺激,是对于隋唐国家制度先进性的认识,那么,天武天皇以后全面建设"律令制国家"的"唐风"改革,就是基于对唐朝盛世的深刻体会。

第十二章 东亚世界格局的形成

第一节 东亚世界国家格局的形成——新罗统一朝鲜

自古以来,东亚地区的各族都在中华文化的强有力影响下成长。从汉字的传入与使用,到伦理道德规范,中国古代文明的要素深深地渗透其中,虽然各国发展有先有后,文化传播有快有慢,但都随着时间的推移而不断接受吸收。隋唐帝国强有力地在东亚重建国际关系体制,促使各国在制度文化等各方面向隋唐加速靠拢。唐朝先后灭亡百济和高句丽,但并没有出现它希望的重建朝鲜三国的羁縻体制,而是演变成新罗统一朝鲜半岛。然而,唐朝同新罗之间相互妥协,形成了新罗服属于唐朝国际关系体制的局面,双方解决了历史与现实中的利益冲突,反而放下包袱,致力建设友好关系。新罗统一朝鲜,奠定了唐朝、新罗、日本为主的东亚世界的国家格局。

这一格局是在唐朝同新罗、日本三方既有共同的文化基础和利益关系,又有激烈矛盾冲突的过程中逐步形成的。如果说白村江之战是东亚世界形成的一个转折点,那么,新罗独立则是东亚世界格局形成过程中的重要步骤。

如前所述,唐朝的战略目标是建立能保障国内稳定繁荣的国际环境,重新构建崩溃于动乱年代的国际关系体系。因此,无论是战争还是和平,其对外活动都围绕这个目标展开。对高句丽和百济的战争是如此,取得胜利之后能否保持冷静,理性处理同相关国家的关系更是如此。胜利所带来的局部短期利益相当丰厚，但不被眼前利益的诱惑和感情冲动所左右，坚定不移地服从于长期战略目标，将决定这场战争的最后成败。唐朝的战后处理及其对新罗、日本关系的调整，是典型的事例。

唐朝对于战后朝鲜半岛的最初构想，明显看得出是力图保持原来三国各自的独立状态。这种政策有利于唐朝在朝鲜半岛保持高度影响力，其政策根据是朝鲜半岛的历史。

朝鲜半岛本是小国林立，直到中国的五胡十六国时代，经过兼并才基本奠定三国鼎立的局面。也就是说，在此之前，朝鲜半岛从未出现过统一的王朝，这是唐朝制定朝鲜政策的基础和出发点。如果朝鲜原是统一的，唐朝强行将其分裂为三国，那就是推行改变现状的分而治之政策；如果根据历史状况采取"兴亡继绝"方针，那就是推行保持现状政策。

首先来看南方的百济。百济自古为中国的友邻，只是由于同新罗水火不容而追随高句丽，站到唐朝的对立面。唐朝进攻百济，主要是为了开辟对高句丽作战的南线战场，所以，从一开始就没有占领百济的打算。平百济后，唐朝即以其地"分置熊津、马韩、东明等五都督府，各统州县，立其酋渠为都督、刺史及县令。命王文度为熊津都督，总兵以镇之"[1]。另据立于朝鲜忠清道扶余县（百济古都）的《大唐平百济国碑铭》记载，唐朝在百济"凡置五郡，督卅七州，二百五十县，户廿四万，口六百廿万，各齐编户，咸变夷风"[2]。此制度以都督府统州，下辖县，最高统治机构为熊津都督府，最初由唐军统帅担任都督，而其下官员，包括都督在内，基本由当

---

[1]《旧唐书》卷一九九上《百济传》，第5331页。王文度抵达百济后随即病死，由刘仁轨代理其职。
[2] 碑铭根据刘喜海编著《海东金石苑》卷一，文物出版社，1982年木版刷印。《金石萃编》卷五三所收碑铭脱落误录文字较多。碑铭所记户数二十四万，与《旧唐书》记载不符，或误。另据《三国史记》卷二八《百济本纪第六》可以补全另两个都督府名称，即金涟、德安。

地人担任。这是唐朝直接监护下的羁縻体制，所属州县均为羁縻州县性质，可以无疑。

当时，灭高句丽的任务尚未达成，故唐朝在一定程度上实行军事占领，可谓形势使然。据上引碑铭称，苏定方平百济时，"其王扶余义慈及太子隆，自外王余孝一十三人并大首领、大佐平、沙咤千国辩成以下七百余人，既入重闱，并就擒获，舍之□□，载以牛车，仵荐司勋，式献清庙，仍变斯犷俗"，亦即将原百济官属全部带回国，其目的显然在于彻底清除反唐旧势力，培植亲唐新势力。当时，唐朝致力于使百济全面接受唐朝制度文化，故碑铭中屡屡提到"咸变夷风""变斯犷俗"，而推行州县制度是具体表现之一。这是中国"以夏变夷"思想的实际贯彻，目的不在于将百济纳入唐朝版图，而是认为只有接受中国的制度文化，才能使臣属国仰慕并认同中国，从而确保永久和平。

而且，唐朝认为这番彻底的变革，应该由自己监督实行才更有成效，所以从一开始便将原百济官吏排除在外。可是，新的州县体制推行不易，根据《旧唐书·刘仁轨传》(《三国史记·百济本纪第六》的记载相同）记载，唐朝直到平定百济故地的反叛之后，"仁轨始令收敛骸骨，瘗埋吊祭之。修录户口，署置官长，开通涂路，整理村落，建立桥梁，补葺堤堰，修复陂塘，劝课耕种，赈贷贫乏，存问孤老。颁宗庙忌讳，立皇家社稷。百济余众，各安其所"。据此可知，唐州县制要到龙朔三年（663）才逐步推行，颇为艰难。而且，唐朝设立的郡县并不能控制当地，百济民众在新罗的暗中支持下，依然进行抵抗，这一切都暴露了新体制的脆弱性。经历百济余部的大规模反抗运动，唐朝认识到治理百济仍需要旧王室的权威，遂调整政策，于龙朔三年派遣百济原太子扶余隆回国，委任为熊津都督，让百济自治。这是唐朝治理百济政策的一个转变，实际上已经明确了在百济实行羁縻原则。这对于以后处理朝鲜问题具有重要的意义。

其次，对于高句丽，由于历史和地缘政治的原因，唐朝实行的政策有所不同。《旧唐书·高丽传》记载，平高句丽后，唐朝"乃分其地置都督府九、州四十二、县一百，又置安东都护府以统之。擢其酋渠有功者授都督、刺史及县令，与华人参理百姓"。其统治体制与百济颇有异同，虽然都推行州县制，任用当地人为官，看似民族自治的羁縻体制，但关键是在各级官府中，高句丽官员是"与华人参理百姓"，即唐朝任命的中国官员才是政权的核心。中央对当地政权实行比较严格的监督，不仅因为其长期与中国对抗，更因为对唐朝的影响更大更直接。故唐朝希望并确保高句丽臣服，保持对东北地区的强大影响力，目的不在于要并吞其地。

然而，唐朝推行保持原状政策的条件已经改变，很快就遇到新罗的强有力挑战。以前三国鼎立的态势因为百济和高句丽军事力量被击溃而不能存续，现在是新罗一国独大，任何朝鲜政策的实现都必须得到新罗的支持，这就是问题的关键。前引新罗文武王上表文称"平壤已南，百济土地，并乞你新罗，永为安逸"，已经表露出新罗对邻国怀有很大的领土野心，其目标是借助唐朝的力量来改变现状。唐朝与新罗战略目标的巨大差异，在灭高句丽之后旋即暴露出来，新罗不再掩饰自己的企图，加紧蚕食百济和高句丽，开始了统一朝鲜半岛的进程。对此，唐朝显然没有充分的思想准备，因此，早期的应对犹豫迟疑，举棋不定，反映在具体的处置上便是欲退不甘，欲战无心。[1]此观点难以成立。[2]新罗崛起的根本原因，在于唐朝对是否强力支持高句丽和百济重建以维持三国鼎立局面没有决心。从唐朝在维持高句丽问题上的犹疑不定，即可见其一斑。

咸亨元年（670），唐高宗面对新罗不断蚕食高句丽故地，采取

---

[1] 陈寅恪先生认为唐朝不能反击新罗的原因是受到来自西面吐蕃的压力，力不从心。陈寅恪《外族盛衰之连环性及外患与内政之关系》，见《唐代政治史述论稿》，上海商务印书馆，1947年。

[2] 请见韩昇《论新罗的独立》，《欧亚学刊》第一辑，中华书局，1999年。

反击措施,"列辽东地为州县"[1],加紧推行州县制,大有固守高句丽之势。然而,在当地实际却是步步退缩,不断将安东都护府内迁至辽东境内,并没有采取强有力的军事措施抵御新罗的进逼,保护高句丽的重建。这当然有军事代价的计算,最主要的还是后述新罗与唐朝在更高层次的国际关系体制上没有根本性的冲突,新罗在参加唐朝国际关系体制的前提下要求获得在朝鲜半岛的现实利益,使得唐朝难以下决心与之决裂,亦即是以朝鲜半岛的统一为代价换取新罗的臣服,还是断然采取军事手段击败新罗。后一种选择前途难测,成本巨大。如果新罗在统一朝鲜之后能够继续臣服于唐朝,那么,这个代价是唐朝愿意付出的,恐怕也是最佳的选择。此选择的不确定性是新罗的态度。所以,唐朝与新罗发生的矛盾冲突,有一个演变的过程,最初是对新罗蚕食百济和高句丽的愤怒,以及对其真正目的的怀疑,故采取了临时性的军事应对措施。此后是通过双方的军事对抗和外交对应,相互之间逐渐摸清对方的底线,新罗反复申明臣服唐朝的立场,双方遂达成妥协。这期间双方关系的演变,可以分为三个阶段。

第一阶段从平百济到平高句丽,此期间新罗为了借助唐朝力量为其统一朝鲜开路,对自己的战略目标颇加掩藏,委曲求全。当然,唐朝对新罗的意图并非全然无知,双方交往中略有蛛丝马迹可寻。

如前所述,刘仁愿和刘仁轨孤军坚守百济时,唐高宗曾经指示他们在情况紧急时可以移军新罗,但刘仁轨坚持不退入新罗,已经表现出对新罗的戒心。平百济后,唐朝加快建立以当地自治为主的羁縻体制。《三国史记·新罗本纪第六》记载,龙朔三年"夏四月,大唐以我国(新罗)为鸡林大都督府,以王为鸡林州大都督"。以往唐朝对新罗的册封,依次为乐浪郡公、新罗王(真平王、善德王)、乐浪王(真德王)、新罗王(武烈王)和乐浪郡王、新罗王(文武

---

[1]《旧唐书》卷五《高宗纪下》,第94页。

王）。文武王在前一年才刚受册封，现在又封其为鸡林州大都督，显然是要将朝鲜三国都编入唐朝的羁縻体制，成为关系紧密的臣属国。此任命的另一层含义，在于确保百济的地位。

同年，唐朝还任命被俘虏到长安的百济原太子扶余隆为熊津都督，护送他回国。据《三国史记·百济本纪第六》记载，扶余隆乃唐高宗任命，当唐水师在白江口集中，准备与百济、倭国联军决战时，"刘仁轨及别帅杜爽、扶余隆率水军及粮船，自熊津江往白江，以会陆军"，可知扶余隆已在军中，显然是随孙仁师援军开赴朝鲜。根据《新唐书·高宗纪》记载，任命孙仁师为熊津道行军总管率水师增援百济在龙朔二年七月，破倭国水军在翌年九月，亦即前一年任命，并进行战备，翌年实际出兵。扶余隆是在唐朝任命的，其任命的时间应与新罗文武王的任命时间大约同期，一为熊津都督，一为鸡林大都督，虽然级别略有高下，但都是唐朝的藩臣，实际上是平等的，可见唐朝重建百济的态度已经明确。

重建百济需要得到新罗的支持，《旧唐书·百济传》明确记载："乃授扶余隆熊津都督，遣还本国，共新罗和亲，以招辑其余众。""共新罗和亲"至为关键。《三国史记·百济本纪第六》此条记为"平新罗古憾"。要同昨日的敌人和平共处并非易事，唐朝只能让百济赔罪，"平新罗古憾"，以换取新罗尊重百济存续的保证。为此，唐朝一再要求新罗与百济缔结盟誓。

麟德元年（664），唐朝以刘仁愿为敕使，重返百济，召新罗会盟，新罗仅派角干金仁问、伊飡天存前来熊津，在刘仁愿的主持下，与扶余隆结盟。但是，由于新罗代表并非国王，既与扶余隆不对等，也令唐朝不放心。所以，翌年，唐朝再令新罗文武王亲自前来，由敕使刘仁愿主持，再度与扶余隆刑白马，祭祀神祇，歃血结盟。两次会盟，唐朝始终以"敕使"主持，可知此乃唐朝最高决策，丝毫不容含糊。盟书由刘仁轨撰写，盟毕藏于新罗宗庙，其文称：

往者百济先王，迷于逆顺，不敦邻好，不睦亲姻。结托高句丽，交通倭国，共为残暴，侵削新罗，剽邑屠城，略无宁岁……怀柔伐叛，前王之令典，兴亡继绝，往哲之通规。事必师古，传诸曩册。故立前百济大[1]司稼正卿扶余隆为熊津都督，守其祭祀，保其桑梓。依倚新罗，长为与国，各除宿憾，结好和亲。各承诏命，永为藩服。仍遣使人右威卫将军鲁城县公刘仁愿亲临劝诱，实宣成旨，约之以婚姻，申之以盟誓，刑牲歃血，共敦始终，分灾恤患，恩若弟兄。祗奉纶言，不敢失坠。既盟之后，共保岁寒。若有背盟，二三其德，兴兵动众，侵犯边陲，明神监之，百殃是降，子孙不育，社稷无守，禋祀磨灭，罔有遗余。故作金书铁券，藏之宗庙，子孙万代，无敢违犯，神之听之，是飨是福。[2]

这篇盟誓除开头对百济以往追随高句丽侵犯邻国等行为有几句谴责外，通篇在于强调保障睦邻友好的百济国存在及其独立不可侵犯。当时，百济完全处于唐的保护之下，而高句丽的灭亡指日可待，则对百济独立所发毒誓，显然是针对新罗。此后将盟书藏于新罗宗庙，更清楚地表明此点。

因此，新罗对于这种会盟给予了最大限度的抵制。前述新罗文武王表书中说，新罗与唐军击破倭军后，唐朝就急于要新罗与百济会盟，但新罗以任存城未下为由拖延抵制，并抗辩道："百济奸诈百端，反复不恒，今虽共相盟会，于后恐有噬脐之患。"请求停止会盟。但麟德元年，唐朝"复降严敕，责不盟誓，即遣人于熊岭，筑坛共相盟。仍于盟处，遂为两界。盟会之事，虽非所愿，不敢违敕。又于就利山筑坛，对敕使刘仁愿歃血相盟，山河为誓，画界立封，

---

〔1〕"大"当为"太子"之讹。
〔2〕《三国史记·新罗本纪第六》"文武王五年（665）"条。《旧唐书·百济传》所载盟誓文字稍异。

永为疆界,百姓居住,各营产业"[1]。由此可知,两次会盟都是在唐朝的压力下举行的。新罗之所以屈服,主要是由于高句丽未破,心腹大患未去,一旦与唐闹翻致使其退兵,则新罗无力独撑战局,百济亦将死灰复燃。故此阶段新罗的策略是委曲求全,尽可能借助唐朝力量清除对手。

第二阶段开始于高句丽灭亡之时。此间,新罗在暗中煽动、支持和吸收百济与高句丽当地的反唐努力,甚至出兵与唐军对抗,不断蚕食百济与高句丽。唐朝虽然对此做出军事反应,但双方尚未公开决裂。

总章元年(668),唐朝大概没有注意到朝鲜南部悄然出现的新动向。这年秋天九月,北方对平壤的围攻正激烈进行之时,新罗派使者金东严等向日本贡调。自从日本支持百济而与新罗为敌以来,双方早已断绝来往,且因白江口一役而仇恨正深。在这种情况下,尤其是新罗眼看就要取得击灭宿敌高句丽的时候,突然主动向日本求和,无疑是想利用日本对唐朝的恐惧,为高句丽战役结束后共同对付唐朝预做准备,最低限度也是要缓和南面的后顾之忧,以便一心对付唐朝。也就是说,在高句丽战役即将胜利的时刻,新罗已经悄悄进行对唐朝的战略转换。而其对日外交显然达成了一定的目标,日本予以积极响应。根据《日本书纪》"天智七年"条记载,新罗使节到达后,日本颇予礼遇,短短四天里先后赠送新罗船只两艘,到十一月平壤被攻克后,日本再赠送新罗"绢五十匹,绵五百斤,韦一百枚",同时遣使赴新罗,亦即从九月到十一月,新罗使者一直在日本,双方围绕高句丽战局多次进行磋商。此后,两国使节频繁往来,几无间断。而且,新罗使还在此与百济、高句丽残余势力的使者接触,合流之势渐成。新罗招降纳叛一统朝鲜的计划正加紧部署实施。

---

[1]《三国史记·新罗本纪第七》"文武王十一年七月"条。

与此同时，新罗对唐朝的态度变得难以捉摸，阳奉阴违，表面敷衍。总章二年（669）初，唐朝向新罗索要磁石。五月，新罗在送磁石的同时，还派遣钦纯角干、良图波珍飡到唐朝谢罪。原来，唐朝闻知新罗木弩精良，令其弩师入唐制造。但是，所制成的木弩射程仅达三十步，在唐朝官员责备下也只稍加改良，可达六十步，与新罗木弩射程之一千步相去甚远。显然，新罗已经在限制军事技术向唐朝的转移。唐朝对此严加谴责，仅让新罗谢罪使者钦纯回国，而将另一名使者良图投入狱中。

其实，在所谓"木弩事件"背后是更为严峻的形势。《旧唐书·薛仁贵传》载："高丽既降，诏仁贵率兵二万与刘仁轨于平壤留守。"轻描淡写的记载中，透露着令人难以置信的现实，亦即留镇百济的熊津道安抚大使刘仁轨竟是在平壤署理其事，这是否意味着唐朝已对百济失去控制？《旧唐书·百济传》加强了上述怀疑，其记载称："仁愿、仁轨等既还，隆惧新罗，寻归京师。"刘仁愿的后任为刘仁轨，如上述，总章元年他已是在平壤遥领其职，翌年辞职回朝，旋告退休，可知唐朝任命的熊津都督扶余隆大约在总章元年到二年之间便已逃回唐朝，则新罗在百济势力之盛，无须赘述。

而且，高句丽地区亦显不稳。《旧唐书·高宗纪下》记载："五月庚子，移高丽户二万八千二百，车一千八十乘，牛三千三百头，马二千九百匹，驼六十头，将入内地，莱、营二州般次发遣，量配于江、淮以南及山南、并、凉以西诸州空闲处安置。"此次迁徙人户的原因，幸好保存于《三国史记·高句丽本纪第十》"宝藏王二十七年"条："（总章）二年己巳二月，王之庶子安胜率四千余户投新罗。夏四月，高宗移三万八千三百户于江淮之南及山南京西诸州空旷之地。"在高句丽不稳的背后，新罗的影子隐隐可见。

次年，新罗更是从幕后跳到台前，在南北两线发起进攻。三月，沙飡薛乌儒与高句丽延武各率精兵北上，与唐属靺鞨兵交战，一度取胜，后在唐朝援兵压力下，退守白城。白城原属高句丽，而《三国史记·新罗本纪第六》"文武王十年"条记载此役地点为鸭绿江边,则新罗向北扩张之猛烈,可想而知。在此形势下,高句丽余烬复燃可谓顺理成章。六月,"高句丽水临城人牟岑大兄收合残民,自穷牟城至江南,杀唐官人及僧法安等,向新罗行",并于途中奉安胜[1]为君。在南方,新罗也展开攻势,攻占八十余座城池。后来,新罗对此事加以辩解,说是百济企图入侵,还继续霸占新罗领地,新罗曾多次遣使向唐朝申诉,却屡遭风浪而无法上达。这明显是谎言。新罗如此规模的攻势,显然是有预谋的行动。唐朝对此也做出反应,扣留新罗使者,谴责其擅取百济土地遗民,同时派遣大将军高侃为东州道行军总管,发兵征讨安胜。此后,唐朝在南北两线与新罗展开激烈的角逐。

咸亨二年,高侃破高句丽余众于安市城,但在南线,唐军屡遭挫折,损失不小。复起就任鸡林道总管的薛仁贵致书新罗文武王,谕以祸福,要求新罗罢兵言和。结果得到的只是前面一再引用的新罗王一纸复文,除尽力为自己辩护外,就是将责任推到百济头上。朝鲜的战事,方兴未艾。

次年一开春,新罗又积极进攻百济地区,唐朝也相应增加了援军。到年底,高侃与高丽余众战于白水山,破之。新罗遣兵救高丽,高侃再破之。与此同时,唐朝起用已经退休的刘仁轨为宰相,表明朝鲜的形势严峻,朝廷准备有所动作。翌年,唐朝率靺鞨、契丹进攻新罗,前方传来右领军大将军李谨行在瓠芦河之西大破高丽叛军的消息,而新罗也声称取得大捷。如果从以后的形势发展判断,恐怕仍是新罗占上风。

---

[1]《三国史记·新罗本纪第六》"文武王五年"条明载安胜为"高丽大臣渊净土之子",而牟岑在向新罗求援时亦说,"今臣等得国贵族安胜",亦证安胜非王族。但同书《高句丽本纪第十》"宝藏王二十七(668)年"条却将安胜载为"王外孙安舜",这大概是根据新罗封其为高句丽王时的册文,有意抬高其身份。《新唐书·高丽传》及《资治通鉴》"唐高宗咸亨元年(670)四月"条更将安舜载为高藏外孙,恐怕所本均源于新罗。

就这样，从总章二年到咸亨三年，唐朝与新罗在朝鲜南北两线展开激烈的斗争，斗争由暗中进行转变为公开对立，新罗由支持百济和高句丽余众反抗到直接投入战斗，其吞并两国以实现统一朝鲜的意图越来越清晰而坚定。相反，唐朝的对策并不成功，一方面，唐朝清楚知道这场战争的真正对手是新罗，从其羁押新罗使者、谴责新罗侵占百济到薛仁贵给新罗文武王的书函都表明了这一点，但也只是予以低调谴责。唐朝似乎在尽量淡化这一事件，中国方面的记载几乎都称"高丽"或"百济"余众叛乱，不愿意直接挑明对手是新罗，而且，唐朝仅以朝鲜驻军进行反击，不愿意扩大战斗规模，因此在战场上并不占有优势。当战斗不利的时候，唐朝采用渐次增兵的下策，且多为外族军队。这些行动均表明，唐朝没有下决心不惜代价确保朝鲜，却又不愿意因为放弃朝鲜而丧失权威，游移不定，以图缩小事态，并在百济地区做出实质性让步，希望新罗适可而止，仍守藩臣之礼。可是，唐朝的忍让无疑让新罗看清唐朝不想在朝鲜大动干戈的底牌，于是新罗放胆扩张，战火愈演愈烈。

第三阶段是，上元元年（674），唐朝鉴于新罗"纳高句丽叛众，又据百济故地，使人守之"的严重事态[1]，终于做出强烈的反应，任命朝鲜问题专家、宰相刘仁轨为鸡林道大总管，以卫尉卿李弼和右领军大将军李谨行为副帅，发兵征讨新罗。同时，褫夺新罗文武王金法敏官爵，另立人在长安的金法敏之弟金仁问为新罗王，由唐军护送回国，摆出一副与新罗决裂的架势，拉开第三阶段的序幕。

刘仁轨衔头是鸡林道大总管，鸡林都督府是唐朝羁縻体制下新罗的另一个称呼，故刘仁轨的任务显然就是征伐新罗。然而，其副手李弼并未从行，而是死在当年九月京城举行的百官宴会上；另一位副手李谨行本来就在朝鲜作战，由此观之，刘仁轨的任命只是给朝鲜派去一位新统帅，让他基本依靠现有武装作战，故此役的规模

---

[1]《三国史记》卷七《新罗本纪第七》"文武王十四年"条。

和目标仍然有限，不过是要遏制新罗的攻势罢了，其余的措施乃虚声恫吓。

刘仁轨身居中枢要职，哪能不明白中央的真实意图？故他到前线后，慎重组织部署，直到翌年春才发起攻势，破新罗北境七重城，又让靺鞨军队从海路攻其南境，逼迫新罗收缩固守，算是大获全胜，随即凯旋，回京继续担任宰相，留下李谨行再接再厉，围攻新罗买肖城。以上作战规模有限，并未取得决定性的胜利，恐怕只是给予新罗一个警告：适可而止，否则唐朝也握有取而代之的王牌。

新罗文武王显然读懂了唐朝的战略意图，所以立即派遣使者朝贡并谢罪。于是，唐高宗也顺势而为，宣布赦免新罗文武王，恢复其官爵，召回金仁问，改封临海郡公。双方通力合作，演出一场好戏：唐朝得到面子，保持权威，而新罗在实际利益上亦无损失，几年下来"多取百济地，遂抵高丽南境矣。置尚、良、康、熊、全、武、汉、朔、溟九州，州有都督，统郡十或二十，郡有大守，县有小守"[1]。然而，双方通过军事冲突，都探明了对方的底线，唐朝无意大动干戈，新罗也清楚了自己的限度。

当然，朝鲜战事并未立即停止。入秋以后，新罗开始收复北部边境失地，与李谨行、薛仁贵等频频交战，互有胜负。翌年冬，新罗军队从海路进攻薛仁贵部，先败后胜。《旧唐书·薛仁贵传》称他"上元中，坐事徙象州"，究竟"坐何事"，不得而知，若据朝鲜史料推测，则恐怕是担当此役失败之责。这一仗大概是文献上所能见到唐朝与新罗最后一次上规模的正式战斗，此后，双方的作战沉寂了下来。

其实，唐朝早在年初已将安东都护府悄悄迁到辽东故城，"先是有华人任（安）东官者，悉罢之。徙熊津都督府于建安故城；其百济户口先徙于徐、兖等州者，皆置于建安"[2]，表明唐朝放弃对朝鲜

---

[1]《新唐书》卷二二〇《新罗传》，第6204页。
[2]《资治通鉴》卷二〇二"唐高宗仪凤元年（676）"条，第6379页。

南部的直接管理，大幅度后撤。这一年双方的战斗主要集中在新罗北部边境地带，薛仁贵坚守的所夫里州伎伐浦，亦即百济泗沘港口，是唐朝保持海路畅通的据点。此地一失，百济便难以坚守了，这其实是熊津都督府内迁后的必然结果。由此可知，双方的实际控制线基本确定，新罗占领百济与高句丽南部，停止了进一步向北的军事行动，实现了统一朝鲜的大部分目标。

仪凤二年（677），唐朝曾一度想重建高句丽和百济。二月，以高句丽故王高藏为辽东州都督，封朝鲜王，让他回辽东安辑高句丽余众，并将散布各州的高句丽遗民集中起来，随其返回。但高藏一回辽东便潜通靺鞨，企图叛唐独立，被召回流徙邛州，部众也被分散安置于河南、陇右诸州，仅留部分贫民于安东城。重建百济的计划同样遭到失败，扶余隆再度被任命为熊津都督，封带方王，但他害怕新罗，不敢回故地。重建高句丽和百济只不过是唐朝与新罗矛盾斗争的余波，新罗控制朝鲜之势已难动摇。

新罗统一朝鲜后，努力缓和同唐朝的关系，融入唐朝的国际体制之中，使得整个东亚的局势稳定下来。新罗的独立，标志着东亚世界的国家格局的形成。

第二节　新罗统一的外部原因与唐朝的战略目标

通观新罗统一朝鲜的过程，有几个问题是必须探明的。

第一，唐朝由直接监管百济和高句丽到决意放弃对朝鲜南部的控制，采取向辽东收缩的政策转换，发生于何时？从上一节来看，应该在刘仁轨重赴朝鲜前线的上元元年（674）。刘仁轨的任命，实际上是让他遏止新罗向北扩张的势头，同时也是让他亲临前线视察，了解事态的严重程度，看看百济和高句丽能否保存。刘仁轨到朝鲜后，经过近一年的准备才发起攻势，把战线基本稳固于浿江以南地带后，旋即回国汇报。不久，唐朝便将安东都护府迁至辽东城。因此，刘仁轨在朝鲜发起的攻势并非没有实际意义的表演，而是唐朝向新罗的亮底，唐朝默认新罗对朝鲜中南部的拥有，但不能危及唐朝确保辽东安全的界限。这条原则显然为双方所接受，故此后只是围绕实际控制线有所争夺，界限基本固定。唐朝收回五胡十六国时代失去的领土，新罗首次统一朝鲜。

第二，显然，唐朝经过与新罗的多次较量，其政策日趋务实，主动放弃过于理想化的目标追求，不再直接参与变革当地的社会文化制度，而更加注重维持与新罗的现实友好关系，确立其国际关系秩序。因此，其在朝鲜半岛的逐步后退，并不是诸如吐蕃或突厥进逼这种外在环境压力的后果，而是根据东亚形势发展而做出的决定。从时间上看，唐朝是在新罗问题告一段落后，才将注意力转移到西线的，此已见前述。

第三，最重要的问题在于新罗公然向唐朝挑战，唐朝为何予以容忍？需要注意的是，在新罗统一朝鲜的整个过程中，新罗从来没有反对唐朝，既没有对浿江以北的土地提出过度要求，也没有对唐朝的领袖地位及其国际关系秩序提出挑战。据《三国史记·新罗本纪》记载，从总章二年（669）双方关系出现罅隙时起，新罗就不断向唐遣使谢罪，还通过各种渠道向唐朝进行解释。上引新罗文武王给薛仁贵的回信，一方面罗列以往功绩，以示对唐朝的耿耿忠心，同时把引起争端的原因推给百济，说明其控制百济的理由，"新罗百济累代深仇，今见百济形况别当自立一国，百年已后，子孙必见吞灭。新罗既是国家之州，不可分为两国，愿为一家，长无后患"，要求唐朝予以理解。

咸亨三年（672），新罗文武王"以向者百济往诉于唐，请兵侵我，事势急迫，不获申奏，出兵讨之，由是获罪"，遣使进贡，上表请罪。上元二年，与唐朝公开对立后，文武王仍然"遣使入贡且谢罪"，最终获得唐高宗赦免，恢复其官爵，仍为唐朝藩臣。

这些做法，显示出文武王的精明。他既要统一朝鲜，又不与唐朝决裂。因为一旦成为仇敌，新罗就难以承受巨大的压力，内部亲唐势力会起来反抗，国家可能分裂崩溃。文武王十三年（673）七月，"阿飡大吐谋叛付唐"，就是明显的例证。文武王去世后国内的叛乱，也可说明此点。所以，文武王始终把统一朝鲜限定于其内部事务的层次上，坚决不上升为对唐朝的挑战，坚守臣礼，以求唐朝谅解。

对于唐朝而言，收复领土之后所谋求的就是建立以唐为中心的天下秩序，确保周边安定。因此，只要新罗统一后不向唐朝的中心地位提出挑战，唐朝就可以接受其统一朝鲜的要求。而且，能够确保这一点，显然比唐朝在朝鲜维持一支强大的军队，应对持续不断的战争要理想得多。因此，在最初用唐朝制度重建百济、高句丽的直接监管政策受到挑战后，唐朝重新权衡轻重，审时度势，把政策的重心转移到保持同新罗的友好关系上，通过新罗来维持唐朝对东亚的强大影响力。从以后的发展来看，唐朝显然取得了成功，而新罗也十分注意维护与唐朝的友好关系。由此看来，新罗统一朝鲜既是唐朝对外关系体制受到的挑战，也是其政策走向成熟并获得成功的事例。据此可以明了唐朝对外政策基本原则，亦即通过建立国际关系秩序来追求和平与稳定的质的规定性。

日本学者认为，新罗因攻占原百济和高句丽疆域而同唐朝关系破裂，直至唐玄宗开元二十一年（733）渤海袭击登州，玄宗命令太仆员外卿、新罗王族金思兰回国调发新罗兵讨伐渤海，双方关系才好转。诚然，渤海国袭击登州，加强了唐朝同新罗的关系。然而，如果因此断言唐朝与新罗关系的改善是出于应付国际新挑战的政治需要，就未免只见树木，不见森林。

如上所论，唐朝默认新罗统一朝鲜的根本原因是其国际战略，而新罗臣服于唐朝，不挑战唐朝的领导地位，则是唐朝在东亚实现国际战略的重要保证，双方在国际战略层次上达成一致。新罗文武王对此颇用心思，即使在同唐朝尖锐对抗的时候，仍采用唐朝历法。[1]在中国文化传统中，采用历法不是一个技术问题，而是承认政权正统性和表示服从的政治大事。新罗文武王在此问题上一点也不含糊。所以，唐朝和新罗虽然围绕百济、高句丽统属问题开战，但是，国际政治上的臣属关系不曾动摇过。

这一方针，新罗始终坚持不渝。文武王去世后，神文王继立，"遣使入唐，奏请《礼记》并文章"。武则天对此态度十分积极，"令所司，写《吉凶要礼》，并于《文馆词林》，采其词涉规诫者，勒成五十卷，赐之"[2]。武则天特地让有关部门摘抄"涉规诫者"送给新罗，乃晓之以礼，希望新罗恪守臣节。武则天用文化来影响和约束新罗，其背后则是在探索强化双方关系的政治文化基础的途径。从神文王和武则天的应对来看，双方都是醉翁之意不在酒，皆欲通过文化来建立政治关系的机制。

在此方面，双方关系的相互确认颇有进展。典型的事例见于神文王十二年（692），《三国史记·新罗本纪》是年条记载：

> 春……唐中宗遣使口敕曰："我太宗文皇帝，神功圣德，超出千古，故上仙之日，庙号太宗。汝国先王金春秋，与之同号，尤为僭越，须急改称。"王与群臣同议，对曰："小国先王春秋谥号，偶与圣祖庙号相犯，敕令改之，臣敢不惟命是从。然念先王春秋，颇有贤德，况生前得良臣金庾信，同心为政，一统三韩，其为功业，不为不多。捐馆之际，一国臣民不胜哀慕，追尊之号，不觉与圣祖相犯。今闻教敕，不胜恐惧，伏望：使臣复命阙庭，以此上闻。"后更无别敕。

这是一次围绕礼制的交涉，新罗王金春秋犯唐太宗庙讳，故唐

---

[1]《三国史记》卷七《新罗本纪第七》"文武王十四年（674）正月"条记载："春正月，入唐宿卫大奈麻德福传，学历术还，改用新历法。"
[2]《三国史记》卷八《新罗本纪第八》"神文王六年二月"条。

中宗要求新罗神文王改金春秋庙号，神文王及其臣下皆以为然，遣使入唐解释。此交涉中最关键的是新罗承认犯讳，亦即承认同唐朝的君臣关系，没有异议。双方政治关系的基础也就得到进一步的确认。所以，唐朝接受新罗使节的解释，"更无别敕"。

神文王之后，经孝昭王传至圣德王，其名字为隆基，犯唐玄宗名讳，故于唐先天年中改名兴光。此事见于《三国史记·新罗本纪第八》和《旧唐书·新罗传》。[1] 圣德王改名，再次确认与唐朝的君臣关系，双方关系已经没有根本性的冲突，所以，从上述神文王遣使入唐请《礼记》以后，双方关系已经基本恢复正常，神文王去世时，"则天为之举哀，遣使吊祭，册立其子理洪为新罗王，仍令袭父辅国大将军，行豹韬卫大将军、鸡林州都督"。孝昭王去世时，"则天为之举哀，辍朝二日，遣立其弟兴光为新罗王，仍袭兄将军、都督之号"。显然，双方关系颇好。所以，唐朝和新罗重建友好关系，无须等待渤海国入侵唐朝事件发生，更不是一种简单的政治利用。

第三节　东亚世界文化格局的形成
——日本全面接受唐文化

唐朝对日本关系的调整，也可以看出其国际战略之一斑。

白村江之战，唐朝大获全胜。日本水军被歼，失去了海上防御能力，举国震动，非常担忧唐朝会乘胜进攻日本，遂在九州岛外岛及沿岸地区紧急布防，"于对马岛、壹岐岛、筑紫国等置防与烽，又于筑紫筑大堤贮水，名曰水城"[2]。九州岛首府太宰府一带，构筑大

---

[1]《三国史记》卷八《新罗本纪第八》"圣德王元年（702）"条记载："讳兴光，本名隆基，与玄宗讳同，先天中改焉。"《旧唐书》卷一九九上《新罗传》记载："兴光本名与太宗同，先天中则天改焉。"《旧唐书》将"玄宗"误作"太宗"，且以为是武则天所改，亦误。唐玄宗先天元年（712），武则天已死。

[2]《日本书纪》"天智天皇三年（664）"条。

型工事持续了相当长时间，一直到翌年八月，还可以看到日本朝廷"遣达率答春初筑城于长门国。遣达率忆礼福留、达率四比福夫于筑紫国筑大野及橡二城"[1]。

然而，出乎日本意料的是唐朝方面主动发出和平信号。664年5月，"百济镇将刘仁愿遣朝散大夫郭务悰等进表函与献物"[2]。郭务悰带去刘仁愿信函的内容，不得而知。但是，从他同时带去的礼物来看，应该是向日本申明唐朝无意进攻日本，以及呼吁双方进行和平谈判和善后处理。这是非常重要的信息，所以，郭务悰被请入京城，双方正式进行谈判。《日本书纪》"天智天皇四年"条记载："冬十月乙亥朔，宣发遣郭务悰等，敕是日中臣内臣，遣沙门智祥赐物于郭务悰。戊寅，飨赐郭务悰等……十二月甲戌朔乙酉，郭务悰等罢归。"郭务悰是以唐朝对百济占领军使者的身份到日本的，从接待者来看，应该是同日本朝廷要员中臣内臣交涉，规格颇高。双方从五月到十月，谈了五个月，似乎颇有进展，故日方由中臣内臣出面款待，又留郭务悰至十二月才返回朝鲜。这么长时间的交涉，内容自然要包括白村江之战的具体善后处理事宜，朝鲜半岛南部的政治安排，乃至恢复双边关系等。

郭务悰把同日本的交涉，迅速汇报给唐朝中央。日本接受唐朝的和平建议，并同郭务悰就朝鲜问题和两国关系达成初步协议。从当时的形势来看，日本接受唐朝占领百济和高句丽的现实，才能构成双方谈判的基础，才能谈到恢复国交等问题。这些内容获得唐朝中央的肯定，所以，唐朝决定提升谈判的规格，由朝廷直接同日方谈判。翌年九月，"唐国遣朝散大夫沂州司马上柱国刘德高等"[3]到日本。《日本书纪》在此条下面加注道：

---

[1]《日本书纪》"天智天皇四年"条。
[2]《日本书纪》"天智天皇四年"条。
[3]《日本书纪》"天智天皇四年"条。

等谓右戎卫郎将上柱国、百济将军朝散大夫上柱国郭务悰，凡二百五十四人。七月廿八日至于对马。九月廿日至于筑紫。廿二日进表函焉。

此注值得注意，首先，谈判代表刘德高，并不是中央负责外交的官员，而是地方的佐官。《旧唐书·地理志一》记载，沂州为中州。根据《唐六典·上州中州下州官吏》记载，中州司马为正六品下。故刘德高官阶不高，选择此身份的官员赴日本谈判，既代表朝廷，又不抬高对方的地位，颇为用心。其次，刘德高是负责地方军务的官员。再次，这次使团仍有郭务悰参加。据此可以看出，双方交涉的主要仍是朝鲜善后的具体事宜，大批负责具体事务的官员随行，更说明了这一点。

双方的谈判应该取得了积极的结果，日方也希望借此机会迅速恢复同唐朝的政治关系，所以，刘德高于十二月回国的时候，日本"遣小锦守君大石等于大唐"，其注记载："等谓小山坂合部连石积、大乙'小'乙吉士岐弥、吉士针间，盖送唐使人乎。"[1] 注中出现的都是职业外交人员，无疑是赴唐开展恢复正常关系活动的。《资治通鉴》"是年"条也记载："刘仁轨以新罗、百济、耽罗、倭国使者浮海西还，会祠泰山。"两国恢复了国交。

坂合部连石积在唐朝逗留了相当一段时间，直到参加唐高宗封禅后，才于乾封二年（667）十一月取道朝鲜半岛回国。《日本书纪》"天智天皇六年"条记载："百济镇将刘仁愿遣熊津都督府熊山县令上柱国司马法聪等，送大山下境部连石积等于筑紫都督府。己巳，司马法聪等罢归，以小山下伊吉连博德，大乙下笠臣诸石为送使。"唐朝百济驻军指挥部也同日本建立起正常联系。

---

[1]《日本书纪》"天智天皇四年"条。

翌年，日本再次派遣"小锦中河内直鲸等使于大唐"[1]。

咸亨二年（671）正月，"百济镇将刘仁愿遣李守真等上表"。是时，刘仁愿早于总章元年（668）"坐征高丽逗留，流姚州"[2]，故百济镇将当为别人，所谓"上表"，应是通报遣返战俘的消息。所以，到十一月见到"唐国使人郭务悰等六百人，送使沙宅孙登等一千四百人，总合二千人，乘船四十七只俱泊于比智岛"。唐朝送还一万四千人，除战俘之外，难以想象。因为人数众多，为了防止日本方面惊恐，所以事先派遣李守真通报，待到船队临近时，再"遣道文等豫稍披陈来朝之意"[3]。郭务悰一行在筑紫办理交割事务时，遇到天智天皇逝世。《日本书纪》"弘文天皇元年"条记载：

> 元年春三月壬辰朔己酉，遣内小七位阿昙连稻敷于筑紫，告天皇丧于郭务悰等。于是郭务悰等咸着丧服三遍举哀，向东稽首。壬子，郭务悰等再拜，进书函与信物。夏五月辛卯朔壬寅，以甲胄、弓矢赐郭务悰等。是日，赐郭务悰等物，总合𬘬一千六百七十三匹、布二千八百五十二端、绵六百六十六斤。庚申，郭务悰等罢归。

从郭务悰对天智天皇之死表示哀悼来看，两国因白江之战而受伤害的关系已经基本恢复正常。

随后，日本国内爆发了大规模的内战，大海人皇子起兵推翻了天智天皇胤嗣弘文天皇，夺取政权，称天武天皇。这一年为壬申年（672），故日本史称"壬申之乱"。这次内乱应该同国际形势有很大的关系，天智天皇出兵朝鲜，遭受前所未有的惨败，举国震动，其威信和统治力都受到很大的打击，故其所立继承人迅速被天武天皇

---

[1]《日本书纪》"天智天皇八年"条。
[2]《资治通鉴》卷二〇一"总章元年八月"条。
[3] 引文均见《日本书纪》"天智天皇十年"条。

取代。天武天皇通过自下而上的军事斗争取得政权,成为强势统治者,令国内局势获得安定。其统治期间,开始了建立"律令制国家"的政治进程,通过制定各种法令和改革官爵与姓氏制度,建立起自上而下、全国统一的政治体制和社会秩序,强化中央朝廷的权威。

天武天皇确立中央主导建设律令制国家的政策,为后继天皇所继承。在他之后是其皇后称帝,即持统天皇。天武天皇生前开始编纂的《净御原飞鸟令》,在持统天皇时期颁行。此后,修定律令格式全面展开,文武天皇即位后,于四年(700)下令修撰堪称日本古代法制史里程碑的《大宝律令》。值得注意的是,在修撰律令的功臣中,有此前的遣唐使节伊岐连博得(德)和百济送给日本的唐军俘虏萨弘格[1]。从天武天皇时至此,日本主要透过新罗吸收大陆文化。然而,要制定国家根本大法的律令,必须向当时最先进的唐朝学习。天武天皇虽然重用遣唐使和唐人来弥补欠缺,但是,在此过程中,日本更加深刻地体会到要建设发达的国家,无论如何都要彻底向唐朝学习。所以,在修撰律令启动之后,文武天皇随即于大宝元年(701)下令重新向唐朝派遣大型使团,《续日本纪》"文武天皇大宝元年正月"条记载:

> 以"守"民部尚书直大贰粟田朝臣真人,为遣唐执节使,左大辨直广参高桥朝臣笠间为大使,右兵卫率直广肆阪合部宿祢大分为副使,参河守务大肆许势朝臣祖父为大位,刑部判事进大壹鸭朝臣吉备麻吕为中位,山代国相乐郡令追广肆扫守宿祢阿贺流为小位,进大参锦部连道麻吕为大录,进大肆白猪史阿麻留、无位山于亿良为少录。

这是中断三十多年后首次派出的遣唐使团,阵容十分强大,聚集了

---

[1] "萨"字的繁体"薩"与"薛"极为相近,在中国发现的敦煌文书和日本古代手抄史籍都是如此,故此时期的史籍与文书所载的"薩"字,应该就是"薛"字。

实际执掌中央日常政务的行政、军事、司法等部门长官、事务官员和地方官员，向唐朝学习行政制度、法律文化的特色十分浓厚。一旦重新启动向唐朝学习之后，巨大的文化需求推动了遣唐使频频发遣，日本国内迅速形成一股热潮，在社会生活的各个方面积极导入唐朝文化，以唐朝为样板，政治上建设"律令制国家"，文化上以唐朝为荣，学习和引进汉字、汉文、汉诗、歌舞、佛教、寺院建筑、生活习俗……全国上下陶醉在唐朝文化之中，日本文学史称这一阶段为"唐风文化"时代，它对整个日本文化乃至民族性格都产生了难以估量的深远影响。

"唐风文化"之所以能够深入持续，最关键的动因是日本发自内在的迫切需要，它由日本自主推动，给全社会的发展带来巨大好处。日本在白村江之战失败后，进行了深刻的反思，同时也对唐朝进行了一段时间的观察，深刻体会到自己在政治、经济、文化等各个方面存在着巨大差距，痛下决心，全面输入唐朝文化，以提升国家社会的发展水平。

日本地处东亚世界的东端，与大陆一海相隔，自主加入东亚文化圈后，以唐朝、新罗、日本为主要成员的东亚世界文化格局基本形成。

第四节　以唐朝为中心的东亚世界

东亚世界是以共通的文化为基础，由东亚主要国家构成的国际社会。在这个国际体系内部，使用通用的汉字，国家间交往的正式文书采用汉文，广泛实行以唐朝制度为基础的国家政治制度和法律体系，儒家的家庭与国家伦理道德通过选士教育体制渗透到社会基层，与法令相辅相成的各种礼法规范着人们的思维和行为模式。重视家庭，强调集体，约束个性，为国奉献，被抽象为忠孝观念，成为社会价值评判的标准。这种文化，力图以服从家族长幼秩序和政治等级制度来达到社会和谐，辅以出世的佛教消解个人和社会阶层内部的紧张和矛盾，把神的力量导入政治领域，最大限度地提高君主的权威。

反映在东亚世界中，就是确立以唐朝为中心的国际关系秩序，采用册封或者羁縻等形式，把各个国家或民族纳入这个国际体系之中，约束定位。共同的文化基础，形成东亚世界的国际道德与正义，并建立起以文化的先进或者落后来定位国家间上下关系的价值取向。唐朝因其制度文化的先进而居于最高地位，成为国际道义的裁判。换言之，唐朝在国家实力的支撑下，主要依靠文化的力量获得各国的认同，成为东亚世界的道义和权力中心，出现万邦来朝的局面。唐朝皇帝因此获得了两大权威，一是在政治上与周边国家缔结君臣册封关系，通过"和亲"建立翁婿父子的人伦上下关系，从而获得忠孝道德最大限度的支持；二是建立国际道义和文化价值的评判标准，牢牢掌握国际话语权和道德裁判权，从而在政治上和道义上都站在制高点上，居高临下。唐太宗被周邻各国尊为"天可汗"，可以视为其国际战略获得成功的明证。

各国争相引进移植唐朝文化，向唐朝看齐。如果仅从国际关系的角度来说，这样做的目的在于争取获得对邻国的优越地位。东亚各国自称中华，指斥邻国为夷狄[1]；古代日本力图臣服加罗、百济和新罗，建立"小中华"朝贡体系，凡此种种，都是对唐朝的模仿。通过文化，唐朝成功地建立了东亚世界的内在规定性，成为各国间牢固的内在联系纽带，并同其他文明清晰地区隔开来，自成体系。

在这个国际体系内部，赤裸裸的武力征服受到谴责，国家之间的竞争必须通过制度文化来表现，惟其如此，才能获得其他国家的尊敬。由此可以明白，为什么唐朝建立起来的中国中心地位能够维持一千多年，一直到西方文明大规模进入东方，并获取优势，才消

---

[1] 参阅朱云影《中国文化对日韩越的影响》，黎明文化事业股份有限公司，1981年。

减了中国的中心地位。因此，中国在亚洲的领袖地位被推翻，不只是战败的缘故，更重要的是文化上的优势地位被取代，随之而变的是整个价值评判体系的更替。中国对自身文化传统过激的贬斥抛弃，甚至疯狂的焚书破除，不但帮助西方建立了文化优势，更给予自身的民族自信心沉重的打击。就东亚国家而言，迄今尚未出现能够取代古代中国的强势文化中心，因而也没有其他国家能够获得领袖地位。日本企图通过军事征服建立所谓的"大东亚共荣圈"，结果是自取其辱。

据此可以总结唐朝在建构东亚世界上取得成功的主要原因。

第一，唐朝是一个大国，具备领导国际体系的政治力量和约束力量。

第二，唐朝有一套先进的国家制度和法律制度，确保社会能够在法治环境下获得充分的发展，取得空前的繁荣。这给了正在建设中央朝廷领导下的一元化国家制度的东亚各国以巨大的示范作用。各国得以根据不同的国情，有所取舍地进行模仿、移植，实现富国强兵的梦想。因此，各国有了学习唐朝的热情与动力，并转变为强烈的内在需求。只有各国自身内部发展的需要，而不是从外部的强制灌输，构成国家之本的政治制度，及其背后支撑的精神文化，才有可能成功地吸收移植。这在日本表现得最为典型。就新罗而言，实行唐朝制度最初虽然是唐太宗提出来的要求，然而，此要求恰好符合新罗加强中央集权的需要，所以，在实行唐朝制度获得益处之后，迅速转变为自主学习行为。

第三，唐朝文化的开放性与多元化特点，使得唐朝能够广泛吸收各国文化之长，取精用宏，保持文化的先进性，引领潮流。而且，唐朝基本上不设立文化上的政治意识形态取舍标准，这就使得各国的文化能够容易地融入唐朝文化的大熔炉，保持文化之树常青，不断推陈出新。构建这样一个世界性文化大舞台，各国文化可以在这里获得最广泛的交流，并得以提升和传播，因此，唐朝自然成为众望所归的文化领袖,形成巨大的吸引力。

而且,唐朝实行平等的民族政策,根据才能,大量录用来自外国的人员,因而吸引了各国优秀人才纷纷涌入。唐朝的国家教育机构向各国学子开放[1],向他们提供良好的学习条件。东亚各国通过质子、宿卫、留学生、留学僧等多种渠道,把大批子弟送到唐朝接受教育。唐朝中央官学成为东亚最高学府和学术中心,国内各大寺院也收纳大批求法僧人,在培养人才方面下了很大功夫,造就了一大批栋梁之材。这些留学人员回国之后,在各个领域承担重任,推动所在国家政治改革,传播移植唐朝文化,产生了十分深远的影响。文化和教育极大地提高了唐朝的国际声望,使之成为东亚各国向往之地。

第四,唐朝建构的国际体系,在确立唐朝中心领导地位的同时,根据各地区、各个国家的具体情况,采取灵活的措施,把各国吸纳到东亚世界中来。唐朝在东亚,不管是在关键地区派驻军队,还是采取羁縻、册封的办法,基本不介入各国的内政,尊重各国的自决权。唐朝重在追求各国对唐朝领导地位的服从,以确保东亚世界的和平与稳定。对于加入东亚世界的国家,唐朝在经济和文化方面给予相当丰厚的回馈,令其从中获得利益,从而紧密追随唐朝。东亚世界的朝贡,是非常典型的例证。所谓朝贡,是臣下向君主表示附属,履行义务。在这里,贡品并不是被征服者向征服者交纳的沉重税赋,而是随各国物产自主决定的礼物,展示在朝见的盛大仪式上,表示政治上的君臣关系。对于各国的贡品,唐朝给予丰厚得多的回赐,让朝贡国尝到好处,感受到唐朝的富饶与强大。因此,朝贡具有用经济利益报偿政治服从的色彩。让各国从唐朝国际体系中获得利益,不仅包括经济利益,各国统治者还可以获得唐朝的支持,稳

---

[1] 参阅高明士《唐代东亚教育圈的形成——东亚世界形成的一侧面》,台北"国立"编译馆中华丛书编审委员会,1984年。

定国内政局；在同邻国发生纠纷时，可以向唐朝申诉，不受强国欺凌。凡此种种，均显示唐朝构建的东亚世界具有高度的柔软性与包容性，在政治、经济、文化等各个层面，把各国紧密联系在一起，互利共存。这是古代世界性帝国与军事征服性帝国的根本区别。

这个区别是极其重要的。一个国际体系，如果缺乏成员国的自主性和主动性，终将难以维持。由此可以明白，唐朝允许新罗独立，以及在白江之战大胜后不乘势进攻日本，都是致力于建构东亚世界战略目标所做的决定，颇具政治远见。

第十三章　来自日本的遣唐使

第一节　日本的遣唐使

"遣唐使"是古代日本对其派往唐朝使团的称呼。同样地，派往隋朝的使团就称为"遣隋使"。

隋唐王朝是中国古代历史上一个新的时代。自从东汉王朝灭亡之后，其间虽然有西晋短暂的统一，但绝大部分时间都处于分裂的状态，先是内乱，接着是五胡乱华，社会矛盾交织着民族斗争，彻底打垮了旧王朝政治体制，也把汉代制定的国际关系秩序涤荡殆尽。

规范国际关系的中心强国不存，各国间的关系就完全建立在实力基础之上，相互不服，兴兵夺利，烽火不断。朝鲜半岛在长年的争斗中，形成高句丽、百济和新罗三国对峙的局面，而在东方海上，还有倭国虎视眈眈。在无序与混战中，中国首先发生了重大变化，那就是隋文帝建立隋朝，重新统一中国，北败突厥，西逐吐谷浑，重新建构国际关系秩序。[1]

隋朝的努力，在东方遭到挫折。隋炀帝三征高丽，最终因为内政的崩溃而告失败，隋朝很快灭亡了。继起的唐朝重建国际秩序，最终建立了以唐朝为中心的国际关系体系。唐朝开放、开明与多元的文化政策，推动了文化事业蓬勃发展，其政治法律、国家制度和文化艺术对周边国家产生了极其深刻的影响，尤其在东方形成了以

---

[1] 关于隋文帝时代的详细论述，请参阅韩昇《隋文帝传》，人民出版社，1998年。

汉字、儒学和佛教为基础的东方文化圈。

隋唐帝国在国际政治和经济文化上的强烈影响，不仅遍及朝鲜三国，而且冲击到倭国。倭国曾经在南北朝时代想通过南朝谋取对朝鲜南部国家的控制，没有实现目的，遂中止同南朝的交往。到隋朝崛起时，倭国内部出现了由贵族世袭向中央集权的统治方式转变的动向，主政的圣德太子主动向隋朝派遣使者，重开与中国的交往，一方面学习先进的文化制度，另一方面则探探新王朝的虚实，图谋与之相埒。直到唐高宗初期为止，倭国（到唐高宗时期改国号为"日本"）对隋唐两朝的交往基本都循此方针展开。

唐高宗继承隋唐既定的重建东亚国际关系秩序的方略，征伐拒不服从的高句丽及其盟国百济，爆发激烈的战斗。日本为了其在朝鲜南部的利益，派出空前规模的水军救援百济，和唐朝率领新罗的联军大战于白江口，结果日军一败涂地。这场战斗让日本切身感觉到唐朝的强大及其制度文化的先进。战事过后，日本看到唐朝并没有进攻日本的意图，惊魂初安，深刻反思，痛下决心全面向唐朝学习，于是出现了络绎不绝的遣唐使，时间跨度长达二百多年。

由此可见，遣唐使前期和后期的意义颇不相同，如果以白江口之战为分水岭，前期侧重于国际政治关系，而后期则重于汲取文化精华。

遣唐使的组成相当复杂，有代表古代日本朝廷进行国事活动的使节及其随从人员，也有留学生和翻译，还有医生、祭司、水手及各类勤杂人员。在留学生中，除学习政治法律、文学艺术的学生之外，还有求法巡礼的僧人，这部分人员的数量更多，日本称他们为"留学僧"或"学问僧"。显然，遣唐使有政府和民间的两个层面，政府的层面包括朝廷的使者、官员和政府选送的留学生，而民间的层面主要有僧侣、学生，大概还有一些从事商业活动的人。只是该时期的民间往来活动是在日本朝廷的组织下展开的，得到了官方的支持和资助，故而也承担一些使命，所以，这些人可以看作是民间交流的使者，学界便将他们放在遣唐使名义之下考察研究。

遣唐使中人数最多的留学生和学问僧在到达唐朝之后，目的十分明确，那就是最大限度地汲取唐朝文化，千方百计收集各种有助于日本发展的书籍、器物、技术和艺术制品，车载船运，恨不得把整个唐朝都带回日本，复制再现。为此，他们活跃于唐朝各地，与各阶层的唐人广泛交游，尊师达礼，虚心求学，那股热忱给唐人留下十分美好的印象，打动了他们的心，一代名僧鉴真就是被前来求学的日本和尚所感动，遂不辞艰险，六渡重洋，九死一生，为日本佛教的繁盛做出巨大的贡献。这样的佳话，充溢史书，口耳相传，至今不绝。

遣唐使回国之后，把在唐朝学到的东西付诸实践，例如酷似长安的平城京和平安京，规模宏大的东大寺及其附属的正仓院，传世文物中绝无仅有的唐朝螺钿五弦琵琶实物，年代最久远的王羲之书帖，日本各地保存的唐式建筑和唐代文物，如此众多，如此绚丽，如此完好，让人见之仿佛回到了大唐盛世。中国文化的影响，根深蒂固，任岁月千年冲刷也不能抹去。今天中国人来到日本，满街的汉字让你无须张口也能行动自如，喷香的米饭、碧绿的春茶、深深的鞠躬、含蓄的谈吐，无处不让人感到宛在家乡的亲切，唐朝文化的影响已经浸透于日本民族的深处，而日本人基于唐装演化出来的和服，又显现出唐朝文化被日本人消化吸收后渲染上的自己的特色。总之，遣唐使的历史就是一部虚心学习外来先进文化、完成自我更新的历史。

这部历史让人着迷，它是中日友好的诗篇，从一个侧面反映了以唐朝文明为基础的东亚文化圈的形成历程。东亚世界的成长，是在人员的友好交往和文化交流中实现的，在古代，由于中华文明成熟较早，所以对东亚国家产生了深远的影响，促使它们迅速跟上，造成了使用共同的汉字，尊奉儒家伦理，崇敬佛教法度，遵守以唐律为基础的法系，并通过法律规定了社会制度和个人活动的东亚文明社会。当东亚国家发展起来后，朝鲜的绚烂乐舞，日本的精致器物，又源源不断地传入中国。到了近代，面对东西方文化大碰撞的浪潮，日本人缀合汉字，制造出大量现代词汇，使得东亚各国在转换现代语言和吸收西方文明方面受益匪浅，这些词汇也已经成为现代汉语中不可割离的部分。千年历史奠定的共同文化基础，将使东亚各国继续通过密切的友好交往，走互利合作的道路，共同努力，让东方文明重新大放光彩。

遣唐使对东亚世界的形成所做出的贡献，不可磨灭，有大量历史经验值得汲取。那段历史让人常常怀念，当年，唐朝诗人韦庄送别日本僧人回国时写下的那首诗，一直萦绕在心间：

扶桑已在渺茫中，家在扶桑东更东。此去与师谁共到？一船明月一帆风。

因为遣唐使的内涵如此丰富，所以，日本学术界对其展开了绵密的研究，成果汗牛充栋。早期的基础性研究，以木宫泰彦《日中文化交流史》为代表[1]，此后有增村宏《遣唐使的研究》这类专题性研究著作继起[2]，至于中日古代文献中关于遣唐使记载的史料整理与考证，更是成果累累。[3] 中国学界也出版了研究遣唐使的著作。[4] 然而，随着研究的深入，研究对象的细分，几乎各个方面都有了专门的研究，几乎到了题无剩义的地步，遣唐使的研究似乎难以取得大

---

[1] 木宫泰彦著，胡锡年译《日中文化交流史》，商务印书馆，1980年。
[2] 増村宏『遣唐使の研究』、同朋舎出版、1988年。
[3] 这些成果难以一一列举，其中具有代表性的专著是田中健夫・西嶋定生・石井正敏『遣唐使研究と史料』、東海大学出版会、1987年。
[4] 20世纪80年代以来，中国出版了几本介绍遣唐使的著作，如池步洲《日本遣唐使简史》（上海社会科学出版社，1983年）、武安隆《遣唐使》（黑龙江人民出版社，1985年），受到木宫泰彦《日中文化交流史》的影响甚大。此后，中国学者综合中日韩三国的文献记载，发表了许多论文，推进了遣唐使研究的深入，专著有韩昇《遣唐使和学问僧》（中华书局、上海古籍出版社，2010年）等。

的进展。然而，2004年在西安发现的《井真成墓志》，又给了遣唐使研究很大的刺激，掀起新一轮研究热潮。日本学者主要关注《井真成墓志》中出现了"日本"的国号，它构成日本国号形成年代的实物性证据。实际上，《井真成墓志》给了遣唐使研究更多的重要线索，只是没有被日本学界认识到。所以，本章将专门进行探讨，以期从制度史的层面给遣唐使研究再辟蹊径。

第二节 《井真成墓志》的重要价值

2004年，西安市东郊出土了《日本井真成墓志》，西北大学历史博物馆购入并发表了这一消息。此事引起中日两国历史学界的高度重视，特别在日本引起轰动，朝日新闻社还为此举办国际讨论会，史学界也举办了多场专题研讨会，发表研究论文数十篇。其代表性的研究成果，是日本专修大学与中国西北大学合作研究项目图书《遣唐使所见到的中国与日本》[1]，书中收录了日本史和中国史学者的代表性论文，它们从多个角度展开研究，判明了《井真成墓志》的基本情况，提出不少新的见解。日本古代史研究者最关注的是此墓志中出现了"日本"国号，它被视为第一次出现"日本"国号记载的实物证据，获得很高的评价。

然而，就日本国号出现的年代问题而言，无论是唐朝或者是日本文献的记载，都早于《井真成墓志》。[2]在实物证据方面，年代要早于《井真成墓志》二十余年的《徐州刺史杜嗣先墓志》，已经出现"日本"。台湾大学中文系叶国良教授曾经做了介绍和研究[3]，但没

---

〔1〕 専修大学·西北大学共同プロジェクト編『遣唐使の見た中国と日本』、朝日新聞社、2005年。
〔2〕 关于日本国号的形成，日本史学界积累了相当多的研究。笔者在《海东集》（上海人民出版社，2009年）也做了新的研究。
〔3〕 叶国良《唐代墓志考释八则》，载《台大中文学报》第7期，1995年；后收于《石学续探》，大安出版社，1999年。

有得到重视。《井真成墓志》发现以后，日本史学界才重新提起这方墓志。

由此看来，《井真成墓志》并不是最早出现"日本"国号的文物。进一步考察《井真成墓志》，当初对井真成身份的判定是否正确，也需要反思。对以往研究的整理和批判，是否意味着《井真成墓志》失去了学术价值呢？倒也未必，铅华洗尽，反而可以发现当初被掩盖的许多重要问题，大大推进唐朝对外授官与赠官制度，以及日本遣唐使的研究。

在日本，《井真成墓志》的研究基本上在日本史学者中间展开。然而，由于其中涉及唐朝制度的专门问题，因此，只有通过唐史和日本古代史研究者的合作，才能真正揭示其学术价值。在专修大学编辑的论文集中，因为气贺泽保规是从唐史的角度进行推测[1]，所以被日本古代史学者视为来自中国史方面的意见。其见解正确与否，在一定程度上起了诱导作用，故有必要加以检验。本章试图综合唐朝与日本古代的制度性规定，对井真成墓志再做分析，判定墓主身份，探明唐朝对外授官与赠官的具体形态，以及日本对于遣唐使者授官的制度。

《井真成墓志》实存162字，记述十分简单，为了后面的讨论，兹将墓志全文及其状态先做个介绍。

《井真成墓志》有盖石和志石配套出土，盖石覆斗状，青石，底边长37厘米×37厘米，顶20厘米×20厘米，通高7厘米。盖文4行，行3字，共12字，篆体，其文为"赠尚衣奉御井府君墓志之铭"。

志石正方形，汉白玉，边长为39.5厘米×39.5厘米，厚10厘米。石面刻有行格，共16行，每行16字。但是，实刻志文仅12

---

[1] 気賀沢保規「『井真成墓誌』と尚衣奉御という官職」、『遣唐使から見た中国と日本』。

行,空4行。本应有171字,缺损9字,实存162字。志文如下:

> 赠尚衣奉御井公墓志文并序
> 公姓井,字真成,国号日本,才称天纵,故能
> (衔)命远邦,驰聘上国,蹈礼乐、袭衣冠,束带
> (立?而?来?)朝,难与俦矣。岂图强学不倦,问道未终,
> (蹔)遇移舟,隟逢奔驷,以开元廿二年正月
> (十?)日,乃终于官弟,春秋卅六。皇上
> (哀)伤,追崇有典。诏赠尚衣奉御,葬令官
> (给)。即以其年二月四日,窆于万年县浐水
> (东)原,礼也。呜呼,素车晓引,丹旗行哀。嗟远
> (途?客?)兮颓暮日,指穷郊兮悲夜台。其辞曰:
> (别?命?)乃天常,哀兹远方。形既埋于异土,魂庶
> 归于故乡。

(括号内为推测可补之字,并列各家之说)

第三节　井真成的留学生身份、入唐时间和唐朝学制

《井真成墓志》志文中有关井真成本人的信息,可以归纳为两类:

(1)直接的信息,有"公姓井,字真成,国号日本""□命远邦,驰聘上国……束带□朝""以开元廿二年正月□日,乃终于官弟,春秋卅六""诏赠尚衣奉御,葬令官□。即以其年二月四日,窆于万年县浐水□原"这几句。

(2)间接的信息,有"岂图强学不倦,问道未终,□遇移舟,隟逢奔驷"。

气贺泽氏根据(2)的前半句,判定井真成为留学生,并推测他

于717年入唐，在唐朝留学19年。这里涉及三个问题：

一、井真成的身份；

二、井真成入唐的年代；

三、唐朝的学制。

首先，此说中最引人注目的是井真成在唐朝的中央官学中留学长达19年，未能毕业、仕进，或者归国。要探明这个问题，就要说明唐朝的中央官学制度。

根据《唐六典》卷二一《国子监》，唐朝中央六学，分别为国子、太学、四门、律、书、算，其招生范围分别为：

国子学，"教文武官三品已上及国公子·孙、从二品已上曾孙"。

太学，"教文武官五品已上及郡·县公子·孙、从三品曾孙"。

四门学，"教文武官七品已上及侯、伯、子、男子"及"庶人子为俊士生者"。

律学、书学、算学，"教文武官八品已下及庶人子"。

在六学中，来自东亚国家的留学生多进四门学。不管进哪一学，均有求学规范和年限规定：

> 凡六学生有不率师教者，则举而免之。其频三年下第，九年在学及律生六年无成者，亦如之。（假违程限及作乐、杂戏亦同。唯弹琴、习射不禁。）

也就是在学时间最长不得超过九年。在求学年中，必须参加规定的考试。就举井真成所处的唐开元时代的《学令》，其开元七年（719）和二十五年学令规定：

> 每年国子监所管学生，国子监试；州县学生，当州试……其试者，通计一年所受之业，口问大义十条，得八已上为上，得六已上为中，得五已下为下。频三下及在学九年（律生则六

年）不任贡举者，并解退。其从县向州者，年数下第，并须通计。服阕重任者，不在计限，不得改业。[1]

所以，从制度规定上来看，井真成在唐朝留学19年，没有参加科考，所以也没有出身，这种情况既不符合唐朝学制，也不符合常理。而且，唐朝对于超过年限的各类外国留学人员有处置的规定，见于《新唐书·百官志》"崇玄署"条记载：

  新罗、日本僧入朝学问，九年不还者编诸籍。

僧人修业尚有年限，则留学生更不可能任意无业滞留。因此，从学制判断，随意推定井真成留学长安19年的见解，难以成立。

据此，则推断井真成在唐开元五年（日本养老元年，717）随第九次遣唐使入唐，证据同样难以成立。

在推定井真成入唐年代的时候，墓志记载的文句是判断的重要线索，有三条：

一、上引墓志"□遇移舟，隟逢奔驷"这一句，值得注意。典出《庄子·大宗师》和《墨子·兼爱下》[2]，前句形容突变，后句形容短瞬。这里已经说明，井真成的死是在短时间内突然发生的，不应是滞留长安19年才死去的。

二、"□命远邦，驰聘上国……束带□朝"。前一个缺字可补"衔"，后一字，或据《论语》推测当补"立"字，但贾麦明副研究员观察碑残字笔画，左右两侧皆有纵向笔画，故推测为"而"[3]字。然而，如果根据唐朝给日本等国朝贡使诏书及当时的记载的话，则

---

[1] 仁井田陞『唐令拾遺補』、東京大学出版会、1997年、559頁。
[2] 《庄子·大宗师》："夫藏舟于壑，藏山于泽，谓之固矣。然而夜半有力者负之而走，昧者不知也。"《墨子·兼爱下》："人之生乎地上之无几何也，譬之犹驷驰而过隙也。"
[3] 「新発見の『井真成墓誌』とその基礎の研究」、上掲『遣唐使から見た中国と日本』所収。

应补"来"字为宜[1]，且与贾氏所述碑石残存笔画接近。这三句的用语，如"衔命""聘"和"来朝"，无不清楚写明井真成属于遣唐使之一员。如果是一介普通学生，则不能使用这样的字句。遣唐使团中有多类人员，井真成应该属于中级官员，故日本方面的史料没有留下记载。

三、"乃终于官弟"。官舍、官第是唐朝提供给外国使者入朝时居住的地方，使命完成，便当起程回国。唐朝的鸿胪客馆、礼宾院等设施，要接待来自四面八方众多的外国使节，不可能让某一国的使者长期居住达19年之久。

从墓志的描述分析，井真成入唐的时间应该迟于717年。在733年，亦即唐开元二十一年，日本天平五年，有第十次遣唐使入唐。根据《续日本纪》是年条记载，此使团搭乘四船，四月从日本难波港出发。再根据《册府元龟·外臣部》"朝贡四"记载：

> 八月，日本国朝贺使真人广成，与傔从五百九十，舟行遇风，飘至苏州。刺史钱惟正以闻。诏通书舍人韦景先，往苏州宣慰焉。

可知他们在八月抵达苏州，唐朝迅速派遣通事舍人韦景先到苏州宣慰。朝廷官员亲自前来，则入京手续办得十分顺利，此行使者应该在秋天进入京师。这一点可以从日本石山寺藏《遗教经》跋语得到旁证：

> 唐清信弟子陈延昌，庄严此大乘经典，附日本使、国子监大学朋古满于彼流传

---

[1] 例如《册府元龟》卷九七四《外臣部·褒异》记载，开元五年"戊辰敕：日本国远在海外，遣使来朝"。至于新旧《唐书》《唐会要》《册府元龟》等记述日本使节入朝时，几乎都使用"来朝"，难以一一列举。

>　　开元廿二年二月八日从京发记

"京"即长安。据此可知，日本使者一行人先到长安，滞留到翌年二月八日离开。根据上条《册府元龟》记载：

>　　四月日本国遣使来朝，献美浓绝二百匹、水织绝二百匹。

可知日本使者一行人前往东都洛阳朝贡。为什么如此迂回辗转呢？因为这一年长安发生饥馑，《旧唐书·玄宗纪上》是年条记载：

>　　是岁，关中久雨害稼，京师饥，诏出太仓米二百万石给之。

为此，玄宗于翌年正月前往东都洛阳避灾，直到开元二十四年才回长安。

关于上引《遗教经》跋语，有人认为其中的"京"字指的是洛阳，因此，这一年的遣唐使从苏州直接到洛阳去。然而，"西京""东都"是唐人习惯的称呼，故单用"京"字，一般指长安。更重要的是遣唐使八月抵达苏州的时候，玄宗在长安，谁也无法预料秋后"久雨"造成歉收的情况，故玄宗一直都住在长安，直到新年伊始才不得不前往洛阳，可见他没有预料到此次灾荒如此严重。所以，在八月份唐朝给遣唐使下达的通行证只能是到长安朝贡，绝不会是到洛阳。故此年遣唐使到洛阳之说没有成立的余地。

整理下以上记载，日本使团于开元二十年八月到达苏州后，不久即前往长安朝贡。然而，到达长安时，玄宗因为灾荒而忙于处理政务，以及准备前往东都洛阳避灾，所以未能接见日本使团。翌年初，玄宗率朝廷主官迁居洛阳，日本使团因此也转往东都，在四月受到接见，完成朝贡任务。这一路颠簸辛劳，故使团成员井真成遽然病故。这就符合墓志所说的"壑遇移舟，隟逢奔驷"。因为是正在执行国务的使团成员,所以唐朝才依照相关规定,破格赠官安葬,以示褒奖。

井真成死于"开元廿二年正月",葬于"二月四日",日本使团二月八日离开长安前往洛阳,在时间上刚好完全吻合。

第四节　外事专管与对外赠官

气贺泽氏的文章,更做了两个推论。一是自补碑文缺字"束带立朝",断定井真成立于唐朝廷上。二是推测井真成获得赠官是由于在唐朝任官的阿倍仲麻吕活动,因而由玄宗亲自下诏追赠井真成官职。

补"立"字,是中国研究者王建新根据《论语·公冶长》"子曰:赤也,束带立于朝"所做的推测。如上面介绍,贾麦明观察碑文残笔,已经否定了"立"字,推测补"而"字,我则根据唐代文献推测当补"来"字。其实,即使补"立"字,也完全不能证明井真成立于朝堂之上。首先,根据唐朝宾礼规定,只有正式的使节才能出席觐见皇帝的仪式。从遣唐使的实例来看,未见随员能立于朝堂者。其次,如上考证,玄宗在四月接见日本使节时,井真成早已在一月魂归故乡了,怎能立于朝?立于朝有一定的规格和礼仪,不是什么人都能自由出入的。这里的"朝"字,未必是朝堂,但肯定不能解释为市场。

至于进一步论证阿倍仲麻吕走关系为井真成求赠官之说,只要稍微懂得唐史和唐朝制度,就不会做出这样的臆测。因为井真成果是滞留达19年的留学生,则说明他成绩不佳,无法结业。从中央官学制度而言,这种情况是要做出适当处理的,前面已经做了介绍,因此更没有通过说情反而获得荣誉的道理。唐朝即使到"安史之乱"以后,也不允许随便跑关系举荐劣等生。随便举一个例子,《旧唐书》卷一一九《杨绾传》记载:"如有行业不著,所由妄相推荐,请量加贬黜。"举荐人要受到相应的处罚。如果从对外关系制度来看,唐朝严格规定外国使节及其人员概由专门机构接待，负责所有事务，不是其他官员可以随便插手的。《唐六典》"鸿胪寺"条明确规定这些事务概由鸿胪寺专掌。

> 凡四方夷狄君长朝见者，辨其等位，以宾待之。凡二王之后及夷狄君长之子袭官爵者，皆辨其嫡庶，详其可否，以上尚书。

显然，所有外国使团的等级，都必须由鸿胪寺辨别确定，不容他人置喙。因为这不仅是接待的问题，还涉及国际秩序和外交政策，这方面的礼典非常重要且严肃。

因此，无论从学校还是外交制度来看，都不可能出现一个低级官员随便举荐在学劣等生的情况，更何况他们都是外国人，且同属一国，大有徇私舞弊之嫌。

阿倍仲麻吕在唐朝，其人品和学问都获得高度肯定，与士人交游，受到尊重，甚有口碑。没有任何史料表明他营私舞弊，故不宜妄加猜度，随便诬蔑古贤。

从制度规定来看，没有学业无成的留学生获得赠官的例子，所以，井真成一定属于使团成员。使团成员在执行公务期间客死唐朝，唐朝有相关的处置规定。《册府元龟》卷九七四《外臣部·褒异第一》明确说道：

> 景龙九年六月丁酉制曰：念功之典，书有明训，赠终之数，礼著彝式。

据此可知，赠官的规定著于礼中，有一定的原则和规格，绝非无章可循。

这里不去探讨赠官的纸面规定，也不准备讨论所赠之官的职务权限，只想简单提一句，死后获得的赠官，是本人从未担任过的，两者基本没有关系，故讨论赠官的职务权限，文不对题，需要重视的是唐朝对外赠官的实际形态。《井真成墓志》正好为了解唐开元时代对外赠官的实际情况，提供了一个例证。将它和其他对外赠官的例子综合起来，其价值和意义就显现出来了。

首先，赠官不仅用于国内，还用于对外关系上，主要有对死去的蕃国君臣以及入唐朝贡使节的赠官，其标准与国内赠官有所不同，井真成就是一个例子。一般而言，获得赠官者，必须原来具有官品，而《井真成墓志》未记载他曾经获得官阶。但他是遣唐使团成员，当有本国授予的官位，这是他后来获得赠官的重要标准之一。这就提供了一条例证，表明唐朝对于执行朝贡公务的外国使节乃至使团人员给予优待，如果其客死于唐朝，特别是在两京，往往能够获得赠官。这是《井真成墓志》提供的第一点新信息。

其次，各国使节所获赠官，联系唐朝对他们的册封，可以看出一些不明显却重要的信息。试举几例论之。

（中宗景云三年）五月丁酉，新罗遣使来朝，卒于路。赠太仆卿，赙绢一百匹。

开元二十三年二月癸卯，新罗贺正副使金荣死，赠光禄少卿。[1]

（开元二十三年）闰十一月壬辰，新罗王遣从弟大阿飡金相来朝，死于路。帝深悼之，赠卫尉卿。[2]

（贞元九年）是年，哥邻国王董卧庭来朝，至绵州卒，赠武德州刺史，命其子利罗为保宁都督府长史，袭哥邻王。[3]

（贞元十一年）四月壬戌，赠南诏异牟寻弟凑罗栋右常侍。

---

[1]《册府元龟》卷九七五《外臣部·褒异第二》。
[2]《册府元龟》卷九七五《外臣部·褒异第二》。
[3]《册府元龟》卷九六五《外臣部·封册第三》。

初牟寻令凑罗栋入朝，还国卒于道，故追赠焉。[1]

东亚国家与唐朝为近邻，来往密切，故在为数不多的使者客死唐朝的事例中，所占比例最高。从上面几个例子可以看出，东亚国家来的使节，正使客死，则授予九寺正职的级别，如新罗大使赠太仆卿、卫尉卿，皆为从三品。这同大使生前享受的级别待遇完全一致，例如日本大使粟田真人得到武则天的接见，"宴之于麟德殿，授司膳卿，放还本国"[2]。武则天改光禄寺为司膳寺，其长官称作司膳卿，从三品。

其他二例，上州刺史和右常侍，也都是从三品。

副使客死则赠九寺副职，如新罗副使获赠光禄少卿，从四品上。

显然，唐朝对于外国使团有一定的待遇规定，以此标准接待，享受相应的待遇。对外赠官与对外授官基本一致，仍表示一种级别和规格。至于对外授官与赠官的具体情况，且待后面分析。

据此，井真成所获赠官"尚衣奉御"，从五品上，和副使差好几个等级。像他这种随员，唐朝也称作"傔从"，一般不会获得赠官。大概是因为正在京城执行公务，才获得追赠。从赠官的级别分析，也表明井真成不应是留学生，而是使团随员。

井真成获得的赠官"尚衣奉御"，属于殿中省。不同于三省六部九寺等国家事务部门，殿中省是服务皇帝宫廷的机构。从级别来看，殿中省下属六局，尚食和尚药二局奉御为正五品下，尚衣、尚舍、尚乘和尚辇四局的奉御位从五品上。五品是官品高低之别的分界线，优待外国使团，故其级别定在五品以上，最低的就是从五品下。殿中省六局，从尚衣奉御开始为从五品下，这就是井真成获此赠官的道理。这同国内官员升迁时，以殿中省为捷径，不可混为一谈。气贺泽氏根据黄正建的研究成果，列举了唐人任尚衣奉御后升迁高官

---

[1]《册府元龟》卷九七六《外臣部·褒异第三》。
[2]《旧唐书》卷一九九上《日本传》。

的事例若干条，试图说明尚衣奉御一职的重要性。然而，这些事例同对外赠官毫无关系。

外国使团的规格，将规定他们在唐朝活动的各个方面，首先表现在对他们的接待方面。《唐六典》"鸿胪寺·典客署"条规定：

> 典客令掌……东夷、西戎、南蛮、北狄归化在蕃者之名数；丞为之贰。凡朝贡、宴享、送迎预焉，皆辨其等位而供其职事。凡酋渠首领朝见者，则馆而以礼供之。

这里十分清楚地规定，使团在唐朝的公务活动（"职事"），都根据其地位（"等位"）来决定规格和顺序，包括接待的规格。所以，外国使节获得的封赠，不是为了以后在唐朝的升迁，而是规定其在唐朝的活动及其规格。上面引文注释有更加详细的规定：

> 三品已上准第三等，四品、五品准第四等，六品已下准第五等。其无官品者，大酋渠首领准第四等，小酋渠首领准第五等。所乘私畜抽换客舍放牧，仍量给刍粟。若诸蕃献药物、滋味之属，入境州县与蕃使苞匦封印，付客及使，具其名数牒寺。寺司勘讫，牒少府监及市，各一官领识物人定价，量事奏送；仍牒中书，具客所将献物。应须引见、宴劳，别听进止。

需要说明的是，外国使团在唐朝的待遇，与其大使在本国的地位有密切的关系。所以，不能一概当作三品对待。

如上所述，对外赠官与对外授官基本对应，这样就可以把对外授官纳入考察范围内一起分析，看看有什么以往不曾了解的新特点。唐朝对外封官的事例相当多，兹摘取数例做综合分析。

> （贞观五年）霫大酋俟斤多滥曷末，率所部与回纥俱来朝

见，拜右骁卫大将军、燕都督。

（景龙三年）林邑国遣使来朝，授其使右领军卫员外将，放还蕃。

（景龙四年）新罗遣其臣金枫厚来贺正，授员外郎，放还蕃。

（景龙四年）大食国黑密牟尼苏于漫遣使献金线织就宝装玉洒地瓶各一，授其使员外中郎将，放还蕃。[1]

（开元十年）蛮大酋长张化诚……来朝，以化诚为左领军卫员外将军，放还蕃。

（开元十年）突厥骑施大首领葛逻昆池等八人来朝，并授将军，赐紫袍金带，放还蕃。

（开元十年）契丹遣使大首领楷落来朝，授郎将，放还蕃。

（开元十年）奚遣其兄奴默俱及耸镍高来朝，皆授将军，赐紫袍、银钿带、金鱼袋，留宿卫。

（开元十年）坚昆大首领伊悉钵舍友者毕施颉斤来朝，授中郎将，放还蕃。

（开元十年）铁利鞅鞨可娄计来朝，授郎将，放还蕃。

（开元十五年）新罗遣使来贺正，授奉御，赐绯袍、银带、鱼袋，放还蕃。[2]

以上数例，已经充分反映出唐朝贞观至开元年间对外赐授官衔的基本倾向，故不再赘举。从上面可以看出，唐朝对于外国来朝，一般赐封其来使将军号，大致成为惯例。这恐怕继承了南北朝以来对外册封将军号的传统。梁武帝曾经设置专门用于对外册封的将军号。[3]所以，对外国君主、酋帅、使者赐封将军，是正常的情况。

然而，其中对新罗使者的赐封格外醒目。唐中宗景龙四年（710）

---

[1] 以上均见于《册府元龟》卷九七四《外臣部·褒异一》。
[2] 以上均见于《册府元龟》卷九七五《外臣部·褒异二》。
[3] 《隋书》卷二六《百官志上》记载："大凡一百九号将军，亦为十品，二十四班。正施于外国。"

封新罗使者为员外郎，这不是员外将之讹，因为开元十五年赐封新罗使者为"奉御"，与景龙四年的赐封属于同一性质，皆为文官，而同别国的武官封号相区别。

"奉御"为殿中省所辖六局的长官，至于新罗使者被封为哪一局的"奉御"，因为记载有缺，不得而知。新罗使者与井真成同被封为"奉御"，可见"奉御"并没有什么特殊性，并不是飞黄腾达的捷径。但是，不能因此忽视新罗和日本使者同被封为"奉御"所潜藏的重要信息。它首先表明，唐朝把日本和新罗视为同一类国家。其次，和其他国家获得的将军号相比，"员外郎"和"奉御"级别要低。这也可以从服饰的赏赐上得到证明。获得将军号者，其服饰一般为紫袍，而新罗使者仅得绯袍。服色反映官品的高低，《唐会要》卷三一《章服品第》记载：

> 贞观四年八月十四日，诏曰："冠冕制度，以备令文，寻常服饰，未为差等。"于是三品已上服紫，四品、五品已上服绯，六品、七品以绿，八品、九品以青。妇人从夫之色，仍通服黄。[1]

紫色为三品以上，绯色为四、五品。如果把官号同服色相对照，就可以看出，将军号与紫色不匹配，服色明显要高。但是，绯色同"奉御"的官品相符，更加实在。

就国家关系而言，新罗同唐朝的关系更加亲密，这不需做太多考证，仅摘引一篇唐玄宗给新罗王的诏书，即可见其一斑：

> （开元十二年）上降书谓新罗王金兴光曰：卿每承正朔朝贡阙庭，言念所怀，深可嘉尚。又得所进杂物等，并逾越沧波，

---

[1]《旧唐书·舆服志》记载："贞观四年又制，三品已上服紫，五品已下服绯，六品、七品服绿，八品、九品服以青，带以鍮石。妇人从夫色。虽有令，仍许通著黄。"文中漏掉四品服色的规定，显然有误。故当以《唐会要》卷三一《章服品第》所载为是。

跋涉草莽，物既精丽，深表卿心。今赐卿锦袍金带及彩素共二千匹，以答诚献，至宜领也。[1]

由此看来，那些虚高的将军号，并不表示关系紧密或者实际地位更高。

中国古代王朝的官职与实际权力，基本上可以通过空间关系清楚地表现出来：以皇帝为中心，离皇帝越近者关系越紧密，往往权力也越大。将军号再高，也是外官，而殿中省"奉御"官，虽然品阶不高，却是皇帝的近侍，关系亲近。唐朝赐封新罗和日本人殿中省官职，所透露出来的是视此两国为亲密近邻的信息，这才是最重要的。可以说《井真成墓志》给唐朝对外关系研究提供了一条非常重要的例证。

至于井真成本人，如前面的考证，他应该是遣唐使团的中级官员，日本史籍失载，故此墓志可以补史。

第五节　井真成身份与唐朝对遣唐使的待遇

以上考证井真成为日本遣唐使中级官员，其官阶能否进一步判明呢？[2]

根据井真成墓志记载，井真成"葬令官（给）"，亦即其安葬是由唐朝官署处理的。根据《唐六典》记载：

> 鸿胪卿之职，掌宾客及凶仪之事。

其实，不仅外国使团，国内王公大臣的丧事，皆由鸿胪寺掌管。但是，内外有别，国内丧事归司仪署掌管，外国使者丧事归典

---

〔1〕《册府元龟》卷九七五《外臣部·褒异二》。
〔2〕本节初稿完成之后，中村裕一教授曾多次在电话中与笔者进行深入的讨论，提出宝贵意见和判明井真成为准判官身份的线索，深表谢忱。

客署掌管。井真成显然属于后者。《唐六典》"典客署"条规定使者丧事：

> 身亡，使主、副及第三等已上官奏闻。其丧事所须，所司量给；欲还蕃者，则给辇递至境。首领第四等已下不奏闻，但差车、牛送至墓所。

这条规定十分重要，井真成获得赠官，表明他的死要上报朝廷，听候上级处置。结果，他获得了从五品下的赠官。据此，井真成必须属于第三等以上官员。日本遣唐使团的官员构成，分为四等官，第一等为大使，第二等为副使，第三等为判官，第四等为录事。从井真成获得的赠官品级判断，他显然不属于第一、二等，而应该属于第三等官。

关于733年第十次遣唐使团的情况，《续日本纪》"天平四年（732）"条记载：

> 八月丁亥、以从四位上多治比真人广成为遣唐大使，从五位下中臣朝臣名代为副使。判官四人，录事四人。

这四名判官分别为：

平群广成	外从五位上	经渤海回国
田口养年富	正六位上	死于归途，天平八年赠从五位下
纪马主	正六位上	死于归途，天平八年赠从五位下
秦朝庋	不详	不详[1]

---

[1] 茂在寅男・西嶋定生・田中健夫・石井正敏编『遣唐使研究と史料』、東海大学出版会、1987年、224頁。

四人俱在，故井真成不应是判官。如前引《册府元龟》记载所示，第十次遣唐使团人数多达590人，分乘四船，各船管理任务繁重，因此，此次遣唐使还设立了准判官一职。《续日本纪》"天平八年十一月戊寅"条记载：

> 准判官从七位下大伴宿祢首名。

亦即第十次遣唐使团第三等官除判官四人之外，还有准判官一职，已知大伴首名的官位为从七位下，井真成获得唐朝赠官为从五品上，高于大伴首名。因此，井真成属于第三等的判官级官员，在准判官中，属于官位高者，所以，他得以获准随遣唐使节一同到长安朝贡，并在死后按照判官规格上报，获得赠官。

准判官并非第十次遣唐使所独有，在大型遣唐使团中亦可见到，例如，天台宗最澄和尚随第十八次遣唐使船回日本，其《将来目录跋》（台州录）中录载部分遣唐使官员名单，其中有"准判官兼译语正六位上行备前掾笠臣田作"，可知此次遣唐使团亦设置准判官。准判官官位为正六位上，既有专职，也有兼职者，如此处的笠臣田作就兼"译语"。

结合上述大使、副使的官品，唐朝给予遣唐使官员的待遇就更加清楚了。原则上第一等官大使享受三品待遇，第二等官副使享受四品待遇，第三等官判官享受五品待遇，第四等官录事享受六品待遇。品内尚分正、从、上、下多级，落实到每个人，具体品级有所不同，但根据其职务，基本上在品内上下浮动。下面再举数例加以检验。

圆仁《入唐求法巡礼行记》卷二"开成五年（840）三月七日"条记载：

> 但见"日本国"三字。于佛像左右书着愿主名，尽是日本

国人。官位姓名：录事正六位上建必感，录事正六位上羽丰翔，杂使从八位下秦育，杂使从八位下白牛养，诸使从六位下秦海鱼，使下从六位下行散位□□度，傔人从七位下建雄贞，傔人从八位下纪朝臣贞。

据此可知录事为正六位上。前引最澄《将来目录跋》（台州录）所录遣唐使名单如下：

> 日本国入唐使
> 持节大使从四位上行大政官右大弁兼越前守藤原朝臣葛野麿
> 准判官兼译语正六位上行备前掾笠臣田作
> 录事正六位上行式部省少录兼伊势大目勋六等山田造大庭
> 录事正六位上行大政官少史兼常陆少目上毛野公颖人

准判官和录事皆为正六位上，又是一例。《续日本纪》"天平宝字六年（762）四月"条记载：

> 壬申，入唐回使从四位上大伴宿祢古麻吕、吉（备）朝臣真（备）并授正四位下。判官正六位上大伴宿祢御笠、巨万朝臣大山并从五位下。自余使下二百廿二人亦各有差。

判官以正六位上的身份赴唐朝贡，圆满完成使命，回国后获得封赏，官位提为从五位下，晋升一级。同书"天平胜宝六年七月"条还记载：

> 丙午，授入唐判官正六位上布势朝臣人主从五位下。

与上一条情况正相同。《类聚国史》卷九九《职官部四》记载：

> 大同元年十二月壬申，遣唐使判官正六位上高阶真人远成授从五位上。远成率尔奉使，不遑治行，其意可矜，故复命之日特授焉。

显然，正六位上的高阶远成回日本后获得从五位上的晋升，属于"特授"，除赏功之外，"特授"还有其他根据否？

根据井真成墓志，可知唐朝授予遣唐使判官从五品下官阶，恰好同以上判官诸例回日本后获得的官位完全吻合。据此看来，从五品下是唐朝一般授予遣唐使判官级官员的官阶，他们圆满完成使命回到日本的话，在唐朝获得的官阶便能够得到日本朝廷的承认，作为赏功而从出发前的正六位上晋升为从五位下。

通过以上层层深入的分析，可以判明井真成不是在唐朝19年的留学生，而是第十次遣唐使的准判官，随同使节入京，在执行国家公务途中逝世，获得唐朝赠官。

唐朝对外赠官和授官有一定的原则，两者基本对应。对外国使团授官，规定了其在唐朝活动和接待的规格，与唐朝国内的官职序列没有关系。故唐朝给予外国使节的官品皆高，表现出一种礼遇。

在唐朝对外授官中，授予北方、西方国家的一般为武官称号，而授予东亚国家的为文官称号。

从遣唐使在日本和唐朝获得的官阶来看，两者之间存在着对应的关系。也就是说，唐朝的职官制度，对日本有相当大的影响。但两者之间的对应关系颇为复杂，需要进一步深入研究。

就《井真成墓志》而言，其规格特小，志石尺寸为39.5厘米×39.5厘米，甚至小于亡故宫人墓志。[1] 志文多为套话，仅171字（缺9字，实存162字），石碑竟余白达四行，占三分之一篇幅，且未署

---

[1] 例如《亡宫墓志》（收于《北京图书馆藏中国历代石刻拓本汇编》），调露元年（679），48厘米×49厘米；《亡宫三品墓志》（收于《隋唐五代墓志汇编》"洛阳卷"），开元二十二年（734），43.5厘米×43.5厘米。

撰者。凡此种种，都表明它是在仓促之中制作的，可以为本文判断井真成身死经过提供佐证。

《井真成墓志》虽然文字不多，志石规格也低，提供的信息十分有限，但是，通过唐朝制度规定，释读其志文，却可以发掘出遣唐使的许多新问题，给今后这方面的研究提供了新的线索和路径。

第十四章　日本的唐朝移民

第一节　来自唐朝的移民

古代东亚世界一直都存在人口流动与迁徙，且多与中国政局演变密切相关。唐代以前的人口迁徙，第三章已有概述。隋唐建国后，向朝鲜半岛及日本主动性的移民大为减少，大规模集团性向外迁徙更难得一见。然而，由于各种原因，个别的乃至小规模的人口迁徙仍在进行。由于东亚国家生产技术已经有了很大的发展，所以，一般性的移民难以对迁入国产生影响，只能成为人口和劳动力意义上的移民。身份较高的文化性移民，人数虽少，却能发挥作用，有些人所产生的影响不可低估。

唐朝人成批流落至日本，大约始于唐高宗时代。唐高宗灭百济时，部分将士被百济俘虏。百济为取得日本援助，就将续守言等百余名唐俘转献给日本。《日本书纪》记载：

> 齐明天皇六年（660）十月，"百济佐平鬼室福信遣佐平贵智等，来献唐俘一百余人。今美浓国不破、片县二郡唐人等也"。
>
> 齐明天皇七年十一月条旁注："《日本世记》云：十一月，福信所获唐人绩（绩，北本及释纪作'续'，古相通。——原注）守言等至于筑紫。或本云：辛酉年，百济佐平福信所献唐俘一百六口，居于近江国垦田。"
>
> 天智天皇二年（663）二月亦载："是月，佐平福信上送唐

俘续守言等。"

由于当时日本出兵支援百济，与唐朝处于战争状态，所以这些战俘被囚居于京畿腹地的近江国和美浓国属郡，强制进行"垦田"。不久，日军被唐军与新罗军击溃于白江口，百济残余势力的抵抗被敉平，高句丽也于668年灭亡。白江口战役惨败，日本举国震动，遂一方面同唐驻朝鲜军政机构频繁接触，迅速与唐朝修好，缓和紧张局势；另一方面则加紧国内的政治改革，吸收唐朝的制度文化，模仿移植。在这种形势下，唐朝俘虏中有文化的人员自然被发掘出来，让他们向日本传授唐朝文化知识。

在日本古史中，首先记载起用唐俘者为天武天皇，他在"壬申之乱"起兵争夺皇位时，向唐俘请教作战方略。《释日本纪》卷一五《天武上》"磐锹见兵起，乃逃还之"条注记载：

《私记》曰：案调连淡海、安斗宿祢智德等日记云：石次见兵起，乃逃还之。既而天皇问唐人等曰："汝国数战国也，必知战术，今如何矣？"一人进奏曰："厥唐国先遣者（？）睹者，以令视地形险平及消息，方出师，或夜袭，或昼击，但不知深术。"时天皇谓亲王云云。

天武天皇采取纵深迂回包围的战略，在日本古代战争中似属首见，这恐怕与唐俘献策有关。

可是，在战后犒赏功臣时，未见唐俘受赏的记录。仔细分析受赏者名单，基本都是各地实力集团的氏族首领，其中包括不少早期大陆移民集团的头领，他们雄踞一方，率部族响应天武天皇，自然功绩显赫。反观唐俘，他们原是受管制的囚徒，不可能形成自己的组织，所起作用当然大为逊色。十分明显，大陆移民在日本的地位，主要取决于其实力。

在上述唐俘中，续守言和萨弘恪两人属于在日本发展颇顺的典型。兹将散见于《日本书纪》的相关记载摘引如下：

"持统三年（689）六月庚子"条记载："赐大唐续守言、萨弘恪等稻，各有差。"

"持统五年九月己巳朔壬申"条记载："赐音博士大唐续守言、萨弘恪，书博士百济末士善信银人廿两。"

"持统六年十二月辛酉朔甲戌"条记载："赐音博士大唐续守言、萨弘恪水田人四町。"音博士为日本中央教育机构大学寮的教职。

萨弘恪后来还参与制定《大宝律令》，《续日本纪》"文武天皇四年（700）六月甲午"条记载："勤大壹萨弘恪，……撰定律令，赐禄各有差。"

续守言和萨弘恪两人属于唐俘中颇具文化素养的军官，所以受到日本政府的重视，委以大学寮教职，教授日本学生唐朝语音，大概是大学寮中首批中国教官。他们两人完全是凭着个人才能为日本政府所任用，才走上仕宦之路的，和依靠部族力量发挥作用的早期大陆移民集团首领属于完全不同的类型。

唐平百济后迁往日本者，还有八清水连和杨津连两氏。《新撰姓氏录·右京诸蕃上》记载："八清水连，出自唐左卫郎将王文度也""杨津连，八清水连同祖，王文度之后也"。王文度的事迹，见于新旧《唐书·百济传》。《新唐书·百济传》记载："显庆五年……左卫郎将王文度为熊津都督……文度济海卒。"《三国史记·新罗本纪第五》"太宗武烈王七年（660）"条、同书《百济本纪第六》"义慈王二十一年（660）"条也有相同的记载，可知王文度被任命为熊津都督，赴百济后旋去世。八清水连和杨津连出自王文度，显然是假冒，或为其部众。《续日本纪》"天平宝字五年（761）三月庚子"条的赐姓记载有"百济人……王国岛等五人杨津连……王宝受等四人杨津造"，可知日本朝廷将他们归为百济人。据此推断，他们很可能是王文度军中的百济士卒，因姓王而冒认王文度后裔，并非唐人，此不讨论。

接着来考察一下其他唐朝移民的情况。

天平宝字五年八月十二日，迎藤原河清使高元度一行自唐朝回到日本。唐朝政府派遣"押水手官越州浦阳府折冲赏紫金鱼袋沈惟岳等九人，水手[1]、越州浦阳府别将赐绿陆张什等卅人，送元度等归朝，于大宰府安置"[2]。根据《续日本纪》"天平宝字六年五月丁酉"条记载：

> 大宰府言：唐客副使纪乔容已下卅八人状云：大使沈惟岳赃污已露，不足率下，副使纪乔容、司兵晏子钦堪充押领，伏垂进止。

可知唐朝送客使团由大使沈惟岳、副使纪乔容和司兵晏子钦等组成。"同年八月乙卯"条还记载：

> 敕唐人沈惟岳等著府，依先例安置供给。其送使者，海陆二路量便咸令入京。其水手者，自彼放还本乡。

由此已可看出唐朝送使一行打算留居日本，而日本政府则允许其官人入京，对于没有文化的水手则遣送回国，亦即到了奈良时代，日本接受大陆移民是有所选择的。那么，沈惟岳等留居日本的原因是什么呢？同书"天平宝字七年正月"条记载：

> 高丽大使王新福言："李家太上皇、少帝并崩，广平王摄

---

[1] 此处"水手"二字，若非衍文，则疑其后有脱文。
[2] 《续日本纪》卷二三"废帝（淳仁天皇）五年八月"条。

政,年谷不登,人民相食。史家朝议,称圣武皇帝,性有仁恕,人物多附,兵锋甚强,无敢当者。邓州襄阳已属史家,李家独有苏州,朝聘之路,固未易通。"于是,敕大宰府曰:"唐国荒乱,两家争雄,平殄未期,使命难通。其沈惟岳等,宜往往安置,优厚供给,其时服者,并以府库物给。如怀土情深,犹愿归乡者,宜给驾船水手,量事发遣。"

这是一条东亚国家对唐朝"安史之乱"的重要记载,弥足珍贵。十分明显,唐朝政腐败,"安史之乱"平殄无期,是促使沈惟岳等人不愿回国的原因。这些人定居日本后,情况如何呢?

沈惟岳,《新撰姓氏录·左京诸蕃上》记载:"清海宿祢,出自唐人从五位下沈惟岳也。"其改姓、授官位和编附京籍的经过分别见于《续日本纪》"宝龟十一年(780)十一月丙戌"条:"授唐人正六位上沈惟岳从五位下。"同书"同年十二月甲午"条记载:"唐人从五位下沈惟岳赐姓清海宿祢,编附左京。"同书"延历八年(789)三月辛酉"条还记载:"从五位下清海宿祢惟岳为美作权掾。"亦即沈惟岳自天平宝字五年到日本,经过十九年才获得清海宿祢姓。"宿祢"在天武天皇新定八色姓中,次于真人和朝臣,居第三位,属中高级的姓。其官位止于从五位下,属中级,而官职仅为美作国"权掾"。"掾"在日本四等官中为第三等的判官,一般由正七位下以下官吏充任,而沈惟岳以从五位下屈居"权掾"职务,境况可想而知。

张道光和孟惠芝,《新撰姓氏录·左京诸蕃上》记载:"嵩山忌寸,唐人外从五位下(船典,赐绿)张道光入朝焉,沈惟岳同时也""嵩山忌寸,唐人正六位上(本丑仓,赐绿)孟惠芝入朝焉,沈惟岳同时也"。"赐绿",据《旧唐书·舆服志》记载:"贞观四年又制,三品已上服紫,五品已下服绯,六品、七品服绿。"参照此二人官职,充其量不过七品,且似临时加封,以赏其出使。"丑仓"乃"司仓"之误,据《唐六典》卷三〇"上州中州下州官吏"条,上州"司仓参军事一人，从七品下"；中州"司仓参军事一人，正八品下"；下州"司曹〔曹当作仓〕参军事一人，从八品下"。由此看来，张道光和孟惠芝二人均为唐朝七品官。他们在日本改姓的记载见于《续日本纪》"延历三年六月癸丑"条，"唐人正六位上孟惠芝、正六位上张道光等，赐姓嵩山忌寸"，同样在徙居日本23年以后。"忌寸"在新姓制中排第四位，属中级姓。《类聚国史·赏赐》"延历十七年六月戊戌"条记载："唐人外从五位下嵩山忌寸道光。"可知张道光在延历三年至十七年之间，由正六位上升为外从五位下。此二人的官位均为中下级别，但未见任职记载。

晏子钦和徐公卿，《新撰姓氏录·左京诸蕃上》记载："荣山忌寸，唐人正六位上（本国岳，赐绿）晏子卿入朝焉，沈惟岳同时也""荣山忌寸，唐人正六位上（本判官，赐绿）徐公卿入朝焉，沈惟岳同时也"。根据前引《续日本纪》"天平宝字六年（762）五月丁酉"条记载，晏子钦的官职为"司兵"，故"国岳"当为"司兵"之误。根据《唐六典》卷三十"上州中州下州官吏"条记载，上州"司兵参军事一人，从七品下"；中州"司兵参军事一人，正八品下"。此二人身份均明记为"赐绿"，所以是唐朝七品官。其改姓见于《续日本纪》"延历三年六月辛丑"条："唐人赐绿晏子钦、赐绿徐公卿等，赐姓荣山忌寸。"时距两人定居日本业已经过了23年。《类聚国史·赏赐》"延历十七年六月戊戌"条记载："官奴权令史正六位上荣山忌寸诸依，造兵权大令史正六位上荣山忌寸千岛。"可知他们的官位均为正六位上，却都屈居低级的"令史"吏职。

吾税儿，《新撰姓氏录·左京诸蕃上》记载："长国忌寸，唐人正六位上（本押官，赐绿）五税儿入朝焉，沈惟岳同时也。""五"即"吾"，"押官"即"押水手官"。其改姓见于《续日本纪》"延历三年六月癸丑"条："正六位下吾税儿赐永国忌寸。"时距定居日本已23年，未见任官记载。

卢如津，《新撰姓氏录·左京诸蕃上》记载："清川忌寸，唐人正六位上（本赐绿）卢如津入朝焉，沈惟岳同时也。"其改姓与任官情况，见《续日本纪》"延历五年八月戊寅"条记载："唐人卢如津赐姓清川忌寸。"《类聚国史·赏赐》"延历十七年六月戊戌"条记载："大炊权大属正六位上清川忌寸是麻吕。"《日本后纪》"延历二十四年十一月丁卯"条记载："授唐人正六位上清河忌寸斯麻吕外从五位下。"《类聚国史·叙位》"弘仁十三年（822）正月己亥"条记载："外从五位下清川忌寸斯麿……从五位下。"亦即在徙居日本25年后改姓，以正六位上的身份屈任大炊寮权大属（相当于从八位下）的低级吏职，到耄耋之年才勉强升至从五位下，多半还属于"恩恤"性质。

沈庭勖，《新撰姓氏录·左京诸蕃上》记载："清海忌寸，唐人正六位上（本赐绿）沈庭勖入朝焉，沈惟岳同时也。"除此之外，其改姓和任官的情况未见于史籍。从他们一行人的事例推测，其改姓最早也得在迁居日本二十年以后。

根据前引《续日本纪》"天平宝字五年八月十二日"条记载，送客使沈惟岳一行官人留居日本者，当是九人，除上述八人外，应该还有一人。最有可能属此一行人者，是下述的马清朝或沈清朝，但究竟是谁，则因为缺乏史料，难以做结论。

马清朝，《新撰姓氏录·左京诸蕃上》记载："新长忌寸，唐人正六位上马清朝之后也。"其改姓记载见于《续日本纪》"延历七年五月丁巳"条："唐人马清朝赐姓新长忌寸。"其余情况，未见记载。

沈清朝，《新撰姓氏录·右京诸蕃上》记载："净山忌寸，出自唐人赐绿沈清朝也。"其改姓等情况不详，当同于以上诸例。史籍上还见到清山总世一人[1]，当为其族人，具体情况亦不详。

从以上诸例可知，沈惟岳一行虽为唐朝官吏，具有一定的身份，但是，徙居日本以后到获准改姓约需二十年以上；他们当中最高官

---

〔1〕《类聚三代格》卷一二"齐衡三年（856）九月二十三日"条所收"太政官符"。

位是从五位下，一般为正六位上；官职均低于官位，多为下级吏职，未见受到重用。

除沈惟岳一行人之外，还有个别迁居日本者，诸如：

李元环，《续日本纪》"天平胜宝二年（750）二月乙亥"条记载："幸春日酒殿，唐人正六位上李元环授外从五位下。"同书"天平宝字五年十二月丙寅"条记载："唐人外从五位下李元环赐姓李忌寸。"同书"天平宝字七年正月壬子"条记载其担任"织部正，出云介如故"；翌年十一月戊戌，官位晋升为"从五位下"，任出云员外介；天平神护二年（766）十月癸卯"授从五位下李忌寸从五位上……以舍利之会奏唐乐也"；宝龟二年（771）十一月丁未叙正五位下。《新撰姓氏录·左京诸蕃上》记载："清宗宿祢，唐人正五位下李元环之后也。"其姓由"忌寸"升为"宿祢"，推测在延历十一年以后的延历年间[1]；所担任的出云国"介"，为地方次官，与其官位基本相符。

皇甫东朝和皇甫昇女，《续日本纪》记载，天平八年（736）八月庚午，皇甫东朝随遣唐副使中臣朝臣名代迁徙到日本，同年十一月授官位。天平神护二年（766）十月癸卯："从六位上皇甫东朝、皇甫昇女并从五位下。以舍利之会奏唐乐也。"此后，皇甫东朝在神护景云元年（767）三月己巳任雅乐员外助兼花苑司正，神护景云三年（769）八月甲辰叙从五位上，宝龟元年十二月丙辰担任越中介。其职务与官位基本相符。

王希逸，《续日本纪》"延历十年五月乙亥"条记载："唐人正六位上王希逸赐姓江田忌寸，情愿也。"此外，未见其他记载。

清内宿祢雄行，《三代实录》"元庆七年（883）六月十日"条记载："从五位下行丹波介清内宿祢雄行卒。雄行字清图，河内国志纪郡人也。本姓凡河内忌寸，后赐清内宿祢姓。昔者唐人金礼信、袁

---

[1] 佐伯有清『新撰姓氏録の研究・考證篇第四』，406頁。

晋卿二人归化本朝云云。年七十三。昔文德天皇龙潜，御梨木院之时，雄行侍读，奉讲《孝经》。"此条史料有脱文，根据下述袁晋卿事迹判断，清内宿祢雄行应是金礼信的后裔。金礼信和袁晋卿一同来日本，据袁晋卿事迹可知其具体时间为天平七年。清内宿祢雄行一族精通儒学，他本人为文德天皇讲解《孝经》，应该是名满当时的学者，因而受日本朝廷重视，氏姓也由"忌寸"晋升为"宿祢"。

第二节　袁晋卿家族

在众多唐朝移民中，袁晋卿的贡献比较突出，可以从中窥见唐朝移民在日本的境况，故专节探讨。

袁晋卿，《续日本纪》"宝龟九年（778）十二月"条记载：

> 庚寅，玄蕃头从五位上袁晋卿赐姓清村宿祢。晋卿唐人也，天平七年随我朝使归朝，时年十八九，学得《文选》《尔雅》音，为大学音博士，于后历大学头、安房守。

由此可知，袁晋卿在中国时已熟习文学经典，到日本后，年未弱冠就担任大学音博士，绝非泛泛之辈。其赴日时间为天平七年（735），正值唐玄宗开元盛世，并非"道不行，乘桴浮于海"之时，所以当是应日本人之邀前往传授唐文化。《续日本纪》同年三月条记载："入唐大使从四位上多治比真人广成等自唐国至，进节刀。"据此可知袁晋卿是随第九次遣唐使船到日本。同行的有吉备真备、僧玄昉等日本著名人物，也许就是他们邀请袁晋卿的。有些日本学者以为这条史料没有唐人赴日的记载，所以怀疑袁晋卿或许是翌年到日本的。恰巧翌年有第十次遣唐使船回日本。而且，《续日本纪》"天平八年八月"条记载："入唐副使从五位上中臣朝臣名代等率唐人三人、波斯人一人拜朝。"但据同年十月、十一月条的记载，这四位外国人分别是唐僧道睿、波罗门僧菩提、唐人皇甫东朝和波斯人李密翳。因此,在没有其他佐证的情况下,还是尊重《续日本纪》"宝龟九年十二月"条的记载为宜。

从现存史料,可以大致了解袁晋卿在日本的活动事迹。现整理如下表。[1]

表9　袁晋卿事迹表

时间	到日后年份	官位	官职	事项
735		从七位上	大学音博士	应邀赴日,时年十八九岁
766	31	从五位下	同上	舍利会上演奏唐朝音乐
767	32	从五位上	同上	
769	34	同上	日向守	
778	43	同上	玄蕃头·大学头	赐姓清村宿祢
785	50	同上	安房守	

从上表可以归纳出以下几点:

(1) 官位。从袁晋卿到日本后任大学音博士起算(日本令制规定,大学音博士为从七位上,依此推算),从735—767年的32年间,其官位依次经正七位下、上,从六位下、上,正六位下、上,从五位下,至从五位上,上升八级,平均四年升一级,此后未再提升,大约属于中上级官人。这主要是因为他基本上从事教育工作,已升到教职的最高位品。

(2) 赐姓。袁晋卿获赐清村宿祢姓,在其到日本的43年之后。

(3) 职务。在其五十余年的仕宦生涯中,约十年担任地方官,

---

[1]《续日本纪》"天平神护二年(766)十月癸卯"条记载:"正六位上袁晋卿……从五位下,以舍利之会奏唐乐也。"同书"神护景云元年(767)二月丁亥"条记载:"幸大学释奠……音博士从五位下袁晋卿从五位上。"同书"神护景云三年(769)八月甲寅"条记载:"从五位上袁晋卿为日向守。"同书"宝龟九年二月庚子"条记载:"从五位上袁晋卿为玄蕃头。""同年十二月庚寅"条记载:"玄蕃头从五位上袁晋卿赐姓清村宿祢。晋卿唐人也,天平七年随我使归朝,时年十八九,学得《文选》《尔雅》音,为大学音博士,于后历大学头、安房守。"同书"延历四年(785)正月辛亥"条记载:"从五位上净村宿祢晋卿为安房守。"

第十四章　日本的唐朝移民　　393

其余的四十多年都在大学任职，担任过最高教职的大学头和主管僧尼与接待外国使人的玄蕃头，属清要官职。

显然，袁晋卿主要不是作为官人，而是作为学者，依靠自己的文学才华，为日本吸收唐朝文化做出巨大贡献而受到朝廷的重用。

袁晋卿是清村宿祢一族的始祖。在日本真言宗创始高僧空海文集《性灵集》里，有一则题为《为藤真川举净丰启》的启文，记述了袁晋卿家族的生活情况，弥足珍贵[1]：

> 真川等启，昧金照面，必待莹拂，童蒙开眼，定因师训。然则恩之重者，师德为最。如今故中务卿亲王之文学、正六位上净村宿祢净丰者，故从五位上、勋十一等晋卿之第九男也。父晋卿遥慕圣风，远辞本族，诵两京之音韵，改三吴之讹响，口吐唐言，发挥婴学之耳目。遂乃位登五品，职践州牧。男息九人，任中而生。弘、秀两人，则任经中外，俸食判官，并皆降年短促，不幸而殒。最弟一身，孑然孤留，是则真川等受业之先生也。文雅陶心，廉贞养素，去延历中沐天恩于骏州录事，次迁亲王文学，忽遇雁时变，进仕途穷。今傥赖震官之大造，朝参暮谒，年岁推移，欣厚过望。还叹薄命徒老，原宪之室，柴炭如金，孔伋之家，米菜似玉。既而风朝月夕，与饥蝉而绕悲，雪夜霜晨，将旅雁以多叹。至如冒雨涉泥，藜仗为马，戴星归舍，蔬餐支命，充庭黄口，无粒啄拾，巢里寒妇，珠泣向隅。每尚一忠于百君，还悲五尺之无容，悲哉！春雨荣林，新栽无蕊，秋风茂野，孤干未实。真川等润训有年，酬德无日，无势无力，空竭肝胆。伏惟相国阁下，帝宠伊霍，济物为心，天假仁慈，博爱是务，飞沈生其一眄，荣悴因其咳唾。伏愿贷恩波于涸鳞，赐德花乎穷翼，则汉语易咏，吴音谁难。敢抽愚

---

[1] 日本岩波书店出版的日本古典文学大系《性灵集》的断句注释颇有错误，故此重作标点。

款,烦黩簪圭,谨奉启不宣,谨启。弘仁七年十二月廿七日。[1]

在日语里,"清"与"净"音义皆通,故"净村宿祢"即"清村宿祢",是袁晋卿所获得的日本姓。

根据上引启文可知,"(袁)晋卿遥慕圣风,远辞本族,诵两京之音韵,改三吴之讹响,口吐唐言,发挥婴学之耳目。遂乃位登五品,职践州牧"。其任职长达34年的"音博士",是在大学寮教授汉语语音的教职。

隋朝以前,传入日本的中国文化主要是南朝文化,汉语的读音,基本上采用江南语音,这就是有名的"吴音",也就是空海启文中所谓的"三吴之讹响"。吴音对东亚汉字文化圈的影响既深且巨,日本的许多吴音是从百济传入的,至今仍多有保留。隋朝建立以后,日本在输入文化方面出现重要变化,从江南转向北方,特别在白江口战败后,更是全面模仿唐制,建立起律令体制。这样一来便发生了原来的"吴音"和新引进的"唐音"之间的抵牾。于是日本朝廷着手采用"唐音"为标准语音。在律令上确立大学寮制度的时候,特地在大学寮设立音博士一职,定员两人,聘请唐人担任。最初见到的音博士是前面介绍的续守言和萨弘恪,其时在691年九月。从那时起至延历年间,长达一个世纪的岁月里,日本朝廷不遗余力地推广唐音,奈良时代甚至屡次强制顽固坚持吴音的僧侣用唐音诵经。坚持不懈的努力使得唐音成为日语中汉字读音的主流。袁晋卿赴日的年代,正值日本由南朝文化向中原文化、由吴音向唐音巨大转换的时代。如上引空海启文及此时期日本人作品所见,日本人对汉语的娴熟运用,若非得益于上述转变,实难想象。袁晋卿躬逢其时,以教育家默默无闻的辛劳奉献,潜移默化地促成了这一承前启后的转

---

[1] 《三教指归 性灵集》卷四。

变，所以获得日本朝廷授予的"勋十一等"，擢升为大学头，成为最高教育官员。他的提升，无疑是由于在文化上的卓越贡献。

《新撰姓氏录·左京诸蕃上》记载："净村宿祢，出自陈袁涛塗也。"这条史料：

> 根据中国姓氏起源，明记"袁"姓得姓于"陈袁涛塗"。《新唐书·宰相世系表四》记载：袁氏出自妫姓。陈胡公满生申公犀侯，犀侯生靖伯庚……庄伯生诸，字伯爰，孙宣仲涛涂，赐邑阳夏，以王父字为氏……秦末，裔孙告辟难于河、洛之间，少子政，以袁为氏。

《大周故袁府君墓志铭》[1]记载："君讳公瑜，字公瑜，陈郡扶乐人也。妫满受封，始为列国，涛涂得姓，实建我家。"可知"袁"姓始于"陈袁涛涂"。

根据上引空海启文，可知袁晋卿在日本育有子息九人，其中弘、秀二子曾任中央和地方的判官，但都英年早逝。判官是日本令制四等官的第三等，负责所任官司内的日常事务，属于中下级官人。最弟即启文所举之净丰，为第九子，曾任日本首屈一指的名门贵族藤原氏的先生，延历年间担任骏州录事，后任伊予亲王的文学。伊予亲王任中务卿兼大宰帅，是四品亲王，故其文学的官位应是正八品。位阶固然不高，但名望甚重。空海在启文中一再以原宪、孔伋等儒家圣贤比拟净丰，可见其为饱学名士。袁晋卿一族儒学世家的形象，跃然纸上。平城天皇时（806—809），伊予亲王因莫须有罪名被判图谋不轨，幽闭自尽。净丰也受牵连，身受禁锢，家道从此衰落。

袁晋卿还有一位养子。《日本后纪》"延历廿四年（805）十一月甲申"条记载：

---

[1] 周绍良主编《唐代墓志汇编》上，上海古籍出版社，1992年。

左京人正七位下净村宿祢源言："父赐绿袁常照，以去天平宝字四年奉使入朝，幸沐恩渥，遂为皇民，其后不幸，永背圣世。源等早为孤露，无复所恃。外祖父故从五位上净村宿祢晋卿养而为子……伏请改姓名为春科宿祢道直。"许之。

查天平宝字四年（760）未见有船到日本，但翌年则有第十一次遣唐使回国。《续日本纪》"天平宝字五年八月甲子"条记载：

迎藤原河清使高元度等至自唐国……（唐朝）即令中谒者谢时和押领元度等向苏州，与刺史李岵平章，造船一只长八丈，并差押水手官越州浦阳府折冲赏紫金鱼袋沈惟岳等九人……送元度等归朝，于大宰府安置。

亦即同前述沈惟岳等同船赴日本，则袁常照亦属送日本使一行，身份同为"赐绿"，即唐朝七品官。其子源称袁晋卿为外祖父，可知袁常照留居日本后，投依袁晋卿，娶其女生源。这一支于延历二十四年另立门户，改姓春科宿祢。

清村宿祢一族尚见是岭一人，《续日本后纪》"嘉祥三年（850）正月丙戌"条记载："诏授正六位上清村宿祢是岭……外从五位下，宴竟赐禄有差。"此人与袁晋卿的关系不详。

袁晋卿在唐朝移民中算是比较成功的例子。当然，还有比他影响更大的人物，例如鉴真和尚历经十年挫折，九死一生远渡东洋，建立律宗，开辟了日本佛教新时代。限于篇幅，本书不做论述。不管贡献大小，唐朝到日本的移民无不依靠自身的学识才干争取个人的发展空间，同依靠团体力量受日本朝廷重视的旧移民集团，乃至百济灭亡后集体流亡到日本的朝鲜移民不可相提并论。袁晋卿一家在日本的境遇，可以成为研究唐朝移民的一个样本。

第三节　唐朝移民的境况

以上两节探讨了660年至883年约两个世纪唐朝移民的基本情况，他们中既有战俘等强制性移民，也有流亡者或受聘者；既有庶民，也有官人等，人数虽然不多，但类型丰富。下面再从改姓、官位和官职等方面，进一步综合考察他们在日本所受到的待遇。

唐朝移民的改姓，一般都在徙居日本二十年以后，应是比较迟的。其所获得的姓，最高等级者为宿祢，计有清海宿祢、清宗宿祢、清内宿祢、清村宿祢和春科宿祢五例。沈惟岳原为唐朝大使，官品地位皆高，所以获得比同行人高一级的宿祢姓；袁晋卿和清内宿祢雄行则是由于他们在传播唐朝文化方面的卓越贡献而获得此姓；春科宿祢是由净村宿祢的同级改姓，无须赘论；李元环从忌寸姓升为宿祢姓，历时三十余年，其间担任从中央到地方的各级官职，可谓晋升迟缓。以上五例高姓可分为两种类型，一是凭借在本国的身份地位；二是依据在日本的贡献。此外，最多见者为忌寸姓。

村尾次郎《氏姓崩壊に現はれたる帰化人同化の一形相》[1]一文中说："唐人赐忌寸姓，乃是依准授桧前汉人族忌寸姓之例，其他有李、长井、清川、荣山、嵩山、永国、新长、江田、清山、清海等诸例，大体上主要都是中国人，故应有授予中国人忌寸姓的不成文规定。其他的移民大部分授连和造姓，此似乎也有明确的标准……授中国人忌寸姓，而三韩人则为连、造姓。"如前所述，在天武天皇新定八色姓中，忌寸姓列第四位，连姓列第七位。村尾氏的意思是说，日本朝廷特别优待唐朝移民，所以一律授予他们忌寸姓，高过授予三韩人的连、造等姓。此结论虽然是从大量改姓事例中得出的，但在以下两个基本问题上失察。

第一，改姓的时间。百济和高句丽移民改姓，大多在徙居日本后

---

[1]　村尾次郎「氏姓崩壊に現はれたる帰化人同化の一形相」、『史学雑誌』第52編第8号、1941年。

不久，其时八色新姓刚推行不久，对姓的等级限制比较严格，"壬申之乱"的许多功臣尚且只获得连姓，故百济、高句丽移民获得此姓已属不低。对赐姓的严格控制，还表现在复活部分旧姓来作为新姓的补充，如大量赐"造"姓就是明证。此时期的改赐姓，看不出有国家高下的区别，前述八清水连和杨津连两氏，虽冒称唐朝大将王文度之后裔，仍只获得连姓，即可为证。至于唐朝移民的改姓，基本都在延历前后，此时氏姓制度的等级秩序行将崩坏，高级姓大量下赐，忌寸已成为大陆移民的常见姓。所以，唐人获忌寸姓，只是一般的情况，甚至低于三韩移民上层人士所获得的姓，丝毫看不出受优待的倾向。

第二，移民的成分。天智朝以来的朝鲜移民人数众多，动辄成百上千，大量是逃亡的农民，他们多被安置于偏僻地区从事耕垦，属于日本的无姓阶层。对于如此众多的朝鲜移民，日本朝廷早于神龟元年（724）二月就诏令，"又官々仕奉韩人部一人二人，其负而可仕奉姓名赐"，即授予他们日本姓。天平宝字元年（757）四月进一步规定，"其高丽、百济、新罗人等，久慕圣化，来附我俗，志愿给姓，悉听许之。其户籍记，无姓及族字，于理不稳，宜为改正"[1]，无限制地允许三韩移民改姓，范围之广，及于无姓阶层。这些人本来没有赐姓资格，现在获得改姓机会，自然多为低级姓。这本属优待性质，当然不能以其相对数量之多来断言其受贬抑。相较而言，唐朝移民人数颇少，且原来的身份地位较高，所以，从表面上看似乎获得较高的姓，其实并非如此。

至于存在"授予中国人忌寸姓的不成文规定"之说，实难赞同。前述八清水连和杨津连两氏，《续日本纪》"天平六年（734）九月戊辰"条记载，"唐人陈怀玉赐千代连姓"等，所授均为连姓。更有如《续日本纪》"养老六年（722）九月戊辰"条记载"唐人王元仲始造飞舟进之，天皇嘉叹，授从五位下"，《类聚国史·赏赐》记载

---

[1] 分别见《续日本纪》之《圣武天皇纪》和《孝谦天皇纪》。

"唐人大学权正六位上李法琬"，《续日本后纪》"承和元年（834）三月丁卯"条记载"敕在大宰府唐人张继明，便令肥后守从五位下粟田朝臣饱麻田吕相率入京"，以及前述皇甫东朝和皇甫昇女等，都未见获姓的记载。至于前述唐俘，更是如此。《三代实录》"元庆元年（877）十二月廿一日"条记载：

  令大宰府量赐唐人骆汉中并从二人衣粮。入唐求法僧智聪在彼廿余载，今年还此，汉中随智聪来。智聪言："汉中是大唐处士，身多伎艺，知其才操，劝令同来，不事参求，独取艰涩，愿加优恤，以慰旅情。"诏依请焉。

骆汉中身多伎艺，又有才艺，是日僧智聪特意聘来的人才。然而，日本朝廷只不过赐其衣粮，略加优恤而已，未见任何特殊优待。

  官位方面，以上诸例中以李元环的正五位下为最高。其于二十余年的仕宦生涯中，官位从正六位上晋升至正五位下，只升三级。袁晋卿功绩卓著，官位不过从五位上，且以后二十余年未见提升。清内宿祢雄行事迹与袁晋卿相似，官位也仅限于从五位下。卢如津至耄耋之年才勉强升至从五位下，且还属于恩恤照顾。沈惟岳位至从五位下，是因为他原为唐朝送使的官员身份。唐朝移民较多见到的官位是正六位上，这一方面是参照他们在唐朝的身份地位，另一方面则是考虑到他们在日本仅靠俸禄为生，别无产业，不同于早期的移民，所以略见优恤。前面见到唐朝移民的官位高于其官职的原因，概出于此。根据日本令制，正六位上半年俸禄有绢三匹，绵三屯，布五端，十五口，聊可为生。至于其后代就不再享受此等待遇，如袁晋卿养子净村宿祢源的官位是正七位下，可资证明。

  官职方面，完全视个人才能和贡献而定，如袁晋卿任大学头、玄蕃头和国守等独当一面的职务，而大多数人则任低级吏职，无法一概而论。任官从政，实非外国移民之专长，自难有所成就。但是，如萨弘恪协助修撰大宝律令，皇甫东朝供职雅乐寮和袁晋卿主持大学寮等，得以施展才能，也就受到重视。

最后，再简单考察一下唐朝移民的经济境况。

唐朝移民大多是个别地、零散地迁徙到日本，主要居住于京城。他们不同于早期的移民，未能成为拥有土地和依附人口的地方大族，从而建立起自己的势力基础，只能凭借个人才能出仕朝廷，靠薪俸维持生计。因此，他们在经济方面并不富裕。《类聚国史·赏赐》说他们"远辞本蕃，归投国家，虽预品秩，家犹□乏"，即可示其一斑。只要遇到波折，他们马上陷入困窘的境地，袁晋卿家族的例子就是明证。袁晋卿最小的儿子净村宿祢净丰（最弟）任伊予亲王的文学，伊予亲王在政治斗争中失败后，净丰受朝廷冷遇，禁锢在家。空海在前引《为藤真川举净丰启》中，对其境况有如下哀感顽艳的描述：

> 忽遇罹时变，进仕途穷。……还叹薄命徒老，原宪之室，柴炭如金，孔伋之家，米菜似玉。既而风朝月夕，与饥蝉而绕悲，雪夜霜晨，将旅雁以多叹。至如冒雨涉泥，藜仗为马，戴星归舍，蔬餐支命，充庭黄口，无粒啄拾，巢里寒妇，珠泣向隅。每尚一忠于百君，还悲五尺之无容，悲哉！春雨荣林，新栽无蕊，秋风茂野，孤干未实。

正因为唐朝移民家境贫寒，所以日本朝廷不时要下令，"宜特优恤，随便赐稻""给月俸，愍其羁旅也"[1]，采取补助措施。

综上所述，唐朝移民在日本完全凭借自己的才能，以个人的身份服务于政府机构，依靠月俸维持生计。其地位的获得，主要靠才能贡献，辅以原来的身份地位，未见受到任何特殊优待。如果说日

---

[1]《类聚国史》卷七八《赏赐》。

本政府最初授予他们的官位略微高些，或赐稻给俸，完全是出于对其经济生活的体恤，根本谈不上政治地位和社会身份的优待。把日本景仰唐文化与优待唐人混为一谈，当属误会。

第四节　中国与朝鲜移民身份地位的比较

一　赐姓

任官与改赐姓是政治地位和社会身份的典型表现，是考察日本的大陆移民待遇的核心问题，也是辨明朝鲜移民是否冒充中国人后裔的重要线索。

天武天皇十三年（684）十月，朝廷下诏统一杂乱的旧姓，颁行新的八色姓制度。这八色新姓按其等级秩序，依次为真人、朝臣、宿祢、忌寸、道师、臣、连和稻置。太田亮在《日本上代に於ける社会組織の研究》一书中指出，新姓中的真人和朝臣相当于旧姓的公和臣，授予皇别氏族；宿祢相当于旧姓的连，授予神别氏族。这三种姓，尤其是第一种，是根据血统赐予的。忌寸相当于旧姓的直，授予地方长官国造和有势力的氏族，对大陆移民而言，此乃最高等级的姓。村尾次郎氏前引论文在研究大量改赐姓实例后同样指出，八色姓中道师和稻置姓未见颁赐，所以具有实效的为真人、朝臣、宿祢、忌寸、臣和连六姓。真人、朝臣和宿祢基本根据血统颁赐，忌寸则依实力赐予。后来又恢复部分旧姓，改变其级别和施行对象，将造姓授予大陆移民，将公姓授予阪东陆奥的豪族与俘囚的族长等。

天武朝颁行八色新姓有两个目的，第一是使新姓与律令规定的位阶制度相对应，把豪门大族纳入国家体制，加强中央集权。第二是以新姓混一天下万姓，特别是把"村主""使主""史""胜"之类明显属于外国移民的姓统一到日本姓上，消除隔阂，促进同化。

通过赐姓将政治地位映射在社会身份上，建立一元化的尊卑等级秩序。

实行新姓制的前提是确立皇别和神别贵族的尊贵地位，亦即真人、朝臣和宿祢三姓的血统原则。这一赐姓原则，至少到天平胜宝二年（750）为止，仍严格遵循。但是，此后逐渐发生了重大变化。

赐姓上的血统原则发生变化的背景，是7世纪60年代，百济和高句丽先后被唐朝率新罗所灭，其王公贵族携大量人口流亡日本。一方面，这些朝鲜移民人数既多，又具有大陆的文化素养和先进生产技术，所以迁徙到日本之后，颇受亲朝鲜的天智天皇重视，集中安置，很快建立起自己的实力基础，成为一支不可忽视的新兴势力。另一方面，日本受白江口战败的刺激，急于变革旧的政治体制，建立中央集权的律令制度，所以在许多方面给予朝鲜移民上层氏族优厚待遇，以取得支持协助。

百济和高句丽遗民迁居日本后不久，持统天皇便专门设立"王"这一特殊的姓，授予百济亡君义慈王子禅广[1]，号"百济王"氏，以示优宠。此后，《续日本纪》"大宝三年（703）四月乙未"条记载："从五位下高丽若光赐王姓。"同书"天平十九年（747）六月辛亥"条记载："正五位下背奈福信、外正七位下背奈大山、从八位上背奈广山等八人，赐背奈王姓。"进一步把王姓的授予对象扩大到高句丽移民贵族。[2]此乃氏姓制度发生的一个变化。然而，这一变化只是在原有氏姓之外加置新姓，尚未影响到赐姓的基本原则。

氏姓制度根本性的变化，发生在天平胜宝二年（750）。《续日本

---

[1]《续日本纪》"天平神护二年（766）六月壬子"条所载百济王敬福薨传说，百济亡国后，义慈王子"禅广因不归国，藤原朝廷〔持统天皇〕赐号曰百济王，卒赠正广参"。

[2] 高丽若光，与《日本书纪》"天智天皇五年（666）十月"条所收录的高句丽赴日使团名单中的"二位玄武若光"，大概是同一人。背奈福信，即高丽朝臣福信，《新撰姓氏录·左京诸蕃下》载："高丽朝臣，出自高句丽王好台七世孙延典王也。""好台"或为好太王；"延典王"，不详。据此，背奈福信出自高句丽王族。《续日本纪》"延历八年（789）十月乙酉"条所载背奈福信传说："散位从三位高仓朝臣福信薨。福信，武藏国高丽郡人也，本姓背奈，其祖福德属唐将李勣，拔平壤城，来归国家，居武藏焉，福信即福德之孙也。"

纪》"是年正月丙辰"条记载："从四位上背奈王福信等六人，赐高丽朝臣姓。"也就是将日本皇别氏族的姓授予外国移民。如此一来，日本氏族和大陆移民氏族之间严格存在的区别血统原则被打破了，此遂为氏姓制度动摇之先河。

自从背奈王福信取得高丽朝臣姓之后，《续日本纪》"天平胜宝七年正月甲子"条记载："从七位上山田史广人，从五位下比卖岛女等七人，赐山田御井宿祢姓。"山田氏原为"史"姓，谱系记载其出自中国，属于早期的大陆移民。其获得宿祢姓，再次打破移民氏族与神别氏族的血统界线。继此之后，大陆移民要求改换高姓的事例层出不穷，猛烈冲击了日本的赐姓原则。据村尾氏前引论文的统计，从天平胜宝七年至宝龟十一年（780）的二十五年间，共有七十四件改姓事例。其中，大陆移民获得朝臣姓的有百济氏一支；获得宿祢姓的有清村、昆解、阿刀和朝原等四支。在这五支氏族中，明显系中国移民者，只有前面介绍过的清村宿祢（袁晋卿）一支。到弘仁（810—823）初年为止，取得朝臣姓的大陆移民氏族共有高仓（高丽）、百济、菅野、高野及和氏五支，全部为朝鲜移民。桓武天皇的生母和氏系百济移民后代，其嫔妃也不乏出自移民氏族者，故其登基后，重用大陆移民，使大陆移民获得高姓的情况更加普遍。这样，以血统为赐姓原则的氏姓遂演变得颇似爵位。天长（824—833）以后约百件改赐姓事例，授低级姓的仅十例（公姓四例，连姓五例，臣姓一例），甚至连中级姓的忌寸也只有两例，其余均为朝臣、宿祢等高级姓。这表明以弘仁年间为界，氏姓制度呈现全然不同的面貌。换言之，以血统定氏姓的氏姓制度崩溃了。

在大陆移民改姓过程中，下述现象颇值得重视。《续日本纪》"延历四年（785）六月癸酉"条记载：

右卫士督从三位兼下总守坂上大忌寸苅田麻吕等上表言：

> "臣等本是后汉灵帝之曾孙阿智王之后也……臣苅田麻吕等，失先祖之王族，蒙下人之卑姓，望请改忌寸蒙赐宿祢姓。"诏许之。坂上、内藏、平田、大藏、文、调、文部、谷、民、佐太、山口等忌寸十一姓十六人赐姓宿祢。

这篇表文经常被举为大陆移民伪造谱牒的例证，却未见深入的研究。其内容反映了氏姓制度崩溃过程中出现的以下新情况：

第一，忌寸姓原为大陆移民之高姓，但随着氏姓制度的破坏，竟被称作"下人之卑姓"，而日本朝廷也予以认可，确实反映了氏姓观念的重大变化。

第二，在此激烈变化中，身为日本最大移民集团东汉氏的首领坂上苅田麻吕，尽管身居高位，却无缘改换高姓，不得不冒认中国皇室后裔以求达到目的，其无奈的心境表露无遗。

第三，究其原因，是新来的朝鲜移民不乏出自王室贵族者，他们因此飞黄腾达，后来居上。高贵的血统可以换取现实的利益，故老牌移民便效法成例，冒认中国皇族后裔，也想以此作为仕途捷径，因而大量出现伪造谱牒的现象。

日本学者多沿袭朝鲜移民冒认中国始祖的陈说，却未见做过深入的实证研究。通过以上考察，实难赞同此说。冒认高贵血统确是八九世纪较为普遍的现象，也是伪造谱牒的共同倾向。然而，此乃受朝鲜移民成功获得高姓的刺激所致。所谓外国移民冒认中国始祖之说，与奈良时代后期至平安时代初期重用朝鲜移民的现实政治现实相背，既无利可图，也没有必要，故此说难以成立。

东汉氏集团11支氏族一举成功改姓，给朝鲜移民不小的刺激。《续日本纪》"延历九年七月辛巳"条记载：

> 左中弁正五位上兼木工头百济王仁贞、治部少辅从五位下百济王元信、中卫少将从五位下百济王忠信、图书头从五位上

兼东宫学士左兵卫佐伊豫守津连真道等上表言："真道等本系出自百济国贵须王。贵须王者，百济始兴第十六世王也……真道等先祖委质圣朝，年代深远，家传文雅之业，族掌西库之职。真道等生逢昌运，预沐天恩，伏望改换连姓，蒙赐朝臣。"于是，敕因居赐姓菅野朝臣。

此例可以看出两点：第一，朝鲜移民并不以冒认中国始祖作为改换高姓的手段，他们不仅公开宣称自己出自朝鲜王族，还历数其对日本文化的卓越贡献来申请改姓。所以，要认为朝鲜移民普遍冒认中国始祖，就不仅要证明其怀有民族自卑感，还必须证明日本贬抑他们。这两点均有悖于历史事实。虽然近代日本歧视朝鲜，但在奈良时代却非如此。第二，朝鲜移民对中国移民似有攀比竞争心理，坂上等东汉氏族获得宿祢姓，他们便要求更高一级的朝臣姓；坂上氏由忌寸升宿祢，仅提一级，他们由连姓升朝臣，却要连提五级。

综上所述，日本氏姓制度每一次重要的变化都是因为优待朝鲜移民而引起的，破格赐姓一发其端，便形成大陆移民攀比竞争、纷纷要求改换高姓的浪潮，最终冲决血统堤防，改变了氏姓制度的性质。在此过程中，朝鲜移民始终居于主导地位，其获得高姓的等级和数量，远非中国移民所能比拟，如上述坂上氏虽为最大移民集团东汉氏的首领，却始终无法获得朝臣姓，充其量只能在原来的姓前面加上"大"字，称"大忌寸"或"大宿祢"，仍低于朝臣姓。获得朝臣姓的全部是朝鲜移民，宿祢姓则占四分之三，所具优势，不言而喻。注意到这一点，就很难设想朝鲜移民会乐于冒称中国人后裔。

二 任官

在日本古代，众多大陆移民在各级政府机构任官。限于篇幅，本书无法一一胪列，仅据《公卿补任》[1]，考察其典型事例。

奈良、平安时代，四位以上的官人才具有参与朝政的资格，可跻身上层权贵之列。在大陆移民中间，最早晋升四位的是郎虞。他是百济义慈王的曾孙，百济灭后，流亡日本。《续日本纪》"天平神护二年（766）六月"条所载百济王敬福薨传称："郎虞，奈良朝廷从四位下摄津亮。"亦即在元明天皇时代（707—714）已官至四位。从天平九年（737）到贞观十二年（870）的133年间，除二十九年（延历九年至十五年［790—796］的6年、弘仁五年至天长十年［814—833］的19年、齐衡三年至贞观二年［856—860］的4年）外，一直有大陆移民担任公卿官职，有时还有两人同时担任公卿的情况。兹将其事例列举于下。

（1）百济王南典，从三位，非参议[2]，《公卿补任》"天平九年"条记载："九月十三日叙从三位，年七十二，天智天皇五年丙寅生。"同书"天平宝字二年（758）"条记载："至于今年补任不详，薨欤？"亦即他从天平九年至天平宝字二年（737—758）的21年间担任非参议一职。

（2）百济王敬福，从三位，非参议，《公卿补任》"天平廿一年（749）"条载："四月一日叙从三位，自从五位叙三位始，南典弟也。"此后至天平神护二年的17年间一直担任非参议。据《续日本纪》"天平神护二年六月壬子"条记载，敬福是前述郎虞之第三子，历任陆奥守、宫内卿、河内守、常陆守、左大弁、出云、岐、伊豫等国守、刑部卿，其一门父子三人均官居四位以上，屡开

---

[1] 参阅《公卿补任》四册。该书在10世纪中叶成书的《公卿传》基础上不断增修，按年代顺序记载了日本神代至明治元年（1868）历代公卿的姓名和简历，颇具史料价值。
[2] 参议即参议朝政之略称，大宝律令施行后不久设置，是次于大臣、纳言之要职，从藏人头、左右大弁、近卫中将、左中弁、式部大辅、历任五国以上国司及三位官人中严格选任，弘仁以后定员八名，号"八座"。非参议，指应任而未任参议职务的三位以上官人、曾一度担任过参议的四位官人、具有担任参议的四位官人，平安时代中期起准参议。

大陆移民改姓任官的先例，且兄弟二人同居朝中高官，足见日本朝廷对百济遗民的重视。

（3）高丽朝臣福信，从三位，非参议。《公卿补任》"天平宝字九年（765）"条记载："正月七日叙，并拜造宫卿，历武藏、近江守。"此后至延历八年（789）的24年间一直担任非参议。其间还担任法王宫大夫、弹正尹、武藏守等职。

（4）坂上忌寸苅田麿，从三位，非参议。《公卿补任》"延历四年（785）"条记载："二月八日叙，七月一日兼左京大夫、下总守，右卫士督如元。"翌年死于任上。他由军职起家，在平定内乱和开拓东北方面屡建功勋，史称其"家世事弓马善射，宿卫宫掖，历事数朝，天皇宠遇优厚，别赐封五十户"。

（5）和家麿，从四位下，参议。《公卿补任》"延历十五年"条载："三月一日壬辰任，七月廿八日正四位下。赠正二位大纳言高野朝臣弟嗣之孙，其先百济人也"；翌年三月兼左卫士督，七月兼兵部卿；延历十七年叙从三位；是年起至二十三年（804）的6年间担任中枢要职中纳言，先后兼任中务卿和宫内卿，延历二十三年死时追赠从二位、大纳言。

（6）坂上田村麿，从三位，非参议。《公卿补任》"延历廿年（801）"条记载："十一月乙丑叙，十二月转中将，征夷大将军、按差使、陆奥守如元"；后年七月转刑部卿；延历廿三年兼造西大寺长官；翌年正式任参议；延历廿五年至大同五年（806—810）升任中纳言，兼侍从、兵部卿，叙正三位；大同五年（810）晋升为大纳言，翌年死于任上，追赠从二位。

（7）朝野鹿取，从四位上，参议。《公卿补任》"天长十年（833）"条载："六月八日任（元藏人头、左中辨），十一月九日兼式部大辅。大和国人正六位上忍海连鹰取子也。叔父正七位上朝野宿祢道长为子养育出身（武内宿祢第六男葛木袭津彦命之后也）。"此后至承和十年（843）死于任上为止，担任参议十年，其间还兼任左大辨、民部卿、越中守，叙从三位。[1]

（8）菅野真道，正四位下，参议。《公卿补任》"延历廿四年（805）"条载："正月十四日任，左大辨、东宫学士、但马守。其祖百济人。"弘仁二年（811）致仕。其间兼任太宰大贰、刑部卿、民部卿、大藏卿、近江守、山阴道和东海道观察使、常陆守、宫内卿等职，叙从三位，死于弘仁五年（814）。

（9）百济王胜义，从三位，非参议。《公卿补任》"承和六年（839）"条载："二月廿五日叙，从四位下但马守元忠之孙，从五位下玄风之男。"此后至齐衡二年（855）死于任上为止，担任非参议达16年，其间还兼任相摸守。他和上述百济王南典、百济王敬福同属百济王氏家族。

（10）春澄善绳，从四位上，参议。《公卿补任》"贞观二年（860）"条载："正月十六日任，元右京大夫、刑部大辅兼伊与守。伊势国员辨郡少领从八位下猪名丰雄一男。"此后至贞观十二年死于任上为止，担任参议十年，其间还兼任式部大辅、播磨权守、近江守、岐守，叙从三位。

担任过公卿要职的大陆移民共有以上十人。其中，属于百济移民的有百济王南典、百济王敬福、和家麿、菅野真道和百济王胜义五人。谱牒记载出自中国的有坂上苅田麿、坂上田村麿和朝野鹿取三人。高句丽移民有高丽朝臣福信一人。新罗移民有春澄善绳一人。概言之，从数量上看，朝鲜移民有七人，而中国移民仅有三人。从姓上看，朝鲜移民氏族皆为朝臣姓，而中国移民氏族为低一级的宿祢姓。从迁徙到日本的时间先后看，早期的移民有六人，新迁徙来的百济和高句丽遗民有四人，唐朝移民则一无所见。纳言被称作相

---

[1] 朝野鹿取，原姓忍海连。《日本书纪》"神功皇后摄政五年（约4世纪后期）三月己酉"条记载："袭津彦……乃诣新罗……是时俘人等，今桑原、佐糜、高宫、忍海凡四邑汉人等之始祖也。"可知忍海连为大陆移民，迁徙到日本后，隶属于东汉氏，亦即属于中国移民集团。朝野鹿取显然是大陆移民后裔，但冒充日本皇别氏族。

官,大陆移民本来是不能担任的。《日本后纪》"延历二十三年四月辛未"条记载:

> 中纳言从三位和朝臣家麻吕薨,诏赠从二位大纳言。家麻吕,赠正一位高野朝臣弟嗣之孙也,其先百济国人也。为人木讷,无才学,以帝外戚,特被擢进,蕃人入相府,自此始焉,可谓人位有余,天爵不足。其虽居贵职,逢故人者,不嫌其贱,握手相语,见者感焉。时年七十一。

和家麻吕虽无才学,却因为是桓武天皇生母高野新的叔父而被破格擢升为中纳言,开大陆移民入相府的先例。

日本朝廷照顾朝鲜移民的利益,在经济方面也表现得相当突出。百济和高句丽遗民流亡到日本之后,日本朝廷就不断颁布优待政策,《日本书纪》"天智天皇四年(665)"条记载:"是月,给神前郡百济人田。"此后,对于迁徙来的朝鲜移民基本都采取给田安置的办法,使其安家立业。例如,同书"持统天皇元年(687)三月"条记载:"以投化高丽五十六人居于常陆国,赋田受禀,使安生业……以投化新罗人十四人,居于下毛野国,赋田受禀,使安生业。"同年四月记载:"筑紫大宰献投化新罗僧尼及百姓男女廿二人,居于武藏国,赋田受禀,使安生业。"等等。在赋役方面,同书"天智天皇五年(666)"条规定:"以百济男女二千余人居于东国,凡不择缁素,起癸亥年至于三岁并赐官食。"即从663年百济亡国以来流亡日本者,均由官府供养。同书"天武天皇十年(681)八月丙子"条记载:"诏三韩人曰:先日复十年调税既讫,且加以归化初年俱来之子孙,并课役悉免焉。"进一步扩大了给复的时间和范围。"复十年"规定以后用法律的形式固定下来,适用于一般大陆移民。《令义解·赋役令》规定:"外蕃之人投化(谓投化,犹归化也)者,复十年。其家人奴〔婢〕,被放附户贯者,复三年。"但对于百济和高句丽遗民,特别放宽给复年限。《续日本纪》"养老元年（717）十一月甲辰"条记载："高丽、百济二国士卒，遭本国乱，投于圣化，朝廷怜其绝域，给复终身。"

通过以上考察可以指出以下几点：

第一，在日本古代，虽然对大陆移民的政治地位略有限制，但不构成歧视。相反，由于日本要改革体制，加强国力，所以在不少方面相当优待大陆移民。

第二，在任官方面，对大陆移民的若干不成文的限制是由朝鲜移民打破的。担任高官的大陆移民中，朝鲜移民同样占绝大多数。

第三，日本固然仿效唐朝的制度文化，但并没有因此而特殊优待中国移民。

实际上，进入8世纪以后，日本与唐朝交往频繁，本国人才业已成长起来，吸收中国文化的工作不完全依赖于大陆移民。其对百济和高句丽遗民的重视，在天智天皇时代主要出于白江口战后对唐朝乘胜进攻日本的恐惧，以后则在很大程度上出于对朝鲜王室高贵血统的仰慕，天皇贵族颇与之联姻，成为朝鲜上层移民破格擢升的背景。有鉴于此，不能断言日本朝廷对待外国移民厚此薄彼。

第四，朝鲜移民对中国移民有竞争抗衡的意识。

要言之，在八九世纪，特别是《新撰姓氏录》开始编纂的桓武天皇时代，正是朝鲜移民深受重用之时，因此，冒称中国人后裔并不能给他们带来现实利益，也无助于抬高身份地位，所谓朝鲜移民冒充中国人后裔之说不能成立。伪造谱牒的问题，仍需从谱牒本身着手进行研究。

对比朝鲜移民，唐朝移民在日本反而居于劣势，究其原因，主要是因为人数不多，不可能像朝鲜移民那样集中安置，形成势力。因此，唐朝移民只能靠自身的学养才干安身立命，争取出头，并融入日本社会。也就是说，他们都只能走个别发展的道路，不论其佼佼者对日本社会做出多大的贡献，都属于个人影响，不构成一股社会势力。

第十五章　大陆移民对日本社会的主要贡献

第一节　政治影响

魏晋以来的动乱，以及朝鲜半岛上乐浪郡、带方郡的陷落，促使大批的移民从中国江南和山东半岛、朝鲜半岛迁徙到日本列岛，集中居住于畿内各地，形成若干个规模庞大的移民集团。移民氏族间的内部通婚、职业上的互补性，以及对其聚居地方政权的控制，加强了集团的凝聚力。较为先进的文化技术与人力资源的结合、地方开发所聚集的财富，使得实力雄厚的移民集团必然对日本社会产生相当的影响。实际上，这种影响很早就可以见到端倪，并随着移民集团实力的增强而加强。所不同者，在移民集团形成初期，他们更多依附于日本氏族，或与地方豪族联合，或作为中央贵族的附庸，谋求自我发展。他们与其直接统辖者的日本贵族的关系，远比他们同朝廷的关系更加紧密，明显带有私属的特点。在此后相当长的时期内，移民集团的实力颇有增强，他们与上司的关系逐渐转变为利益上的相互合作。

随着日本中央集权化的进程，以及大陆移民自身地位的上升，他们能够直接与以天皇为代表的中央朝廷沟通联系。也就是说，随着严格的社会阶层等级界限逐步被打破，大陆移民集团开始越过统辖他们的日本贵族，直接与朝廷建立关系，并日益向朝廷靠拢，逐步进入国家政治体制之中。

当然，必须从日本社会的发展中去寻求这一进程深刻的社会根源。大凡说来，社会变革需要打破既有的等级限制，建立广泛的社会基础。相反，政治保守则要求维持既有的等级，或者在变革以后重建等级制度。从政治意义上说，如果没有对旧的氏族政治形态的冲击，大陆移民将难以突破社会等级制的限制，对日本的社会发展产生积极作用。就文化的层面而言，由于大陆移民来自社会发展程度较高的中国或朝鲜地区，拥有文化上的优势，要将先进的文化制度移植于日本社会，也需要促进日本社会的革新。由此不难理解，大陆移民在日本社会进程中，会逐步摆脱旧贵族的控制，向推进革新的中央朝廷靠拢，日益成为改革的重要支持者。总的来说，大陆移民的利益基本上与社会改革相一致。

大陆移民集团在日本政治上发挥作用，经历了以下几个发展阶段。

第一阶段，雄略王以前，移民集团依附于日本贵族，间接地发挥政治影响，以下事例所反映的就是这种情况。

5世纪的"五王时代"，履中王还是太子的时候，其弟仲皇子发动宫廷政变。《日本书纪·履中天皇即位前纪》记载：

> 将杀太子，密兴兵围太子宫。时平群木菟宿祢、物部大前宿祢、汉直祖阿知使主三人启于太子。太子不信〔一云：太子醉以不起〕，故三人扶太子，令乘马而逃。

帮助履中王逃跑的三人，平群木菟宿祢和物部大前宿祢，都是当时最有权势的中央贵族。阿知使主是东汉氏的始迁祖，率大陆移民迁徙到日本之后，留在朝廷里，担任事务性官职，不具备随时侍奉太子的资格，难以在危急关头抢救太子。所以，上述记载并不完全可靠。比较合理的解释，应该是阿知使主平时处于中央贵族的直接管辖之下，政变发生时，他服从上司的指挥，保护太子。《古事记》"履中天皇"段说，政变平息之后，"天皇于是以阿知直始任藏官，亦给粮地"，颇有论功行赏的味道。但是，《日本书纪》记载，藏部设立于履中六年（405）。由此看来，平定叛乱和出任藏官这两件事之间，未必有什么直接的联系。

阿知使主移居日本之后，数次被派往中国南朝。从其担任外交使节到出任藏部官员的经历来看，倭朝廷起用部分大陆移民氏族首领，担任一些行政事务性工作，是希望发挥他们熟悉外国情况和具有管理经验的专长。出仕朝廷，就给了他们同中央直接联系以及结交中央贵族，通过政治活动来提高自身地位的机会。东汉氏就是在担任藏部官职期间，归附于新兴贵族苏我氏的。

第二阶段，"大化改新"前后，移民氏族首领进入朝廷专业职能部门，负责具体事务，逐步接近权力中枢，作用日渐重要，成为各大政治势力争取的对象。这时期，移民氏族无论是与朝廷还是与中央贵族建立特殊关系，都有别于以往，亦即他们之间的关系从以前的依附关系转变为基于职级的统属关系，此变化在5世纪后期表现得尤为明显。

5世纪后期，日本出现了比较明显的中央集权趋势。其表现之一，就是雄略王重用大陆移民，"唯所爱宠，史部身狭村主青、桧隈民使博德等也"[1]；"（秦造酒）仕于天皇，天皇爱宠之"[2]。雄略王还把分散于各地的大陆移民聚集起来，编为若干大移民集团，并把这些移民集团的首领拔擢于朝廷，以备顾问。这些举措的目的十分明显，就是要在既有的朝廷体制之外，构建新的部民制度，逐步推行于日本社会。这些变革自然招致旧氏族的反感，他们攻击雄略王是"以心为师"的"太恶天皇"[3]。

在雄略王的提拔重用下，大陆移民的势力大有伸张。朝廷中专业部门的日常事务，多由大陆移民首领担任，从而对朝廷政治产生了影响。《日本书纪》"雄略廿三年（478）八月"条记载，天皇驾

---

[1]《日本书纪》"雄略二年"条。
[2]《日本书纪》"雄略十五年"条。
[3]《日本书纪》"雄略二年"条。

崩时,"遗诏于大伴室屋大连与东汉掬直"。雄略王遗诏的前半部分,根据《隋书·高祖纪》所载隋文帝遗诏敷衍而成,不足为信。后半部分要求群臣辅助太子即位,防止星川皇子作乱,或为遗诏原貌。东汉掬直能跻身于顾命大臣之列,与东汉氏集团势力强大有关。

东汉氏集团势力迅速增长的一个重要原因,是由于他们掌握着中央财政机构。这一点,从雄略王逝世后星川皇子的叛乱可以看得很清楚。《日本书纪·清宁天皇即位前纪》记载:

> 大泊濑天皇崩,吉备稚媛阴谓幼子星川皇子曰:"欲登天下之位,先取大藏之官。"……于是大伴室屋大连,言于东汉掬直曰:"大泊濑天皇之遗诏,今将至矣。宜从遗诏奉皇太子。"乃发军士围绕大藏,自外拒闭,纵火燔杀。是时,吉备稚媛、磐城皇子异父兄兄君、城丘前来目,随星川皇子而被燔杀焉。

另一个重要原因,是他们与总管中央财政各部门的苏我氏深相结纳,互为依靠,形成一股左右朝政的政治势力。在日本古代,谁能取得拥有大量人口和先进文化技术的移民集团支持,谁就能在政治斗争中处于有利地位。苏我氏和东汉氏的政治关系就是一个例证。

崇峻王在位(588—592)时,十分不满苏我氏专权,亟欲铲除之。苏我马子闻讯后,抢先下手,指使东汉直驹刺杀崇峻王。据说东汉直驹事后迫不及待地娶苏我马子的女儿为妻[1]。这一系列事件并不表明东汉氏对日本政治有野心,企图直接发挥作用。实际上,他所希望的乃是与贵族结盟联姻,以提高门第和影响。

苏我氏能够长期把持朝政,很大程度上亦得益于东汉氏集团的实力。皇极三年(644),反对苏我氏的政治力量暗中集结,形势十分紧张。苏我氏乃于其家周围大筑城栅,修造兵库,戒备森严。充

---

[1]《日本书纪》"崇峻五年(592)"条。

任其家中侍卫的就是东汉氏。[1]"大化改新"时，中大兄皇子与中臣镰足等颇顾忌东汉氏的武装，遂设计调虎离山，诱杀苏我入鹿于宫中。东汉氏闻讯后，即刻起兵反抗。《日本书纪》"皇极四年（645）六月"条记载：

> 于是，汉直等总聚眷属攘甲持兵，将助大臣处设军阵。中大兄使将军巨势德陀臣，以天地开辟，君臣始有，说于贼党，令知所赴。于是高向臣国押谓汉直等曰："吾等由君大郎应当被戮，大臣亦于今日明日，立俟其诛决矣。然则为谁空战，尽被刑乎。"言毕解剑，投弓舍此而去。贼徒亦随散走。己酉，苏我臣虾夷等临诛。

"大化改新"的功臣高向玄理等人，也出自东汉氏集团。然而，他们曾经到隋朝长期留学，时值中国重新统一，皇权高涨。于是，这些留学生也舶来"天地开辟，君臣始有"之类的君臣伦理道德，在日本大力鼓吹，并在"大化改新"中派上用场，成为革新的理论旗帜，而且具体运用于说服瓦解东汉氏反抗武装。鼓动士兵放下武器的高向国押，也是东汉氏集团中人。显而易见，革新派对东汉氏的反抗，是采取从内部瓦解的办法。一旦东汉氏停止抵抗，苏我氏就只好引颈就戮了。

在实行律令制以前，大陆移民通过与日本政治势力结合而起作用的事例，屡见不鲜。继体、钦明时代，倭国王位的继承一再发生内乱。钦明王即位初年，曾经出现两王并立的混乱局面。《日本书纪·钦明天皇即位前纪》记载：

> 天皇幼时梦，有人云："天皇宠爱秦大津父者，及壮大，必

---

[1]《日本书纪》"皇极三年十一月"条记载："汉直等全侍二门。"

有天下。"寤惊，遣使普求，得自山背国纪伊郡深草里，姓字果如所梦。于是忻喜遍身，叹未曾梦，乃告之曰："汝有何事？"答云："无也。但臣向伊势，商价来还。山逢二狼相斗污血，乃下马洗漱口手，祈请曰：'汝是贵神，而乐粗行。傥逢猎士，见禽尤速。'乃抑止相斗，拭洗血毛，遂遣放之，俱令全命。"天皇曰："必此报也。"乃令近侍，优宠日新，大致饶富。及至践祚，拜大藏省。

这段记载极其隐晦。所谓两匹神狼相斗云云，实际上是暗喻当时天皇并立的政治局势。钦明王获得山城国秦氏集团的支持而最终取得胜利。秦氏也因此"大致饶富"，出掌大藏。政治权力与经济利益，各得其所。

推古时代（593—628），圣德太子借秦氏的力量与苏我氏相抗衡，更是著名的例子。

大陆移民通过日本中央权贵以扩张势力，实是由日本社会的政治性质所决定的。日本古代社会与中国差别甚大。中国自秦朝以来就实行中央集权的一元化统治，政令出自中央，强宗大族必须服从朝廷。可是7世纪以前的日本，倭王在政治上并没有太大的权力，政权由几大世袭贵族分掌。政治上的不统一，给予移民集团较大的政治发展空间，他们和日本贵族势力相结合，提升自身的政治地位，成为不容忽视的力量。这种局面在"大化改新"以后，逐渐有所转变。

此阶段，移民集团实力大增，逐渐显现出独立的政治影响力。然而，由于旧的氏族政治传统等原因，大陆移民不能摆脱与日本各种政治势力的关系，他们或与朝廷，或与贵族结合；各个移民集团的政治立场不同，甚至内部也不一致，面临政治抉择的困惑与迷茫。但是，其总的发展趋势是逐步从贵族政治的阴影下走出来，日益向中央朝廷靠拢。

第三阶段，随着中央集权的加强，大陆移民彻底转变依附于旧贵族的立场，站到朝廷一边，作为朝廷官员积极支持政治改革，直接发挥政治作用。这一转变发轫于"大化改新"而完成于"壬申之乱"。

如上所述，"大化改新"发端于铲除专权的大臣苏我氏家族，提高了倭王的政治权威。此后的推古时代，日本恢复了同隋朝的国家关系，派遣留学生和学问僧到隋朝学习。这些留学人员分别是倭汉直福因、奈罗译语惠明、高向汉人玄理、新汉人大国、新汉人日文、南渊汉人请安、志贺汉人惠隐、新汉人广齐、惠光、医惠日、灵云、胜鸟养和惠云，基本上都是大陆移民。他们返回日本后，积极要求改变旧的氏族政治形态，希望建立隋朝式国家体制。"大化改新"就是在他们的积极参与下发动的。其中，南渊汉人请安、高向汉人玄理和新汉人日文的作用最为重要。宫廷政变的方案，就是在南渊汉人请安处策划的。孝德王登基后，高向玄理和僧日文被任命为国博士，成为新政改革的智囊人物。此后，日本的中央集权体制有了长足的进展，逐步向律令制转变。苏我氏灭亡之后，东汉氏等移民集团也在积极转变发挥政治作用的形式。

7世纪中叶，唐朝为收复辽东领土及重建东亚国家间政治关系秩序而征伐高句丽及百济，日本出兵朝鲜，被唐朝击溃于白江口。此事件极大地刺激了日本发愤图强，加速律令体制的建设。在百济和高句丽灭亡之后，大批朝鲜人流亡到日本。天智天皇时期（661—671），日本的政治注意力集中于防备唐朝和新罗的乘胜追击，进攻日本，故大批重用新来的朝鲜遗臣，加强战备。局势缓和之后，天智天皇去世，日本随即爆发了"壬申之乱"。这场大规模内战进一步加强了天皇的政治权威，有利于推进以律令制为中心的政治体制改革。

在"壬申之乱"中，大部分移民氏族都站在天武天皇一边。兹据《日本书纪·天武天皇即位前纪》，略示数例于下：

> 是时，元从者……书首根摩吕、书直智德、山背直小林……调首淡海之类廿有余人。

到积殖山口，高市皇子自鹿深越以遇之，民直大火、赤染造德足、大藏直广隅、坂上直国麻吕、古市黑麻吕……从焉。

是夜半，铃鹿关司遣使奏言……天皇便使路直益人征。

"书首""民直""坂上"等都是移民氏族。

此外，"调首淡海"，《新撰姓氏录·左京诸蕃下》记载："调连，水海连同祖，百济国努理使主之后也。誉田天皇（谥应神）御世归化……弘计天皇（谥显宗）御世，蚕织献绝绢之样，仍赐调首姓。"

"赤染造德足"，《续日本纪》"天平十九年（747）八月丙寅"条记载："赐正六位上赤染造广足、赤染高麻吕等九人，常世连姓。"查《新撰姓氏录·右京诸蕃上》记载："常世连，出自燕国王公孙渊也。"

"大藏直广隅"即《日本书纪》"齐明天皇二年（656）九月"条所见之"大藏衣缝造麻吕"一族。

"古市黑麻吕"，《新撰姓氏录·河内诸蕃》记载："古市村主，出自百济国虎王也。"

"路直益人"，《新撰姓氏录·右京诸蕃上》记载："路宿弥，坂上大宿弥同祖。"

不难看出，"壬申之乱"是大陆移民在政治上的分水岭，在这次内乱中，大陆移民氏族完全根据自己的判断投入战斗，不再受日本贵族的影响，此其一。除少数移民跟随失败的大友皇太子外，无论是中国移民还是朝鲜移民氏族，基本上都站在天武天皇一边，此其二。移民集团在日本朝廷内部斗争中多数站在天皇一边，标志着移民的政治活动已经站到了国家的立场上，同过去带着浓厚私属氏族政治色彩的形态截然不同。

在"壬申之乱"后的人事任用方面，天武天皇一反天智天皇的政策，提拔重用旧的大陆移民。例如书首根摩吕、书直智德、书直药、秦造熊、赤染造德足、黄书造大伴、民直小鲔、民直大火、坂上直国麻吕、坂上直老、坂上直熊毛、大藏直广隅、路直益人、仓樯直麻吕、佐味君少麻吕、谷直根麻吕、山背直小林和调首淡海等。他们分别是秦氏、西文氏和东汉氏移民集团氏族首领。通过这场战乱，天武天皇成功地把各大移民集团纳入国家体制，特别是在"大化改新"中站错队的东汉氏集团，通过"壬申之乱"，站到了天皇一方，重新获得重用。天武天皇即位后，曾告诫东汉氏说：

> 汝等党族之自本犯七不可也。是以从小垦田御世〔推古天皇〕至于近江朝〔天智天皇〕，常以谋汝等为事。今当朕世，将责汝等不可之状，以随犯应罪。然顿不欲绝汉直之氏，故降大恩以原之。从今以后，若有犯者，必入不赦之例。[1]

这通貌似严厉的警告，实际上是恩威并施的赦文。它不仅针对东汉氏集团，同时也给移民集团以往那种依附日本贵族的参政形式画上终止符，示意他们今后只能站在朝廷一边进行政治活动。

事实上，自从苏我氏垮台之后，大陆移民纷纷向朝廷靠拢，不再依附于贵族羽翼之下。"壬申之乱"以后，他们更是致力于成为朝廷的各级官吏，站在朝廷的立场，为中央政权效力，其发挥政治作用的形态发生了根本性变化。

第二节　军事力量

大陆移民集团能够在政治上发挥重要作用，除经济、文化和技术等方面的原因外，还有一个十分重要的因素，就是他们拥有强大的武装力量。关晃教授对移民集团的军事力量给予很高的评价。他在《归化人》一书中指出，东汉氏一族的军队，无论在装备上还是在战斗力方面，都在朝廷旧军事制度下由大伴氏和物部氏等氏族世

---

[1]《日本书纪》"天武天皇六年（677）六月"条。

袭统率的旧式军队之上。

天平十二年（740）八月，被贬任大宰少贰的从五位下藤原朝臣广嗣上表，指斥朝政，随后于九月起兵反叛。朝廷闻报，立即调集军队，前往镇压。《续日本纪》"天平十二年（740）十月"条记载：

> 征发骑兵，东西史部、秦忌寸等总四百人。

亦即骑兵部队自东汉、西文和秦氏三大移民集团中征调。这一点，从平叛后的褒赏也可得到确认。《续日本纪》接着记载：

> （十一月）甲辰，诏陪从文武官并骑兵及子弟等，赐爵人一级。但骑兵父者，虽不在陪从，赐爵二级……百济王全福……从五位上……外从五位下民忌寸大楫并从五位下……高麦太、大藏忌寸广足……并外从五位上……秦前大鱼、文忌寸黑麻吕……酒波人麻吕……并外五位下。

百济亡国之后，许多人逃到日本，他们也拥有一定的武装力量。在褒赏名单里，就有百济王全福。可以看出，在平定藤原广嗣叛乱的过程中，新旧移民集团都把自己的武装投入战斗。

日本古代骑兵和步兵的比例不详。从上述征调骑兵的事例来看，三大移民集团平时经常保持两百名骑兵左右。若再加上步兵等武装人员，其军事力量相当强大。

移民集团拥有私家武装的原因，首先在于日本古代世袭的氏族政治形态，各大氏族拥有自己的武装力量，成为移民集团也拥有武装的前提。在律令制时代，移民武装成为国家武装力量的一部分，似乎平时仍由其自己管理，战时则听从国家调发。国家军事力量在相当程度上依靠氏族武装的特点，是移民武装存在的基本条件。其次，是出于保护自己的需要。例如天日枪一族，其于辗转迁徙寻觅定居地的过程中，曾经同日本地方氏族发生过多次武装冲突。此类事例在《风土记》里多有反映。这些传说虽然未必完全可信，但是，移民为争夺土地而与当地居民发生冲突，无疑是实情，生存竞争要求移民集团必须拥有自己的武装。最后，移民集团的上层氏族早已从乡里脱离出来，出仕朝廷，居住于京城。为了维持集团内部的统一，他们也需要建立自己的武装力量。

要维持一支精锐部队，军事装备的生产是十分重要的。《日本书纪》"推古十年（602）二月己酉"条记载："来目皇子为击新罗将军，授诸神部及国造、伴造等，并军众二万五千人。"这支庞大军队的装备是如何供应的呢？《风土记》"肥前国三根郡汉部乡"条记载：

> 昔者，来目皇子为征伐新罗，勒忍海汉人，将来居此村，令造兵器，因曰汉部乡。

忍海汉人属于东汉氏集团。一般来说，大的移民集团都拥有不少手工业技术工匠，特别是东汉氏集团，更拥有许多世袭手工业氏族。他们的技术和产品，不仅能满足集团本身的需要，还能提供给日本社会。在这方面，日本朝廷和贵族对他们的依赖程度颇高。移民集团正是以他们所拥有的众多人口和手工业工匠来维持自己的武装力量。

一方面，在律令制以前，移民集团的武装力量常被日本政治势力利用来进行政治斗争，同时，移民集团也依靠这支武装来提高自身的政治地位。在上一节里，东汉氏协助平定星川皇子的叛乱，以及充当苏我氏的私兵等，都是典型的事例。

另一方面，移民武装也服从国家需要，进行对外作战。天智天皇初年，日本出兵朝鲜时，《日本书纪·天智天皇即位前纪》"称制辛酉年（661）九月"条记载：

> 以织冠授于百济王子丰璋，复以多臣蒋敷之妹妻之焉。乃

遣大山下狭井连槟榔、小山下秦造田来津率军五千余，卫送于本乡。

首先率领日军护送百济王子丰璋回国者，就是秦造朴井田来津。其后，在白江口决战中，秦造朴井田来津战败身亡[1]。

日本在白江口战斗中战败后，吸取了许多教训。在其后爆发的"壬申之乱"中，天武天皇就聘请朝鲜战场上的唐朝战俘为军事顾问，请教行军作战方略。[2] 奈良时代，日本著名的军事将领中，就有不少大陆移民。他们对律令制时代军队制度的改革与完善，有着不可低估的影响。

律令制时代，移民集团的武装被吸收入国家体制之内，成为国家武装力量的组成部分。他们经常被征调为京城卫士，积极参加保卫中央朝廷的斗争。例如，《续日本纪》"天平宝字八年（764）九月"条记载，在当时爆发藤原惠美押胜起兵反叛时，大陆移民站在朝廷一方投入战斗：

乙巳，太师藤原惠美朝臣押胜逆谋颇泄。高野天皇遣少纳言山村王收中宫院铃印。押胜闻之，令其男训儒麻吕等邀而夺之。天皇遣授刀少尉坂上苅田麻吕、将曹牡鹿岛足等，射而杀之。押胜又遣中卫将监矢田部老，被甲骑马，且劫诏使授刀纪船守，亦射杀之……〔授〕正六位上坂上忌寸苅田麻吕……外从五位下高丘连比良麻吕……并从四位下……正七位上民忌寸总麻吕外从五位下……坂上忌寸苅田麻吕〔赐姓〕坂上大忌寸。

丁未……〔授〕从五位下津连秋主……从五位上；正六位上船连腰佩、社吉志酒人并外从五位下。

---

[1]《日本书纪》"天智天皇称制辛酉年"及"二年（663）八月"条。
[2]《释日本纪》卷一五《天武天皇上》。

壬子，军士石村村主石盾斩押胜，传首京师。

坂上忌寸苅田麻吕夺回中宫院铃印，是挫败藤原惠美押胜反叛的关键之一。藤原惠美押胜最后死于大陆移民石村村主石盾之手。在整个平叛过程中，从将军到兵士，都有许多大陆移民。反叛初起时，坂上忌寸苅田麻吕即刻以武力进行镇压，可知他们不是临时调发的，而是国家的常备军。

在京城，大陆移民还承担宿卫宫廷内外的任务。《续日本纪》"天平神护元年（765）二月乙丑"条记载："是日，赐与贼相战宿卫内里桧前忌寸二百卅六人、守卫北门秦忌寸卅一人，爵人一级。"东汉氏与秦氏的武装精锐骁勇，深得天皇信赖，故由他们宿卫皇宫。

而且，移民武装还是开拓边疆的重要力量。奈良、平安时代，日本虽然没有对外战争，但对内的军事行动仍然不少，主要是镇压虾夷族和经略东北地区。在此形势下，移民武装又派上了新的用场。

移民武装长期服务于国家，培育出世代习武的军人世家，东汉氏集团首领坂上氏族就是非常突出的例子。坂上氏崛起于"壬申之乱"[1]。此后，如坂上大国任右卫士大尉，其子坂上忌寸犬养任左卫士督[2]。坂上忌寸犬养的儿子，坂上山野任正七位征夷军监；坂上大宿祢苅田麻吕任右卫士督、陆奥镇守将军等要职，史称："苅田麻吕家世事弓马，善驰射，宿卫宫掖，历事数朝。"[3]坂上大宿祢苅田麻吕的儿子坂上大宿祢田村麻吕甚至当到大纳言、正三位兼右近卫大将、兵部卿。[4]在极重血统门第的日本社会，一个大陆移民的后代能够担任宰相职务，实为仅见。坂上大宿祢田村麻吕的子孙后代，

---

[1]《续日本纪》"文武天皇三年（699）五月辛酉"条所收诏文称："汝坂上忌寸老，壬申年军役，不顾一生，赴社稷之急，出于万死，冒国家之难。"同书"灵龟二年（716）四月癸丑"条收录诏赏壬申年功臣名单中，有坂上直熊毛。
[2]《续日本纪》"天平宝字八年（764）十二月乙亥"条所载坂上忌寸犬养卒传。
[3]《续日本纪》"延历五年（786）正月戊戌"条所载坂上大宿祢苅田麻吕薨传。
[4]《日本后纪》"弘仁二年（811）五月丙辰"条所载坂上大宿祢田村麻吕薨传。

亦多任军职，著称于世。他们一族固然显赫，但始终是国家任命的将军，而不是独立于国家政权之外的武装力量。

在奈良时代的几次贵族反叛事件中，大陆移民始终站在朝廷一边参加平叛。这表明"大化改新"以前移民集团武装作为相对独立的军事力量发挥作用的情形不复存在，随着律令制时代的来临，移民武装逐渐纳入国家体制，成为国家军队的组成部分。

第三节　外交活动

一　外交文书与外交使节

大陆移民在日本从事的传统职业是文书簿记工作。在古代东亚，汉字是通用文字，中国移民在这方面具有优势。从现存史料来看，古代东亚的外交文书都使用汉文。因此，在奈良时代以前，日本的外交工作有赖于懂得汉文的大陆移民。

在汉晋直辖朝鲜的时代，日本通过乐浪郡同中国交往，语言上的障碍依靠"重译"克服，故《三国志·倭人传》所记载的倭国使者基本都是倭人。乐浪郡覆灭以后的一段时期，倭国同东晋、南朝的交往，通过高句丽中介而实现。例如东晋义熙九年（413）和倭国应神三十七年（306）的倭使，皆随高句丽使者入朝。但是，倭国同高句丽激烈争夺朝鲜南部，其与东晋南朝交往的目的在于控制朝鲜南部。[1]因此，涉及国家重大利益的外交事务不能长期借助于高句丽来处理。然而，对于没有文字的倭国而言，要培养能说能写汉语的外交人员，实非易事。面对两难的局面，从大陆各地迁徙来的中国移民，给日本提供了现成的人才。

日本保存完整的早期外交文书，是《宋书·倭国传》收载的倭

---

〔1〕 参阅《好太王碑》和《宋书·倭国传》记载。

王武上表，弥足珍贵，引录于下：

> 封国偏远，作藩于外，自昔祖祢，躬擐甲胄，跋涉山川，不遑宁处。东征毛人五十五国，西服众夷六十六国，渡平海北九十五国，王道融泰，廓土遐畿，累叶朝宗，不愆于岁。臣虽下愚，忝胤先绪，驱率所统，归崇天极，道迳百济，装治船舫，而句丽无道，图欲见吞，掠抄边隶，虔刘不已，每致稽滞，以失良风。虽曰进路，或通或不。臣亡考济实忿寇仇，壅塞天路，控弦百万，义声感激，方欲大举，奄丧父兄，使垂成之功，不获一篑。居在谅暗，不动兵甲，是以偃息未捷。至今欲练甲治兵，申父兄之志，义士虎贲，文武效功，白刃交前，亦所不顾。若以帝德覆载，摧此强敌，克靖方难，无替前功。窃自假开府仪同三司，其余咸各假授，以劝忠节。

这篇上表用流畅的骈文写成，遣词造句，娴熟优美，至如居丧期间不动兵甲等，也完全符合中国儒家的礼制，若非有相当的学养，难以写出这样的表文。据此可以推断，这篇上表出自汉人之手。

根据《宋书·倭国传》记载，宋太祖元嘉二年（425），倭国派往南朝的外交使节为司马曹达，这篇上表则系于宋顺帝昇明二年（478）。从时间上推测，表文作者恐怕就是司马曹达，或者出自第七章介绍的司马族人。根据《日本书纪·雄略天皇纪》的记载，雄略王派往南朝的使者为身狭村主青和桧隈民使博德。"身狭"也写作"牟佐"，故"身狭村主"就是"牟佐村主"。"牟佐村主"谱牒记载其族"出自吴孙权男高"，是来自中国江南的移民，与司马家族有着相近的文化出身。因此，这篇表文也有可能是身狭村主青和桧隈民使博德所作。总之，倭国给南朝的上表，出自中国移民之手，殆可无疑。该时代倭国与南朝的交往亦由中国移民承担。

大陆移民迁徙到日本，其头领往往被委以外交事务，因此，各大移民集团都在不同程度上参与外交事务。东汉氏始迁祖阿知使主到日本后不久，就在应神三十七年（306）被派往"吴国"。雄略时代，多次前往南朝的外交使节，也是东汉氏集团的身狭村主青和桧隈民使博得。

移民氏族头领担任倭国外交使节，出使各国，他们承担的使命相当广泛，既有一般的通好聘贡，也包括到中国和朝鲜招募人才，在开辟对外交往新局面时，他们更经常被委以重任。

对于日本而言，朝鲜是吸取大陆文明的主要通道，具有至关重要的战略意义。古代倭国一直希望在朝鲜半岛南部保有势力范围，亦即力图控制任那（加罗）地区，因此同百济和新罗冲突不断。《日本书纪》"敏达四年（575）四月"条记载，倭国为了同百济、新罗解决任那纠纷，"遣吉士金子使于新罗，吉士木莲子使于任那，吉士译语使于百济"。同时派遣吉士三人前往三国，可见对吉士氏族倚任之深。"大化改新"时，为了取得有利的国际环境，日本特地派遣高向玄理到任那。《日本书纪》"大化二年（646）九月"条记载："遣小德高向博士黑麻吕于新罗而使贡质，遂罢任那之调。"据文中注释，"高向黑麻吕"又名"高向玄理"，出自东汉氏集团，曾留学于隋朝，回国后积极策划政治改革，成为"大化改新"的核心指导人物。他到任那后，"罢任那之调"，对以往强硬的"任那"政策做了重大修正。据此可知移民外交官不仅是一般的外交事务执行者，不少人也跻身于外交决策圈，兹再举一例。

7世纪后叶，多祢国开始在日本史籍中出现。《日本书纪》"天武天皇八年（679）十一月"条记载：日本为了了解多祢国情况，与之缔结国交：

> 己亥，大乙下倭马饲部造连为大使，小乙下上村主光欠为小使，遣多祢岛，仍赐爵一级。

"倭马饲部造连"谱系不详，而"上村主"出自移民则是确切无疑的。《新撰姓氏录·左京诸蕃上》记载:"上村主,广阶连同祖,陈思王植之后也。"所谓"陈思王植",就是曹植,故上村主为移民后裔。《日本书纪》"天武天皇十年(681)八月"条还记载:"丙戌,遣多祢岛使人等贡多祢国图。"可知上村主一行出色完成使命,甚至还带回了多祢国图籍,让日本得以了解其国情,并留下记录:"其国去京五千余里,居筑紫南海中,切发草裳,粳稻常丰,一菹两收,土毛支子、莞子及种种海物等多。"多年以后,持统天皇九年(695)三月,仍然派遣移民出身的外交官出使多祢国,《日本书纪》记载:

> 遣务广贰文忌寸博势、进广参下译语诸田等于多祢,求蛮所居。

"文忌寸"出自大陆移民的西文氏集团;"下译语"乃自"下曰佐"改姓而来,根据《新撰姓氏录·河内国诸蕃》记载:"下曰佐,出自汉高祖男齐悼惠王之后也。"此次"求蛮所居"的特殊使命同样完成得十分圆满,故下一代文武天皇二年(698)四月,文忌寸又被赋予新的探险任务,《续日本纪》记载:

> 遣务广贰文忌寸博士等八人于南岛觅国,因给戎器。

移民外交官兼具收集情报等特殊任务,由来已久,屡见不鲜。《日本书纪》记载,641年底,舒明天皇逝世,翌年初,百济派遣使者到日本吊丧,在筑紫接待百济使者的阿昙比罗夫乘驿马赶赴京城,向朝廷汇报消息,同时报告说:"然其国者,今大乱矣。"故朝廷急忙"遣阿昙山背连比良夫、草壁吉士磐金、倭汉书直县,遣百济吊使所,问彼消息"。结果,百济吊使及其傔人分别把百济国内发生的一系列变故告诉了对方。此时,唐朝与高句丽、百济尖锐对立,朝鲜半岛局势十分紧张,发生了许多重大事件,这些都与日本的切身利益息息相关。在此紧急关头，派遣移民外交官前去打探消息，可谓得人。移民同大陆的渊源关系，往往能够发挥特殊的作用。

大陆移民出国担任外交使者，在国内则负责接待外国使节。《日本书纪》"钦明三十一年（570）四月"条记载：高句丽使者来到日本，天皇"遣东汉氏直糠儿、葛城直难波，迎召高丽使人"；同书"推古十八年（610）十月"条记载："新罗、任那使人臻于京……丁酉，客等拜朝廷。于是，命秦造河胜、土部连菟为新罗导者……乙巳，飨使人等于朝，以河内汉直赟为新罗共食者，锦织首久僧为任那共食者。"接待者负责引导外国使节入京朝见，代表朝廷举行宴会，最后礼送出境。从上面引文来看，整个过程分为几个环节，虽然都由移民出身的官员负责，但各有分工。律令制时代，此分工用法令的形式规定下来，明确了领客使、随使、掌客、共食等不同使职的员额及其任务。《延喜式·治部省》记载：

> 凡蕃客入朝者，差领客使二人（掌在路杂事）、随使一人（掌记录及公文事）、掌客二人（掌在京杂事，有史生二人），共食二人（掌飨日各对使者饮宴，自余使见《太政官式》）。

外国使者回国时，日本常有"送使"送行，如《日本书纪》"敏达二年（573）五月"条记载："仍敕吉备海部直难波送高丽使……送使难波乃恐畏波浪，执高丽二人掷入于海。"可知"送使"须出海远送。从众多接待实例来看，以上使职都不是固定的，而是在每一次外国使节到来时具体指派。

日本重视接待外国使者，准备周到，接待热情，从各级官人的服饰到宴会规格，都要精心布置，借以展示国家威仪和实力。《延喜式·式部下》收录了外事活动的细则，例如：《受诸蕃使表及信物》规定：

其日式部设使者版位于龙尾道南庭，设庭实位于客前，诸卫立仗，各有常仪，群官五位以上及六位以下左右分入，使者服其国服，入如常仪。(事见《仪式》)

《赐蕃国使宴》规定：

前一日辅丞录率史生省掌等，置版位并立标。当日参议已上就延英堂，省率四位已下刀祢，列立堂前（六位已下分在西），依召五位已上参入，录正容止。次六位以下参入，省掌正容止，各著座。次治部玄蕃引客徒参入，拜舞之后，辅丞录入自仪鸾门，立治部西边。宣命后叙客徒，宴毕辅丞录唱名，大藏省赐禄。(事见《仪式》)

日本制定律令时以唐朝律令为蓝本，礼制亦多采自唐朝，故接待外国使节的仪式，与唐礼相似。输入唐制之前，其外交礼仪则模仿隋朝，从下面接待隋使裴世清的例子可见一斑。

对于重要国家的使节来访，日本朝廷甚至要专门为他们筑路造馆，格外郑重。例如，《日本书纪》记载，雄略十四年（470），吴国使者到倭国，正月，雄略王"为吴客道通矶齿津路，名吴坂。三月，命臣连迎吴使，即安置吴人于桧隈野，因名吴原……夏四月甲午朔……天皇即命根使主，为共食者。遂于石上高拔原飨吴人"。推古王接待隋朝使者，更为隆重。《日本书纪》"推古十六年（608）"条记载：

（四月）为唐客更造新馆于难波高丽馆之上。六月壬寅朔丙辰，客等泊于难波津。是日，以饰船卅艘迎客等于江口，安置新馆。于是，以中臣宫地连磨吕、大河内直糠手船史王平为掌客……秋八月辛丑朔癸卯，唐客入京。是日，遣饰骑七十五匹，而迎唐客于海石榴市衢。额田部连比罗夫以告礼辞焉。壬子，召唐客于朝廷，令奏使旨。时阿倍鸟臣、物部依网连抱二人为客之导者也……丙辰，飨唐客等于朝。九月辛未朔乙亥，飨客等于难波大郡。辛巳，唐客裴世清罢归。

外国使节在日本的起居安全，亦由接待部门负责。《日本书纪》记载，钦明三十一年（570）高句丽使者到访时，"遣东汉坂上直子麻吕、锦部首大石，以为守护"，随时向朝廷汇报情况。这批高句丽使团后来发生内讧，副使派人杀死大使，"明旦，领客东汉坂上直子麻吕等推问其由，副使等乃作矫诈曰：……有司以礼收葬。秋七月，高丽使人罢归"。据此可知，外国使团发生意外，亦由日本朝廷负责处理。

律令制之前，日本派往中国的使节，多由中国移民担任，而与朝鲜国家的交往，则颇有日本人参加。担任外交事务的大陆移民，并不专司某一特定国家，而是全面负责同各国的外交事务。在大陆移民的协助下，日本有了相对固定的外交分工，虽然仍附属于一般政务部门，尚未建立专门机构，但是，具体事务已经相对稳定地由大陆移民承担。在大陆移民的帮助下，日本朝廷熟悉了国际事务，为日后由日本人接掌外交事务打下了基础。当然，在律令时代，许多大陆移民依然担任外交官员。

二 外交世家

在处理外交事务上，日本十分重视外交经验和礼仪，生怕由于应对失误而遭外国耻笑，每逢重大的外事活动，都要召集有关人员商讨再三，再指定专人负责。这样，一些有外交经验的人员便逐渐以外交为业，一些外交世家也出现了。例如吉士、伊吉和船氏，都是典型的例子。兹按氏族列示如下：

（吉士氏族）

日鹰吉士坚磐固安钱，雄略七年（463），任遣百济使。

难波吉士赤目子，雄略八年二月，前往支援受高句丽攻击的新罗。

日鹰吉士，仁贤六年（493）九月，被派往高句丽招聘技术工匠。

日鹰吉士，继体六年（512）十二月，负责接待百济使者。

吉士老，继体二十三年三月，任遣百济使。

吉士赤鸠，钦明三十一年（570）七月，接待高句丽使者。

吉士金子，敏达四年（575）四月，任遣百济使。

吉士译语彦，敏达四年四月，任遣任那使。

难波吉士木莲子，敏达四年四月，任遣任那使；敏达十三年二月，任遣新罗使，抵达任那；崇峻四年（590）八月和推古八年（600）二月，两次出任遣任那使。

难波吉士磐金，崇峻四年、推古五年十一月和三十一年，三次担任遣新罗使。

难波吉士神，推古八年（600）二月，任遣新罗使。

难波吉士雄成，推古十六年四月，随小野妹子出访隋朝。

吉士仓下，推古三十一年，任遣任那使。

难波吉士小槻和难波吉士八牛，舒明四年（632）十月，接待唐朝使者高表仁。

吉士雄摩吕和吉士黑摩吕，舒明五年正月，送唐使回国，至对马。

草壁吉士磐金，皇极元年（642），任遣百济使。

草壁吉士真迹，皇极元年，任遣新罗使。

吉士长丹和吉士驹，白雉四年（653）五月，任遣唐使。

吉士岐弥和吉士针间，天智四年（665），送遣唐使守君大石到唐朝。

吉士小鲔，天智七年十二月，任遣百济使。

（伊吉氏）

伊岐史乙等，舒明四年十月，任引唐客使。

伊吉连博得（德），齐明五年（659）七月，任遣唐使；天智三年九月，任告唐客使[1]；天智六年十一月，任送百济使使；持统九年（695）七月，任遣新罗使。

伊吉连古麻吕，庆云四年（707）五月，任遣唐使。[2]

伊吉连宅麻吕（雪连宅满），任遣新罗使。[3]

伊吉连博德，天平宝字六年（762）十二月，任遣高丽副使。[4]

（船氏集团）

船史王平，推古十六年（608）六月，接待唐使。

道昭（船连），白雉四年（653）五月，任入唐僧。

白猪史宝然，天武十三年（684）十二月，入唐留学。

白猪史阿麻留，大宝元年（701）正月，任遣唐使小录。[5]

白猪史广成，养老三年（719）闰七月，任遣新罗大使。[6]

津史主治麻吕，养老六年五月，任遣新罗大使。[7]

葛井连广成，天平十五年（743）三月，接待新罗使者。[8]

船连夫子，天平胜宝六年（754）十一月，入唐留学。[9]

津连真麻吕，神护景云三年（769）十二月，接待新罗使者。[10]

---

[1]《善邻国宝记》引《海外国记》。
[2]《续日本纪》"庆云四年五月壬子"条。
[3]《万叶集》15—3644，3688。
[4]《续日本纪》"天平宝字六年十二月乙卯"条。
[5]《续日本纪》"大宝元年正月"条。
[6]《续日本纪》"养老三年闰七月"条。
[7]《续日本纪》"养老六年五月"条。
[8]《续日本纪》"天平十五年三月"条。
[9]《续日本纪》"天平胜宝六年十一月"条。
[10]《续日本纪》"神护景云三年十二月"条。

武生连鸟守，宝龟三年（772）九月，任送渤海客使。[1]

（以上未出注者，均根据《日本书纪》）

这种职业外交氏族，在相当程度上弥补了早期日本外交机构不健全的缺陷。

值得注意的是，这些外交氏族与其原来的职业颇有关系。如伊吉氏，原姓"史"，为从事文书工作者。伊吉连博德所著《伊吉连博德书》，散见于《日本书纪》附注中，是了解唐平百济前后东亚国家间关系的重要史料。吉士集团和船氏集团，原从事造船与水路运输业，后来转任外交事务。[2]

"史"姓氏族从原来的文书簿记之类文职工作转到外交领域，是十分自然的事。如前引倭王武上表所示，国际交往十分注重文书与礼仪，要求使节有高度的文化修养，从此意义上说，"史"姓氏族成为外交世家，可谓顺理成章。至于船氏集团，即西文氏集团后期宗家氏族，其从事难波津京畿地区水陆运输工作，本身就与外国颇有联系。船氏集团是一个从运输到屯仓、从生产到财务管理的集团，这些因素都决定他们具有很强的组织与管理能力，以及丰富的国际交往经验。实际上，他们在政坛上的崛起，便是由外交发端的。《日本书纪》"敏达元年（572）五月"条记载：

丙辰，天皇执高丽表疏授于大臣，召聚诸史令读解之。是时诸史于三日内皆不能读。爰有船史祖王辰尔，能奉读释。由是天皇与大臣俱为赞美曰："勤乎辰尔！懿哉辰尔！汝若不爱于

---

[1]《续日本纪》"宝龟三年九月"条。
[2] 船氏集团与水路运输的关系，参阅韩昇《日本古代的大陆移民研究》第五章第三节，（台北）文津出版社，1995年；吉士集团原来的职业问题，参阅三浦圭一「吉士について」、『日本史研究』第34号、1957年。

学，谁能读解？宜从今始近侍殿中。"既而诏东西诸史曰："汝等所习之业何故不就？汝等虽众，不及辰尔！"

船氏读懂诸史所不懂的高句丽表文，当与其为百济移民有关。此外，船氏的崛起还反映了新老移民之间的知识更新。老的移民氏族在日本年深日久，历经数代，与出身国的联系越来越疏远，所具有的文化知识也随之老化过时。相较之下，新移民便具有不可比拟的优势。

从事外交工作，不仅有利于日本，还有利于移民集团本身。因为保持与大陆的联系，移民集团能够不断进行文化更新，保持活力。

三 移民外交官的优势

日本朝廷大量起用移民担任外交工作，主要有三方面的原因：第一，移民与其出身国家的历史渊源及感情；第二，特殊的文化学养与广阔的国际知识；第三，日常实际工作培养的行政才干与组织管理经验。三者融为一体，使得外交成为移民颇显优势的领域。这三条也正是大陆移民的特点。

此特点使他们具有的外交上的优势，得以发挥特殊作用，秦朝元的事例也许可以反映这一点。

秦朝元出自秦氏集团，家传汉学，精通汉语，故《续日本纪》"天平二年（730）三月廿七日"条所收太政官奏言称："诸蕃异域，风俗不同，若无译语，难以通事，仍仰……秦忌寸朝元……等五人，各取弟子二人令习汉语者。"可知秦氏迁徙到日本后虽经十余代，仍保持汉语家学，以此为业。秦朝元的父亲释辨正出家为僧，其学养也完全是中国式的。《宁乐遗文》所收《怀风藻》中，有唐学士释辨正法师的诗两首，其一为《与朝主人》：

钟鼓沸城阗，戎蕃预国亲。神明今汉主，柔远静胡尘。

> 琴歌马上怨,杨柳曲中春。唯有关山月,偏迎北塞人。

其二为《在唐忆本乡》:

> 日边瞻日本,云里望云端。远游劳远国,长恨苦长安。

两首诗都写于盛唐时代。释辨正在日本赞美唐朝的昌盛,在唐朝则思念日本,移民对其出身国以及现居国的复杂感情,表现得淋漓尽致。正是这种情感,使他到唐朝能和唐人亲切交往,故诗序介绍作者道:

> 释辨正法师者,俗姓秦氏,性滑稽,善谈论,少年出家,颇洪玄学,大宝年中,遣学唐国,时遇李隆基龙潜之日,以善围棋,屡见赏遇。有子朝庆、朝元。法师及庆在唐死,元归本朝,仕至大夫。天平年中,拜入唐判官,到大唐见天子。天子以其文〔父〕故,特优诏,厚赏赐,还至本朝,寻卒。

释辨正若非有深厚的汉学修养,绝难得到唐玄宗的赏遇。而其子秦朝元若非故人之子,也难以得到唐玄宗的优诏厚赏。秦朝元父子两人借此为日本的对唐外交出力,取得了别人难以企及的成就。而大唐皇帝接见来自异乡的中国移民后裔,又是故人之子,自然感到怜惜。哪怕是听说邻国有中国的遗存,都会有亲情涌起。数百年后,明太祖朱元璋听日本和尚绝海中津介绍秦朝徐福的遗迹仍然保存于日本,同样兴奋不已,欣然作诗。[1] 移民办外交,确实具有难以替代的优势。

从日本的角度来说,有必要尽快培养本国外交人才,取代大陆移民所承担的外交事务。此进程在日本同隋唐帝国建交后大大加快了。

---

[1] 根据绝海中津《蕉坚稿》记述,他到明朝晋谒明太祖朱元璋,呈献《应制三山》诗:"熊野峰前徐福祠,满山药草雨余肥。只今海上波涛稳,万里好风须早归。"朱元璋欣然和诗:"熊野峰前血食祠,松根琥珀亦应肥。当年徐福求仙药,直到如今更不归。"

大批遣隋、遣唐留学生成长起来，逐渐替代移民的外交职务，使得大陆移民从外交领域逐渐退出。同时还带来另一个意想不到的影响，那就是移民集团因此大幅度减少了同大陆的联系，造成其文化上的退化。

少数保持某种文化专长的移民，依然担任外交职务，得以长期留在外交部门，一直到律令制时代仍然起着重要的作用，有些人还担任外交机构的主要负责人，例如，秦道成担任玄蕃寮少属[1]，唐朝移民袁晋卿担任玄蕃头[2]。

第四节　制度建设

雄略十五年（471），倭朝廷对大陆移民重新编制。《日本书纪》当年条记载："诏聚秦民，赐于秦酒公。"翌年十月又载："诏聚汉部，定其伴造者，赐姓曰直。"据此可知该时期倭朝廷按"部"整编大陆移民，采用大单位，形成若干大的移民集团。移民集团内部，依其原在国的社会组织形态管理，亦即通过大陆移民集团，输入大陆的管理制度。此后，日本逐步将移民集团内部实行的管理制度推广于社会，提高中央集权，大大推进了国家制度的建设。

一　户籍制度

《日本书纪》"钦明元年（540）八月"条记载："召集秦人、汉人等诸蕃投化者，安置国郡，编贯户籍。"这是文献所见日本早期有关户籍的记载。

曾我部静雄认为，中国造户籍始于秦献公十年（前375）。[3]实

---

[1]《大日本古文书》25—130，天平十六年（744）十二月二十五日《玄蕃少属秦道成启》。
[2]《续日本纪》"宝龟九年（778）十二月"条。
[3] 曾我部静雄「西凉及び両魏の戸籍と我が古代戸籍との関係」、『律令を中心とした日中関係史の研究』、吉川弘文館、1968年。

际上，中国户籍制度的雏形，可以追溯到更早。[1]通过户籍来把握人口赋税，山东诸国也不迟于秦。《管子·禁藏篇》说："户籍田结者，所以知贫富之不訾也。"其注说："谓每户置籍，每田结其多少，则贫富不依訾限者可知也。"此外，文献里还有不少有关春秋战国时代户籍的记载。概言之，中国的户籍制度早就存在，秦汉王朝通过户籍来具体管理人口，更是确定无疑。魏晋时代，众多迁徙到日本的中国移民，自然会把户籍制度传入日本。

岸俊男教授曾对日本的户籍制度源流进行细致的研究[2]，发现在古代畿内地区存在以下称作"户"的氏族：

飞鸟户（安宿户）	春日户	橘户（椿户）	八户
史户	盾户	朝户	他户
真野户	尾治户	三川户	大户
道祖户（鲫鱼户）	志我户	陵户	宍户
子户	户		

分析上述氏族，其特点有三：

其一，这些氏族基本上都是大陆移民。因此，岸俊男指出，类似于姓的"户"，仅限于称呼大陆移民中的特定集团。

其二，称作"户"的氏族集中分布于畿内，特别是高安郡和安宿郡。这两郡隔着大和川南北相望，是连接大和国与河内国的交通要地，周围有不少朝廷的直辖地。这些称作"户"的氏族大量存在于移民聚居地，清楚地表明，在移民集团内部实行的是编户制度。

其三，称作"户"的氏族，偶尔也写作"部"，但这只是个别现象，可能是因为读音相同所致。上述氏族的氏姓原则上写作"户"，不能随意写为"部"。由此可知，"户"有固定的用法，不同于

―――――――――
〔1〕参阅池田温『中国古代籍帐研究：概観・録文』、東京大学出版会、1979年。
〔2〕岸俊男「日本における『户』の源流」、『日本歴史』197号、1964年。

"部",应属于姓的一种。

十分明显,"户"姓氏族所反映出来的编户制度,不同于日本实行的部民制度,仅存在于大陆移民之中。雄略王时代重新编制大陆移民集团时,还只是用"部"来把握,到了钦明王时代,已经发展到用编户制度来管理。

编户制度究竟是从哪里传入日本的呢?岸俊男倾向于是通过朝鲜诸国传入的,但他同时也承认,在该时期的朝鲜文献上,找不到关于户籍的记载。旗田巍教授也指出,新罗的公租公课是以村为单位征收的。[1]尽管朝鲜诸国未见实行编户制度的痕迹,但仍有学者坚持认为编户制度是先在朝鲜实施之后再传入日本的。造成这种情况的主要原因,一是户姓氏族大多来自朝鲜半岛或被考证为朝鲜移民;二是在大陆移民集团里,民族杂居的情况未被充分认识;三是中国人口大量流入朝鲜半岛的事实未能引起重视。

中国一直都实行编户制度,朝鲜自汉武帝起大约四百年间属于中国郡县,故户籍制度无疑也在朝鲜推行过。其实行的对象有可能主要限于郡县治下的汉人。上述户姓氏族里面也包括汉人。因此,可以认为户籍制度是通过朝鲜汉人或者曾经由汉人管理过的朝鲜氏族传入日本的。当然,岸俊男指出,不能完全排除从其他渠道传入日本的可能性。至于编户制度在日本社会中扎根并推广开来,则明显是通过大陆移民实现的。

二 屯田屯仓制

在全国各地设立朝廷直辖地的屯田屯仓,是中央权力渗透于地方的重要途径。

安闲元年(532),根据大伴大连金村的建议,朝廷设立了小垦

---

[1] 旗田巍「新羅の村落」(1)(2)、『歴史学研究』第226、227号、1958—1959年。

田、樱井和难波三处屯仓，其中难波屯仓由各郡提供镢丁。[1]新设立的屯仓，往往由地方豪族提供田地和劳动力，而且，屯仓的管理者也由朝廷任命，显示国家正在加强对地方的控制。翌年，朝廷任命了这三处屯仓的负责人，"诏樱井田部连、县犬养连、难波吉士等，主掌屯仓之税"[2]。这三人中，有两人的名字与屯仓名相同。"吉士"是大陆移民，"难波吉士"的氏名显然是因其主管难波屯仓而得名的。由此可见，大陆移民积极协助朝廷推行新制度。

在一些屯仓里，实行全新的管理方式，亦即编户制度。推广编户制度，意味着朝廷直接控制劳动人口，此制度要在世袭豪族的势力范围内推行，势必引起强烈抵制。因此，朝廷先在直辖屯仓内实行，再逐步推广。

把大陆移民中实行的户籍制度移植于屯仓制度中，自然需要移民的帮助。《日本书纪》"钦明天皇卅年（569）正月"条记载：

> 诏曰："量置田部，其来尚矣，年甫十余，脱籍免课者众。宜遣胆津〔胆津者，王辰尔之甥也〕，检定白猪田部丁籍。"

从这份诏书可以看出，首先，屯仓上耕作的农民称作"田部"，是按部来管理的。其次，田部有"籍"，以便于朝廷直接掌握。这里的"籍"，指的是编户。屯仓的税收是按丁课取的，故有"丁籍"之说。不过，从日本现存文书及后面引文所见到的"成田户"来看，造籍应是造户籍。则屯仓上田部的管理，显然有别于部民制度。最后，编户施行于田部，实际上表明屯仓内部同时实行田部和编户两种管理方式，因而造成混乱，以至于"脱籍免课者众"。所以，有必要请移民来帮助整顿改革。

《日本书纪》"钦明天皇十六年七月"条记载："遣苏我大臣稻目宿

---

[1]《日本书纪》"安闲天皇元年（532）十月"条。
[2]《日本书纪》"安闲天皇二年（533）九月"条。

祢、穗积磐弓臣等，使于吉备五郡，置白猪屯仓。"据此，白猪屯仓始建于钦明十六年，其主持人是苏我稻目。苏我氏与移民关系颇深，在了解了一些移民集团实行的制度之后，便试图将户籍制度推行于白猪屯仓。但是，直到钦明三十年的十余年间，户籍制度还是不能建立完善。正因为如此，所以朝廷要派移民胆津亲自来推行户籍制度。

> 夏四月，胆津检阅白猪田部丁者，依诏定籍，果成田户。天皇嘉胆津定籍之功，赐姓为白猪史，寻拜田令。[1]

胆津的改革，就是把田部和户籍两种管理方式，改变为单一的编户制度，把田部变为"田户"，结果大见成效。此后，《日本书纪》"敏达天皇三年（574）十月"条记载，朝廷"遣苏我马子大臣于吉备国，增益白猪屯仓与田部，即以田部名籍，授于白猪史胆津"。也就是说，造籍成功之后，白猪屯仓就一直由胆津负责管理，而且，以后新增的田部，也一律造籍，编为田户。

值得注意的是，推行屯仓的难波吉士和在屯仓内实行户籍制度的胆津，出自上一节所介绍的移民外交氏族，他们与大陆保持频繁接触，是大陆移民集团不断更新文化的源泉。倭朝廷也充分注意到了这一点，所以经常选派他们来推动大陆文化制度的传播，这与后来日本朝廷重用隋唐留学生的政策是一脉相承的。

日本的许多文化制度，都与大陆特别是中国典章制度存在密切的内在联系，沟通两者的桥梁是来往于两地的移民、留学人员和外交使者。

三 财政机构

日本古代的财政由藏部负责管理。"五王时代"的履中王六年

---

[1]《日本书纪》"钦明天皇卅年四月"条。

(405)正月,"始建藏职,因定藏部"[1]。《古事记》称履中王在粉碎其弟政变后,"于是以阿知直始任藏官,亦给粮地"。参酌各书记载,藏部设置于履中时代,应可置信。当然,收纳保管财物的机构早已存在。《古语拾遗》记述神武时代的情况说:

> 当此之时,帝之与神,其际未远,同殿共床,以此为常。故神物、官物,亦未分别。宫内立藏,号曰斋藏,令斋部氏永任其职。

神武天皇是后人编造的日本创世天皇,不足为信。但是,这段记载比较真实地反映了远古时代祭政不分、官物附属于神物的财物管理情况。

到了履中王时代,如《古语拾遗》所说:

> 至于后磐余稚樱朝,三韩贡献,奕世无绝。斋藏之傍,更建内藏,分收官物。仍令阿知使主与百济博士王仁记其出纳,始更定藏部。

这一时期,朝廷职能机构逐渐建立并加强。在此背景下,管理宫廷财政的内藏,从管理祭祀财物的斋藏中独立出来。因此,设立内藏并非三韩贡献或财物过多的缘故,而是国家组织发展的结果。这一过程颇受魏晋国家制度的影响,藏部就是在东汉氏阿知使主的协助下建立的。从技术上说,文字与簿记等专业知识为日本所匮缺。该时代大批迁徙到日本的移民,正好促进了日本国家制度的建设。

进入雄略王时代,倭政权进一步强化,中央财政事务日益增多,机构设置也随之扩大。《古语拾遗》记载:

---

[1]《日本书纪》"履中天皇六年(405)正月辛卯"条。

> 自此而后，诸国贡调，年年盈溢。更立大藏，令苏我麻智宿祢检校三藏（斋藏、内藏、大藏）。秦氏出纳其物，东、西文氏勘录其簿。是以汉氏赐姓为内藏、大藏。令秦、汉二氏为内藏、大藏主镒藏部之缘也。

据此记载，作为国家财政机构的大藏也独立出来了。至此，祭祀、宫廷和政府的财务管理部门完全分离。这三个部门由苏我氏总管，各个具体部门则由三支移民氏族分掌。

由于职务的原因，秦氏、东汉氏和西文氏逐渐发展成为最大的三个移民集团，倭国财政事务成为这三大移民集团的传统职业。包括财政部门在内，需要较高专门知识的部门，如外记、大夫、史、诸道博士、主计助和主税助等六种职务，它们一直都由大量移民担任。村尾次郎氏曾对此做过细致的统计，并列示其中外记、史、主计助、主税助四个职位的移民名单，兹引录于下：

外记

白猪广成（养老三年七月十一日），伊吉益麿（天平宝字七年正月壬子），高丘比良麿（天平宝字八年正月己未），坚部人主（宝龟三年十一月丁丑），内藏全成（宝龟五年三月癸卯），羽栗翼（宝龟七年三月癸未）。（以上《续日本纪》）

朝原道永，内藏加茂麿，林沙婆，中科巨都雄，白鸟茂智麿，长峰茂智麿，清内御园，菅野继门，山代氏益，朝原良道，山田春成，山口丰道，坂上能文，广原安人，秦安雄，高村田使，中科善雄，坚部主广人，南渊永河，船湊守，坂上今继，山田古嗣，菅野助道，菅野有风，山田时宗，大藏善行，高丘五常，御船弘方，惟良高望，大藏是明。（以上《外记补任》）

宫原村继（弘仁十二年七月二十日），桑原广田麿（弘仁十二年二月二十三日），韩室诸成（天长九年九月十九日），内藏秀嗣（天长十年十二月戊申）。（以上《类聚符宣抄》）

史

秦老，坂上老人，麻田金生，坚部人主，高宫田使，麻田畋赋，文最弟，朝原诸坂，佐太丰长，秦贞仲，中科继门，善世丰上，蕃良丰持，山田文雄，山口丰道，河原贞雄，家原绳雄，长岑高名，菅野高松，三善清江，朝原高道，安墀雄继，葛井居都成，永岑恒范，菅野宗之，上八钓，刑部真鲸，山田超宗，秦直宗，山口岑仁，清江贞直，家原高乡，文部谷忠直。

主计助

山田银，葛井立足，御林杂物，荣井道形，御船稻船，林浦海，大秦公宅守，内藏贺茂麿，葛井松足，桑原秋成，御林清名，伴真足，有宗益门，飞鸟户丰宗，文良男，大藏岑雄。

主税助

日置稻形，奈良长野，麻田真净，山田大庭，朝原岛主，家原氏雄，家原绳雄，家原春乡，百济有世，善世有友，秦智麿，山田古麿。（以上《六国史》）

按照移民在这些职位中所占比例进行统计，从奈良到平安时代，文献所见的110名外记中，大陆移民有42名，占38.2%；62名史中，移民有32名，占51.6%；33名主计助中，移民有16名，占48.5%；17名主税助中，移民有12名，占70.6%。[1]

然而，以上名单及统计尚有不少遗漏。例如：

主计寮，天平十八年（746），秦朝元曾任主计头[2]；仁寿二年（852），都宿祢贞继也担任过主计头[3]。此外，朝原河雄任主计寮少属[4]；贞观五年（863），大原史弘原任主计权少属[5]；元庆七年

---

[1] 村尾次郎「氏姓崩壊に現はれたる帰化人同化の一形相」，『史学雑誌』第52编第8号、1941年。
[2] 《续日本纪》"天平十八年三月丁巳"条。
[3] 《文德天皇实录》"仁寿二年五月戊子"条。
[4] 《平安遗文》1—81—83，嘉祥二年（849）七月二十九日《山城国高田乡长解》。
[5] 《三代实录》"贞观五年九月八日丁酉"条。

（883），秦忌寸雄越任主计大允[1]。

主税寮，庆云四年（707），椋垣直子人曾任主税寮助[2]；承和八年（841），大冈宿祢丰继任主税头。[3]

大藏省还有许多大陆移民任职，难以一一列举。如果把遗漏因素考虑进去，则大陆移民在上述六种职业中的比例还要更高些。他们对日本国家制度的发展，做出了很大的贡献。

四　律令制度

日本古代国家发展成熟的标志，是律令制度的全面推行。从推古朝圣德太子制定"十七条宪法"开始，日本逐渐迈向古代法制的轨道。白江之战以后，日本加快了法制建设。天智天皇七年（668），制定了《近江令》；持统天皇三年（689），颁布了《净御原令》。此后，又进一步编撰律令，用法律规范政府机构和社会生活的各个方面。

日本的律令完全以唐朝律令为样板，仁井田陞教授根据日本令还原唐令，写下名著《唐令拾遗》，表明日本律令基本抄自唐朝。但是，这只是表面现象。唐朝与日本社会发展水平相差甚大，唐朝法令不可能直接在日本实行，两者之间有一个如何选择吸收的问题。实际上，日本沿袭的是唐朝的法律原则，在实施细则的格式方面，就完全是针对日本社会的现实情况制定的，日本现存古代格式不能用来还原唐朝格式，充分说明了这一点。

要制定适合日本国情的系统化律令制度，需要既精通法律又熟悉唐朝和日本国情的专家。在这方面，大陆移民又起到了必不可少的桥梁作用。

---

[1]《三代实录》"元庆七年十二月二十五日"条。
[2]《续日本纪》"庆云四年二月辛卯"条。
[3]《续日本后纪》"承和八年五月庚午朔"条。

唐平百济之役，百济为了争取日本的支援，将唐朝战俘送到日本作为礼物。其中有一位萨弘恪，是颇有教养的高级将官，百济无意中送给了日本一份厚礼。日本制定《大宝律令》时，用他来协助编修。《续日本纪》"文武天皇四年（700）六月甲午"条记载：

> 直广肆伊岐连博得……勤大壹萨弘恪……勤大肆坂合部宿祢唐、务大壹白猪史骨、追大壹黄文连备、田边史百枝、道君首名……进大贰田边史首名、山口伊美伎大麻吕……直广肆调伊美伎老人等撰定律令，赐禄各有差。

在褒赏编撰《大宝律令》有功人员的名单中，萨弘恪赫然在列。这些人当中，萨弘恪是唯一的唐人。天武天皇时期未见与唐朝交往，缺乏通晓唐朝的人才，故萨弘恪所起的作用是别人难以替代的。

《续日本纪》"大宝元年（701）八月辛酉"条还记载："诏赠从五位下调忌寸老人正五位上，以预撰律令也。"综参前条引文，可以发现，除萨弘恪是新来移民外，原有各大移民集团氏族头领，不管来自哪个国家，基本都参加了编修律令事业。这些移民在日本年深日久，又具有较高的专业知识，因此，由他们协助日本朝廷编制律令，显然是上选。

有些学者认为，从天智天皇晚年到702年之间，日本和中国没有国家交往，因此，日本的律令是受朝鲜国家特别是新罗的影响而制定的。此说不易成立。因为在制定《大宝律令》的移民名单中，根本就没有见到新来的朝鲜移民。该时期日本与新罗的交往背景，是唐朝与新罗的对立，两国都想借此机会缓和关系，故日本最多只是通过新罗间接吸收唐朝文化，找不到日本律令受新罗影响的直接证据。如果分析参加修撰律令的移民官员名单，恐怕会得出不同的结论，且俟后论。

元正天皇时代，重新修订编撰《养老律令》，仍见不少大陆移民参加。《令义解》附录《额田国造今足解》记载：

> 从五位上伊吉连博德……至于大宝元年，修撰既讫，施行天下。平城朝廷养老年中，同太政大臣，复奉敕刊修令律，各为十卷。博士……从五位下阳胡史真身……从五位下山田连白金等。自尔以来，诸博士等相承教授。

在两次修撰律令的移民官员名单中，一直都有伊岐（吉）连博得（德），颇为突出。在本章第三节中的"外交世家"项内，可以见到他曾于齐明天皇五年（659）七月任遣唐使，天智天皇三年九月任告唐客使，天智天皇六年（667）十一月任送百济使使，持统天皇九年七月任遣新罗使，是一位经验丰富的外交官员，特别是他多次出访唐朝，并在659年七月入唐后，因为日本支持百济而与准备对百济用兵的唐朝关系紧张，被软禁在长安，直到翌年九月唐平百济后才被放回。在这期间，他得以就近考察唐朝，写下《伊吉连博德书》，记述遣唐使在唐朝的情况，成为研究中日关系史的第一手珍贵史料。从其经历来看，他属于日本朝中对唐朝制度颇有研究的"知唐派"，故编修《大宝律令》和《养老律令》时，他都参与其事，起了重要作用。日本朝廷多次褒奖修撰律令有功人员，都有他的名字，如《续日本纪》"大宝三年二月丁未"条记载："诏：'从四位下下毛野朝臣古麻吕等四人，预定律令，宜议功赏。'于是……伊吉连博德，并赐田十町，封五十户〔百五十户？〕。"同书"天平宝字元年（757）十二月壬子"条记载："从五位上伊吉连博德……并大宝二年修律令，功田各十町。四人并下功，合传其子。"

另一位山田连白金，《新撰姓氏录·右京诸蕃上》记载："山田宿祢，出自周灵王太子晋也。"亦即是祖籍中国的旧移民氏族。《文德实录》"天安二年（858）六月己酉"条收录"山田连春城卒传"说："春城，字连城，右京人也。曾祖白金为明法博士，律令之义，无所不通，后言法律者，皆咸资准的。"

再看阳胡史真身的情况，"阳胡"亦作"杨胡""杨侯"，《新撰姓氏录·左京诸蕃上》记载："杨胡史，杨侯忌寸同祖。"而"杨侯忌寸"条则记载："出自隋炀帝之后达率杨侯阿子王也。"所谓"隋炀帝之后"，显然是伪冒，"达率"则为百济官职，故此氏族应是从百济迁徙到日本的。他们为什么要冒充隋室后裔，尚待考证。阳胡史真身在编修《养老律令》中颇有贡献，故一再受奖，《续日本纪》"养老六年（722）二月戊戌"条记载："赐……从六位下阳胡史真身四町……并以撰律令功也。"同书"天平宝字元年十二月壬子"条记载："从五位下阳胡史真身，并养老二年修律令功田各四町。"

从以上人员的情况来看，日本编修律令，颇多依靠原移民集团中学识卓越、对唐朝制度有研究的人才。由于朝鲜国家先于日本采行唐朝律令制度，因此，也吸收百济移民参加，但看不出直接模仿新罗的痕迹。

那么，这些早期的移民是怎样保持其文化特长的呢？首先，是他们迁徙到日本列岛之后，聚居在一起，形成区域性的移民社会，倭朝廷也鼓励他们这样做，因此，从大陆带来的文化习俗、技术专长得以保存下来。其次，是移民氏族重视教育，特别是在氏族内部向子弟传授儒学等经典，形成家学渊源，使得大陆文化虽在海外亦能薪火相传，绵延不绝。山田连春城的成长事迹颇有代表性。《文德天皇实录》"天安二年六月己酉"条所录"山田连春城卒传"记载：

> 春城年十五入学，依未成人，于堂后听讲《晋书》。后嵯峨太上皇欲令皇子源朝臣明成大业，而求大学生志学者，将为同学。时春城应征，与明同房，阅览诸子百家。遥授丹波权博士，为勉学之资……春城虽长自寒门，而性甚宽裕，言词正直，无

所阿枉，无好小艺，不拘忌祟，颇得儒骨也。

山田连春城的学养完全是中国式的。讲汉语，作汉文，精研汉学坟典，从前述其家世记载可知，祖上历代都以学问传家，见重当世。因此，在日本社会全面移植唐朝文化制度时，这些保持文化传统的旧移民氏族能够迅速适应时代潮流，脱颖而出。

在古代，家学传统对于学术的保持乃至弘扬起着极其重要的作用。《养老律令》颁行之后，解释和传授律令以及编撰程式细则，就成为十分重要的工作。有些移民氏族以此为专业，世代家传，故《令义解》附录天长三年（826）十月五日《应撰定令律问答私记事》说：

自尔以来，诸博士等相承教授。

秦氏是一个典型的例子。太田亮《姓氏家系大辞典》第二卷"惟宗"条说：

（惟宗一族）世代以担任明法博士著称于世，尤其著名者，有编撰《令集解》的惟宗直本、撰写《延喜式》的惟宗善经和撰写《类聚律令刑名问答私记》的惟宗允高。[1]

在大学寮教授法律的职位上，也可以见到秦氏族人。《三代实录》元庆七年（883）十二月二十五日记载的"从五位下守大判事兼行明法博士秦公直宗"，即其一例。

综上所述，在日本整个编撰律令的过程中，都有大陆移民积极参加。在新老移民的协助下，日本成功地实现了移植唐朝律令的工作和向律令制国家的转型。

---

[1] 惟宗原姓秦宿祢。

第五节　文教艺术

一　唐朝乐舞

"乐以安民"[1]，陶冶情操，于潜移默化中移风易俗，自古就是中国礼教的重要内容。《周礼》说"六艺：礼、乐、射、御、书、数"[2]，把乐放在十分突出的位置。由大陆移民传入日本的中国文化中，音乐歌舞对日本社会的影响既深且巨。

隋代以前，朝鲜音乐先后传入日本。允恭四十二年（相当于中国南朝宋文帝时代），日本从朝鲜传入"新罗乐"；钦明十五年（554），传入"百济乐"；接着又传入"高丽乐"。《日本书纪》"推古天皇二十年（612）"条记载：

> 百济人味摩之归化，曰：学于吴得伎乐舞。

所谓"吴"伎乐舞，即南朝乐舞。后来，日本法令上规定的"雅乐"，即由上述外来音乐和日本传统的宫廷音乐组成。

隋唐时代，中国的"燕乐"，亦即宫廷宴飨所用之"燕射音乐"也传入日本，广泛流行，成为其"雅乐"中的重要部分。《令义解·职员令·雅乐寮》所规定的雅乐寮法定音乐中，有唐乐和伎乐。

> 歌师四人，歌人卌人，歌女一百人，舞师四人，舞生百人，笛师二人，笛生六人，笛工八人。唐乐师十二人，乐生六十人。高丽乐师四人，乐生廿人。百济乐师四人，乐生廿人。新罗乐师四人，乐生廿人。

---

[1]《左传》"襄公二十七年"条。
[2]《周礼·地官·大司徒》。

《续日本纪》"天平三年（731）七月乙亥"条记载：

> 定雅乐寮杂乐生员，大唐乐卅九人，百济乐廿六人，高丽乐八人，新罗乐四人。

在各国音乐中，唐乐人数最多，列于诸国之首，所受重视，可想而知。在正月朝会及隆重的仪式上，经常演奏唐乐。《续日本纪》"天平宝字七年（763）正月庚戌"条的记载，可见一斑：

> 帝御阁门，授高丽大使王新福正三位……宴五位已上及蕃客，奏唐乐于庭，赐客主五位已上禄各有差。

在唐乐中，颇受社会各阶层普遍欢迎的有踏歌。

踏歌，顾名思义，就是脚踏地为节拍，手拉手载歌载舞。《资治通鉴》"则天后圣历元年（698）九月"条下胡三省注："踏歌者，连手而歌，踏地以为节。"而唐代诗人储光羲《蔷薇篇》的描述更为生动："连袂踏歌从此去，风吹香气逐人归。"

踏歌发源于民间，故早就存在。《西京杂记》说，汉朝宫女"以十月十五日……相与联臂踏地为节，歌'赤凤凰来'"。则踏歌不始于唐朝，明矣。踏歌传入宫廷，也不始于唐朝。北魏胡太后思念情人杨华，亲作《杨白花》一曲，令宫女连臂踏歌，即可为证。但是，踏歌盛行，且于上元日演奏[1]，确是唐朝的事情。据说唐玄宗曾命张说撰《元夕御前踏歌词》，成为唐乐曲名。日本宫廷于上元日前后演

---

[1]《旧唐书·睿宗纪》记载："上元日夜，上皇御安福门观灯，出内人，连袂踏歌，纵百寮观之。"《朝野佥载》记载："睿宗先天二年正月十五、十六夜，于京师安福门外作灯轮高二十丈，衣以锦绮，饰以金玉，燃五万盏灯，簇之如花树。宫女千数，衣罗绮，曳锦绣，耀珠翠，施香粉。一花冠、一巾帔皆万钱，装束一妓女皆至三百贯。妙简长安、万年少女皆千余人，衣服、花钗、媚子亦称是，于灯轮下踏歌三日夜，欢乐之极，未始有之。"

奏踏歌，明显是受唐朝的影响。在这个意义上，完全可以将日本的踏歌视为唐乐之一种。

《日本书纪》"持统天皇七年（693）正月丙午"条记载："是日，汉人等奏踏歌。"此为日本宫廷演奏踏歌之嚆矢。翌年正月，大宴百官，"辛丑，汉人奏踏歌，五位以上射……癸卯，唐人奏踏歌"。此时期，演奏踏歌者皆为中国移民。

进入奈良时代，天平二年（730）正月十六日，"天皇御大安殿，宴五位已上，晚头，移幸皇后宫，百官主典已上陪从踏歌，且奏且行，引入宫里"；天平十四年正月十六日，"天皇御大安殿，宴群臣，酒酣，奏五节田舞，讫。更令少年男女踏歌"[1]。上元节演奏踏歌，成为宫中的固定仪式，日本高级官员也参与表演。其演出盛况，如天平六年二月一日所示：

> 天皇御朱雀门览歌垣，男女二百卅余人，五品已上有风流者皆交杂其中，正四位下长田王、从四位下栗栖王、门部王、从五位下野中王等为头，以本末唱和，为难波曲、倭部曲、浅茅原曲、广濑曲、八裳刺曲之音，令都中士女纵观，极欢而罢。赐奉歌垣男女等禄有差。[2]

此次演奏的规模特别盛大，所以，歌舞场所由宫中移至朱雀门外。舞队由诸王领头，百官参与其中，歌舞唱和，配以日本乐曲，京城万众争相观览，极尽欢娱。显然，踏歌已经普及于日本社会的各个阶层，成为每年上元节普天同乐的节目。

在民间，踏歌极为流行，男女对歌对舞，歌词多为乡间情歌，且不限于上元节才举行。男女思慕，即对歌起舞，泛滥于里中，以

---

[1]《续日本纪》"天平二年（730）正月辛丑"条，"天平十四年（742）正月壬戌"条。
[2]《续日本纪》"天平六年（734）二月癸巳朔"条。

至于朝廷曾下令禁止：

> 今闻，里中踏歌，承前禁断，而不从捉搦，犹有滥行，严加禁断，不得更然。若有强犯者，追捕申上。[1]

但是，踏歌在民间已经日本化了，成为民众生活的一部分，不是一纸政令就能禁止的，结果往往屡禁不止。相反，宫廷踏歌受民间的影响，出现了若干变化，如采取男女踏歌的形式，到平安时代，更分为正月十四日的男踏歌和十六日的女踏歌。遇到重要活动，乃至在法会上，也演奏踏歌，如神护景云元年（767）十月二十四日：

> 〔天皇〕御大极殿，屈僧六百，转读《大般若经》，奏唐、高丽乐及内教坊蹋歌。[2]

踏歌也用来招待外国使节，如延历十八年（799）正月十六日：

> 〔天皇〕御大极殿，宴群臣并渤海客，奏乐。赐蕃客以上蓁折衣，并列庭踏歌。[3]

踏歌流行，促进了中国诗词和服饰的传播。《续日本纪》"宝龟元年（770）三月辛卯"条记载：

> 葛井、船、津、文、武生、藏六氏男女二百卅人供奉歌垣，

---

[1]《类聚三代格》卷一九《禁制事》所收"天平神护二年（766）正月十四日太政官符"《禁断两京畿内踏歌事》。
[2]《续日本纪》"神护景云元年十月庚子"条。
[3]《日本后纪》"延历十八年正月十六日"条。

其服并著青折细布衣，垂红长纽，男女相并，分行徐进，歌曰：……其余四首，并是古诗。

踏歌歌词，有四首保存于《类聚国史·岁时部三》"十六日踏歌"项里：

（一）山城显乐旧来传，帝宅新成最可怜。郊野道平千里望，山河擅美四周连。
（二）冲襟乃卷八方中，不日爱开亿载宫。壮丽裁规传不朽，平安作号验无穷。
（三）新年正月北辰来，满宇韶光几处开。丽质佳人伴春色，分行连袂舞皇垓。
（四）卑高泳泽洽欢情，中外含和满颂声。今日新京太平乐，年年长奉我皇庭。

一眼可知，纯粹是唐朝庙堂歌词的翻版。

7世纪以来，日本社会发生由旧文化向唐文化的积极转变，踏歌作为唐文化的特殊载体，恰好以社会各阶层喜闻乐见的形式，风靡于世。其普及之日，正是唐文化融入日本社会之时，从而创造出一种新的文化氛围，有利于其他唐文化的传播吸收。

二 教育机构

奈良时代，日本与唐朝保持频繁的交往，大规模的遣唐使团连绵而来，又满载着各类经籍回到日本。如何使这些异彩眩目的外来文化为日本所吸收，促进社会进步，便成为日益紧迫的任务。为此，日本朝廷专门设立了大学寮，传授并研究新文化的工作，就由大陆移民责无旁贷地承担起来。

大学寮的雏形见于天智天皇十年（671），日本委任从百济新来的鬼室集斯担任学头职，其确立则在《大宝律令》颁行以后。大学寮模仿唐朝学制建立，又根据日本的情况有所变化，亦即把唐朝的国子监和六学融为一体，既作为最高教育管理机构，又是最高学府，置于中央式部省之下。根据《养老令·职员令》规定，大学寮的管理人员设大学头一人，大学助一人，大学大允一人，大学少允一人，大学大属一人和大学少属一人，共六人；教官设文章博士一人，明经博士一人，明法博士二人，助教二人，音博士二人，书博士二人和算博士二人，共十二人。教官为管理人员的两倍，故其为教育机关的特色相当突出。

奈良时代，大学头多由大陆移民担任，如大宝元年（701）的"大学头调忌寸老人"[1]；天平胜宝六年（754）前后的乐浪河内[2]；宝龟九年（778）的袁晋卿；等等。大学寮的教官里，大陆移民比比皆是。仅在《续日本纪》"养老五年（721）正月甲戌"条收录的褒奖文人诏书里，就可以见到明经科的第二博士调忌寸古麻吕，文章科的山田史御方和乐浪河内，算术科的山口忌寸田主和悉斐连三田次等人。一直到平安时代，大陆移民在大学寮教官中仍保持相当比例，如承和初年至贞观六年（864）的大学助教山口伊美吉西成[3]；仁寿二年（852）的文章博士腹赤和大学助兼助教西汉人宗人[4]；元庆七年（883）的明法博士秦公直宗、行音博士秦忌寸永宗和行助教净野朝臣宫雄等人[5]。

---

[1]《怀风藻》收录"正五位下大学头调忌寸老人一首"。
[2]《续日本纪》"神护景云二年（768）六月庚子"条记载："内藏头兼大外记远江守从四位下高丘宿祢比良麻吕卒……父乐浪河内，正五位下大学头。"据佐伯有清考证，乐浪河内担任大学头的时间约在天平胜宝六年正月前后。见『新撰姓氏録の研究·考證篇第五』，420頁。
[3]《三代实录》"贞观六年正月十七日"条记载："散位从五位下山口伊美吉西成卒。西成者……以《春秋》名家，兼善《毛诗》《周易》……除太宰博士，不之官。承和之初（834—847），拜大学直讲。嘉祥二年（849），渤海国王遣使入觐，以西成权称大学大允，为存问兼领客使，向加贺国，引客入京。俄而转助教。"
[4] 文章博士腹赤，见于《文德天皇实录》"仁寿二年五月戊子"条。西汉人宗人，见于《文德实录》"仁寿二年十二月庚午"条和《三代实录》"贞观五年正月二十日"条。
[5] 分别见《三代实录》"元庆七年十二月二十五日"条和"二月十日丁未条"。

大学寮主要为日本培养官吏和专门人才，其招收的学生有一定的资格限制。《令集解·学令》规定：

> 凡大学生，取五位以上子孙，及东西史部子为之。

其注释说：

> 谓居在皇城左右，故曰东西也。前代以来，奕世继业，或为史官，或为博士，因以赐姓，总谓之史也。

所谓"东西史部"，即大陆移民东汉氏和西文氏。由于大陆移民对日本文化发展的特殊贡献，因此《学令》特别规定，允许其子孙进入大学寮学习，给予优待，以保持其文化传统。

日本重视教育，其人才培养不限于大学寮，中央八省之下还有许多专门机构，如中务省的图书寮、阴阳寮和画工司，式部省的雅乐寮，宫内省的典药寮，等等，它们既是政府职能部门，同时也是培养专门人才的教育机关。这些机构里，也有许多大陆移民担任重要职务。《续日本纪》"养老五年正月甲戌"褒奖文人的诏书称：

> 文人武士，国家所重，医卜方术，古今斯崇，宜擢于百僚之内，优游学业。堪为师范者，特加赏赐，劝励后生。因赐明经第一博士从五位上锻治造大隅……

在其后附录的褒奖名单中，可以见到阴阳部门（天文、历数、风云、气色）有大津连首、津守连通、王仲文、余秦胜和志我閇（閉）连阿弥陁等，医药部门有吉宜、吴肃胡明和秦朝元等，以及和琴师文忌寸广田、唱歌师茨田连刀自女，武艺板安忌寸犬养等人。他们都属于中央各省特殊部门中的专门人才，也兼任培养学生的任务。《续日本纪》"天平二年（730）三月辛亥"条记载：

> 太政官奏称："……阴阳医术及七曜颁历等类，国家要道，不得废阙。但见诸博士，年齿衰老，若不教授，恐致绝业。望仰吉田连宜、大津连首、御立连清道、难波连吉成、山口忌寸田主、私部首石村、志斐连三田次等七人，各取弟子将令习业……其生徒阴阳医术各三人，曜历各二人。又诸蕃异域，风俗不同，若无译语，难以通事。仍仰……阳胡史真身、秦忌寸朝元、文元贞等五人，各取弟子二人令习汉语者。"诏并许之。

从上面罗列的名单不难看出，在日本移植唐文化的过程中，大陆移民起到何等重要的作用。这些大陆移民教官为日本培养了一代又一代的人才，完成了日本文化史上承上启下、继往开来的历史使命。

三　技艺

大陆移民从各个方面推进日本社会的发展繁荣，其活动难以尽述，这里就技艺方面的一些事迹，略加介绍，虽然挂一漏万，但可以为今后的研究提供线索。

（一）饲马

日本原始居民，多以捕捞为生，遍布日本各地的贝冢，即可示其一斑。绳文文化时代晚期至弥生文化时代早期，大约从中国的长江口一带传入水稻栽培技术，普及开来，日本因此转变为农耕社会。

5世纪以后出土的文物，突然大量出现骑俑，表明此时盛行骑马。最早介绍日本列岛风俗民情的《三国志·魏书·倭人传》称："其地无牛、马、虎、豹、羊、鹊。"虽然绳文和弥生文化遗址发现了少量牛骨化石，表明日本列岛存在野牛，但是，这不足以证明当时已经大量驯养牛马,并用于农业和交通等方面。魏国使节在日本走了许多地方,除了乘船,就是步行,未曾利用过马匹,印象深刻,才会留下上引《倭人传》的记载。因此,5世纪以后大量出现的马匹,无疑是倭国社会发生的重要变化。考古学家江上波夫教授甚至认为,这种突如其来的转变,是由于来自大陆的骑马民族征服了日本,建立倭王朝。[1]

且不论江上波夫教授的观点是否成立,这时期日本盛行骑马,无论在出土文物造型上,还是在文献史料中,都有许多反映。饶有意思的是,这些记载多与大陆移民有关。

《日本书纪》"雄略九年(465)七月壬辰"条记载:

> 河内国言:飞鸟户郡人田边史伯孙女者,古市郡人书首加龙之妻也。伯孙闻女产儿,往贺婿家,而月夜还。于蓬蔂丘誉田陵下,逢骑赤骏者。其马时濩略而龙骧,欻聳擢而鸿惊,异体蓬生,殊相逸发。伯孙就视而心欲之,乃鞭所乘骢马,齐头并辔。尔乃赤骏超摅绝于埃尘,驱驱惊迅于灭没。于是骢马后而怠足,不可复追。其乘骏者知伯孙所欲,仍停换马相辞取别。

田边史伯孙和书首加龙都是大陆移民,其夜遇骑赤骏者之处,乃西文氏集团聚居之地。田边史伯孙外出,使用马匹为交通工具,夜遇者亦骑马,只是更为神速,可知该地区已经普遍使用马匹。再综合故事中的人物和地点等因素,可认为大陆移民对于日本引进和使用马匹,起了相当特殊的作用。

另外一条史料也说明了这一点。《日本书纪》"钦明七年(546)七月"条记载:

> 倭国今来郡言:于五年春,川原民直官登楼骋望,乃见良

---

[1] 江上波夫『騎馬民族国家:日本古代史へのアプローチ』,中央公論社、1967年。

驹，睨影高鸣，轻超母脊，就而买取，袭养兼年，及壮鸿惊龙蓊，别辈越群，服御随心，驰骤合度，超渡大内丘之壑十八丈焉。川原民直宫，桧隈邑人也。

今来郡即高市郡，乃倭朝廷安置新来大陆移民之地，故称"今来郡"。川原为高市郡属邑。引文特地说明民直为"桧隈邑人也"，可知不属于神别氏族的"民直"氏族，而是移民集团中的民忌寸，谱系见于《新撰姓氏录·逸文》，属于东汉氏集团。《续日本纪》"宝龟三年（772）四月庚午"条所载坂上大忌寸苅田麻吕的上奏中，提到民忌寸，亦可为证。

综参以上几条史料，至少可以说明，大陆移民普遍利用马匹，而且，日本的良驹多为移民所饲养。

（二）造船

日本古代造船技术不高，即使到遣唐使时代，船舶也不坚固，因此，遣唐使多遭海难。日僧圆仁所著《入唐求法巡礼行记》"承和五年（838）六月廿八日"条记载：

> 使头以下，至于水手，裸身紧逼裤，船将中绝，迁走舻舳，各觅全处。

船舶从中断裂的实例，《续日本纪》"宝龟九年（778）十一月乙卯"条记载：

> 第一船海中中断，舳舻各分。

航海中船舶龙骨竟从中间断裂，可知设计和制造存在重大缺陷。至于一般的船只破损，如圆仁所乘船"底悉破裂"等，简直不算回事。因此，日本的遣唐使经常搭乘朝鲜船只回国。

当时，造船水平最高的是唐朝。然而唐船往返日本却十分罕见。经常来往于朝鲜与日本，以及朝鲜与唐朝之间的是新罗或百济船舶。这两国造船技术较高，很少发生事故。《日本书纪》"白雉元年（650）"条记载：

> 遣倭汉直县、白发部连镫、难波吉士胡床于安艺国，使造百济舶二只。

值得注意的是，其所派遣的都是大陆移民，而制造的是百济舶。这是否表明日本希望通过大陆移民引进先进的造船技术呢？

（三）指南车

指南车是中国古代的重要发明，乃军事、交通、生产等各个领域不可或缺的工具。此重大发明亦由中国移民传入日本。《日本书纪》"齐明四年（658）"条记载：

> 沙门智踰造指南车。

同书"天智天皇五年（666）"条记载：

> 倭汉沙门知由献指南车。

"智踰"就是"知由"，大概他从658年开始制造指南车，到666年才大功告成。

根据后一条史料，可知沙门知由出自中国移民。《日本略记》"天智天皇五年正月"条记载：

> 大唐沙门智由贡指南车。

"智由"亦即"知由",故他应是唐朝移民。指南车,中国虽然早已有之,但古制不传,至唐朝始定其制。此称智由为唐朝沙门,颇相吻合。

(四)历法

《日本书纪》"推古十年(602)十月"条记载:

> 百济僧观勒来之,仍贡历本及天文地理书,并遁甲方术之书。是时,选书生三四人,以俾学习于观勒矣。阳胡史祖玉陈习历法,大友村主高聪学天文遁甲,山背臣日并立学方术,皆学以成业。

百济与中国南朝关系极为亲密,已见前述。自刘宋以来,其国皆"行宋《元嘉历》,以建寅月为岁首"[1]。有隋一代,虽然有百济使者到隋朝,但是,百济是在隋朝平陈以后才改变以往亲南朝疏北朝的立场,双方关系并不亲密,未见其引进隋历的记载。因此,百济僧人传给日本的应该就是刘宋《元嘉历》。

观勒传入历法,日本随即派遣移民跟随学习。阳胡史的出身已在上节介绍过。大友村主见于《续日本后纪》"承和四年(837)十二月癸巳"条记载:"近江国人左兵卫权少志贺史常继……太政官史生大友村主弟继等赐姓春良宿祢。常继等之先,后汉献帝苗裔也。"可知出自东汉氏集团。至于山背臣,虽然属于"神别氏族",但是,此氏族颇有大陆移民混入,此处的山背臣日并立或为移民。

大陆移民在日本引进大陆先进文化技术上的贡献,不是以上若干单项所能概括的,必须做深入的系统研究。

---

[1]《隋书》卷八二《百济传》。《宋书》《南史》《北史》的《百济传》也有相同的记述。

主要引文

中国史料

《诗经》,中华书局《十三经注疏》本。
《尚书》,中华书局《十三经注疏》本。
《左传》,中华书局《十三经注疏》本。
《穀梁传》,中华书局《十三经注疏》本。
《公羊传》,中华书局《十三经注疏》本。
《周礼》,中华书局《十三经注疏》本。
《仪礼》,中华书局《十三经注疏》本。
《论语》,中华书局《十三经注疏》本。
《孟子》,中华书局《十三经注疏》本。
王先谦《庄子集解》,中华书局,1954年。
孙诒让《墨子间诂》,中华书局,1954年。
《战国策》,上海古籍出版社,1985年。
《国语》,上海古籍出版社,1978年。
《史记》,中华书局点校本。
《汉书》,中华书局点校本。
《后汉书》,中华书局点校本。
《三国志》,中华书局点校本。
《晋书》,中华书局点校本。
《宋书》,中华书局点校本。
《齐书》,中华书局点校本。

《梁书》,中华书局点校本。
《陈书》,中华书局点校本。
《魏书》,中华书局点校本。
《北齐书》,中华书局点校本。
《周书》,中华书局点校本。
《南史》,中华书局点校本。
《北史》,中华书局点校本。
《隋书》,中华书局点校本。
《旧唐书》,中华书局点校本。
《新唐书》,中华书局点校本。
《资治通鉴》,中华书局点校本。
《太平御览》,中华书局影印版。
《文苑英华》,中华书局影印版。
《册府元龟》,中华书局影印版。
《宋版册府元龟》,中华书局影印版。

杜佑撰,长泽规矩也、尾崎康编,韩昇译订《北宋版通典》,上海人民出版社,2008年。

池田温等编纂《唐令拾遗补》第二部《学令第十》,东京大学出版会,1997年。

鱼豢撰,张鹏一辑《魏略辑本》,"关陇丛书"本。

徐嵩撰,孟昭庚、许述圻点校《建康实录》,上海古籍出版社,1987年。

温大雅《大唐创业起居注》,上海古籍出版社,1983年。

马端临《文献通考》,中华书局影印版。

杨倞注、王先谦集解《荀子集解》,中华书局,1988年。

王先慎集解,钟哲点校《韩非子集解》,中华书局,1998年。

王念孙《广雅疏证》,学海堂本。

王昶撰《金石萃编》,扫叶山房本。

刘喜海辑《海东金石苑》，文物出版社，1982年木版印刷。

周绍良主编《唐代墓志汇编》，上海古籍出版社，1992年。

《睡虎地秦墓竹简》，文物出版社，1978年。

袁珂校注《山海经校注》，上海古籍出版社，1980年。

《全唐诗》，中华书局，1960年。

《仁和寺本黄帝内经太素·仁和寺本黄帝内经明堂》，东洋医学研究会，1981年。

《金光明最胜王经》，收于《大正新修大藏经》。

《大智度论》，收于《大正新修大藏经》。

《广弘明集》，收于《大正新修大藏经》。

《高僧传》，收于《大正新修大藏经》。

《续高僧传》，收于《大正新修大藏经》。

《海东高僧传》，收于《大正新修大藏经》。

《集古今佛道论衡》，收于《大正新修大藏经》。

《大宋僧史略》，《续修四库全书》本，上海古籍出版社，2002年。

许慎撰，段玉裁注《说文解字注》，上海古籍出版社，1981年。

朝鲜史料

《三国史记》，朝鲜学会刊本。

《三国遗事》，朝鲜学会刊本。

《东国通鉴》，朝鲜古书刊行会，1909年。

《新增东国舆地胜览》，朝鲜史学会，1930年。

安鼎福《东史纲目》，韩国文化促进会，1977年。

日本史料

倉野憲司校注『古事記』（日本古典文学大系）、岩波書店。

坂本太郎ほか校注『日本書紀』（日本古典文学大系）、岩波書店。

黒板勝美·国史大系編修会編『日本書紀』（新訂増補国史大

系）、吉川弘文館。

　黒板勝美・国史大系編修会編『続日本紀』（新訂増補国史大系）、吉川弘文館。

　黒板勝美・国史大系編修会編『日本後紀続日本後紀日本文徳天皇実録』（新訂増補国史大系）、吉川弘文館。

　黒板勝美・国史大系編修会編『日本三代実録』（新訂増補国史大系）、吉川弘文館。

　黒板勝美・国史大系編修会編『日本書紀私記釈日本紀日本逸史』（新訂増補国史大系）、吉川弘文館。

　黒板勝美・国史大系編修会編『類聚国史』前篇・後篇（新訂増補国史大系）、吉川弘文館。

　黒板勝美・国史大系編修会編『律令義解』（新訂増補国史大系）、吉川弘文館。

　黒板勝美・国史大系編修会編『令集解』前篇・後篇（新訂増補国史大系）、吉川弘文館。

　黒板勝美・国史大系編修会編『延喜式』前篇・中篇・後篇（新訂増補国史大系）、吉川弘文館。

　黒板勝美・国史大系編修会編『類聚三代格』（新訂増補国史大系）、吉川弘文館。

　黒板勝美・国史大系編修会編『朝野群載』（新訂増補国史大系）、吉川弘文館。

　黒板勝美・国史大系編修会編『扶桑略記帝王編年記』（新訂増補国史大系）、吉川弘文館。

　黒板勝美・国史大系編修会編『日本高僧伝要文抄　元亨釈書』（新訂増補国史大系）、吉川弘文館。

　黒板勝美・国史大系編修会編『公卿補任』（第1篇—第5篇、新訂増補国史大系）、吉川弘文館。

　竹内理三編『寧楽遺文』（3巻）、東京堂。

竹内理三編『平安遺文』(全15巻)、東京堂。
藤貞幹『好古日錄』。
東京大学史料編纂所編『大日本古文書』、東京大学出版会。
秋本吉郎校注『風土記』(日本古典文學大系)、岩波書店。
斎部広成撰、西宮一民校注『古語拾遺』(岩波文庫)、岩波書店。
空海著、渡邊照宏・宮坂宥勝校注『三教指歸性靈集』(日本古典文學大系)、岩波書店。
小野勝年『入唐求法巡礼行記の研究』(全4巻)(鈴木学術財団昭和39年刊の復刊)、法蔵館。
家永三郎ほか校注『聖徳太子集』(日本思想大系)、岩波書店。
狩谷望之証訳、平子尚補校、花山信勝・家永三郎校訳『上宮聖徳法王帝説』(岩波文庫)、岩波書店。
田中健夫編『善隣国宝記新訂続善隣国宝記』、集英社、1995年。
佐竹昭広・山田英雄・大谷雅夫・山崎福之・工藤力男校注『萬葉集』(1—4、新日本古典文学大系)、岩波書店、1999—2003年。
小島憲之校注『懐風藻文華秀麗集本朝文粋』(日本古典文学大系)、岩波書店、1964年。
景戒著、佐竹昭広ほか編、出雲路修校注『日本靈異記』(新日本古典文学大系)、岩波書店、1996年。
岩城隆利編『元興寺編年史料』(3巻、増補版)、吉川弘文館、1983年。
最澄著、安藤俊雄・薗田香融校注『最澄:顕戒論山家学生式他五篇』、岩波書店、1991年。
中津著、梶谷宗忍訳注『蕉堅藁年譜』、相国寺、1975年。

中文著作(按作者姓氏拼音排列)

《夏商周考古学论文集》,文物出版社,1980年。
岑仲勉《隋唐史》,中华书局,1982年。

陈寅恪《金明馆丛稿初编》，上海古籍出版社，1980年。
崔明德《中国古代和亲史》，人民出版社，2005年。
范文澜《中国通史简编》修订本第一编，人民出版社，1964年。
甘怀真编《东亚历史上的天下与中国概念》，台大出版中心，2007年。
高明士《唐代东亚教育圈的形成——东亚世界形成的一侧面》，"国立"编译馆中华丛书编审委员会，1984年。
高明士《隋唐天下秩序与羁縻府州制度》，"国史馆"印行，2000年。
高明士《东亚教育圈形成史论》，上海古籍出版社，2003年。
韩昇《日本古代的大陆移民研究》，文津出版社（台北），1995年。
韩昇《隋文帝传》，人民出版社，1998年。
韩昇《正仓院》，上海人民出版社，2007年。
韩昇《海东集》，上海人民出版社，2009年。
韩昇《遣唐使和学问僧》，中华书局、上海古籍出版社，2010年。
金善昱《隋唐时代中韩关系研究——以政治、军事诸问题为中心》，台湾大学历史研究所博士论文，1973年，未发表。
金煐泰著、柳雪峰译《韩国佛教史概说》，社会科学文献出版社，1993年。
蓝吉富《隋代佛教史述论》，台北商务印书馆，1993年第2版。
李孝定编《甲骨文集释》，《"中央研究院"历史语言研究所专刊》之五十，1965年版。
刘统《唐代羁縻府州研究》，西北大学出版社，1998年。
马非百《秦集史》，中华书局，1982年。
木宫泰彦著，胡锡年译《日中文化交流史》，商务印书馆，1980年。
钱穆《中国文化史导论（修订本）》，商务印书馆，1994年。
徐旭生《中国古史的传说时代》，文物出版社，1985年。
杨烈译《万叶集》上下册，湖南人民出版社，1984年。

叶国良《石学续探》，大安出版社，1999年。

于豪亮《于豪亮学术文存》，中华书局，1985年。

张光直《中国青铜时代》，生活·读书·新知三联书店，1983年。

张志立、王宏刚主编《东北亚历史与文化——庆祝孙进己先生六十诞辰文集》，辽沈书社，1991年。

朱云影《中国文化对日韩越的影响》，黎明文化事业股份有限公司，1981年。

日文著作（按作者姓氏五十音顺序排列）

安部健夫『中国人の天下観念—政治思想史の試論』（ハーバード・燕京・同志社「東方文化講座」第6輯）、ハーバード・燕京・同志社東方文化講座委員会、1956年。

鮎貝房之進『雜攷日本書紀朝鮮地名攷』、国書刊行会、1937年。

池田温『中国古代籍帳研究：概観·録文』、東京大学出版会、1979年。

池田温編『唐と日本：古代を考える』、吉川弘文館、1992年。

今井啓一『秦河勝：帰化人系の一頂点　聖徳太子の寵臣』、綜芸舎、1968年。

今井啓一『帰化人』、綜芸舎、1974年。

井上薫『日本古代の政治と宗教』、吉川弘文館、1961年。

井上秀雄『古代朝鮮』、日本放送出版協会、1972年。

井上秀雄『古代朝鮮史序説：王者と宗教』、東出版寧楽社、1978年。

井上秀雄『古代日本人の外国観』、学生社、1991年。

井上光貞『日本古代国家の研究』、岩波書店、1965年。

井上光貞『井上光貞著作集　第1巻』、岩波書店、1985年。

上山春平·渡部忠世編『稲作文化：照葉樹林文化の展開』、中央公論社、1985年。

上田正昭『帰化人：古代国家の成立をめぐって』、中央公論社、1965年。

梅原末治編『欧米蒐儲　支那古銅精華』(7冊)、山中商会、1933—1935年。

江上波夫『騎馬民族国家：日本古代史へのアプローチ』、中央公論社、1967年。

太田亮『日本上代に於ける社会組織の研究』、磯部甲陽堂、1929年。

太田亮『姓氏家系大辞典』(全3巻)、角川書店、1963年。

大庭脩『親魏倭王増補版』、学生社、2001年。

大林太良編『船』(日本古代文化の探究)、社会思想社、1975年。

笠井倭人『研究史　倭の五王』、吉川弘文館、1973年。

笠井倭人『古代の日朝関係と日本書紀』、吉川弘文館、2000年。

軽部慈恩『百済遺跡の研究』、吉川弘文館、1971年。

岸俊男・森浩一・大林太良編『日本の古代』(全15巻・別巻1巻)、中央公論社、1985—1988年。

鬼頭清明『日本古代国家の形成と東アジア』、校倉書房、1976年。

鬼頭清明『白村江：東アジアの動乱と日本』、教育社、1981年。

金錫亨著、朝鮮史研究会訳『古代朝日関係史：大和政権と任那』、勁草書房，1969年。

後藤守一『漢式鏡』、雄山閣、1973年。

佐伯有清『新撰姓氏録の研究本文篇』、吉川弘文館、1962年。

佐伯有清『新撰姓氏録の研究研究篇』、吉川弘文館、1963年。

佐伯有清『新撰姓氏録の研究考證篇』(1—6巻)、吉川弘文館、1981—1983年。

坂本太郎『日本古代史の基礎的研究』、東京大学出版会、1964年。

関晃『帰化人：古代の政治・経済・文化を語る』、至文堂、1956年。

専修大学・西北大学共同プロジェクト編『遣唐使の見た中国と日本：新発見「井真成墓誌」から何がわかるか』、朝日新聞社、2005年。

曽我部静雄『律令を中心とした日中関係史の研究』、吉川弘文館、1968年。

玉井是博『支那社会経済史研究』、岩波書店、1942年。

「中国古代の国家と民衆」編集委員会編『中国古代の国家と民衆：堀敏一先生古稀記念』、汲古書院、1995年。

朝鮮民主主義人民共和国社会科学院・朝鮮画報社編『徳興里高句麗壁画古墳』、講談社、1986年。

朝日新聞社編『国際シンポジウム　古代日本の国際化：邪馬台国から統一国家へ』、朝日新聞社、1990年。

津田左右吉『日本上代史研究』、岩波書店、1930年。

奈良国立博物館編『特別展　発掘された古代の在銘遺宝』、奈良国立博物館、1989年。

西嶋定生『中国古代国家と東アジア世界』、東京大学出版会、1983年。

浜口重国『唐王朝の賤人制度』、東洋史研究会、1966年。

林屋辰三郎『古代国家の解体』、東京大学出版会、1955年。

樋口隆康『古鏡』、新潮社、1979年。

平野邦雄『大化前代社会組織の研究』、吉川弘文館、1969年。

藤原猶雪『日本佛教史研究』、松本書店、1974年。

堀敏一『中国と古代東アジア世界：中華的世界と諸民族』、岩波書店、1993年。

増村宏『遣唐使の研究』、同朋舎出版、1988年。

三上次男『古代東北アジア史研究』、吉川弘文館、1966年。

三木太郎『古鏡銘文集成：日本古代史研究要覧』、新人物往来社、1998年。

茂在寅男『古代日本の航海術』、小学館、1979年。

茂在寅男・西嶋定生・田中健夫・石井正敏『遣唐使研究と史料』、東海大学出版会、1987年。

森岡秀人・中園聡・設楽博己『稲作伝来』、岩波書店、2005年。

柳田国男『海上の道』（岩波文庫）、岩波書店、1978年。

山崎宏『支那中世仏教の展開』、清水書店、1942年。

山尾幸久『日本古代王権形成史論』、岩波書店、1983年。

渡部忠世『稲の道』、日本放送出版協会、1977年。

渡部忠世『アジア稲作の系譜』、法政大学出版局、1983年。

韩文著作

《武宁王陵》，韩国文化财管理局，1973年。

中文论文（按作者姓氏拼音排列）

安金槐《豫西夏文化初探》，《中国历史博物馆馆刊》1979年1期。

安志敏《长江下游史前文化对海东的影响》，《考古》1984年第5期。

奉化县文管会《奉化白杜汉熹平四年墓清理简报》，《浙江省文物考古所学刊》，文物出版社，1981年。

冯永谦《东北古代长城考辨》，收于《东北亚历史与文化》，辽沈书社，1991年。

傅斯年《夷夏东西说》，收于《庆祝蔡元培先生六十五岁论文集》下册，1935年。

高明士《从天下秩序看古代的中韩关系》，收于《中韩关系史论文集》，韩国研究学会著作丛书之二，1983年12月。

顾颉刚、王树民《"夏"和"中国"——祖国古代的称号》，收于《中国历史地理论丛》1，陕西人民出版社，1981年。

韩昇《论隋朝统治集团内部斗争对隋亡的影响》，《厦门大学学报》1987年2期。中国人民大学资料中心《魏晋南北朝隋唐史》1987年第7期。

韩昇《四至六世纪百济在东亚国际关系中的地位和作用》，第七回百济研究国际学术会议《百济社会的诸问题》，韩国忠南大学百济研究所，1994年10月出版。

韩昇《"魏伐百济"与南北朝时期东亚国际关系》，《历史研究》1995年第3期。

韩昇《南北朝与百济政治、文化关系的演变》，载韩国忠南大学百济研究所编《百济研究》第26辑，1996年2月。

韩昇《净土教在日本的流传与发展》，《闽南佛学院学报》1998年第2期。

韩昇《隋文帝抗击突厥的内政因素》，《欧亚学刊》第二辑，中华书局，2000年。

韩昇《〈隋书·倭国传〉考释》，《中华文史论丛》第61辑，上海古籍出版社，2000年3月版。

韩昇《五行与古代中日职官服色》，《厦门大学学报》2004年第6期。

韩昇《百济与南朝的文化交流及其在东亚的意义》，收入石源华、胡礼忠主编《东亚汉文化圈与中国关系》，中国社会科学出版社，2005年。

河上麻由子《佛教与朝贡的关系——以南北朝时代为中心》，载《传统中国研究集刊》第一辑，上海人民出版社，2006年。

胡厚宣《论五方观念及中国称谓之起源》，《甲骨学商史论丛初集》第二册，齐鲁大学国学研究所，1944年。

胡肇椿《广州市西郊大刀山晋冢发掘报告》，广州黄花考古学会编《考古学杂志》创刊号，1932年。

贾峨《说汉唐间百戏中的"象舞"》，《文物》1982年第9期。

李健才《唐代高句丽长城和扶余城》，收于《东北亚历史与文化》，辽沈书社，1991年。

刘安国《天门石家河出土的红陶小动物》，《江汉考古》1980年第3期。

罗宗真《江苏宜兴晋墓发掘报告》，《考古学报》1957年第4期。

罗宗真《南京西善桥油坊村南朝大墓的发掘》,《考古》1963年第6期。

卢茂村《福建建瓯水西山南朝墓》,《考古》1965年第4期。

南京博物院《江苏宜兴晋墓的第二次发掘》,《考古》1977年第2期。

南京市博物馆《南京北郊五塘村发现六朝早期墓》,《文物资料丛刊》第8期。

石晓军《唐日白江之战的兵力及几个地名考》,载《陕西师范大学学报》1983年第3期。

谭其骧《唐代羁縻州述论》,载《纪念顾颉刚学术论文集》,巴蜀书社,1990年。

屠思华等《南京梅家山六朝墓清理记略》,《文物参考资料》1956年第4期。

王尔敏《中国名称溯源及其近代诠释》,《中华文化复兴月刊》第5卷第8期,1973年。

王宗维《汉代属国制度探源》,《马长寿纪念文集》,西北大学出版社,1993年。

王仲殊《关于日本三角缘神兽镜的问题》,《考古》1981年第4期。

王仲殊《日本三角缘神兽镜综论》,《考古》1984年第5期。

王仲殊《三国两晋南北朝的铜镜》,《考古》1984年第6期。

王仲殊《景初三年镜和正始元年镜的铭文考释》,《考古》1984年第12期。

王仲殊《吴县、山阴和武昌——从铭文看三国时代吴的铜镜产地》,《考古》1985年第11期。

武义县文管会《从浙江省武义县墓葬出土文物谈婺州窑早期青瓷》,《文物》1981年第2期。

吴玉贤《浙江上虞蒿坝东汉永初三年墓》,《文物》1983年第6期。

邢义田《天下一家——中国人的天下观》,收入《中国文化新论·根源篇 永恒的巨流》,生活·读书·新知三联书店,1991年。

徐苹芳《三国两晋南北朝的铜镜》,《考古》1984年第6期。

严文明《中国稻作农业的起源》,《农业考古》1982年第1、2期。

严文明《中国史前稻作农业遗存的新发现》,《江汉考古》1990年第3期。

杨泓《吴、东晋、南朝的文化及其对海东的影响》,《考古》1984年第6期。

杨建《略论秦汉道制的演变》,《中国历史地理论丛》2001年第4期。

叶国良《唐代墓志考释八则》,载《台大中文学报》第七号,1995年4月。

尹武炳《对武宁王陵与宋山里六号坟砖砌结构的考察》,忠南大学校百济研究所《百济研究》第6辑,1974年。

于省吾《释中国》,收于中华书局编辑部编《中华学术论文集》,1981年。

曾凡《关于福建六朝墓的一些问题》,《考古》1994年第5期。

赵志军《植物考古学与农业起源研究》,《中国社会科学院院报》2005年9月1日。

日文论文（按作者姓氏五十音顺序排列）

池田温「裴世清と高表仁——隋唐と倭の交渉の一面」、日本歷史学会編『日本歷史』197号、吉川弘文館、1971年。

池田温「義熙九年倭国献方物をめぐって」、『江上波夫教授古稀念論集歷史篇』、山川出版社、1977年。

井上秀雄「『記紀』に見る古代の外交」、上田正昭ほか『「古事記」「日本書紀」総覧』、新人物往来社、1990年。

岡崎敬『安岳第3号墳（冬寿墓）の研究——その壁画と墓誌銘を中心として』、『史淵』第93号、1964年。

小倉芳彦「華夷思想の形成」、『思想』503号、1966年。

金子修一「隋唐交代と東アジア」、池田温編『唐と日本：古代を考える』、吉川弘文館、1992年。

河上麻由子「遣隋使と仏教」、『日本歴史』717号、吉川弘文館、2008年。

韓昇「隋と高句麗の国際政治関係をめぐって」、「中国古代の国家と民衆」編集委員会編『中国古代の国家と民衆：堀敏一先生古稀記念』、汲古書院、1995年。

岸俊男「日本における『戸』の源流」、日本歴史学会編『日本歴史』197号、吉川弘文館、1964年。

岸俊男「『呉・唐』へ渡った人々」、大林太良編『日本の古代3：海をこえての交流』、中央公論社、1986年。

金廷鶴「任那と日本」、『史学雑誌』87巻4号、1978年。

斎藤忠「百済武寧王陵を中心とする古墳群の編年的序列とその被葬者に関する一試考」、『朝鮮学報』81号、1976年。

佐伯有清「9世紀の日本と朝鮮——来日新羅人の動向をめぐって」、『歴史学研究』287号、1964年。

関口亮仁「扶桑略記の所謂継体天皇十六年仏教伝来説に就て」、『歴史地理』第77巻第1号、吉川弘文館、1941年。

谷川道雄「隋唐帝国と東アジア世界」、唐代史研究会編『隋唐帝国と東アジア世界』、汲古書院、1979年。

田村円澄「末法思想の形成」、『史淵』63号、1954年。

田村円澄「欽明十三年仏教渡来説と末法思想」、『日本歴史』178号、1963年。

塚本善隆「石經山雲居寺と石刻大藏經」、『東方学報』副刊5、1935年。

那珂通世「上世年紀考」、『史学雑誌』第8編第12号、1897年。

西嶋定生「六—八世紀の東アジア」、家永三郎ほか編『岩波講座日本歴史』第二巻、岩波書店、1962年。

旗田巍「新羅の村落」（1）（2）、『歴史学研究』226号、227号、

1958—1959 年。

樋口隆康「武寧王陵出土鏡と七子鏡」、『史林』第 55 巻第 4 号、1972 年。

平勢隆郎「大国・小国の関係と漢字伝播」，收入韩昇主編《古代中国：社会转型与多元文化》，上海人民出版社，2007 年。

平野邦雄「秦氏の研究—その文明的特徴をめぐって」（1）（2）、『史学雑誌』70 巻 3 号、4 号、1961 年。

平野邦雄「8・9 世紀における帰化人身分の再編」、『歴史学研究』292 号、1964 年。

福山敏男「景初三年・正始元年三角縁神獣鏡銘の陳氏と杜地」、『古代文化』第 26 巻第 11 号、古代学協会、1974 年。

堀敏一「東アジアの歴史像をどう構成するか—前近代の場合」、『歴史学研究』276 号、1963 年。

三浦圭一「吉士について」、『日本史研究』34 号、1957 年。

三上次男「百済武寧王陵出土の中国陶磁とその歴史的意義」、末松保和博士古稀記念会編『古代東アジア史論集』下巻、1978 年。

村尾次郎「氏姓崩壊に現はれたる帰化人同化の一形相」、『史学雑誌』第 52 編第 8 号、1941 年。

森公章「朝鮮半島をめぐる唐と倭—白村江会戦前夜」、池田温編『唐と日本：古代を考える』、吉川弘文館、1992 年。

八木充「百済の役と民衆」、小葉田淳教授退官記念事業会編『国史論集：小葉田淳教授退官記念』、1970 年。

山尾幸久「大化前後の東アジアの情勢と日本の政局」、『日本歴史』229 号、1967 年。

山田統「天下という観念と国家の形成」、津田左右吉ほか『古代国家：共同研究』、啓示社、1949 年。

李永植「古代人名からみた『呉』—『応神・雄略紀』の『呉』について」、『日本歴史』502 号、1990 年。

初版后记

我研究古代东亚世界已经有相当长时间了，最初只想研究古代中日关系史，然而，随着研究的深入，发现从中国到日本，其间不能跨过朝鲜半岛，否则就不完整。

中国学者研究中日关系史，往往不注意朝鲜；日本古代史学者则过于注意朝鲜，而没有进一步追溯到中国。虽然东亚是一个相互紧密联系的世界，但是，研究上却往往被割裂成几个孤立的双边关系：中日关系，中朝关系，日朝关系。实际上，这三者是联动的，难以割裂开来。日本从大陆吸收文化最重要的通道经由朝鲜半岛，所以，日朝文化的比较和传播学研究比较容易开展。其间还有一个技术的问题，中国古代文明诞生早，在日本传入金属与农耕，进而形成国家的阶段，中国已经经历了夏商周三代，进入汉帝国时代，日本有许多技术，诸如金属冶炼锻造等，和中国差距甚远。朝鲜正好介于中国和日本之间，其技术文明高于日本而低于中国，日本从朝鲜半岛汲取技术要更加容易消化吸收。这一点，是研究中日关系史必须十分注意的问题。有许多日本古代的东西，看起来是从中国传入的，却又不太相像。如果简单断为中国文明的传播，就难以解释两者之间的落差。实际上，这中间经过了朝鲜这一重要环节。中国古代文明首先传入朝鲜，出现低于中国的技术，再传入日本。如果把中国、朝鲜、日本的文物放在一起，整个传播演变的过程就可以看得十分清楚。这就是我在研究中日关系史的时候，下决心研究朝鲜古代史的缘故。我想尝试能否将中国、朝鲜和日本作为一个整体来研究。

我选择的第一个突破口是4至9世纪从中国、朝鲜半岛迁徙到日本的上百万移民,他们是东亚世界内部的文明传播者。我进而结合东亚局势的演变、各国之间的互动和文化的传播,探讨东亚世界的形成过程。

将中日朝三方结合在一起进行研究,确实可以避免许多局限性,在理论上十分诱人。但是,实践上却十分艰辛。增加一个领域,不单是史料文献增多数倍,更重要的是要掌握许多历史、考古和文化的知识。进去以后才能明白为什么研究者要止步于此,对于要求马上出成果的当代研究体制,这种研究方法尤其不适合。幸好我只是兴趣,没有非要出什么成果的期待,于是就冒冒失失地走进了这片林海雪原,信步游览。见到动心的景色,就停下来指点评说,孤独自语。回想起来,在这片世界里,我已经探察了二十多年,把这期间写下的东西汇拢起来,就这么些许,仿佛体会到贾岛"二句三年得,一吟双泪流"的心境。不是嫌成果少的意思,有这点东西已是意外之喜,而是感慨自己生性驽钝,佳作难成,愧对读者。

这期间,承蒙日本东京大学、早稻田大学、学习院大学、国学院大学、明治大学、关西大学、高野山大学、九州大学、广岛大学,韩国首尔大学校、高丽大学校、忠南大学校、庆北大学校以及公州市、谷城郡的邀请,我得以数十次前往日本和韩国进行各种学术交流和实地考察,同学者交换意见,收集史料,收益良多。在关西大学的几次访问,我起早摸黑地收集资料,太太和女儿也来帮忙复印,研究中心的教授笑我是用观光名义把女儿诓到日本干活,最后,邀请我的藤善真澄和藤田高夫教授竟然把复印费都给免除了。在韩国,我把演讲的费用换成书带回来,在机场过磅,竟然有六十多公斤。行李超重的事情经常发生,每次柜台小姐看着一箱箱的书和满头大汗的我,都笑着让我通过。现在回想起来,每一篇论文都是许多相识与不相识的人帮助的结果。闲来摩挲手上的书,翻阅发表过的文章，皆会感念他们。

　　本项研究得到教育部规划基金项目的资助，入选复旦大学亚洲研究中心研究计划。承复旦大学出版社宋文涛支持列入出版计划，细心编审，得以出版，谨此致谢。

韩昇谨识
2008 年 11 月 12 日
于东京都国立市田边纪念馆

增订版后记

《东亚世界形成史论》于2009年5月由复旦大学出版社出版，旋被新浪网评为当年好书，不久即告脱销。因为我有其他写作计划，所以一直来不及对原著进行修订。

复旦大学尝试进行教学改革，在国内大学中率先开设通识课程。我讲授的《东亚文明的历史进程》首批入选，每年开课，选课的同学太多，只好在全校各个校区同步开设视频教室，而研究生课程也选用了这本书。因为书已经脱销，很多同学拿不到教材，我深感不安。借着今年寒假，我把全书做了修订和增补，改正若干错字。非常感谢中国方正出版社刘彦彩编辑，为了让本书能够及时送到同学的手中，她用最快的速度办完了所有的出版事项，精心编辑。

真心希望广大读者提出批评修改意见，让我不断修订提高。

韩昇谨识

2015年4月15日

新版后记

本书出版十多年了，还一直受到关心，说明大家对东亚十分重视。

我第一次出国留学，命运安排我到东京外国语大学，转眼之间已经过去40年。放眼东亚，问题依旧。汉唐时代，东亚形成了以儒家伦理道德为共同价值观的文明区域。虽然从唐朝以后，各国的发展出现了很大的差异，尤其是日本从"唐风文化"转向"国风文化"，政治经济体制也由中央王朝演变为以武士庄园为基础的幕府，但是，其社会价值观并没有改变。儒家伦理无非仁义礼智信，在此基础上形成社会行为准则和各式各样的制度法律，形态虽异而文化底色相近，故得以整合成为历经千年的文明区域，称之为"东亚世界"。一直到近代西方文明来袭，东亚文明区域被撕裂了，动荡一世纪，战火连百年，各国看似已分道扬镳，制度取向各异，度尽劫波，至今，亚洲还是一个破碎的世界，没能重新聚拢起来重建东亚文明。是文化的共同性已经荡然无存了吗？显然不是。无论在日本还是韩国，都能深切感受到东亚古代文化之根有多深，指导人们思想和行为的价值观依然是基于家庭伦理的礼义谦和，甚至把这种伦理扩大到现代大型企业的管理，形成了不同于西方的东方经营模式，有些方面对于儒家文化的保存甚至还多过中国。在此基础上，东亚各国吸收了西方文化所强调的法与规则，而西方重视的个人主义则被融合于东方集体主义之中，尊重个人权利的同时讲究和谐，完成了东西方文化的对接，但其价值观的根基仍然深扎于东方的古代文明。因此，东亚新的文化整合的基础依然存在，而且，这个整合极其重要，是东方文明再现现代价值与东亚作为世界一极的必经之路。文化是流动与相互影响交融的，而不是零和博弈。在共性中展现个性方显独立价值，于个性中蕴含共性才能共同繁荣。因此，文化的多样性极其重要，推动着相互的比较、借鉴和提升。从世界文化的格局看亚洲，文化的整合更显重要。如何超越各种矛盾形成共识，仍然是亚洲各国的共同课题。在这个方面，古代东亚世界的形成过程可以启发人们去思考。

东亚世界首次形成于唐代，成功的原因不在于唐朝的军事强大，而在于其文化价值观获得普遍的认同，法律制度被各国自主移植，构成共同的文化基础。从日本的发展历程可以看到，日本推行"唐风文化"与日本社会发生冲突而出现本土化，甚至出现迥异于中国的武士政治体制，都没有构成东亚世界内部的结构性冲突。从中国、朝鲜半岛到日本，呈现的是文化的多样性现象，背后的支撑是共同的价值观与世界观。构成其共同价值观的要素之一的佛教，又贯串起印度与中亚，如此宏大的文化流动与个性发展，不是作者个人的学识所能阐发的，所以只能对东亚世界形成史做一些考察，更多注意到国家间关系的演变、人员的往来和文化的传播，至于更加深入的专题研究，我曾经出版过《日本古代的大陆移民研究》，今后还将展开其他领域的探讨。唐代形成东亚世界的成功经验在于开放和包容，在达成文化共识基础上的求同存异。在探索东亚未来的时候，深入研讨其过往的历史文化交融，颇具学术价值与现实意义。

二战以后欧洲成功的整合经验，给亚洲提供了借鉴。亚洲在世界上的地位及其贡献，取决于自身的整合程度。所有的整合都基于对历史文化传统的深入了解，进而吸收现代文明的长处，融合创新。

本书所考察的古代中国、日本和朝鲜半岛国家，存在着近千年的长期紧密关系，却也发展出各自不同的民族文化，尤其经历了近代的剧变，从今日来看，虽然地理上相邻，但在文化上隔膜颇大，有必要加强彼此的文化交流，以增进相互的理解。

  生活·读书·新知三联书店的编辑为本书的新版颇费心血，做了许多工作；博士研究生谢守华帮助我订正了若干文字错讹，衷心感谢！我依然希望有更多的人参加到东亚世界的讨论中，并给我更多的建言和帮助。

韩昇谨识
2021 年 12 月 10 日